U1005694

城市文化评论

COMMENTS ON URBAN CULTURE

第12卷

主　　编 ◎ 田根胜　黄忠顺
特约主编 ◎ 曲春景
副 主 编 ◎ 阎　江

首都师范大学出版社
CAPITAL NORMAL UNIVERSITY PRESS

图书在版编目(CIP)数据

城市文化评论. 第12卷 / 田根胜，黄忠顺主编. —北京：首都师范大学出版社，2016.6

ISBN 978-7-5656-2962-4

Ⅰ.①城…　Ⅱ.①田…　②黄…　Ⅲ.①城市文化—中国—文集　Ⅳ.①C912.81-53

中国版本图书馆 CIP 数据核字(2016)第 123853 号

CHENGSHI WENHUA PINGLUN

城市文化评论　第12卷

田根胜　黄忠顺　主编

责任编辑　佟　旭

首都师范大学出版社出版发行

地　址　北京西三环北路105号

邮　编　100048

电　话　68418523(总编室)　68982468(发行部)

网　址　www.cnupn.com.cn

印　刷　北京集惠印刷有限责任公司

经　销　全国新华书店

版　次　2016年6月第1版

印　次　2016年6月第1次印刷

开　本　710mm×1000mm　1/16

印　张　21.25

字　数　339千

定　价　52.00元

版权所有　违者必究

如有质量问题　请与出版社联系退换

《城市文化评论》
编委会

顾　　问：成洪波　李　琳

编　　委：（按姓氏笔画排列）

尹　鸿　王德胜　田根胜　许　明　刘士林　朱栋霖

李　杨　李忠红　张鸿雁　周　宪　周晓虹　金元浦

邹晓平　欧阳光　高小康　陶东风　饶芃子　黄忠顺

黄天骥　曾繁仁　康保成　蒋述卓　鲁枢元　程发良

主　　编：田根胜　黄忠顺

副 主 编：阎　江

编辑部主任：许燕转

主办单位：东莞理工学院城市文化研究中心

地址：中国广东省东莞市松山湖大学路1号

邮政编码：523808

电话：0769－22861903　0769－22861888

网址：http：//www. dgcrdc. cn

邮箱：dgwh2006@163. com　yanj@dgut. edu. cn

目 录

国外城市研究

探察城市生活魅像的方法[1]

[英]斯蒂夫·派尔 著/孙民乐 译

引语：什么是城市的真实？

通常情况下，城市的真实似乎可以说全都是生活的物质性部分：建筑物、基础设施、货币、劳动过程、学校、住宅、医院、消费，等等。这并不是芝加哥学派主要成员罗伯特·帕克的误解。他在试图为城市本质做出界定的时候曾说道：

> 城市……不仅仅是许多单个人和各种社会设施的集合体——诸如街道、建筑物、电灯、电车、电话等；也不只是各种服务部门和管理机构，如法院、医院、学校、警察机关和各种市政官员的简单聚合。**更确切地说，城市是一种心态，**是由各种礼俗和传统构成的整体，是内在于这些礼俗并随着这一传统而流传的那些被组织起来的思想和情感所构成的整体。换句话说，城市并不只是一种物质机制，它也不是一种人为的建构。城市已同其居民的各种重要活动紧密地联系在一起，它是自然的产物，却更是人类天性的产物。(Park，1925a，p. 1，着重标记为引者所加)

罗伯特·帕克并没有被城市只能由其物质的或制度的形态来界定的观念所折服。他也不认为城市仅仅是包括法院、医院、学校、警察机关、官僚机构、市政府在内的一整套管理设施。对于城市来说，其关键之处就在于它们以某种方式把各色人等聚集在一起，这种方式对人们之间所发生的一切将会产生重要的影响。不管使城市成其为城市的是何物，它都与城市的社会进程，城市的礼俗和传统有很大的关系。城市并非仅仅以它的建筑物、街道和交通来表达自己，虽然这些东西表面上看起来对它做出了限定，城市还以其他的形式表现自己，以人们生活、工作、交易的形式，以他们的礼俗、习惯、娱乐、犯罪、愤怒的形式。从这个角度来说，城市是一种心态，帕克的这个表述理应得到认真对待[2]。

让城市成其为城市的，不仅仅是摩天大厦，也不仅仅是商场或通信网络，而且也包括居住在这些地方的人们**在行为举止上**不得不去遵守的**城市的**规矩。在某些人看来，这里面涉及众多问题：涉及一种不断加快的生活节奏，涉及设法屏蔽城市里所发生的大部分事件干扰的必要性，并且也涉及一种基于计算、理性和抽象思维的精神态度。从多重意义上说，这也就意味着城市居住者在情感上是被“锁定”的：矜持、超然、冷漠、有心计。与以上看法恰恰相反：我坚持认为，**城市的真实正在于它的生活的富有表现力和激情**，即便是在它最单调乏味、最不带感情的状态之下也是如此。我在本书中所要做的，便是去琢磨这种被理解为城市生活真实的观念。我不是要去具体确定这种**“真实”**，也不试图使这种**“真实”**更加真实，而是与之相反，我既放宽和拓展了我们对于城市生活真实的思考，也放宽和拓展了我们准备去认真对待的城市生活的范围。对我而言，这也就意味着必须把更多的注意力放在城市的心态之上。

确实如此，城市的心态——它的情感、它的态度、它的自我感觉、它的心境——有时似乎赋予了它一种完全属于其自己的独特性格。因而，城市的真实也就是它们的那些不易捉摸的特质：它们的氛围、它们的个性。正如图像小说家尼尔·盖曼所说的那样：

> 归根结底，每一座城市都有它自己的性格。洛杉矶不是维也纳。伦敦不是莫斯科。芝加哥不是巴黎。每一座城市都是生命与建筑物的集成，并且有它自己的性格。(Neil Gaiman，1993a，p. 18)

城市生活在某种程度上是适于被阅读的，仿佛它也有心态、性格，似乎它也有特定的心境或情感，或者说，它似乎也为某些思想方法和社会交往形式赋予了优先权。十分明显的是，纽约不是新奥尔良，伦敦不是新加坡，巴黎不是柏林。可以肯定，这是与建筑有一定关系的：与城市里的建筑形式有关，也与它们的上层建筑物和基础设施有关。毫无疑问，这还与居住在这个城市里的人的生活方式有关，与他们的文化习俗有关，与他们对待陌生人的方式有关，与他们的差异和冷漠有关。然而，若要假定这些城市有自己的性格或心态，仍然是一件让人感到奇怪的事情。确定无疑的是，城市是极其混乱和缺乏组织的，让人根本无法这么去认识它；即便是那些高度有序的城市也是如此。这些为人们所熟知的对于城市性格的经验，在感觉上可能是真实的，但它们也如幻影幢幢，倏忽即逝。

在我看来，这种不能明确辨别城市间差异的极为常见的经验，在某种程度上与城市生活的想象的和情感的方面有关。在《想象现代城市》(James Donald，1999)一书中，詹姆斯·唐纳德为思考塑造了城市生活的“情感结构”提供了一个坚实的案例分析。他通过对从电影到城市规划，直至城市公民身份和伦理观念等一系列文化现象的考察，揭示了这种情感结构。在他看来，城市的核心问题在于，它们必须被居住，必须可居住，甚至必须可**被幽灵出没**。在唐纳德的著作中，如同在我自己的书中一样，对城市生活真实的分析被扩展到了包括幽灵、不合常理的事物、情感、乌托邦思想以及城市幻想等领域。唐纳德清楚地表明，幻想既是具有情感性的，也是无意识的，例如，当他谈到城市的诡异现象(James Donald，1999，pp. 69—73)，或者把城市作为一个梦幻工厂的时候(James Donald，1999，pp. 86—91)就是如此[4]。在我看来，这就意味着城市的形象及其表现与它们被感知的方式、它们的性格特点有很大的关系。

这些城市幻想也许可以被整理、汇集，并为城市间的性格差异提供一种解释。然而，这也有可能会夸大城市“性格”的重要性，仿佛这些性格特点是彼此傲然独立地存在着的，仿佛城市“性格”的发展与它们和其他地方、其他时间的关系了无关涉。要搞清楚城市幻想的传播情况，就有必要追踪充斥于城市之间和城市之内的“万千物事”(我用这个说法来意指一切感知对象，包括幻想、意念、信息等)。无疑，这里面也将包括形象和再现，只不过是在它们与城市的情感特质发生关联的时候。然而，对于城市生活的情感品质的揭示，也将需要扩展对城市的离奇古怪的方面的理解，包括其内容及文化表现。

大胆地说，我相信在思考城市生活的真实面相的时候，更大的重心应该被放在构成了城市经验的**情感运作**(emotional work)的形式之上。这些经验可以——如果城市果真具有它们自己各具特色的心态和性格的话——被认为是以特定的方式组织而成的。比如，雷蒙德·威廉姆斯的“情感结构”(Raymond Williams，1973)概念，就为揭示一个城市——如同一个时代一样——如何可能拥有某些确定的感觉和情感禀赋带来了更大的前景。情感结构的观念暗示情感生活是有序和统一的，它可以用某些特定的方式来加以描述，正如可能存在着一种性格结构一样。这也同时意味着，在类似文学这样的文化形式中，这类性格已经得到了多种方式的表现。我会反对把这种秩序看作是预先设定了的，或者是固定不变的，甚或是按部就班的。我也不会认为，文化表现的诸形式必然会以直接和明显的形式揭示出它们的情感。相反，这些结构应该被认为是人为编制的、迂回曲折的、矛盾的、移动的、变化着的和可变的。为了激活情感生活中这些更狂热、更隐秘和更摇摆不定的方面，我宁愿使用“魅像”(phantasmagoria)这一术语。

魅像这个字眼意指许多对象。在某种意义上说，它描述了一种对运动的体验，一种对于出现在眼前的一系列事物的体验。从其他的角度说，这种体验不仅唤起了能够被看到、被直接体验到的事物的重要性，也唤起了那些直接可见或是直接可感的对象之外的生命的重要性。它显示了一种幽灵般和梦幻般的生活特质。借助对于城市梦幻特性和幽灵特性的激活，魅像清晰地显示了城市生活中特定类型的情感运作的重要性——尽管这一切尚存悬疑，并且需要进一步的探究。事实上，参与了这些魅影般经验制造活动的情感运作，远没有得到深入的理解。最后，魅像还意指一种特殊的时空混合：城市中幽灵般或梦幻般的事物集群，不只是来自四面八方(甚至也来自那些不存在或永远也不会存在的地方)，而且，它还唤醒了各种性质不同的时间(不论它们是过去、现在，还是未来；无论它们是被记住的还是被想象出来的)。

因此，城市的真实，既是物质的问题，也是情感的问题；既是可见的，也是不可见的；既是不断加速的，也是缓慢移动的；既是相互连接的，也是偶然并存的。如果从这个角度来说，最好是把本书看作是对于城市魅影般经验的一次探索，它无论如何也够不上是对城市生活隐藏的“真相”的揭露。可是，又该怎么下手呢？我的方法就是要把弗洛伊德的早期心理分析与瓦尔特·本雅明的批判理论结合在一起。这种研究方法揭示了梦、魔法、吸血鬼和幽灵对于城市生活的情感运作的重要性。就其他方面说，梦幻、魔法、吸血鬼和幽灵也是同样具有重要意义的。它们揭露了城市生存经验、城市社会进程，以及城市生活的空间与时间构造的各个层面。

我并不认为梦幻、魔法、吸血鬼和幽灵的魅像解释得了城市里所有的情感劳作，甚至也不认为它们解释得了任何特定城市之内的所有情感运作，即便是我已集中研究过的那些城市：伦敦、新奥尔良、纽约和新加坡。相反，我只是试图打开一个分析领域，它能够严肃对待城市生活的想象的、幻想的、情感的——魅影般的——特质。在这个过程中，我从这些城市的内部以及它们彼此之间发现了某些一致性与联系。因此，我已然能够将惯常被封闭在城市生活理解中的空间性问题推向突出的位置。

这种方法以及已被它收入视野的证据，尚未出现在思想与经验的空间。这项研究的广博的思想遗产，可以被称为是心理地理学性质的(psychogeographical)。这项研究的引人之处始终在于它自觉地把对城市生活的社会、物质、历史、空间方面的认识与对心理层面的认识融为一体。进一步而言，心理地理学家通过一种特别关注城市细节的观察风格，试图一点一点地以想象的方式来构建城市生活。这种想象性的建构常常需要去寻找业已失去的记忆；那是一些既扰乱了当前的稳定性也使另类的未来得以进入想象的记忆。我在这方面的看法多少有些不同于前面已经提到的心理地理学。即使如此，做出一些这方面的实验仍旧是有价值的——但愿我能传达出这种实验的必要性。

例如，小说家伊安·辛克莱和电影制作者帕特里克·凯勒(Patrick Keiller)都曾探讨过伦敦的心境和氛围。他们的作品是非学术性的，并且从多重意义上说，我认为，较之于那些更学术化的著作，比如说对幻想或情感的解释，他们的这些作品才是着手分析城市情感生活的一个更好的切入点。心理地理学是一个与盖伊·德波和环境主义国际(the Situationist International)的写作关系密切的术语。他们对城市生活的调查和对城市生活的干预，因其写作中的乌托邦色彩是值得重视的。他们的贡献在于其确立了对处于心理地理学核心位置的隐藏的或公然存在的权力关系的发现。其目的不仅是要能够以不同的方式描述世界，而且要能够释放人们对于世界的真实欲望和灵感。

在大多数的心理地理学研究中，有一个潜在的假定，即人们的欲望是不能得到真实的表达的，相反，它们都被以各种方式物化了(或者说是商品化了)，也可以说是被阻塞了。这一假设认为，要说城市居民在某种意义上与情感保持了距离，是需要做出一些解释的。对这一问题的绝对重要的论述是齐美尔有关城市与心智生活的著作，因此，这正是下一步要进行的工作。齐美尔想要为对于城市的唯物主义解释增加一个心理学的维度。他的工作为思考现代城市生活对情感、对于人们的感受和社会交往所造成的后果提供了一种丰厚的资源。然而，我们最终到达了一个需要去思考社会与个人之间、可见事物与情感之间关系的地方。至此，城市开始闪着微光：真实的一切已不再如先前那么真实，即便是作为一种心境。在本篇导言的最后部分，我们还将对城市生活的魅像展开更为深入的思考。

然而，在此之前，让我们看一下伊安·辛克莱和帕特里克·凯勒对于伦敦情感生活的探讨吧。

伦敦的心理地理学：辛克莱和凯勒的时空旅行

致力于探讨城市生活中被忽略的或是隐在层面的城市理论家的路径之一，就是去游历城市：有时乘火车，有时乘汽车，但大部分则是徒步而行。对于许多人来说，漫步是体验城市的首要的空间实践形式。在伊安·辛克莱的小说中，漫步是重要的，它不仅作为一种体验城市和评价城市心境的方式，也是在城市的不同区域之间审慎地建立想象性的——甚或是神话的或魔法的——联系的一种方式[5]。辛克莱描述了像这样漫步的好处：

> 漫步是一种探索和开拓城市的最好方式；变化、变迁、盎状云层上的罅隙、水面上光的运动。有目标的移动是受人欢迎的模式，怀揣十足的幻想踏上铺着沥青的路面，让一个基本的虚构模式去自我现身……留意于一切事物。电话亭的排列、由维多利亚时代墓塚斜坡上的苔藓制成的地图、妓女卡片的结集、被撕坏和污损了的约克大厅已被取消了的活动的促销广告，对已故作家故居的访问，战争纪念碑上的青铜铸件，石膏塑的狗，啤酒杯垫、使用过的安全套的汇集、宝马车碎裂边窗周围的玻璃碎片的晶体结构……漫步，穿过慢慢隐去的城市景观，将它全部缝合在一起：法律所禁止的伤害身体的鸡尾酒，以及高浓度的愤怒的一氧化碳。(1994，p. 4)

在《奔向领地》(Lights Out for the Territory)中，辛克莱记录了连续的九次伦敦郊游。然而，辛克莱的书并非只是对于这些探险历程的叙述，相反，他旨在写出(按照辛克莱的说法是)一种城市的心理地理学，去探寻他所注意到的事物与这些事物的丢失了或隐藏着的历史之间的联系。通过有目的地寻找事物间的联系，辛克莱希望提供一种对于伦敦心境的准确理解，既从地理学的角度，也从历史学的角度。辛克莱的计划是有趣的：这部分是因为他的叙述中所利用的历史，也部分地因为他试图去推测的那些在城市中纵横交织的隐秘关系的性质。辛克莱这样描述第一次出游的潜在逻辑：

> 就是想要在城市蔓延的区域刻下一个简单的V字，通过画记号的行为去破坏处在休眠状态的能量。从哈克尼区(Hackney)出来，走向格林尼治山，并且从距离很远的利河(River Lea)走到清福德山(Chingford Mount)，在墙上、电线杆上、门框上记录并取回信息；越来越疯狂的民众的恶意和情感迸发。(1997，p.1)

一踏上这次旅程，辛克莱就极力地在伦敦的面孔上去画出一个V字。然而，还不止于此，通过对出游的每一个细节的记录，辛克莱正在利用这个(不是那么)随意的V字符号，去绘制一幅伦敦心境的横截面图。辛克莱本人的心境则是易怒的。这在辛克莱沿着他的V字形路线穿过伦敦的时候变得更加明显。

远游本身开始于伦敦北部的阿博尼公园公墓(Abney Park Cemetery)。在从斯托克纽因顿向着达尔斯顿区朝南方行进时，辛克莱花了一些时间去观察一个矮小的方尖碑，此碑矗立在威灵顿公爵酒吧的前方；一位上了年纪的人在用从鼓胀的塑料购物袋中拿出来的干面包喂鸽子；一个无家可归的女人在交通高峰时段正缓慢地从两条交通线之间穿行过去。他沿着金斯兰主干道走过去，最后到达了维多利亚公园，在辛克莱看来，这里真是太干净和整洁了。因此，他向南走过先前的"人民宫"(如今已成为伦敦大学的一个学院)，向道格斯岛走去。

辛克莱在那里带着鄙夷的神情察看了金丝雀码头，并把它描写为一座献给玛格丽特·撒切尔致命的货币主义的非同一般的纪念碑，而且，他还充满怀念地赞誉人们对糊涂乱写的阶级斗争标语的坚持，尽管由无政府主义者领导的运动业已衰落。辛克莱从这里穿过泰晤士河，来到了格林尼治。在格林尼治，他向北折去完整地画出V字的第二条腿。最后，他到达了清福德山。在山上，辛克莱把他的叙述总结为两条反讽式的注解：第一，郊区的清福德山公墓是臭名昭著的东伦敦黑帮头目罗尼·克莱最后的安息地，第二，这座公墓是狗的自由领地——罗尼·克莱喜爱狗。

在途中(En route)，辛克莱记下了几乎是随处可见的糊涂乱写，这些涂鸦说出了"越来越疯狂的民众"的真实感情；他观看并参与了多起危险事件，如穿过贝思纳尔格林(Bethnal Green)为罗尼·克莱送葬的队伍；他还记得众多的蓄意谋杀行为，比如，发生在维多利亚公园附近的一个东区酒吧里的“大吉姆”穆迪谋杀案；而且，他还在如今可能被称作是伦敦废墟的各种残骸中寻找革命政治的幽灵。辛克莱还专注于伦敦历史的丑恶面：它的谋杀案、它的革命事件、它的不公。他的伦敦是疯狂的、有害的和邪恶的。我不太关心这些是否是对伦敦心境或是其性格的精确的抑或是有用的描述，我所关心的是把这些分明是无关联的观察或事件写进同一种叙述的后果。就在辛克莱艰难地穿过伦敦生活中那些被封闭的领域的时候，那些明显是没有联系的故事集合成了一幕魅影一般的、超现实的(位于真实之上的)城市场景。这些故事把伦敦生活显现为一个魅像——通常隐藏于视线之外的一系列灵异事件(hauntings)。

在辛克莱看来，城市被它的不端行为所缠绕，所以，通过对死者故事的追溯，他发掘出了潜存于伦敦生活之下的隐藏的暴力。在这座幽灵般的城市中，我们可以看到，许多种历史占据着同一个空间——并且，这些黑暗的历史盘踞在辛克莱的脑中。然而，对其他人而言，对这座城市的体验将会是不同的。这里的关键就在于，城市的情感组织、城市的多种历史与地理经纬，都有着细密的肌理。辛克莱的目的并非要去解开这些细密的编织，而是要去揭露藏匿于可见城市之下的纹理。帕特里克·凯勒本人的伦敦心理地理学也有着相似的目的和方法。和辛克莱一样，帕特里克·凯勒的伦敦也是幻影幢幢，只不过他的伦敦是被一个从来不曾出现过的伦敦所盘踞。凯勒的作品既是对这座城市的实际观察，也是对城市记忆的发明。

在帕特里克·凯勒的影片《伦敦》(1993)中，一位匿名的叙述者讲述了鲁滨孙的城市经验，及其对于城市的思考与感受。如同辛克莱的心理地理学一样，影片很大程度上依赖于旅行来拼合出城市的形象，它还有赖于一种逗留不去的观看，它详细地记录了所见到的一切。与辛克莱一样，凯勒也对这些旅行所展示的种种几乎已被遗忘的历史颇感兴趣。尽管凯勒对于伦敦生活细节的关注与对记忆场所的寻找有关：那些记忆扰乱了那种过去必然会导致当下灾难的观念。凯勒的影片与辛克莱的城市探索产生了共鸣，它也有一种对于记忆、另类历史，以及对于重新表达城市意义的潜在可能性的意识。

凯勒的影片是一次尝试，为了扰乱当先所确认的历史，它仔细剖析城市生活的细枝末节，以便发现隐藏的秘密。比如，从某个角度上说，凯勒的影片颇费心思地注意到了快速消失的新乔治亚式电话亭。此一时期，伦敦的电话公司正在替换这些电话亭，因为，据他们说，这些电话亭不好维持卫生，而且毁坏后维修费用昂贵。那位叙述者告诉我们，鲁滨孙对于这件事表现出了典型的怀旧情绪；某些真实的东西正在永久地从公共生活中消逝，如同街道上的公用电话亭越来越开放，而不能再被当作公共厕所来使用。小便的味道已经被消毒剂的味道代替了。

然而，新乔治亚式电话亭却劫后余生。某些电话亭已经被保留下来，可能是因为它们已成为伦敦街道独特外观和独特感受（以及独特味道）的不可缺少的部分。的确，它们出现在许多种伦敦明信片上。因此，碎片——诸如这些电话亭——变成了作为一个整体的城市的普遍标志。据说，在这些碎片中，能够发现城市本身的某些属性和影响。因此，在把城市当作一个整体来理解的过程中，第一个步骤就是要去搜集城市的碎片，如同一个犯罪现场侦查员从各个角度为案发现场拍照一样。在凯勒的影片中，叙述者告诉我们，鲁滨孙正在制作他自己的伦敦“明信片”系列。在鲁滨孙看来，这些明信片揭示了伦敦本地的异国情调，仿佛他是在从遥远的地方搜集明信片。实际上，凯勒的影片**看起来**就像是一系列的明信片：每一个镜头都停留在城市的风景之上，使它成为不受干扰的沉思对象。

这些明信片构成了城市的画框，展示了它的形象，诱惑我们以不同的眼光来看城市。通过给予我们观察城市空间的时机，使城市物质特性的其他方面得以彰显：它的运动、它的持续、它的忍耐、它的坚持——以及它的死亡。这些明信片变成了一系列视觉的组合，如同魅像。叙述者并未试图去解释或是使这些明信片前后一致。相反，它让两个方面各自独立：提供一种关于叙事的叙事。鲁滨孙对于伦敦的探索，调子与辛克莱有相似性，但凯勒的影片有其独有的氛围——一种对于失败的**当下**的忧郁感弥漫于整个影片。叙述者提供了有价值的信息：

> 英国革命的失败，鲁滨孙说，还围绕在我们的周围：在国会宪法中、在爱尔兰，并且毒害着英国的感情……我们所到之处，都有一种阴谋和叛逆的氛围。

据说，这部影片展示的是军情16局（英国秘密情报局）在沃克斯豪尔（Vauxhall）的壮观的大楼。伦敦是一种无形的权力的炼金术，同时也是一种另类现实可能性的炼金术。城市历史上的失败实验可能在为人不经意的空间中被发现。因此，叙述者描述了鲁滨孙的目标：

他在寻找记忆的场所。动情地回忆起一条街道，街道上有一些背对着运河的小工厂(伦敦东区沃平一个荒野画面的画外音)，但它们已不存在了……并且他已把邻近的地区当成了美化心灵、展开和放飞联想的演习场。

美化心灵、展开和放飞联想，这样的表述方式既带有心理地理学的痕迹，也带有精神分析思想的印迹。深入记忆的旅途是一个如梦似幻的过程，它试图去捕捉那些已经不复存在的，或是还可能存在的形象和意义。事实上，这些练习变成了理解城市梦幻特质的方法：它的场景和联想、它的空间并置与时间上的同时性、过去与现在之间的妥协。如同梦一样，如果考虑到旅途本身的顺序及其叙述过程，旅行探险也是由时间与空间的碎片拼合在一起的。在这些历险过程中，叙述者解释道：

他似乎是想穿越时间。[这是与一个木质调色板燃烧的长镜头相配的一段画外音，可能/或许是作为对影片此后展现的盖伊·福克斯之夜(Guy Fawkes night)的“记忆”]

当鲁滨孙展开他对记忆的寻找的时候，逐渐明显的是，穿越时间就需要跨越城市的空间。具体地说，旅行就是在时空中移动：为了找到一个记忆，人们还需要去为它确定位置；要找出它的位置也就是要查出它的过去。通过在时空中旅行，有可能把城市重建为它或许曾经所是的样子。这不只是意味着去展露城市的形象或是曾经的形象。它还意味着把城市的碎片放入曾经的历史之中，重建它们与其他时代、其他可能的当下、其他未来的联系。例如，鲁滨孙愤怒地记得，沃平的城市荒原是由 20 世纪 70 年代后期和 80 年代的经济衰退所造成的。但是，这些废弃的空间不只是关乎空寂，也无关乎历史的缺席，无关乎正在进行的一切的缺席。在鲁滨孙看来，这样的地方充满了幽灵，它们搅动了一个工作被保全、人们得以安居的世界。

对于辛克莱和凯勒而言，旅行是以不同方式体验城市地理的一种审慎尝试。凯勒的影片是鲁滨孙的另类伦敦时间与空间的编年史，每一部分都是由一次历险所推动的：

第一个是一次拜谒英国浪漫主义发源地的朝圣之旅。3 月 10 日，我们向草莓山丘进发，这原是赫拉斯·华尔波尔(Horace Walpole)居所，但此地已被旺兹沃思公共用地事件搅得沸反盈天；炸弹已于那天早晨的七点十分爆炸。

鲁滨孙和叙述者发起的许多次历险都受到了不期而遇的事件的冲击；我们可能会说，这些都是由城市制造的事件。机遇与巧合是至关重要的，因为它们让未经计划的发现得以成功。首先，鲁滨孙的第一次旅行是与浪漫主义本身相符的：从外部来观察自我，把自己看作是一部传奇的一部分。电影本身也涉及起源与传统的传奇。但这些意图却因事件的发生而没能实现。旺兹沃思公共用地的炸弹既引爆了历险传奇，也引爆了城市传奇。而且，叙事转向了对伦敦的思考：它是如何被一场不那么后殖民性的战争及其政治所盘踞的。炸弹引发了鲁滨孙对伦敦人遗忘历史的能力的反思——比如爱尔兰事件以及伦敦本身由来已久的爆炸活动。

因此，代替对伦敦浪漫主义的发现，城市探索者发现自己进入了一个既遗忘了传奇也遗忘了恐怖的城市——甚至也遗忘了历史本身。

伦敦爆炸事件现场

（来源：http：//i6.qhimg.com/t01a5e6cdc1a4a22158.jpg）

如果说辛克莱和凯勒的心理地理学是一系列的朝圣的话，它们就不是要抵达一个源头，或是一个目的地(到达一个已知的地方)，而是要抵达城市的健忘、挫折和娱乐。当旅行开始进行的时候，他们寻觅着城市特定的地理和历史。辛克莱与凯勒强调特定的事件，并且集中于城市的特定的外观。即使如此，在他们的作品中，分辨出一种思考的方法也是可能的，它**从**碎片**走向**对于伦敦以及城市生活的全面理解。也许，更有意义的事情在于，每一块碎片都显示了一种非同寻常的当下——一种城市历史和地理的替代模式。城市的时间和空间不再是自我肯定的，每一元素都是“由多种因素决定的”(也即是，反复多次地决定的)：由记忆、由意义、由社会关系。

辛克莱和凯勒的城市探索有三个重要的特征：第一，它们使得城市的点点滴滴被以多种方式凝聚在一起；第二，它们展现了记忆何以能够被重新点亮，扰动时空的稳定性，而其中有一些先前已几乎被遗忘；第三，它们证明了城市生活的视觉、身体体验过程的重要性。如果说辛克莱和凯勒在他们的书籍和电影中遵循着特定的路径并且提供了观察他们之所见的特定角度的话，这并非意味着它们就是唯一的路径。相反，沿着其他的道路进入城市，追踪其他的事物可能也是有价值的。重要的是，他们的作品既显示了利用碎片作为城市考察起点的价值，也显示了在时间和空间中追踪事物的价值。当辛克莱和凯勒的心理地理学传达了城市生活的一种梦幻般的感觉和被幽灵盘踞的特质的时候，心理地理学——如盖伊·德波及环境国际所构想的那样——也具有一种激进的目的。

心理地理学与真实城市

盖伊·德波相信，切实有效的实验必须被导入城市生活。在德波看来，这些实验将会构成新的城市实践，这类实践可以被称为心理地理学。德波基本上把心理地理学描述为一种观察的模式。这种模式并不是要提供对于城市生活的中性描述，它的意图在于让人震惊：更具体地说就是，去激起一种快感中的危机感。在很大程度上，这将通过描述人类对于城市景观的体验这一途径来获得，展示他们似乎在哪里与欲望相遇，却又失之交臂。这个观念的核心是这样的一种认识：城市生活、现代性已经把欲望引向了死胡同(cul-de-sac)，它许诺在这里可以得到满足，但实际上却使之走进了绝路。通过对城市空间的多种直接的干预——对于环境的创造——多种出路已被从这些死胡同中找了出来。

对于心理地理学来说，核心的(革命性的)任务就在于绘制出人们对于城市的体验。为了绘制这幅地图，穿越城市并且绘制它的周围环境的新方法将是必要的。其中的一项技术就是**导出**(derive)，或者说是**漂移**(drifting)。漂移并非一项随意的活动，而是一种以不同的方式对空间与空间性进行思考的审慎尝试：去创造环境，让作为当下制品的空间在其中逐渐被看作是荒诞的。因此，**导出**就是：

> 一种瞬间穿过各种各样的环境氛围的技术，导出势必造成活泼的建设性行为和对心理地理学的认识……从导出的观点看，城市有一种心理地理学的

信仰，它携带着恒定的电流、固定不变的点和强力阻止进入或退出特定地带的涡旋。(Debord，1956，p. 22)

在德波看来，这些空间实践证明，城市是被分化成若干具有氛围(以及微观气候)差别的不同环境区域的。自相矛盾的是，以这种活泼的颠覆性的方式穿越城市，正表明了城市权力关系的稳定的地理格局[7]：那些谢绝进入的地方——从政府机构的大门，到军事用地，到间谍机关的大楼，到私人住宅。城市是封闭的，而不是开放的：可以渗透，这是因于它所滤除的和它所开通的特定渠道，而不是因为它允许事物自由流动，或是允许一切事物通过。而且，城市的自由在现代城市中似乎持续受到攻击，持续受到限制，持续受到监控——常常又完全是以自由、服务和保护的名义。

情境主义国际(the Situationist International，SI)所操演的心理地理学，以及辛克莱和凯勒等人的心理地理学，都是对环境——城市——的直接经验及其对人类情感影响的研究。“导出”就是用来记录和体验这些情感的一种技艺。因此，心理地理学研究者考察城市，所到之处，必记下氛围、周边环境、情感模态等方面的情况。而且，他们也要理解存在于这些经验之下的**权力关系**。在情境主义国际的成员看来，这些权力关系——常常是暗含在空间生产、城市生产、商品生产、现代生活生产之中的——需要被转向其他的结局。这种转化，或者说是**转向**(detournment)，并不意味着有一个目标或是目标状态(goal state)。相反，**转向**促成了对出发点的寻找。

心理地理学被转向了欲望，转向了兴奋，转向了生活[8]。它的死敌就是厌烦：“厌倦就是反革命的。”情境主义国际在口号中喊道。

我们在城市中感到无聊，不再有任何太阳神庙……我们在城市里感到无聊，我们真的必须竭力应对，去在人行道广告牌上、在最新的幽默和诗歌状态中发现神秘的事物……[Gills Ivain (Ivan Chtcheglov)，1953，p. 14]

因此，伊万列出了一些广告标题的单子。此外还有一些地点：街边的建筑物、他留意到的某些事物、某些怪异的东西，也许是一个记忆，某种“没有音乐，没有地理的东西”(p. 14)，以及某些你看不见的东西：“它不存在”(p. 14)，他继续说道：

> 所有的城市都是地理学意义上的存在；你不可能迈出三步而不遭遇负载着它们的传说的全部威望的幽灵。我们在一个封闭的景观之内移动，它的地标持续吸引你面向过去。某些不断移动的天使、某些逐渐退去的视角，使你得以一瞥原有的空间概念，但这个景象依然是支离破碎的。(Ivain，1953，pp. 14—15)

一个城市生活的新规划将不得不关注城市的这些碎片、这些过去、这些幽灵和魔法。凯勒的《伦敦》负载着伊万城市分析中的情感模式的某些内容，尤其是考虑到它的幽闭的风景、它对某些丧失了的东西的哀悼、它的感觉上不断变化的天使、它对碎片的搜集。最重要的是，他们共享一种认识，城市可以通过其甚至是最微小的细节或是它的表层现象来加以探讨。凯勒的叙述者强调说：

> 鲁滨孙相信，如果他很难看到它，他可能会让城市的表面向他显示历史事件的分子基础，他也希望通过这种方式看见未来。

在这些(由凯勒、辛克莱和伊万所完成的)心理地理学的著作中，找到一种有关城市的**真实**本质的论据是可能的。作为城市的一个系列明信片，凯勒的《伦敦》邀请观众去(真正地)观察城市：越过它的外观、它的表象。通过这一系列的明信片，凯勒希望去揭露微小的、原子式的事件与历史洪流之间的联系。有一种对于多重历史与地理相交叠的强烈意识，这些相互交叠的历史与地理组成(既构成也发明)了可观察得到的、肉眼可见的城市景观。当我们从一个特定的角度坐下来观看这个城市景象的时候，车流、人流、频繁的事件从我们面前经过——时间本身也在流逝——全都沿着它们自己的路径。

在凯勒的影片中，鲁滨孙所造访的一个公园的门柱，正是记忆的承载者，是儿童声音的承载者。它们由于被拍卖——变成了伊万所谈到的幽灵。鲁滨孙仔细听了听，能够听得到门柱带着将要丧失的声音。门柱已经盘踞了城市，来自未来的幽灵还没有到来。通过对城市表层的认真审视(对鲁滨孙而言)，通过留心观察一切事物(对辛克莱而言)，通过与幽灵相遇(对伊万而言)，辨明历史事件以及许多种城市未来的模式是可能的，**超越事物的表象**。

这些心理地理学都唤起了某些事物，但它们是什么呢？有关幽灵与梦？有关过去与未来？有关承诺与失败？但这些肯定不是城市中所进行着的仅有的事情。别样的故事也是可能的。在明信片的背后，我们可以看到讲述其他类型故事的写作——家庭罗曼司，也许是“过得很愉快”、“ 希望你也在这里”。在表象的背后，或许我们也能理解城市的其他（历史）故事。正是这些城市空间所具有的多孔性（porocity），**既**引发了故事的多样性，**也**产生了城市的多重时空，其中，只有某些部分才被允许变成现实。其他部分则变成幽灵。某些部分仍然是梦。

心理地理学实验和干预的目的在于探索城市不同的氛围。它不只要寻求为它们绘制地图的方法，也要把它们变成某种不太稳定、不太疏远的东西。然而，这些写作也揭示了城市的魅影般的特质：一个景观，城市的表象在此处并没有背叛它们借之以生的手段。同样重要的是，城市充满了运动，充满了时间与空间的纵横交错，充满了一系列的梦幻和幽灵。城市尚未解决的难题在于它的变化的视角，在于它改变感知的方式。在这个业已城市化了的空间，我们已不会再期望去找到一个答案、一个梦想，仿佛它能指向唯一的一种意义。相反，这些心理地理学实验传递了一种对城市多样性的认识——它们彼此交叉重叠——它们是交错的，交互混杂于一体。

尽管存在一种探索城市氛围与情感的清晰意图，但目前却尚未见到一种有关城市与心理生活之间关系的观点。然而，在这种情感结构中，存在着一种系连在厌倦与亢奋、对抗与冷漠之间的特定的扭结。在评价心理地理学情感地图的价值的时候，我们有必要回到齐美尔，因为他提供了一种认识城市生活氛围与城市居住者心态之间相互关系的方法。

城市与心态

齐美尔的经典论文《大都市与精神生活》(1903)在与过去以及乡村生活的对比中，探讨了人们对于都市生活的经验已经发生了怎样的改变。在他的叙述中，街道被当作是人们不得不去处理的城市经验中绝对具有活力和多样性的地点。有鉴于此，城市居住者培养出了对抵抗那种数量可观的街道经验的能力：他们变得更加冷漠，在他们处理与自身周围的世界的关系方面也更加理性化（另参见 Allen，1999a）。在我们更详细地考察齐美尔对城市精神生活的解释之前，倘若我对齐美尔社会分析方法的背景做一点交代，将会是不无助益的。在他的主要著作《货币哲学》(1900)的前言中，齐美尔指出，在此书中：

> 所展开的尝试就是要去构建历史唯物主义之下的一个新的楼层，因此，当这些经济形式本身被认为是更深层价值系统和心理趋势，甚或是形而上前提的结果时，把经济生活纳入精神文化动机的**解释性价值**被保留下来了。(p. 56，着重部分为引者所加)

这个有关目的的表述也描述了齐美尔在《大都市与精神生活》中看待城市生活问题的方法。齐美尔试图去理解现代性的心理前提，而与此同时又要参照都市的变化情况去解释这些前提的发展。换句话说，齐美尔既认为心理支撑了经济生活和城市生活的基础，也认为经济生活与城市生活方面的变化会改变人们的心理。最好是把齐美尔的观点理解为对城市生活的不同方面——经济的(主要以货币的形式)和心理的(以态度和联想的形式)——如何**相互关联**的检验，在这里，城市生活的每一方面都有可能被任何其他的方面所修饰。

齐美尔认为某些重要的现象正在城市居住者的精神生活中发生的观点，明确肇始于《大都市与精神生活》：

> 现代生活最深层的问题产生于这样的尝试：个体为了保持其生存的独立性与个性特点而反抗社会最高权力，反抗历史遗产和外部文化以及生活技巧的重压。(1903，p. 30)

齐美尔是在暗示，城市居住者的最深层次的问题来自他们应对现代社会、文化和生存技术的压力。同样明显的是，齐美尔不相信这种压力在18世纪以前就存在，而且也不相信它们存在于乡村地区。换言之，齐美尔对大都市与精神生活间关系变化的分析是被置放在一个城市性质变化的历史轨迹之内的。从根本上说，他在表明城市已经变成了从各种传统关系束缚中获得解放的基地，无论是经济的、道德的还是宗教的束缚。齐美尔认为，现代城市居民极力维持他们的自我意识，而同时又被切断(或是解脱)了与传统的联系，并且同时又被卷入大众社会和货币经济之中。因此，现代社会为都市人设置了与那些生存在更早年代或是生活在农村的人截然不同的问题。这些问题都与货币经济的兴起有关，但它们毫无疑问也与城市中正在发生的巨量事件有关。

大城市的感觉是与众不同的，并且这种不同明显表现在它的街道生活中，这些街道上似乎有无穷无尽的擦肩而过的事物之流，如同是在魔术幻灯(phantasmagoria)中一样。而且，城市的不同凡响还因为它们不断地把人们抛入与新的体验、新的环境和与新的人的接触之中。大都市人通过培养出一种特定的态度——城市心态，来应对被他们所遭遇到的新事物淹没的可能性。这种心理结构的特征就在于它企图抑制城市刺激的情感浓度。大都市人的性格是建立在一种**知性主义**之上的，就是说个体要极力降低他们对于城市所提供的刺激的容量和种类的反应。因此，齐美尔的主张就是，城市的发展既对社会交往，也对人们的个人态度与行为产生了直接影响：

> 代替情感性的反应，都市人的典型反应基本是理性的，也因此创造了一种经由意识的强化而产生的心理主导倾向……也就是借助这样的方式，大都市的居民来应付他的(原文如此)店主、它的顾客，以及它的佣工，并且也常常应付那些和他一起被抛入强制性联合的那些人。(Simmel，1903，p. 32)

在齐美尔看来，城市居民的典型的理性主义和知性主义有着深远的意义。从某种意义上说，这些禀性使得城市居民能够摆脱社会交往的旧的习惯和传统。齐美尔认为，现代城市给人们创造了去发展对自己个性和独特性的认识的机会。如今，这已不仅是一个心理过程，它也与经济方面的变化相联系：因为如今的经济看重个人的创造性和才能。但齐美尔并不满足于仅仅去观察个体在城市中被解放的过程，因为他还指明这些新的自由如何给人们制造了新型的问题。在城市里，人们被束缚在各种各样的社会交往之中，但这些交往越来越发生在与那些只具有最表层关系的人们之间。

现代城市的实质就在于它集中——在时间和空间上——许多活动、人和物(包括政治体制和金钱)的方式。因此，人们可能在情感上从城市生活中撤出，并且发展出一种有所保留的认识。然而，刺激的集中也可能是人们变得对世事厌倦，或是冷漠。齐美尔借此表达了人们不再那么关心事物间差异的意思。在齐美尔看来，这种态度是与商业主义的兴起以及货币经济相关的。事实上，货币使得一切都可买卖和交易。物的价值可以被精确计算：齐美尔认为，城市居民越来越发展出一种“实际生活的计算精确性”。(1903，p. 33)

把齐美尔作为一个目击证人(而不是一个理论家)来解读，我们可以发现，在20世纪的上半叶，欧洲城市正在以产生了**值得注意的影响**的方式，既使社会组织也使人们彼此间的相互反应方式发生着变化。也就是说，此一时期的柏林人正在发展出一些新的相互交往的方式。重要的是，这些新的联系方式涉及时间与空间的重新安排。严守时间——在适当的时间出现在适当的地方——此时已变得重要。怀表是这种时间重要性变化的明显的证据。实际上，怀表在那一时期的柏林是极其时髦的。城市生活此时已被切分为分和秒，而不是小时。空间也被以不同的方式处理了。城市的物的流动以更加精确的和一体化的方式被控制。根据齐美尔的说法，这种空间控制的标志就是交通信号灯。与此同时，土地被切分为不同的性能，在公共的和私人的空间之间存在着明显的界限。货币也改变了在城市之内看待房地产(即对于空间的占有)的方式，因此，更高的利润在城市的商业区域内部产生。

> 大都市一直是货币经济核心，因为商业活动的多面性和集中性已经赋予交易中介以重要地位，这种重要性不可能在乡村生活的商业活动中获得。(1903，p. 32)

尽管城市总是掌握了经济大权，但齐美尔认为，现代城市中不断加速的聚团化(agglomeration)效应正在对人们的生活方式产生一种质的影响。现代城市在时空上的集中现象已经强化了人们之间的联系，以致他们如今不得不与世界保持一种心理上的——和身体上的——距离。在此，人们可能会想到电话使人们能够在很远的距离之外相互交谈这样的方式，但它也免除了人们对于直接相聚或是去参与到那些与自己进行私人通话的人中间的需要。齐美尔的城市是一把双刃剑：它的优势常常也正是它的劣势。

齐美尔对于城市的自由必定是一件好事情的可能性依然保持慎重的态度，他也并不乐观地认为，通过把不同背景的人集中到很近的距离之内，集中到社会交往之中，城市就会增进和谐和共识。事实上，城市居民的看似冷漠和不友好，还有更加黯淡的一面。齐美尔担心，城市居民也会相互显示出“轻微的厌恶、共同

的陌生感以及排斥情绪，在一种无论如何已经出现了的密切联系中，它可能导致仇恨与冲突的爆发”。(1903，p.37)

在齐美尔看来，城市的情感生活有别于其他地方见到的生活。他的分析的核心在于对城市经验的多样性和异质性的认识。这些经验的无休止的展开把城市创造成了一个魅像。齐美尔为我们理解城市所增添的东西就是一个心理的维度，在这一方面，城市居民发展出了一系列使他们能够应对现代城市生活压力的态度。其中包括厌倦的态度，也包括保留、冷漠、计算性、理性、个性、个人技巧、创造性、专门化，等等。城市礼仪和规矩是与众不同的，但其生产方式和对技术的社会利用也同样是不同的。然而，没有理由去假定，所有的城市都实行了相同的礼仪和技术利用，也没有理由认为，城市中的所有人都必然会以相同的方式做出回应。

从多重意义上说，现代城市生活是以其魅影般的体验为特征的。我们从齐美尔那里得知，这些经验既诱发了现代城市居民的心理和情感反应，并且，也被这些反应所创造。从某种程度上说，现代城市生活的魅像是城市之中所发生的绝对多样的事件所创造的：这一定程度上与社会进程有关，包括比如货币经济，或者商业活动，或者技术发展的状况；但它也部分地涉及在真正把握城市里正在发生着的所有各类不同事件方面的无力状态，甚或涉及城市生活的生产和再生产方式；在某种程度上，它也势必造成人们表达和抑制感情的方式。这些都是城市生活梦幻一般令人无法摆脱的特质——如魅影一般地组合在一起——的不可或缺的部分。在这种理解中，魅像的观念对于真实城市的分析是至为关键的，因此，我们接下来还要回到这个观念。

城市生活的魅像与真实

到目前为止，始终具有重要意义的是对城市生活的专注的形式，它能够认真对待那些被忽略、被抛弃、被轻慢、被遗忘的各类事物：无论它们是高大的建筑物还是电话亭，是墓碑还是塑像，是糊涂乱抹还是广告标牌。投入城市生活的这种专注，是一种辨析城市之间和城市之内的差异性的方法，甚至在看待表面上相似的“事物”(如纪念碑、公共汽车、购物中心、电气照明灯等)的时候也是如此。城市生活的表层状态——无论是在辛克莱还是在凯勒的眼里、在情境主义国际的观察中，抑或是在齐美尔的眼里——都已在众多方面出现了问题。这并不是说上述的每一个人都认为城市生活的表层状态是没有意义的，或者是都认为它对于理解城市生活至关重要。准确地说，这些作者既怀疑展现在他们眼前的一切，也不相信沉溺于眼前这个世界的后果。当辛克莱试图分辨他所注意到的事物间的隐秘或神秘联系的时候，凯勒则在试图去辨别构成城市生活的分子事件(molecular event)。与此同时，德波也怀疑社会通过形象、通过城市中的生活景观变为经验的方式。而齐美尔则渴望了解这些肤浅的表层互动是如何组织起城市居住者的情感，以及如何影响了城市生活的。

即使如此，城市生活的表层状态仍然是令人快乐并让人牵挂的。而且，它们也还拥有其他的特质。若要举其中的某些方面，魅像(phantasmagoria)这个术语则十分有用。这是一个经常与本雅明的著作相关的术语，本雅明时常暗示，城市生活的许多表层状态赋予了它以幻梦般的或幽灵般的品质。要理解本雅明为什么会对魅像感兴趣，最佳的起点就是对技术发展的追踪。科莱里告诉我们，phantasmagoria 原本是一种特殊形式的魔术幻灯表演，流行于 18 世纪 90 年代和 19 世纪早期(Crary，1990，p. 134)。它使用反向投影的方式，所以，灯是观众看不见的：这就是说，引致投影生产的过程是感觉不到的。泰利·卡斯特尔(Terry Castle，1988)认为，这种魔术幻灯技术开创了一种新的视觉经验的可能性。这一技术一定程度上与影像的运动有关。因为感觉不到形象是怎么被制造出来的，从一个影像向另一个影像的转换就制造出了一种梦幻般或幽灵般的视觉效果。

而且，到了 19 世纪，一系列新的影像投射形式也被展示出来了。本雅明只是列出了其中的一部分：

> 有全景、透视景、西洋景、半透景、外光景、幻景并现、幻景和幻影叠现的经验，房间里的风景如画的旅行，世界全景图、光学风景、电影景观、可视景、立体景、环形全景画、全景剧。[Benjamin，1927—1940，(Q1. 1)，p. 526]

这一切都使得 DVD 和电脑绘图看起来缺乏想象力。关键在于，魅像既是由一系列相互融合的形象组成，如同是在梦中一样，它还隐藏了其生产的手段。在使用这个术语的时候，本雅明同时唤起了魅像体验的两个侧面：既有运动的景观，也有超越表象去洞察生产手段的需要。因此，通过采用魅像这个术语来描述现代城市生活，本雅明既凸显了比如巴黎这样的现代城市中显而易见的新的经验形式，而且也凸显了为城市创造了许多景观的社会进程的不可见的特点。例如，拥挤的人群就具有一种魅影般的效果。没有面目的人们不断地从眼前穿过，一个融入另一个。这种效果是疏离的(如波德莱尔所描写的那样)：部分原因在于造成拥挤的技术尚在视域之外，部分也是因为不可能与拥挤的人群中那些幽灵般的人们取得联系。

沿着对视觉经验的幻术般的生产以及人物的梦幻般、幽灵般运动的认识，在本雅明看来，魅像还从事着另一种类型的工作。因为，它还是一个分析性的概念，这个概念描述了他所谓的梦想的集体的性质。就此而言，它包含一种对于现代性总体状况的理解，在现代性状况之下，人们终其一生都在梦游，无力认清他们的欲望。但魅像还意指这些做梦的集体被生产和再生产的地点：比如，在娱乐场所或是(如齐美尔所暗示的那样)在人们保护自己免受城市生活震惊的情况下。

的确，魅像迎合——并创造——了体验的新形式，包括消遣的形式和厌倦的形式。比如在巴黎，拥挤的人群、街道、时装、漫步、新闻、侦探小说之类就创造了众多的魅影般的体验。不仅类似巴黎这样的城市的现实生活是魅影一般的，本雅明猜测，现代性本身也是具有魅像性质的：

> 世界被它的魅像所控制——用波德莱尔的话说，这就是“现代性”。(Benjamin，1939b，p. 26)

现代性就是其魅像。也就是说，现代和进步的形象已经把城市，甚至是历史本身变成了一个魅像。苛刻地说，这些魅像——现代性本身的这个魅像——为新的社会生活形态创造了可能性。如同齐美尔一样，本雅明并没有受到诱惑而认为这些经验纯粹是新生的。他对变幻不定的现状的怀疑在于，它掩盖了某些旧时曾有的东西。因此，魅像的欺骗性甚至扩展到了历史洪流本身：

> 做梦的集体不了解历史。在它面前流逝的事件似乎总是完全相同的，并且总是新的。[1927—1940(52，1)，p. 526]

从这个角度来看，现代城市可能是以对行进和运动、对外表和景观、对进步和新颖、对梦幻和幽灵的体验为特征的。但在这个世界之中，比如商品之类的新事物的创造，和旧事物的丢弃或毁灭(比如废弃的商品)，并不必然指向进步，甚至也不意味着人们(更加)接近了他们所(真正)**想要得到**的东西。就此而言，现代性是天然地具有矛盾性的：新的，又是旧的；提供满足，却又不断令人失望。现代性是一个魔幻的过程，正如马克思和恩格斯的著名论断所言：在这里，“一切坚固的东西都烟消云散了”[11](1872，p. 83)。[12]

在本雅明看来，这些现代性经验创造了一种魅影般的梦幻世界。然而，梦幻世界的观念不只是对现代性与城市的一个描述，因为它还有一种激进的内涵。本雅明从弗洛伊德那里拿来了这样一种观念，即真正的欲望和希冀是被包裹在梦之中的。对他们两个人而言，梦是理解这些(隐藏着的)欲望的一种途径。本雅明从弗洛伊德那里得知，欲望借助他所谓的“梦的运作”(dream-work)的转变程序在梦中得以伪装，所以，要理解梦幻世界就需要理解这种从事梦的生产的运作过程。对于梦幻世界是如此，对于魅像也是如此。因此，这个训谕就是要去探索这种从事现代城市生活魅像制作的**运作机制**。这一分析的逻辑起点是与对梦本身的分析相一致的：与从事梦的制造的运作过程相一致，并且与它如何显现了现代城市魅像的过程相一致。

在探索现代城市生活魅像的过程中，我将采取的第一个步骤就是(如逻辑显示)梦。但是，梦又会引出另一个城市魅像。因此，比如梦包含着愿望的观念，将会被运用到对于城市魔法的探索之中。魔法本身假定了辛克莱试图在城市中发现的各种超自然的联系。超自然现象不只显示了其他的权力形式，它还表明，对于生命与死亡来说，存在着比生死本身更多的东西。这就提出了有关城市中的死者和不死者的问题。就这一点而言，吸血鬼变成了思考城市生活的关键人物。吸血鬼揭露了构成城市的时间与空间方面的某些异质性的、非线性的东西。正是在本章中，对于前进的魅像或是循环的魅像的思考结果得到了最明确的解决。对于不死的吸血鬼的讨论把我们(绕了一大圈)引向了死者的幽灵：这就是城市中幽灵般的人物序列。每一章都探讨了魅像以不同的运作去制造真实的城市生活的方式。贯穿全书，梦、魔法、吸血鬼和幽灵都被看作是同时既揭露又掩盖了欲望和焦虑的形象，它们通常是矛盾的，却又总是不可预料的。

因此，对于城市情感生活的探索是从**梦**开始的。梦在本书中承担了三重使命。第一，梦能够在城市中作为碎片被发现：在广告中，在关于城市的故事中，在人们对于城市的体验中，等等。而且，城市也可以在梦中找到，而这并非是一种无足轻重的观察。在我看来，梦是既能在睡眠中也能在现实生活中发现的经验现象：见于许多城市，见于特定的地点，等等。第二，梦为解释城市生活[13]、为探索魅像的梦幻般的领域提供了模型。弗洛伊德对于梦的解释被修订，以便提供一种对于从事梦的制造的运作机制的理解。这种解释方法开始于特定的梦的元素，并通过下述的情感和意义网络来进行。梦的分析因此既可以被用来理解城市生活梦幻般的特质，也可以被用来理解从事城市生活魅像生产的运作机制——不只是梦的运作，而且还有诸如魔法运作、血缘运作和悲伤运作等其他形式的情感运作。第三，梦可以在修辞的意义上被使用：它们让人想到一种对更美好生活、更美好城市的向往。最后，梦也是政治性的——我们将会在本书的结论部分看到这一点。

作为城市生活的模本，梦回应了辛克莱“留心一切事物”的训令。实际上，在梦的分析中假定，城市生活中看似边缘化的领域很可能是最有说服力、最能揭示内情的。在本书中，我集中关注的是梦、魔法、吸血鬼和幽灵这些城市的边缘区域——然而，这些领域最终却处在城市生活真实部分的核心。让这些边缘形象显示其重要性，其意义在于，它们揭示了城市的欲望和恐惧，并且，它们在不同的地方发挥了如此不同的作用。所以，值得注意的是，其他的边缘形象可能也是重要的(而且本书也明确地表明，这些临界地带应该受到严肃对待)。例如，城市中特定的漫步者被描述为“狼人”，因于他们一旦走出前(或是后)门就会发生变化的方式。他们是具有双重人格(Jekyll and Hyde)的人物，他们一旦散落到城市的社会荒野之中，就会变得更加野蛮、更加可怖。狼人也显示了特别是在城市月圆之后的暗夜里所发生的一切。

实际上，传说是与某些城市的根基相联系的。在瑞典的隆德(Lund)，故事讲到了一个巨人在那里建立了大教堂。同样是在隆德，当耗子的幽灵被人发现从一个看起来像是古老的坟丘里出来的时候，一个狼人据说已游遍了大教堂旁边的小森林。

与此同时，天使据说已经在许多城市里被发现。有人告诉我，这在巴西十分常见，并不让人关注。在布达佩斯，英雄广场有一座大天使加布里埃尔(Archangel Gabriel)的雕像，因为(在一个传说的版本中)天使据说出现在斯蒂芬的一个梦里，并给他献上匈牙利的皇冠。与此同时，城市的地下墓室和雕塑公园也显示了从前时代的幽灵轨迹。事实上，无论你从哪里看布达佩斯，似乎总有(已经失去了的)纪念碑和金色天使。[14]在其他的城市，包括睡魔、僵尸、(各种类型的)妖怪、魔鬼(悖谬的是，尤其是在天使之城洛杉矶)、外星人，等等。

毫无疑问，这些事物暗示了城市是如何从情感上，想象性地、异想天开地、真实地进行运作的。在这个意义上，大概地说，人们可能会直觉地推测到，一个被天使覆盖的城市，与一座有着涉及伏都教传说的城市相比，可能会有一种不同的情感结构。然而，对梦的追踪已经将我引向了特定的魅像和魅影般的人物。我把自己的研究限制在梦、魔法、吸血鬼和幽灵之内。我遵循着一种把我从一个问题带向另一个问题的逻辑。这个逻辑在每一章的引言和结论中都有解释。对这些魅像和魅影般的人物的追踪，已经把我带向伦敦、新奥尔良和新加坡——在这些地方，梦、魔法、吸血鬼和幽灵都曾以某种形式出现。即使如此，如我们将会看到的那样，大多数也可能在其他城市中发现，比如纽约、约翰内斯堡、柏林和巴黎。

在下一章中，我将更详细地探讨城市生活的梦幻般的特质。作为解释城市生活的一个模型，它强调了“事物”不断变化的意义，并且依赖于能够揭示出新的意义的对“事物”的追踪。从事梦的制造的运作过程的观念是具有高度启示性的，而且，如本雅明可能意识到的那样，对于思考从事制造城市生活特定魅像和现代性的魅像，也是有启示性的。让我们转向城市生活的梦幻世界吧。

(1. 作者：斯蒂夫·派尔，英国开放大学社会科学学院文化地理学教授。
2. 译者：孙民乐，中国人民大学文学院教授)

注释：

[1] 本文原为 Steve Pile 的 *Real Cities：Modernity，Space and the Phantasmagorias of City Life* (Sage，2005)一书的导言。

[2] 另参见 Pile，1999。

[3] 另参见 Donald，1999，pp. 8—19。

[4] 参见 de Certeau，1984；另参见 Sennett，1970 and 1994；Soja，2001；Maspero，1990；Auge，1986；历史论述方面可参见 Rendell，2002。辛克莱也使用其他的空间实践去追溯伦敦的心境：例如在《路德热》(*Lud Heat*，1975)中，辛克莱把霍克斯莫尔的各个教堂用线连起来(马克·阿特金斯制图)，以显示潜存于当代伦敦生活的古老、神秘的神话的模

式；在《河的下游》(*Downriver*，1991)中，辛克莱讲述了一个与泰晤士河具有神秘联系的故事。

[5] 对于辛克莱懒散状态的批评性解读，参见 Donald，1999. pp. 184—185；另参见 Pile，2002。对于这个地区的不同解读，参见 Wright，2001。

[6] 从某种意义上说，辛克莱的“留心一切事物”的训令，与弗洛伊德“均匀地延缓注意力”(evenly suspended attention)的治疗实践是相似的，这使他既能留心一切事物，却又不去预先推断它们的重要性或是历史(参见 Laplanche and Pontalis，1973，pp. 43—45)。

[7] 参见第 4. 6 节。

[8] 关于权力的空间性，参见 Allen，1999b，and 2003。

[9] 参见 Kern，1983，p. 15。

[10] 参见 Benjamin，1927—1940(Mi，6)p. 418；也可参见 Poe，1839。

[11] 此处的 Jekyll and Hyde，系斯蒂文森(Robert Louis Stevenson，1850—1894)小说《化身博士》(*The Strange Case of Dr. Jekyll and Mr. Hyde*)中的人物。此注为译注。

[12] 有关城市与哲基尔和海德的关系，参见 Donald，1999，pp. 117—119。在唐纳德看来，“内在的恶魔”既暗示着男性的内在分裂，也暗示着潜伏于现代性之内的诡异。

[13] 参见 Scholar，1998，以及 Schivelbusch，1983，皆论及夜晚的社会史与城市的灯光。

[14] 相关的论点，参见 Donald，1999，pp. 17—18，在这里，他考虑的是天使可能帮助我们理解城市的幽灵空间是怎样让人居住的。

幽灵之城[1]

[英]斯蒂夫·派尔 著/孙民乐 译

一切已死的先辈们的传统，像梦魇一样纠缠着活人的头脑。

(Karl Marx，1852，p. 145)[2]

引言：城市生活如幽灵作祟般的特质

幽灵并不只是一个死去的人或是一个失踪的人，而且是一个社会形象，对于幽灵的考察，可能通向历史与主观性创造社会生活的密集部位。幽灵或者称为鬼魂，它是某种业已丧失了的，或是用肉眼几乎看不见的，或是对于我们的据说是受过良好训练的眼睛来说似乎不存在的东西，让它自己被我们察觉或者向我们显形的一种形式，当然是以它自己的方式。幽灵的存在方式就是作祟，而作祟是一种非常特殊的了解已经发生或正在发生的事情的途径。被幽灵作祟，有时竟违背我们的意志，并且总有一点魔法般地把我们带入一种我们前去体验的现实的情感结构，不是作为冰冷的知识，而是作为一种有变革能力的确认。(Avery Gordon，1997，p. 8)

根据社会学家艾弗里·戈登的说法，幽灵是一个向我们诉说丧失、灾难、不公的社会形象。而且，幽灵故事所能做的，就是引荐一种作祟的效果，它使那些丧失、灾难和不公获得一种情感确认。幽灵故事可能悄悄从你心中爬出，令你毛骨悚然。它们可能是令人不安的、诡异的、可怕的。这当然是通过城市生活魅像去追查幽灵这个社会形象的一个原因。另一个原因与幽灵和时空的关系有关。通过作祟，幽灵在城市空间的生产中泄露了时间与记忆的意义。作祟是与地点密切相连的；幽灵作祟于地方、空间和场所。幽灵很少远离与死亡相关的地点，很少远离与丧失、灾难和不公相关的地点。尽管与地点紧密联系在一起，但幽灵也并非一直显现。

幽灵出现又消失。在这个过程中，幽灵使一个地方的时间流失去了稳定性。它们改变了一个地方与时间进程的关系——因为幽灵似乎不是从任何地方跳出来的，而是以某种方式一直在那儿。当再次见到他父亲的幽灵时，（莎士比亚戏剧中的）哈姆莱特这样描述了这种不安的经验："时间脱节了(Scene V，Act I)[3]。"也许，他可以同样说，"空间脱节了"。随着对丧失、灾难和不公的理解，幽灵表达了城市的时空错位。

在戈登看来，幽灵透露了对于城市生活中的丧失、灾难和不公的一种令人毛骨悚然的、惶恐不安的确认。他提示人们，幽灵故事的情感特质可以引向"有变革能力的确认"。幽灵可以是启示性的、具有进步意义的。这不是马克思意义上的幽灵。根据马克思的说法，幽灵把活着的人捆绑在过去的传统之上，并且是极端反动的。幽灵紧紧抓住活人的心灵，就像一个醒来之后依旧盘桓不去的噩梦。这就是处在本章核心的政治问题——幽灵是有变革能力的还是反动的？接下去的问题是，我们该如何对待吸血鬼？

首先，我将讲述几个新加坡的幽灵故事。目的在于说明在城市的过去与灾难发生地点之间存在那种如幽灵作祟般的关系[4]。第一组故事直接与新加坡历史上的创伤时期有关——第二次世界大战期间的日本占领期。尽管在英国和澳大利亚部队的抵抗之下，日本军队已感到精疲力竭、寡不敌众，但最终还是在1942年2月15日占领了具有战略意义的港口城市新加坡。由此开始了长达三年半时间的野蛮统治。这些战事中的幽灵今天依然尚存。

1942年2月14日的夜里，日军士兵闯进亚历山大医院，在此之后便不断为非作歹，并且开始用刺刀刺伤病人、医生和护士[5]，包括那些正在1号手术室中的医生和护士，那里有一台手术正在进行。那些幸存者都被赶进了狭小的、不通气的小房间。在令人窒息的高温中，没有水和食物，许多人都死去了。整个夜晚，幸存者们接二连三地被拖出来，并在医院里被杀害。英国受害者的幽灵经常被发现，尤其是在手术室。……他们的幽灵据说也一直在附近的山顶上出没。

在新加坡城内，日本人对中国人心存戒备，并试图"净化"抗日情绪共同体。为了进行以肃清行动(Sook Ching)闻名的"筛查"，所有的中国男性都被迫向日本军方做汇报。日本军警把大约25 000名年轻的中国人带到各处的海滩，包括榜鹅(Punggol)和樟宜(Changi)，以及岛内的其他地点，并将他们杀害[6]。今天，中国人去西乐索海滩过夜，希望能见到栖息于海滩上的幽灵。他们报告说他们看见了日本士兵拿着刺刀向他们走过来，看见了人们被大肆屠杀，甚至还亲自体验了屠杀的场面[7]。在许鞍华(Ann Hui)的《幽灵人间》(Visible Secrets，2001)上映的时候，年轻人前往幽灵出没的海滩的这类探访也在香港出现。

1942年的幽灵提示我们关注新加坡殖民地时期和日本占领期的可怕事件与特定地点之间的关系。然而，在新加坡还有比这更多的幽灵。事实上，新加坡到处都有幽灵。在农历的7月更是如此，在这段时间里，根据道家传统，饿鬼与活人的世界全面接触[8]。在以饿鬼节(中元节)闻名的日子里，人们为了饥饿的幽灵而不吃饭不喝水，通常也包括某些甜食。他们还要烧香、烧纸，这些东西代表金、银和衣服，特别是还有各种面额的印有地狱钞票符号的纸币。

《幽灵人间》

(来源：http：//image. baidu. com)

……

如果幽灵没有受到恭敬对待的话，他们明显可能会捉弄活人，甚至伤害他们。在多重意义上，这样一种观念符合弗洛伊德对幽灵信仰的描述。弗洛伊德的观点就是这样表述的。生者是害怕死者的，因为生者中的某一部分人曾因他们的死去而感到高兴、安慰。这种因他人的死亡而产生的快乐情感使生者感到有罪和可耻。在弗洛伊德看来，生者把他们的罪感和耻感，以及他们对惩罚的期待和恐惧，**转移到**了幽灵的形象之上[9]。于是，幽灵试图让生者受伤，因为生者暗地里怀着对于死者的恶感。为了安抚幽灵并劝说他们别去为害，生者必须表明他们对于死者毫不含糊的哀伤，以及/或者他们对于亲人死去所遗留下来的一切的无比感激之情。

然而，对于饿鬼节而言，还有比幽灵返回寻求为害的弗洛伊德式恐惧更多的内容。例如，人们相信，作为祖先，幽灵能够对生者世界的事件产生影响。给幽灵献上食物、金钱和衣物就是一种“投资”：你奉献得越多，作为回报，你得到的运气就越好[10]。最终，许多人烧掉了大量的纸钱作为献祭。然而，即使是最简陋的街边神龛受到的呵护，也表明了对于死者的尊敬，就如同幽灵造访人间时，为了款待它们而上演的木偶戏和戏剧那样。伴随着对于死者的预先警戒的态度，在这些行为中也存在着一种对于幽灵所处困境的深深同情，以及一种在精神上和施舍上的大度。

我认为，这样的信仰并不仅仅是与现代性共存的，它们也不是某种将会在一定意义上从现代城市中消失的残留的前现代迷信；它们是现代的新加坡的一部分。换句话说，新加坡的现代性和它的城市生活是被幽灵盘踞的，正如它具有魔法和吸血鬼的特性一样。在这一点上，新加坡并非独一无二——这种与幽灵共在的经验，暴露了城市的幽灵般的形象，它行进在现代城市生活的魅像队列之中，这就是现代性本身的被幽灵附体的特性。因此，迈克尔·贝尔业已指出：

> 我们现代人，尽管有机械论和理性主义的气质，却是居住在充满幽灵的风景中的。我们每天经过的这些风景，是被我们所看不到的，而且也无由见识其真相的神灵所居住、所占有的。（Michael Bell，1997，p. 813）

幽灵作祟应当是与现代性互不相容的，然而，幽灵却似乎抓住了生者的脚踵，拖住了现代性的后腿。我倾向于认为，幽灵绝不代表进步的障碍，幽灵作祟正处于现代性的心脏和核心位置[11]。幽灵是现代城市生活魅像中的一个人所熟知的，也许是令人感到困扰的形象。某些特定的吸血鬼主题早已出现，它们将增进我们对这些魅像的理解。这些主题与丧失、创伤和不公有关；与记忆和地点有关；与由幽灵创造和再现的时间和空间的紊乱有关；与死者对生者的要求有关；而且与生者如何对死者做出适当回应的问题有关。

……

对过去时代的回忆：记忆、魅像以及本雅明的柏林

记忆是人们城市经验和城市生活的一个恒定主题。根据本雅明的说法，当你

走过城市的时候，记忆会在你的面前闪动。幽灵伴随着生者，甚至常常是在生者还不知道它出现的时候。然后突然之间，往事会让它自己的出现被人感觉到——幽灵出现了。这些记忆可能来自不同的源头，很像是梦的运作中的原料。它们可能是近期的，也可能是幻想的、几乎被忘却的，甚或是久已被人遗忘的。在这种情况下，童年记忆可能是特别浓烈的、特别令人困扰的，尤其是让人挥之不去的。童年时期被埋葬的恐惧和欲望可能会被突然记起，好像城市充当了一个播放闪回镜头的触发装置。

经验是如同魅影一般的，当许多混杂的记忆突然汹涌而过——恰如梦幻。观看这幕景象的最佳地方是在本雅明对他柏林童年的描述中。在《柏林纪事》(1932a)中，本雅明开始通过一系列的回忆去重建柏林印象，关于地点，关于人物，关于柏林的时间与空间。不是要去重构一种对于城市和对于他自身经历的"真实"叙述，本雅明的纪事穿行在他记忆中的地点之间[12]。其结果便是一件在时空中漫游的迷宫式的作品，它借助的是对心理、物理和城市景观的同时展现。本雅明的写作有一种幽灵作祟的特质，这不是偶然的：他正是要去激活现代城市生活的特质[13]。

首先，本雅明这样开始了他的柏林故事，他邀请读者去会见来自过去的人物，这些人物对他曾具有重要意义。确实如此，他构想了一幅柏林的地图，意义重大的关系都在这幅地图中被追寻出来。而且，本雅明还大略提供了为城市绘制地图的方法——通过沿街漫步，通过把自己迷失于城市，犹如在丛林之中迷失(p. 298)。他相信，把自己交给城市，不只是要把自己沉浸于城市，还要能够留心城市生活的碎片[14]。从每一块碎片中，本雅明都追踪到了一种关系。如同梦的分析一样，每一种关系都导向更深的思路、导向其他的碎片[15]。然而，在某种意义上，本雅明的方法与其说是对梦的解释，毋宁说它更像是考古学。因此，他建议人们去小心地挖掘覆盖在碎片之上的土层。本雅明认为，让死去的城市重现，通常需要一次又一次地返回一个地点。重回柏林，他发现的正是它的幽灵一般的特质：

> 喧闹的柏林、事实上的柏林，工作的城市和商业的都会，还有比其他的一些城市更多而不是更少的那种地点和时刻，在这些时刻，它见证了死亡，它显示自身被死亡所充满；而且，对这些时刻、这些地方的朦胧的认识，也

许比其他任何事物都更多地赋予了童年记忆一种品质，这种品质立刻使它们变得倏忽即逝，而又令人着迷烦恼，犹如几乎已被忘却了的梦境。(1932a, p. 316)

回想他的青年时代，本雅明记起了他与弗里兹·海恩勒之间的友谊(pp. 306—309)。根据本雅明的说法，海恩勒是一个诗人，但他19岁就去世了。本雅明失去朋友的悲伤是显而易见的：他还记得他的生活和激情，他的革命狂热。不清楚的是，犹太人海恩勒是如何与他的基督徒女友同时死去的。然而，他们生活中的图腾(禁忌)关系在死亡中变得不被宽容了：亲人们无法找到一块可以安放两个人的墓地。他们在死亡中也是被隔离的：事实上的柏林见证了生者对死者的残忍[16]。

……本雅明把梦当成了生活的一个真实部分和对隐秘的欲望与恐惧的证明。因此，他对柏林的回忆会把梦包括进去[17]，这并不让人吃惊。一个特殊的记忆是与一座房子相关的，布鲁姆绍夫街10号或是12号。本雅明说，他童年时代的许多快乐时光是在这所房子里度过的。他被允许听钢琴演奏、读书。因此，也许令人吃惊的是，本雅明还讲述了一段与这座建筑相关的诡异的情感经历：

我一开始就遇上了个噩梦。醒来时还没有感觉到有楼梯。但在我的记忆中，直到今天还保留着在那些快乐的日子里做过的一个梦中被幽灵作祟的情景。在这个梦里，楼梯似乎是被一个幽灵控制了，它在我爬楼梯的时候等在那里，尽管没有挡我的路，当我只剩下几层楼梯的时候，他让我感觉到了它的存在。在这最后几层楼梯上，它施用法术迷惑了我。(p. 329)

从这段回忆开始，本雅明接着描述了这所房子里房间的空间布局。他还记得他的祖母，记得他自己如何不得不穿过一个大房间才能到达她那里。记忆似乎是脱节的：幽灵、祖母、楼梯、房间、攀爬、穿越距离。这所房子是一个记忆脱节之地，是昔日的幽灵现身之地，是他的道路被阻塞之地[18]。进一步说，这所房子是被如梦如幻地展示出来的。不止于此，本雅明还运用了双重的透视，重要的记忆持续出现在梦里，重要的梦的元素在醒时还存在。然而，这个特殊的梦是一个噩梦，意味着梦里包含着或是揭露了纠缠着本雅明的某种灾难记忆：

担心关不上门，这是人们从梦里知道的事情。更具体的说法就是，有些门似乎是关着的，而不存在关不上的情况。通过进一步的认识，我才知道我是在一个梦里了解到这个现象的，在这个梦里，当我正和我的朋友在一起时，一个幽灵在我们右边一所房子的一层楼窗口对我显现了。并且，当我们继续散步的时候，这个幽灵在所有房子的内部伴随着我们。它越过所有的墙体，并且总是保持在与我们相同的高度。我看见了这一切，尽管我是无心的。我们穿过拱廊街的路线基本上就是这条幽灵漫步的路线，在这条道路上，大门和墙体皆可通行无阻。[Benjamin，1927—1940(L2，7)，p. 409]

人们不只是在现代城市里梦游，他们还在其中作幽灵式的漫步。从这个角度看，城市像被幽灵盘踞一样，也被有血有肉的人所盘踞。从梦中，本雅明了解到拱廊街作为一个特殊类型的空间的生产秘密，它被那些自由走动的人们所盘踞，好像是没有大门、没有院墙。幽灵使本雅明得以看到人们在现代城市空间里自由漂流、无拘无束的魅影似的运动。就此而言，我们可以考虑，当代的购物中心以何种方式创造了一个相似的去领土化的空间——它也允许人们随意走动——也就是说，一旦你进入了内部之后。从这个角度来看，拱廊街创造了一个内部空间，它同时也是一个外部空间。幽灵的出现是一个临界标志：它在一个世界与另一个世界之间。确实如此，幽灵跨越两界，既不完全存在于任何一个世界，也无法找到一个适当的地方。尽管幽灵似乎是自由的，但它却标示了一个脱节的空间——一个两界颠倒、界限可以被跨越的空间。

幽灵站在个人性与社会性的临界地带，跨过一个永远也不清晰，并且永远也不会完全打开或关闭的疆界，非法贩卖着各种情感和记忆。在梦中，本雅明记得，他本来知道幽灵在那里，却又不能看见它。有意思的是，本雅明没有说他受到了惊吓，或者是竟至于被幽灵搞得惊慌失措。某种程度上说，恐惧的情绪在梦中已经被转移了，被从幽灵的形象上远远地移开了。梦的可怕变现(realisation)存在于别的什么地方。正如本雅明所暗示的那样，正是那些居住——作祟——于城市的人，才是幽灵，仿佛这些生者已经死去。而且，这种看法的必然结论可能是，这种对于梦的变现的恐惧**被转移到了**幽灵这个形象之上，以至于生者能够确认的事实仅在于，他们还活着，因为他们知道自己不是幽灵。他们不是，对吗？

打消这种念头吧。

本雅明的幽灵畅通无阻地在空间游动，而且幽灵同样也自由地跨越时间而游动。即使如此，幽灵还是不能汇入历史的平稳流动，只能偶尔涉足于特定的瞬间或时代。它们打断了历史，跃出了时代，只存在于它们自己的历史之中。幽灵是打断了时间的线性进程的形象，这个时间来自过去，经过现在，走向未来。因此，本雅明一定不明白拱廊街的幽灵来自什么时代，也不明白拱廊街本身处在什么时代。如果说幽灵打破了拱廊街的时空的话，那么，这是因为如今的拱廊街容纳了一种尚未公开的不公——一种死亡，一种幽灵作祟：一个尚无历史的悲剧。幽灵是丧失和创伤的见证，这些丧失和创伤可能已打断了时间的自由流动。正像克利(Paul Klee)的绘画《新的天使》(Angelus Novus)一样，幽灵已被进步的大灾难打垮。有关这幅画作，本雅明著名的评论是：

> 这就是一幅历史天使的画面。他的脸朝向过去。在我们看来是一连串事件的地方，他所见到的却是一场单一的大灾难，这场灾难持续地堆积着废墟残骸，并将它们抛掷到他的脚下。天使本打算停下来，唤醒死者，并把破碎的世界修补起来。可是，一场风暴自天堂吹来，它猛力地卷起天使的双翅，使得天使再也无法把它们收拢。这场风暴不可抗拒地把天使刮向他背对着的未来，而他面前的残骸却堆得直冲天际，这场风暴就是我们所说的进步。(Benjamin，1940，p. 249)

像《新的天使》一样，幽灵也是这一切灾难的合适见证。但是幽灵并没有绑在时间之流上。相反，幽灵依次存在于几个时代之中。它是属于过去的，想望着某种未来，却又作为一个同时既可见又不可见的幻影只与现在发生联系。对幽灵——以及幽灵的现身——的警示需要一种特殊类型的观看。在本雅明的作品中，童年提供了一睹诡异效果的机会，这不是偶然的，因为天真与残忍的悖论在童年的看的方式中具体化了。正是天真与知识、信仰与知识以及过去与未来之间的矛盾，体现于构成了电影《第六感》基石的那个心理失常的孩子身上。通过对《第六感》的讨论，有可能突出现代城市中生者对于死者的诡异情感。

看见死人：童年、诡异以及与丧失共存

由布鲁斯·威利斯(Bruce Willis，扮演马尔科姆·克洛博士，儿童心理学

家)和海利·乔·奥斯蒙特(Haley Joel Osment，扮演柯尔·希尔，一个极为痛苦的小男孩)主演，《第六感》(由 M. 奈特·沙马兰编剧并导演)是 1999 年最成功的电影之一。……

这部影片是一部超自然的恐怖片，它以克洛博士试图了解小男孩痛苦的原因为中心。首先，克洛博士必须去赢得柯尔的信任，并在接下来的时间里去想出一种祛除幽灵的办法。在最后的几幕中，真正的幽灵被揭露出来——既是对观众，也是对幽灵本身。在电影中有许多令人毛骨悚然的瞬间，通常是利用了轻而易举地与被幽灵纠缠的小男孩以及这个小男孩的空间和时间相联系的诡异效果来完成的[19]。这种观察支持了弗洛伊德对文学中诡异效果的一种解释。

弗洛伊德(1919)把诡异定义为当某些熟悉的事物令人费解地变得奇异、惊悚、可怕、骇人的时候所激起的一种恐怖和畏惧的感情，这一定义非常著名。弗洛伊德解释说：

> ……诡异是某种私下里熟悉的东西，它经受过压抑，然后又从中恢复，并且，一切诡异的东西都满足这个条件。(p. 368)

这个定义无意于覆盖所有层次的恐怖，但它确实描述了许多这样的毛骨悚然的时刻。尽管弗洛伊德列出了各种各样产生诡异效果的经验——如复制、分解和交换人、重复、无望、对死者的否定、自我决定的动摇、罪恶与魔法等等(pp. 339—363)——他认为，许多人都是在“涉及死者和尸体、涉及死后复活，以及涉及精灵和幽灵的时候”，最强烈地体验到了诡异的感情(p. 364)。因此，在《第六感》中，亲切、甜美的孩子变成了不安的中介，通过他，令人困扰的诡异事件发生了——以幽灵般的表现形式。

在弗洛伊德看来，诡异的本质在于，它是因被压抑对象的回归而造成的。当创伤经验或者痛苦的想法通过各种手段远离意识的时候，压抑发生了。这种被压抑的观念和想法因此而在无意识之内被隔离。然而，如果机会出现，这些想法将会突入意识——有时作为一种强烈的情感，有时作为一种心境，有时出现在梦中，但是很少作为一种明确的想法和记忆。回归，尽管是暂时的，但被压抑的一切充分利用了防范机制中的裂隙，这些防范机制是个体用来保护无意识记忆和情感免受困扰的。根据弗洛伊德的说法，具有重要意义的是，这意味着诡异的经验仰赖于个体已知、却又未必意识到的恐惧与焦虑：

……这种诡异事实上不是什么新的或是可怕的东西，而是某种熟悉的和心中既存的东西，它只是通过被压抑的过程而变得怪异。(1919，pp.363—364)

在某种意义上，诡异有一种梦幻般的或是噩梦般的性质。在诡异之中，被转移的情感突然发现了路径——经由现实世界的触动——进入意识，不是作为一种明确的思想，而是通过被转移和凝缩到有代表性的形象上的感觉。在《第六感》中，主要的有代表性的形象就是那个小男孩，柯尔·希尔。

小男孩这个形象凝缩了许多可能的恐惧。柯尔已经了解了超过他的年龄的东西，他能够看见成人看不到的东西；但他不能够表达他的恐惧，并且是生在他自己的恐怖世界之中，他不能获得成人世界的援助，他实际上是孤立无援的。因此，柯尔体现了许多常见于童年经验的恐惧和焦虑：孤独，疏离于成人世界，一种交流的无能或是不能被严肃对待，被抛弃和与家人分离。柯尔本人变成了一个令人毛骨悚然的人物，既体现了强烈的童年焦虑，也体现了与死者的可怕关系。

从影片一开始，曲折的情节似乎就涉及(那个小男孩)柯尔是不是幽灵的问题，因而也就是他是否受到了幻觉、妄想狂、精神分裂和其他类型的情感紊乱交互的折磨的问题。尽管柯尔似乎患有天底下的各种心理紊乱疾病，准确诊断的可能性得到了克洛博士作为获奖的儿童心理学家这个身份的强调。因此，柯尔·希尔是不是有能力看见死人的问题被解决了。即使如此，我们不仅在柯尔看见幽灵的时候也看见了幽灵，而且我们还目睹了幽灵对柯尔身体上所产生的物理影响。因此，如果柯尔能够看得见幽灵，那么，问题就变成了克洛本人是不是一个幽灵——而且这正是曲折情节的核心关切之所在。

令人称奇的是，这部影片搞清楚了这个幽灵确实是克洛博士。这个线索是清楚的(影片制作者担心的是，也许太清楚了)。于是，影片在医院中结束，饱受精神创伤的柯尔，选择把他黑暗的秘密告诉克洛博士。柯尔坦白，他看得到死去的人，并且看见这些幽灵像普通人一样四处游动，他并没有意识到他们是死人，因为他们只见到了他们想见到的东西。在柯尔的令人吃惊的真相披露过程中，镜头自始至终目不转睛地对准了克洛博士的面部。这个信息是毫不含糊的：克洛博士是一个幽灵，但是他(还)不知道这一点，因为他只见到了他想看到的东西。

让我们看一看《第六感》所展示给我们的城市的诡异面貌。首先，这部影片被颇为用心地设定在一个城市之中——不是随便的哪一座旧城，而是一个特定的美国旧城：费城。字幕告诉观众，这个故事将以一种尽量真实的空间定位，在费城的南部展开。我们看到克洛博士正在仔细查看一个有严重情感问题的病人的一些病例记录。街道是安静而且古旧的，周围几乎不见人迹。正如我们将会料到的那样，没有人注意到了克洛博士。因此，当柯尔离开他的房子，惊恐万状地跑到一座教堂的时候，克洛博士也跟踪而来。人们丝毫没有理会这个男孩，也并不在意跟在他身后的医生，我们对此并不感到吃惊。街道既没有人，也没有车辆。教堂本身也是空的，即便是在克洛博士初次联系这个被幽灵附体的孩子时也是如此。

贯串整部影片，街头的景象似乎都是清冷和空旷的。在这个意义上，与简·雅各布斯(Jane Jacobs，1961)的愿望相反，不存在“街边有眼”的现象：当代的美国城市死了，并且陷入一片死寂。没有人去注意或是会留意到——更不要说是阻止——一个跟踪在受惊男孩后面的陌生人[20]；或者说，与影片中的现实更为契合的是，没有人去帮助一个分明是在自言自语，似乎是沉浸在一场与另外某个人的交谈之中的小男孩。这些街道绝不是人与人之间融合和交汇的地方，人类的交往被从这里撤出了——被撤出，也就是说，只剩下了生者与死者之间的联系，这是具有讽刺意味的。

……

在德里达看来，幽灵以返回开始(Derrida，1993，pp. 10—11)。对他而言，这就是幽灵所要做的一切：它们(从过去)返回。他的分析以对《哈姆莱特》的阅读为基础。在这部戏剧中，哈姆莱特的父亲返回是为了结束他被谋杀这桩事情。在《第六感》这个例子中，幽灵也是为了请求生者的帮助而返回；帮助它们处置未完成的事务。然而，另一些幽灵并没有返回，它们盘踞或是占有(一个地点)。它们想从活人那里得到的东西，可能更多地与他们盘踞和占有一个地点的欲望相关，与盘踞和占有这一行为的意义有更大的关系，而不是为了返回来向活着的人提出要求。从这个角度来看，德里达的作祟模式和幽灵的模型是完完全全以哈姆莱特的父亲为基础的。幽灵对一个特定地点的盘踞和占有提出了“幽灵想要什么”的问题，正如我们在下一节将会看到的那样。

建筑地点：在新奥尔良、伦敦、新加坡一睹幽灵

在以上的两个小节中，人们感觉到，在现代城市生活的魅像中，幽灵是离奇地以熟悉的面貌现身的。城市的幽灵作祟——或者说幽灵对城市的盘踞——的独特之处只在于幽灵的数量、异质性和密度之超常。这意味着城市是无以计数的往事——悲剧、创伤或是其他方面——共存的地方。每一个幽灵、所有的幽灵都证明了这些不同事件的共同存在，各自都带着运行于自身的时间性。每一个地点都被这些时间所占有、所盘踞。幽灵不只体现了城市时间的异质性，它们还扰乱了地方的意义。某些特定的地点似乎比其他地点有更多的幽灵：例如，墓地，还有剧场、废弃建筑，以及与死亡相关的地点，尤其是医院、谋杀、自杀和枪杀犯人的地点[21]。幽灵此外还占有一些地方，通常是占有家居空间，比如，著名的闹鬼的家宅。这样的故事既会揭示构成了地方的异质的时间性，也能说明对一个地方的占有或者盘踞意味着什么。

……我们已经听说过新奥尔良的吸血鬼旅行。与此相连的是幽灵旅游，最受人喜爱的一个景点是皇家街 732 号。这个故事与此有点相像。从 18 世纪晚期到美国内战，年轻的白种克里奥尔(也就是法国后裔)男人通常以有色人种的女性作为情妇。这些男人通常会为这些女性提供属于她们自己的家，她们过着相对自由的生活[22]。这种不受法律支配的制度意味着这些女仆所生的孩子，尽管不合法并被划为黑人阶层，却将承袭父亲的姓氏，并由他来供养。有时，男孩将会被送往巴黎接受教育，但女孩将最终成为下一代克里奥尔男人的女仆。在对血统的种族性和种族主义统计中，这些女性是以黑人血统占四分之一而闻名的[23]。事实上，在 1805 年和美国内战之间，混血女孩的舞会——白种男人可以在这里公开选择一名混血女孩做情人——成为新奥尔良社会日程中一个重要时刻。皇家街 732 号的故事涉及的就是这样的一个混血女孩朱莉。在这个故事中，这一背景——以及它的种族的和性剥削的基础——从来没有被注意到。朱莉幽灵的故事是被当作一个悲惨的爱情故事来讲述的[24]。

在冰冷的 12 月的夜晚，在皇家街 732 号最高层的阳台上，目击者们看见了一个美丽、赤裸、“橄榄色皮肤”(原文如此)的女鬼形象，它在严寒中无声地颤抖，来回地走动着[25]。有时，对她“橄榄色的皮肤”也有其他的各种描述，有时，也说她“几乎赤裸着身体”，但是，你可以由此了解个大概。在此地旅游的人们通

常会仔细察看这座建筑，希望(担心?)见到一个裸体的美人。有些人一想起这些就瑟瑟发抖。这个故事的一个流行版本接着讲到了下面的内容[26]。朱莉是一个富有的法国年轻人的情妇。这位不知姓名的法国人一直与朱莉保持着关系，并且两人深深地相爱着。但是，跨越种族划分的爱情是受到禁止的。一个夜晚，这对恋人因他的家人的来访而感到惊慌失措。“别担心，”他说，“我会把我们的事情告诉他们，并且，从此以后我们将幸福地生活在一起。”或者是其他一些诸如此类的话。“看着吧，”他接着说道，“我会下去和他们解释一切，但你要躲在阳台上，直到我说安全了再出来。”朱莉尽管(几乎)是光着身子，并且(总是)那么美丽，她还是同意了。她走上了阳台，在一个冰冷刺骨的12月的夜晚，她此时的年龄大约在十七八岁的样子。她等啊等啊，一直地等着。从没有怀疑她所希望的一切将会成为现实。她不顾一切地证实她的爱，静静地等着，直到她静静地死去。

新奥尔良野蛮的种族历史在一种伤感的视角之下得以展现。朱莉之死的悲剧被归咎于一个富有的年轻的克里奥尔人的疏失之上。社会戏剧被改编成了家庭戏剧；情节剧被改编成了幽灵故事。在其他的新奥尔良幽灵故事中，奴隶们并非都会因她们对于白人的爱情而注定走向这样一种悲惨的结局。一个种植园主的家里有几个幽灵暗中盯上了一座大厦，它们的沉冤是遭人毒杀——据说——是被它们家的一个女奴。明显的是，奴隶体制的野蛮所造成的悲剧足以留下一串长长的幽灵的足迹，所有的幽灵都自愿地展示了——如果说还不够详细完整的话——创伤的确切性质[27]。

伦敦以它的幽灵而闻名。实际上，喧闹的、事实上的伦敦可能已几乎容不下它的许多创伤的历史了[28]。

……

这些幽灵在干什么呢？对这个问题的一个回答可以在莎伦·马尔库斯(Sharon Marcus，1999)对维多利亚时期英国“闹鬼的房子”的故事的解释中找到，这些闹鬼的房子有许多是位于伦敦[29]。她主要是通过财产关系的变化来解释闹鬼房子的故事的流行原因。在这个时期，许多房子过度拥挤，房子又被再度分割为更小的单位，这种居所的居住者短时期之后就会迁移。因为不知道谁住在隔壁，也不知道以前是谁住在这个房子里，而且不知道房子里可能发生过什么事情，这些恐惧被表现——并且，在驱鬼成功的地方，也被缓解——在闹鬼房子的故事中。

在马尔库斯看来，维多利亚时期城市的物质特点也使它们自身适于幽灵故事。诸如巴黎和伦敦这些城市都有狭窄的、昏暗的、迷宫似的街道，有隐秘的空间、废墟、地下墓穴和坟茔[30]。与此同时，维多利亚时期的房屋带有边缘的、秘密的空间，比如地下室、阁楼等。在这些地方，谁知道可能发生过什么事情？比如，在本杰明·富兰克林的旧居(伦敦克雷文街 36 号)修复工作进行期间，在地下室中发现了 1 200 块以上的人骨[31]。富兰克林旧居中有黑暗行为？抑或只是无辜的医学实践？到处都有不可告人的秘密。

在马尔库斯的解释中，幽灵承担“双重职责”。它们表达对于城市财产关系的焦虑，而与此同时也通过各种驱鬼形式缓和了这种焦虑。事实上，这就是约翰·康斯坦丁的故事中所发生的一切。你有可能居住在一个老酒鬼孤独地、不受关注地死去的地方，与这种可能性相关的焦虑，被康斯坦丁富有同情心的和通情达理的驱鬼行为缓解了。那个死去的人只是要寻求安慰，所需要的一切不过是对幽灵想要的东西的一种领会。

通过幽灵，往事重返以搅扰活人，这些活着的人常常傲慢地以为，他们是一个地方的唯一占有者。朱莉默默地让人想起仍然活在新奥尔良的殖民地和奴隶的往事，当人们不了解一个地方的历史，或是他们打算忽略警示信号的时候，他们大多会被搞得措手不及。现在被过去所占有(附体)的后果可能是令人难以接受的。……

过去永远不会被轻易祛除。……在拖着历史暗影的新奥尔良，在肮脏的伦敦和现代的新加坡，幽灵说出了当代生活的令人困扰的性质。

在新奥尔良、新加坡和伦敦的时空魅像中，幽灵是具有颠覆性的形象。在另外一个《驱魔神探》(Hellblazer)故事中，这一次是由沃伦·埃利斯(Warren Ellis，1999)撰写的，约翰·康斯坦丁对生活在伦敦这样被幽灵盘踞的城市究竟意味着什么进行了反思：

> 伦敦是建立在幽灵的基础之上的。你在伦敦行走不可能不行走在幽灵之上。河的下游，有成排的廉租房，在这里，剃须刀片在洗手间和起居室横飞……史密斯菲尔德鲜肉市场，他们曾在这里枪杀了威廉·华勒斯，因为他是一个苏格兰人，要让他臭名远扬。这一点也不夸张。他们还在 17 世纪第一个十年中在这里用开水生生煮死了一个厨师，因为他毒死了某位主教的伙伴。在一个美好的夜晚，你可以闻到他烹饪的饭菜的味道，闻到他本人以及

其他被他们在这里烘烤的异端分子和不安分的牧师的味道。(Warren Ellis, 1999, pp. 98—99, 100)

作为19世纪改革的结果[31]，肉类市场被统一安排在史密斯菲尔德这个地点，这是伦敦最血腥的地点之一。这当然也是一个充满血肉与白骨的地方。而且，正像旅游向导会告诉你的那样，它还是一个幽灵出没的地方。一种另类地图还会为你显示它的血肉与白骨以及幽灵的历史。伦敦的现在正是立足在这些过去的时光、这些异质的历史之上的。每一个地点，每一所闹鬼的房子，都与异质的时间相关。不是单一历史的平滑的流动，而是创伤事件的破碎的和分裂的时间在寻求对现在的占有和盘踞。

伦敦既是被幽灵(死者)盘踞的地方，它也被约翰·康斯坦丁(生者)所盘踞。盘踞具有双重意义：它意指一个地方既被死者也被生者所占领。因此，出现在城市生活魅像中的幽灵般的人物，既可以是死者，也可以是生者。可是，康斯坦丁做出了进一步的观察，他的脸上带着一丝苦笑："我的名字叫约翰·康斯坦丁，我待在这里：被伦敦盘踞。而伦敦也被我盘踞。"(p. 142)感谢康斯坦丁的愤世嫉俗和痛苦的观察，我们现在可以明白，他本人也被伦敦所盘踞。城市也如幽灵般令人困扰。城市本身就是鬼魂的可怖呈现——是一个降临到自身的创伤。

纽约的死亡与埋葬：城市与悲伤运作

在大多数幽灵故事中，死者的死亡方式都至为关键。有时，生者被与死者相关的自责所盘踞：幽灵，是生者对于死者的情感的幽灵化的体现。在弗洛伊德看来，死亡将如何适当地表达悲伤的难题呈现给了生者。弗洛伊德认为，有两种可供选择的**悲伤运作**(grief-work)的形式：悲悼或者忧郁。在悲悼中，生者确认死者已经离去。慢慢地，生者学会带着丧失和他们对于死者的被打断了的情感依恋去生活。然而，在忧郁中，好像是自我的一部分已经死去。根据弗洛伊德的说法，忧郁体验到了：

一种深深的痛苦的沮丧，中断了对外部世界的兴趣，丧失了爱的能力，抑制了所有的活动，并且把利己主义的感情降低到了这样的一个程度，它只能在自我责备和自我憎恨得到表达，并在对惩罚的不切实际的期盼中达到顶

点。(Frued，1917b，p. 252)

为了说明这种形式的忧郁，并且为它牢固地在城市中定位，我将仔细研讨一下乔·康奈利的小说《穿梭阴阳界》(Bringing Out the Dead，1998)[33]。在这部小说中，康奈利生动地描述了死者出现于城市的两个瞬间。这些经验是以他自身的体验为基础的，当时，康奈利花了9个月的时间在纽约的圣克莱尔医院工作。他在书中所讲的故事涉及弗兰克·皮尔斯，他当时正在纽约地狱厨房的**慈祥的圣母**(Our Lady Mercy)急救室当一名急救员。弗兰克处在崩溃的边缘，靠酒精和药丸来抵御悲痛、死亡、恐惧、创伤、悔恨的情感；他也刚看见了幽灵。而且，弗兰克乐于向幽灵认输，正是因为他已经被幽灵盘踞；尤其是被罗斯所盘踞，他相信这是他所杀害的一个人的幽灵。在小说的开头部分，弗兰克与死者的关系得到了形象的展示。他和他的搭档拉里参加了一次紧急救护，找到了一个年老的男人，他分明已经死了，周边围着他的痛苦的家人。这两个救护员立即着手去抢救伯克先生。当弗兰克打开伯克先生的嘴的时候，他手指上感到了一阵冰冷的气息：

> 我敢肯定这是做心肺复苏术时沉积在腹部的麻醉气，但在过去的一年中，我开始相信这些东西标志着灵魂离开了身体，并且不想再被放回原处，灵魂对于死者给它们留下来的令人尴尬的地方感到气愤，尽管我明白我这么想是多么疯狂，我还是坚信，如果我此时抬头仰望，我会看到这个死去的男子正站在窗户上，盯着他出生地的沥青地面和灰色的壕沟。(Joe Connelly，1998，p. 3)

这里的意思是说，死者对生者的盘踞贯穿着整个故事。最后，弗兰克将会解除伯克先生灵魂与身体分裂的痛苦，以便让他的灵魂在重症监护的剧烈疼痛中不再愤怒和怨恨。然而，弗兰克对于灵魂的信仰开始于对罗斯的施救失败。她的死亡盘踞了所有其他的死亡：她盘踞了弗兰克参与的所有急救活动；罗斯盘踞了弗兰克，而且她还盘踞了这座城市；这座城市也盘踞着弗兰克。正像他所说的那样：

> 这些灵魂是工作的一部分。我向来就明白这一点。我曾在地狱厨房工作

过很多年，要想经过一栋不存有某物灵魂的建筑是不可能的：缺少爱的尸体上的眼睛，呼叫着某一位被爱的人。在死后生命的强烈爆发中，所有的尸体都留下了标记。你不可能靠近一个新的死者而感觉不到它。我甚至已经看到最平静的夜晚在眼前飘逝，第二天早晨生命残骸的浓雾仍充满了整个房间，在浓雾散尽之后，标记仍旧存在，在一个永远不会恢复形状的枕头里，或是在一个永远清除不掉的墙上的斑点中。(p. 54)

死者的灵魂变成了城市组织结构的一部分，它已被编织进了城市的外部形象之中，因此，人行道和楼梯井都变成了鬼魂，它在某种意义上附属于灵魂的灵魂——就像是一个投在现实身体上的阴影。不止于此，生者本身也带有被幽灵作祟的性质：因为他们既是未亡人，却又一直与死亡保持着联系。真正的恐怖在于，在幽灵般的城市生活魅像中，生者最终无法区别于死者。随着故事的展开，我们在弗兰克的破碎世界中见证了来自城市的这种(绝不会少于)两面性——物质的和幽灵的；生者与死者；在场与缺席；创伤与麻木；恐惧与冷漠——的折磨。在驱车去寻找一个病人的时候，弗兰克瞥见了一个幽灵：

我不能看见她的面孔，但我认识她所穿的黄色雨衣，知道黑色的长袜在膝盖处有一个洞，这个洞是在她因无法呼吸而跌倒时磕破的。这就是罗斯，是我帮忙杀掉的姑娘。我们都犯了错误，但有些事情是不可能得到原谅的……罗斯走得更近了。也许这不是罗斯……我在方向盘上交叉着双手，屏住呼吸，我把额头压在扶住方向盘的手上，直到它们麻木。在工作上需要学习的最初的事情之一，就是如何可以忘掉坏兆头。采用与警察用栅栏隔开谋杀现场相同的方式，你把这些记忆封锁在你大脑的最深层洞穴里。我过去很专业，可后来我发现了一些大的漏洞。(p. 53)

在大脑的洞穴里也远不能确保安全，记忆——不好的记忆——是完全可能越过警戒线，找到进入光天化日的路径的。然而，它们也必须有逃跑的路线。看到一件黄色的雨衣；一个没有脸的女孩；一个街头场景；听见一个声音——几乎所有的事情都可能使灵魂得以安全地走出那深处的、封闭的洞穴。灵魂怒气冲冲，保留着返回的可能，因为返回正是幽灵最确定无疑要去做的事情。道歉不能平息这些幽灵：它们不会挡得住灵魂的返回。

不可能抹去的是，城市承载着创伤的痕迹。在弗洛伊德看来，记忆痕迹是不可磨灭的，它沉入大脑的最深区域[34]。在这个故事中，这座城市就像是大脑一样：永远承载着对于死者的记忆痕迹[35]。而且，城市不可能把死者的遗迹清洗出去。如果说留下了标记的并不是尸体的话，那么，正是逃跑的幽灵占据了一个空间，回望着业已逝去的生命，而且：

> 现在盘踞我的是更野蛮的东西：尚未演化成型的、杀人的、自杀的、用药过量的以及其他类型的受害者的幽灵，无论其是否清白，都还在紧紧抓住那些突然逃走了的生命。罗斯的幽灵只是众多幽灵中在最近时段出现的并且最显眼的一个，这众多幽灵的返回似乎只是为了指责我——他们死亡时在场的生者和知情者，仿佛我看到了一种令人憎恶的屈辱，他们为此永远也不会饶恕我。(p. 55)

弗兰克不只是被罗斯的幽灵所盘踞，而且也受到了幽灵对于生者愤怒指控的困扰。在弗洛伊德对幽灵的讨论中，他描述了一种幽灵信仰是如何与下述这种观念联系在一起的，即死者之所以愤怒，是因为他们已不再活着。在弗洛伊德看来，幽灵表现了生者对死者的爱恨交织的关系。他描述了(主要与尸体的处置和哀悼相关的)各种仪式实践，这些仪式实践包括与死者保持一定距离，以及抚慰死者等，只是为了让他们不再回来作祟生者[36]。对弗兰克而言，在忧郁的状态下，他无法与死者和解。在纽约城里，死亡的基础设施已经到了极限：死者的幽灵无处不在指控着生者，死亡无处不是一种令人憎恶的屈辱、一种不公。尽管弗兰克**知道**他的感觉不对，但是，某种认为幽灵只是心理错觉的现代知识，并不足以驱走创伤和痛苦：

> 当然，这是一种疾患，是心理在作怪。那就是我要告诉我自己的，因为那是唯一的出路。以前我总是情绪低落，并且总是反反复复，但是却从没有与某个人的死发生过这么紧密的关系。有好多次，对我来说，罗斯可能会看上去像拉里一样真切。(p. 55)

因而，《第六感》中的科尔并不是唯一的一个看到了死人如同普通人一样在城市中游荡的人。如同科尔一样，弗兰克也见到了站在窗口前的死人——津津有味地探头观望着生者。但是，弗兰克也被城市本身所盘踞：被装满了城市道理的心灵所盘踞；被它的精神创伤所盘踞；被它对过去时代的纪念所盘踞。不过，在科尔和弗兰克看来，城市之所以被幽灵盘踞，是因为它把太多的幽灵集结在一起了：有这么多被幽灵作祟的理由，有这么多对于生者的指控。在这些有关幽灵和城市的故事中，悲痛犹如炸弹爆炸，它把碎片直接迸射到了城市的肌体，它把冲击波传递给了活着的人，它还在城市的最柔软和最坚硬的部分留下了尸体的痕迹：在它的枕垫上，在它的建筑物里。因此，幽灵问题不只是死者鬼魂复返的问题，更关涉到历史创伤和不公的治愈与矫正的问题。然而，面对着如许之多的幽灵，生者——以及他们所面临的创伤和不公也同样应该受到关注。

所以，艾弗里·戈登正确地表明，幽灵是一个社会形象，借助这个形象，某些业已丧失了的或是凭肉眼无法看到的东西，可以被展现在我们眼前。而且，从这个角度来阅读《穿梭阴阳界》是可能的：借助于城市里一种对于爱，或是对于关心、对于理解、对于认可、对于补偿、对于宽恕的失落感；借助于街道上虽生犹死的生命；借助于(齐美尔曾说到的)城市生活中司空见惯的冷漠。戈登还正确地指出，幽灵的特质指向一种认识论：一种认识创伤与暴力的路径，这些创伤和暴力与生活形影相伴，即使在它们还没有被承认(受到压抑或是受到压迫)的时候也是如此。最后，幽灵自然是把这些故事重新召回的一种路径，这些故事让人生的不公行走在活着的人们中间——这是一种呼唤正义的方式。然而，幽灵也呈现了生者面临的问题。因为，如果说死者给生者的生活蒙上了阴影，如果说生者永远只能偿还对于死者的债务，那么，只根据死者幽灵所做出的规划行事，就有一种生存的危险——在一种永恒的忧郁状态中，对于生存的唯一正确的关怀只能围绕死亡来运转。

伦敦的幽灵：忧郁与反殖民斗争

根据反恐机构官员的说法，在 2000 年 9 月 20 日星期三，夜间十点四十六分，曾接到过一份在临近泰晤士河南岸沃克斯豪尔十字街的一座大型办公楼爆炸案的报告[37]。其他的警方消息表明，这次爆炸(只有一次)可能是一枚炸弹引发的。从非正式的渠道，多名普通警员则指出，这次爆炸危及到了一座高耸的重要建筑物，而且，不无道理的是，推测认为，它一定是遭到了射击，并且被击中了。

新闻媒体(新闻报道和电视节目)对于所发生的一切及其原因的报道远没有那么谨慎，在官方声明之后，它们还报道了目击者的陈述。尽管在时间上有不一致的地方——有的人把时间指定为最早在晚上的九点四十五分，其他的人则确定大约是在九点五十五分——但他们都认同发生过两次爆炸：一次爆炸的声音紧接着另一次。楼体受损的图片显示：在这幢建筑物第十八层的一间办公室的窗户下面可以清楚地看到一个小洞。这座建筑如今已被明白无误地确认为沃克斯豪尔十字街的阿尔伯特堤岸 85 号。结论是明确的：这座建筑物曾经受到一次恐怖袭击。据推测，恐怖袭击使用了一种"兵营破坏者"迫击炮发射了两枚飞弹。还有补充说，目标其实是英国秘密情报局陆军情报六局的总部[38]。普遍的结论是，"真正的爱尔兰共和军"(Real IRA)攻击了军情六局的总部：一个明显的目标。

秘密情报局受到攻击自然事关重大。攻击的目标可能原本是军情五局。军情五局的职责是应对危及国家安全的威胁：自冷战结束以后，他们的职责范围已经被扩大，越出了反间谍界限，进而包括打击"恐怖主义"(主要是爱尔兰共和军)、毒品交易和其他国内威胁。可是，这里并非他们的总部。这座建筑事实上是军情六局的本部。目前，如果说军情五局是职在抓捕间谍和反恐的话，那么，军情六局就是从事间谍活动的——这不是政府通常会承认的事情，英国政府也不例外。军情六局特工是用于潜入到外国政府和被认为是危及到了英国国家安全的组织中去的[包括像基地组织(Al-Qaeda)这样的恐怖团体]。意味深长的是，新闻报道只提到了军情六局的作用，它与军情五局在反爱尔兰恐怖主义中并肩作战——因此也给军情六局**在**英国**之外**的间谍活动蒙上了一层阴影。

这次令人震惊的攻击在短时间内让两个秘密组织(爱尔兰共和军和军情六局)大白于天下，两者都牵涉到鲜为人知的暴力冲突。走出阴影之后，如今可以被清楚看到的是，两个幽灵的死后生命仍在奋力挣扎。一场已死的并且是致命的殖民战争正在打响——在伦敦的腹地，在国会大厦的视野之内。是幽灵？发起了一场死亡之战？冷战之后，在北爱尔兰的和平进程启动之后，我们可以想象得到，这场特殊的反殖民战争是一件不合时宜的事件。在这个意义上说，这次攻击实际上是导源于过去年代的一次爆炸。所以，我们在此——在过去、现在和未来的交会点上——面对着两个幽灵似的人物：第一个体现于笼罩着阴影的爱尔兰共和军

（无论是暂定的还是真实的）；第二个则以广为人知的“幽灵”之名出现[39]。首先，让我们来看一看爱尔兰共和军的出现（和消失）。

不管是暂定的还是真实的，通过媒体的报道，尚无法确定这次袭击是否是爱尔兰共和军所为，因为并无官方消息的确认，是爱尔兰共和军抑或不是爱尔兰共和军，它的幽灵袭击了集中在沃克斯豪尔十字街的过去、现在与未来。最近发生在伦敦之内的一些攻击都被看作是爱尔兰持不同政见者活动的“证据”。比如，2000 年 6 月在哈默史密斯桥（Hammersmith Bridge）（成功引爆）的爆炸案和 2000 年 7 月 19 日在伊林百老汇地铁站（Ealing Broadway tube station）（没有爆炸的）炸弹，（它扰乱了王太后百年诞辰的庆祝活动）。意料之中的是，恐惧表明了这一切标志着一轮新的本土爆炸活动开始了，尤其是在圣诞节的前夕。所以说，不只是爱尔兰共和军的幽灵出现在爆炸的现场——各式各类的能够引发爆炸却又永远见不到，自然也永远不会被捉住的幽灵——而且还有爱尔兰共和军的受害者也在开始集结。因为伦敦常常成为恐怖行动所造成的痛苦和悲伤的见证。而且，伦敦还在被那些死去了的人、受伤的人所纠缠，正像在近期发生的那些最恐怖的袭击中的情形一样。

- 1982 年 7 月 20 日海德公园爆炸案，11 名战士死亡，另有 50 人受伤；
- 哈洛德百货公司爆炸案，6 人死亡，90 人受伤；
- 1992 年 4 月 10 日，震惊伦敦城的巨大爆炸案，致 3 人死亡；
- 1993 年 4 月 24 日，主教门（Bishopsgate）袭击案，使用了一辆大卡车，致 1 人死亡，44 人受伤；
- 1996 年 2 月 6 日，在伦敦著名的码头区金丝雀码头上的一次爆炸，2 人死亡，终结了爱尔兰共和军的停战协议。

23 人的死亡为（真正的）爱尔兰共和军增添了活生生的幽灵色彩：“幽灵”，还因为和平进程被假定为剿灭北爱尔兰对英国殖民主义的武装抵抗力量。只要这些幽灵还存在，过去的历史就不会被埋葬（哪怕是通过曲折的和平进程）。活着的和死去的幽灵讲述了那些城市——像伦敦一样的城市——的痛苦和悲伤，它们紧紧地抓住了这些城市的心脏。但是，这个事件也揭示了有关城市生活方式的更多问题。因为，与恐怖和悲伤相伴的，还有一个故事，讲述的是司空见惯的冷漠、见怪不怪的心态，以及只会考虑个人生活的人们。因此，那些现场目击者似乎并不怎么感到困扰：他们的讲述是平静的，许多人只是热切地要知道发生了些什么，并且要了解是什么导致了他们所听到的两声巨响[40]。

到那一年的11月中旬为止，对于另一场爱尔兰共和军圣诞节爆炸行动的强烈恐惧逐渐流露出来。反讽的是，正在此时，从安全机构传来了更好的消息。根据警方消息，11月12日星期日，一个(在某地)引爆一枚500磅炸弹的阴谋已被挫败。炸弹是用螺母和螺栓捆扎固定的一个由化肥制成的炸药内核。爱尔兰共和军的鬼魂又一次返回了伦敦。这枚炸弹在规模上与震动了金丝雀码头的那颗相当，并且——尽管它也与被用在爱尔兰的奥马区的那颗炸弹大小相似，这颗炸弹在1998年致使29人死亡——立即有推测说，这颗炸弹是预定指向伦敦的一个著名的目标的，而且，因为它规模巨大，爱尔兰共和军的企图就是要尽可能地杀死更多的人。如此一来，便出现了一阵对于伦敦幽灵的躁动：当前对事件的调查正在围绕着假定的动机、方法和过去行为的后果来进行——并且，由这一切也可以推见到令人担忧的未来。

11月25日星期六，在既证实又缓解了恐惧的新闻中，公布了在伦敦德里发现的一个武器库。星期日的报纸发布了恐怖袭击的警示。至星期一为止，电视新闻节目一直在播报着警方的信息——惧怕。与此同时，伦敦人更加担忧的是列车脱轨、地铁晚点和最贫困住宅区的残暴行为(尤其是随之而来的连环儿童谋杀案)。伦敦对于它的幽灵已经习惯了，因为，它本是更多幽灵的老家，而不只有爱尔兰殖民历史的幽灵。伦敦已经目睹了太多的杀戮，这些杀戮行为已经用帝国的遗产养育了许多其他的幽灵。近年来，发生在巴基斯坦和印度之间、库尔德和土耳其之间、巴勒斯坦和以色列之间、伊斯兰世界和西方世界之间的冲突，已经把暴力引向了伦敦的街道——尤其是在纽约世贸中心遇袭和阿富汗与伊拉克战争之后。

真正的爱尔兰共和军袭击了军情六局，这一事实还远不明朗，伦敦可能聚集着许多希望把伦敦作为一个为死者讨回公义之地的其他的团体。或许，其他的那些团体已经让幽灵受到了惊吓？总之，军情六局的间谍盘踞了泰晤士岸边壮观的办公大楼，这是最糟糕的被保守的秘密之一。因此，比如为了应付英国政府对在沃克斯豪尔十字街拍摄影片的禁令，在影片《黑日危机》(The World Is Not Enough，1999)中，人们看到了詹姆斯·邦德从军情六局总部精确的仿制品中放出一条机动船。与此同时，真正的沃克斯豪尔十字街却出现在了帕特里克·凯勒(Patrick Killer)的影片《伦敦》(1994)，以及稍早一些的一部邦德系列影片《黄金眼》(Goldeneye，1995)中。事实上，在当初的建造过程中，沃克斯豪尔十字街就引发过论战：不只是因为作为英国的**秘密**情报机构，它成了一个过于**显眼**的地方，而且是因为它高昂的建造费用。据推测，这些费用的大部分是用于军情六局的高保密设备的，包括反监视和防爆系统。秘密安全之外，它既不能阻止真正的爱尔兰共和军，又无助于抓捕袭击者。邦德也不过如此。

实际上，只要邦德的故事继续讲下去，这一方面就不会获得成功：没有英雄；也没有世界级的坏蛋，会最终得到应有的惩罚。相反，两只幽灵队伍似乎各有他们成功的经历，彼此均无大碍。这两股幽灵事实上似乎对彼此较量的实际胜负并不计较，而更关心的是自己的公共形象。因为从逻辑上说，军情五局才是更合适的军事目标。总而言之，军情五局才是最直接地从事与爱尔兰共和军相对抗的反恐活动的组织。然而，他们的办公地址更分散且很不易被发现，因而也更加隐秘，并因此之故而不可能为公众所知晓。军情六局的大楼则豁然挺立，引人注目。它是一个显眼的宣传目标——一个不可能错过的办公大厦，在夜晚灯光明亮，犹如一个精心制作的圣诞蛋糕。他们又怎么可能错过呢？正如我们所知，幽灵的真意在于显现。幽灵也会隐没：在这个故事中，幽灵从没真正出现过。军情六局也没有直接显影，所以说，这次袭击只是乌有之人对乌有之人的袭击[41]。突然，真实的主体(不管是官方的，还是爱尔兰共和军的，或是自然界的)请求恕罪，宛如一个幽灵飘过城市，浮现在众目睽睽之下。

一系列幽灵般的人物——既未充分显现，也未完全消失的人物——经历了这次火箭弹袭击的风波。他们中有恐怖主义者、自由战士、受害者与旁观者、"外国人"、本地人和伦敦人、间谍、警察和"官方人士"、往返上下班的人、目击者和居民、新闻记者、电视摄像机和摄影师——通过他们，还有更多的观察者。在这一片喧闹声中，实事求是地说，这些幽灵式人物中的大部分是被推测的，其中有一些是有根据的，有一些已得到澄清，另外一些则是无中生有的。恐怖分子仍在保持沉默，不祥地浮动在那座建筑物的墙体和整个事件。就在这些幽灵出出进进的过程中，沃克斯豪尔十字街正在受到多种因素的制约——既受到意义的制约，也受到情感的制约：警报与惊恐，迷惑与猜测，笑声与冷漠[42]；阿尔伯特堤岸 85 号带着浓烈的意义和情感在颤动，仿佛是有人踩踏了它的墓穴。

对阿尔伯特堤岸85号的袭击暴露出城市何以成为一个历史与主观性密集的地点，人们在这里公开表达他们的政治诉求，有时是象征性的，有时则是激烈的。这也让我们明白了幽灵的某种意义：暴力事件已轰然出世，以及幽灵强化意义和情感的方式，这为我们理解这些事件提供了基础。进一步说，这些幽灵在灾难过后并未有须臾离去：他们左右彷徨，盘踞在他们显形的地方。因此，幽灵在死后一直没有离开过我们。从这个角度说，只要一有机会，城市就是各种幽灵大规模集结的地方。

在城市中，悲伤运作(grief-work)——不管是哀悼还是忧郁——都在被不间断地进行着。伦敦不只是容纳了死者，它们的亡灵还挤满了街道。令人惊异的是，城市竟诡异地成了幽灵可以集结的地方。它们也是哀悼和忘却的地方，日常生活中的寻常暴力比比皆是，几乎没有人会给予幽灵太多的关注，即使关注，也不会持久。齐美尔在他对于城市及其冷漠心态的研究(1930)中多少捕捉到了这一问题[43]。然而，我们在对军情六局袭击的叙述中仍然可以感知到这一问题。报纸上满是旁观者的道听途说，暴露出人们对于灾难经历的无动于衷以及他们的安全感；暴露出人们的好奇心，他们乐意见到不可能被看见的事情；也暴露出渴望见到无须承担后果的创痛事件的幸灾乐祸的心理。令人不安的事件被目击，被合理化，然后被遗忘。

即使如此，显现于军情六局袭击中的幽灵——如果你愿意的话，也可称之为暂时的冲突——表明，忧郁是城市生活幻影和情感生活的一个部分。亡灵——丧失、创伤和不公的幽灵标志——有时几乎是不可能被戒除的。或者说，这次袭击的教训在于，死者必须被安葬。生者还要继续生活，继续寻找与他人相处的新途径，来代替彼此间的相互纷争。祛除幽灵的存在似乎是一件不错的事情。祛除他们！正如有的人说的，让死者掩埋死者。可是，这是应对幽灵的最好办法吗？

生者的梦魇：伦敦的幽灵对抗反资本主义的抗议者

在马克思看来：

> 十九世纪的社会革命不能从过去，而只能从未来汲取自己的诗情。它在破除一切对过去的事物的迷信以前，是不能开始实现自身的任务的。从前的革命需要回忆过去的世界历史事件，为的是向自己隐瞒自己的内容。十九世

纪的革命一定要让死者去埋葬他们自己的死者，为的是自己能弄清自己的内容。(1952，p. 149)[44]

在德里达看来：

谈论幽灵是必要的，事实上是对幽灵说话，是和幽灵交谈，从那一刻起，伦理学、政治学，无论其是革命的还是不革命的，似乎都是不可能的和不可想象的，而正义根据其原则不会承认对那些已不复存在或者是那些尚未在那里获得当下生命的他者的尊敬，不论他们是已经死去还是尚未出生。(1993，p. XIX)

政治学，无论是革命的还是不革命的，无论是19世纪的还是不是19世纪的，似乎都必须面对死者，面对幽灵——是的，这是根据马克思和德里达的说法。如果我们打算相信他们的话，那么，我们可能希望去讲的关于自由和美好城市的许多故事都不得不涉及它的幽灵。一方面，马克思将会在那儿告诉我们，我们必须从过去的幽灵中解放出来；我们革命者必须让亡灵埋葬亡灵。另一方面，德里达反驳说，祛除我们的幽灵并非那么容易；相反，以正义的名义，为了那些已死者、未死者，以及尚未出生者，我们必须对幽灵说话，和幽灵交谈。如果说城市是一个自由、公正和民主的地方的话，那么，就会有一个令人烦恼的问题：对于死去世代在城市栖居者的生活中留下重大影响的传统，该如何对待？我将通过2000年5月1日(英国的非官方劳动节)发生在议会广场和特拉法尔加广场周围的有关反资本主义抗议活动来探讨这个问题[45]。通过显示幽灵如何附着于政治行动和政治反应，我尽量展现了与这些抗议相关联的情感强度。

2000年5月1日，有4 000[46]人聚集在议会广场，抗议当代资本主义体系的不公。在许多观察家看来，这是大众抗议活动日渐激进(和激烈)的又一例证。它带有前一年6月18日发生在伦敦金融区的骚乱的回响(以J18闻名)，也是对如(特别是)西雅图等世界上其他城市骚乱的回应[47]。估计警方不希望自己被搞得措手不及(如他们在J18示威时那样)，以首都三十年来最大的军事行动调动起了其军事作风。事件中有5 500名警员到场，另有9 000名警察预备待命：因此，总共动用了14 500名警察[48]。即使承认抗议者的统计数字有可能被低估(通常是官方估计的双倍)，也就意味着警察和抗议者一样多。让我们想一想吧：这样一来，这就成了一个比20世纪70年代和80年代(以及90年代)的反核武器、反战争、工会、女权主义、反种族主义和反种族隔离示威期间更大的警方行动。不知何故，短暂而又具有爆炸性的J18抗议的暴力行为，已经让警方——以及当局——进入了戒备状态。这是一种什么类型的革命行动?

从上午十点钟起，抗议者已经被集结到议会广场周围。也许并不让人感到意外，几百个自行车手率先到达(伦敦的公共交通就是如此)。其他人则跟在后面。许多(政治)团体开始聚集：从无政府主义者和共产主义者，到环境主义者，到生态保护论者和园艺爱好者，甚至是一些旅游者。尽管示威核心的主要“无序状态”在于它的**收复街道活动**(Reclaim the Streets)的特征，从挂满街头的旗帜和标语中可以看出团体的多样性。但是，在新闻报道中，对于以“园艺游击队”闻名的直接行动被放在了特别显著的位置：有些报道将之描写为一场典型的英国游园会，只不过是没有茶!

截至上午十一点钟，精通园艺的活动分子一直忙碌地在议会大厦外面的绿地上挖掘，并将之迅速地变成了一个花园——播下种子，种上蔬菜和花木——并且配有几个水塘和临时制作的土地神雕像。挖开了的草皮被运走，并铺在了路面上。广场、道路和街道正在被收复。即使是城市的气味也在发生变化：从一氧化碳和柏油碎石路面的气味，到泥土、草皮和肥料的气味。还有音乐：一支桑巴乐队演奏着，鼓手们敲击着鼓点，口哨声吹出的曲调像是在诺丁山的狂欢节上似的，而且，街头上还跳起了舞。一切都显得有一点凌乱，有一点混沌，也许还有一点偏激或是荒唐，但无论如何也没有那么糟糕。

“没有那么糟糕”即将变得糟糕。大约是在下午一点四十分的样子，一些抗议者开始攻击特拉法尔加广场边缘的白厅街道上的多处商家。闭路电视显示一群年轻人打破了麦当劳的前窗；一个人戴着黑色的面具、手套，并且挥动着一把椅子。很快，招牌中的M标志就被拆下来并坏掉了；“麦当劳剥削”使用备用红色液体喷写在了墙上；“麦当劳垃圾”用的是黑色。隔壁的一处外币交易所也被破门而入，就如同附近的一家纪念品商店。园艺游击队正在一步一步地变成对于各种财产的一系列的攻击，这些财产在某种意义上标示着资本主义(以它的全球化伪装)的全部罪恶。

财富如今受到了威胁，警察干预了。大约在下午两点三十分，警察行动起来，捍卫法律、秩序，而且还须加上资本主义的各种形式。带着充足的准军事装备、挥舞着警棍、穿着防弹衣的警察开始冲向没有武装、没有保护的抗议者。不管是打碎门窗的无政府主义者，还是舞动着植物的园艺爱好者，几乎都无关紧要。无论如何，警察似乎是无法把他们区分开来的。园艺游击队迅速变成了战争游击队。短兵相接发生在特拉法尔加广场周围，持续了差不多四个小时。从一开始起，警察就封堵了所有可能的逃跑路径，并且开始把抗议者挤进特拉法尔加广场。到下午六点钟为止，警方(用他们的话来说)夺回了特拉法尔加广场。尽管零星的街头战持续到了晚间(此时警察把一小股示威者逼上了斯特兰德大街)，文明与这座城市最终还是获救并且安全了。如今正是做出政治评论的时机。

托尼·布莱尔首相以如下方式表达了意见：

> 对于今日伦敦这次损失负有责任的人是绝对不光彩的。他们的行动与信念或信仰丝毫无关，而是彻头彻尾的愚昧无知的粗暴罪行。[49]

可以预料的是，国会议员一方在看待抗议者的体面和善念的问题上是存在过失的。而且，不只是政客、自由主义的政治评论者哀叹示威活动缺乏适当的政治议程：重量级的新闻记者雨果·扬把这次行动解释为对“一种带有反政治色彩的冒牌的爱情传奇”的遏止(《卫报》2000 年 5 月 2 日，第 18 版)。雨果·扬甚至通过与西雅图和华盛顿的示威活动的不适当的对比，来强调 5 月 1 日的抗议行动是徒劳无益的，他坚持认为，这两次示威活动加剧了对全球资本主义后果的论争——他断定，这符合消费者的利益！

如今，这类争议可能会出现在任何像伦敦所发生的这样的事件之中。十来年以前，没有人会说人头税骚乱的好话。然而，在对当日事件的公开论辩中，“红色”与“绿色”的革命者恰是在他们五一劳动节的抗议游行中，愈加被幽灵兵团所遮蔽。从这些伦敦街道的残骸中，走出成千上万的亡灵，纠缠着生者的心魂。让我们看一下这些幽灵从他们没有标记的墓穴爬出来，并且加入到政治的魅影之中的情景吧(纵然我们尚不可能如德里达所希望的那样，轻易地**与**他们**交谈**)。

在下午两点至四点之间的某个时刻，白厅的和平纪念碑已被污损。白厅街的这座纪念碑是纪念这里的战争亡灵的。它主要与两次世界大战——1914—1918 年和 1939—1945 年——有关，尽管它实际的意图是要纪念所有的“阵亡者”，包括直至今日的那些阵亡者。每年11月初的那个星期日为纪念日，纪念日活动有王室成员、政治领袖、武装部队、退伍军人和家属参加，他们在那一天聚集在纪念碑前，向逝者献花、致敬。持续了一分钟的默哀，被号手们吹响的安息号打断，代替了J18和五月一日示威活动中的鼓点、口哨和舞蹈，一曲静默的国歌在伦敦被压抑的街道上演奏。这座纪念碑本身是只用白色的石头建造而成的，具有一种质朴的外观，这本身就令人想起阵亡者临终的凄惨。也许，这正是亡灵纪念碑得以盘踞城市原因。它们使得死者有能力紧紧抓住城市，确保他们的时代不被忘记，不会逝去[50]。即使如此，纪念碑如何确切地强行进入生者的记忆可能是难以预料的，是有争议并且令人震惊的[51]。

在许多人看来，这是对祭祀和哀悼的国家性标志的亵渎，这最明确地表明了游行示威者的“愚昧无知”。这种糊涂乱抹行为最令人反感的是：战争纪念碑的一面有两支绿箭，一支标有“男人”，另一支是“女人”，指示着卫生间的位置。对成千上万年轻的(主要是)男人和(许多)女人的最高献祭遭到了亵渎。在电视台当晚的新闻节目中，两次世界大战的生还者和阵亡者家属激烈而又痛切地表达了对于抗议者的公然蔑视，这也暗含着对于抗议活动的态度——他们的言辞(正如你可以预见的那样)中夹杂着在第一次世界大战中“爬出战壕”的年轻士兵亲切却又是幽灵般的影像，代替亡灵埋葬亡灵，死者正在将一个没能实现其前景的冰冷尘世的生者埋葬；这是那些男人和女人为之赴死的前景。幽灵改变了现实：如今，抗议活动被一种理想化了的过去**以及**一种理想化了的未来所缠绕。这让每一个人都感到不寒而栗。对于这些幽灵，人们不可能视而不见，尤其是在他们的死亡受到轻慢对待的时候，如同他们在生时受到的虐待一样。

生者的想象唤起了逝去时代的生命，他们在照片和往日的新闻纪录片中，或是在那些还能记住他们的人的证言中闪现[52]。在这些影像和记忆中，有一个致命的问题纠缠着英国的政治：除了“我们”，还有谁能让这些人去为他们而死？对于这些年轻无畏的死者的慷慨捐躯，生者所欠下的债务，绝对是无法偿还的。当然不是由那些玷污了纪念碑的抗议者来偿还。一旦幽灵站在了当局和传统一方，先前的政治视野就已经给抗议者尚未诞生的政治愿景罩上了一层阴影，逝去一代人的传统极大地影响了生者对于民主、自由和公正的革命传统的尝试。突然之间，另一种历史潮流已被阻断：过去的历史岿然屹立，强烈地谴责当下行动对未来梦想的辜负。

在上述故事中，幽灵采取了多种伪装：我们有大批的军人，身穿制服，满身血迹；我们有逝去了的思想的幽灵——革命的或不革命的，军国主义的或非军国主义的，民主的或不民主的；甚至还有英国绿色和宜人的土地的幽灵，以及伦敦显然没能达到的理想城市模型“耶路撒冷”的幽灵。这些幽灵唤起了各种思想，还有各种情感。死者受到的侮辱和不公(再次)返回，盘踞了生者。生者(再次)被卷入昔日的创伤和丧失。伦敦的幽灵地理学如今已被毫无掩饰地暴露出来：同时被过去、现在和将来的幽灵所纠缠。如瓦尔特·本雅明可能注意到的那样，在这单一事件中，我们可以见到幽灵化的种种手段，借助于它们，历史的辩证法——过去、现在与未来的辩证法——被带到了令人窒息的静止状态[53]，正像死者瘦骨嶙血的手指令人恐惧地紧紧抓住了生者。

然而，问题不在于我们是否只能从生活中祛除死者的影响，而在于如何更好地接受死者及其遗产(当然，这将包括马克思和马克思主义)。在评论德里达的《马克思的幽灵》时，弗里德里克·杰姆逊这样说道：

> 以准备接受报应的方式去忘记死者显然是不敬的，但记住死者则是神经质的和强迫症式的，并且只能导致一种缺乏新意的重复。不存在与死者和过去相关联的“恰当”方式。(1999，pp. 58—59)

因此，要创造一个公正、公平和民主的城市，我们必须重视死者，却不能被他们绑架。也许，对于幽灵的这种并不恰当的反应会平息马克思和德里达的纷争。我们不能忽略死者的存在，否则，我们可能永远不会从死者那里学到什么，也不会以他们为荣。然而，我们也不能无休无止且又阴沉忧郁地回到死者的世界，以免我们不健康地依附于他们，以免我们落入他们的历史无情的灭顶激流。伦敦的幽灵有时会被证明是一笔债务。伦敦是这样，新奥尔良、柏林、新加坡、巴黎和纽约也是这样，而且，其他的每一个城市可能也都是如此[54]。城市总是无法除掉幽灵。即使是其物质结构本身——或者是他们“去世”时留下的裂隙——也可能变成幽灵[55]。听一听弗吉尼亚·伍尔夫的说法吧(但也不要忘记瓦尔特·本雅明)：

> 那么，在伦敦人们在哪里才能找到安宁，并且确保死者安睡并得以长眠

呢？伦敦毕竟是一座满是坟墓的城市。然而，伦敦也是一座处在人类生活的高潮和激流之中的城市。(1932，pp.125—126)

有这么多的机会让幽灵在城市里骤然现身，很容易明白生者为什么可能需要不断地去安慰自己说，死者已经安息。在生者与死者以及未来世代之间，依旧难以达成和解。死者与生者一样，都需要成为充满了生命洪流的革命历史的一部分。如果我们要让城市发生革命，那么，我们就必须正视一系列的困境。让我们随便挑出两个吧。我们必须把自己从死者的掌控中解放出来，但是，我们必须在这样做时又不否定死者的生命价值：他们的梦想和他们的梦魇。我们必须允许死者来解放我们，但是，我们必须在这样做的同时，又不至于把自己捆绑到他们那久已飘逝的梦境之中，或者更糟糕的是与他们的噩梦连在了一起。无论如何，在城市生活的幻影中，死者都是一个麻烦的存在：哪里能够确保死者可以不受惊扰地安息长眠？

最后，公正与自由的城市将需要寻找接纳它的(不管是来自过去、现在还是未来，不管是个人还是集体，不管是死去的还是活着的)幽灵的途径——正如纽约人也都明白的，在“9·11”之后，处理世贸中心的旧址并且决定根据丹尼尔·李博斯金(Daniel Libeskind)的设计方案进行重建，是带着强烈的感情冲突的。[56]解决幽灵问题可能需要对城市的有形结构(physicality)有一种果断、灵活而又具有包容性的态度，包括它的空间形式、它的纪念碑和公墓、它的圣地、它的灾难和不公的发生现场。城市似乎可能是这种类型的不太具有精神性的地方：时髦、新锐、世俗、实在真切。实际上，城市远不(只)是如此，理性的计划和资本主义积累战略通常只是极少考虑到这类事情。也许，在这种超尘脱俗的精神背景下，还有机会重新纪念死者，并与死者达成和解。

在当今的大都市伦敦，和平纪念杯也许只是暂时延长了它的效用。尽管它也许会被重新设计，作为曾在军事冲突中死亡的其他人的纪念碑：也许纪念在帝国冒险中被英国杀害的那些人；或者，它也许可能庆祝反殖民斗争的胜利。同样，值得纪念的是，在据说被埋在世贸中心废墟之下的19 000具尸体(有待确认)中也会有基地组织的成员，没有对反殖民主义斗争的记忆，对“9·11”的纪念是不可能的，它们永远是被联系在一起的。[57]

为了自由和公正，城市在对待幽灵方面必须具有包容性和灵活性，它们必须准备好去增加和减少亡灵。它们必须能够在与旧的梦想和旧的希望的关系中去看待自己，可是，它们不应该让这种对死后生命的关怀挡住了对新的梦想和新的希望的创造。为了创造未来的可供选择的历史，城市必须小心地炸毁历史的连续性。在城市还包含着不同的过去和未来的时候，它也许还有可能用一个幽灵去对抗另外一个幽灵，以显示不同的前进路向。**拥有这么多幽灵的城市也许会被证明是一个优势。**

结语：埋葬死者，不是真相

我在这里已讲述了许多幽灵故事，每一个故事都说明了被纠缠的和令人迷惑的城市情感生活的某个侧面。自始至终，幽灵都给城市生活的分析设置了问题，尤其突出的困难在于让他们开口说出有连贯性的内容。因此，这成了我的第一个发现。幽灵是不连贯的。他们没有一个要诉说的故事，或者说，没有一种与生者的关系。也许，除了死亡本身以外，没有丧失，或是创伤，或是不公。每一个幽灵都有它自己未完成的工作，并且也不见得能说得清楚这工作是什么。幽灵处于人生的经营与死亡的终结之间。他们是跨界人物，存在于生者的世界与死者的世界之间，在显现与消失之间，在他们自己的时空之中，既不显形，也不离场。然而，这个描述也同样可以用于生者。幽灵很可能融入城市生活的魅像，因为它们在许多方面是与生者没有区别的。也许是因为这个原因，人们有时会说，你在城市里见到的人中，有半数是幽灵。

因此，城市是因其众多的幽灵、异质性的幽灵、密集的幽灵而闻名的——沃斯的城市生活定义(Wirth，1938)的死亡面具。不过，情况还不止于此。城市还会借助纪念死者的活动来作祟，部分情况下是通过把幽灵持久地保存在有形的建筑中。于是，如同其他城市一样，伦敦在现实中也公平地拥有许多纪念馆、纪念碑(一直在不断地增多[58])，但每一次新的灾难都会创造出一座能够唤起死者的当地风格的神圣建筑。幽灵是穿过城市生活魅像的人物队列的一个部分。在这个行列中，死者是被并置的，放入彼此的相互关系中——纵然是无声的——这是一种对于时空的幽灵式的干扰，是由丧失、灾难和不公的并排放置而造成的。不只是地标性建筑物的主要活动承担了这样的功能，伦敦的街角路旁(如其他地方一样)也时时生发出衰败花木忧伤的枝条——于是，路人们知道又有某人过世了。城市作祟，它们迫使我们——也许是违逆了我们的意志，也许仅仅是出于偶然——去承认那些(早已)逝去的生命的价值。从这个角度上说，城市的有形结构本身，在它成为一种易变而又持久的记忆之地时，闪动着幽灵的光焰[59]。

尽管可能有些令人费解，但幽灵有充足的理由去在它们所盘踞的地方作祟。幽灵常常提起某类灾难和不公。朱莉叶站立在新奥尔良阳台被冻死，引起人们对她悲剧命运的关注，可是，她的出现还揭示了奴隶制的不公以及殖民环境下的恐怖的心理剧[60]。幽灵也处于生活焦虑的边缘。幽灵出现于一个来源并不确定，或是潜在地具有不安定成分，或是已出现了危机的地方。这样的例子可以在盘踞于现代公寓楼的幽灵中找到。因人群的流动或是与死者的神秘联系，要想知道一套公寓楼是否可能有幽灵作祟是不可能的。因此，幽灵故事揭示了城市——诸如柏林、新奥尔良、纽约、伦敦和新加坡——接纳它们过往的历史，以及这些过去的历史获得对于现在和未来的控制方式的**关键信息**。这种**关键信息**就是受到了痛苦、丧失、不公和失败的碎片影响的破碎的情感地理学；一个幽灵象征性栖居的精神世界。不止于此，纽约和伦敦的街道——如同其他城市幽灵的所作所为一样——控制了想象力：它们公然反抗我们对希望的寻找，因为它们已没有了希望；它们公然反对我们去做出补偿，因为找不到它们所需的补偿；它们公然反对我们允许它们去自我埋葬，因为我们早已将它们埋葬；它们公然反对我们去寻找新的传统，却又偏离过去世世代代的人所向往的未来，始终存在着把它们最终托付于不可逆转的历史的期待。

我也已表明，幽灵显示了情感状态的两种类型：第一，它们引发了城市生活的神秘效应；第二，它们使得我们看到了城市的悲伤运作(grief-work)——它的悲悼，它的忧郁。与作祟场所联系在一起的是，幽灵可以在某些时刻掠过城市，以达到神秘的效果，提醒人们记住那个地方早先的丧失和灾难。在某些人看来，这些主要是个人的焦虑和创伤。但是，在城市里看到幽灵使得社会的焦虑和创伤也被人们收入视野。因此，幽灵在此完成了双重使命：它们同时既是个人的戏剧也是社会的戏剧。相似的是，幽灵作祟现象本身也需要一种双重的辩证想象：把人看成是(过去事件)作祟的对象，也把人看作是作祟(于场所)的主体；把城市视为(被它们的过去，被不管是活着的还是死去的人)作祟的对象，也把城市视为作祟于人的主体。因此，幽灵和作祟是空间性的，也是时间性的：处于允许情感与经验彼此跨越的临界地带，幽灵与作祟在一刹那间就扰乱了平淡无奇的时间感受和地方感受。通常来说，这种干扰是受到防范的：保护历史的平稳流动。幽灵的返回是受到抑制的：它们不应该出现，它们一旦出现，就会产生诸多后果。

幽灵充当的是浓缩意义的角色，在这个角色之上可以完成许多情感的置换。正如同梦中的一个元素一样，幽灵的形象也是由多重因素决定的——同时指向了多个不同的方向。也许，这并非偶然[61]。在城市里，与幽灵联系在一起的哀伤运作与梦的运作是完全一致的：情感围绕浓密的意义和权力网络转换。因此，一方面，幽灵的难题已经被认为是它们所渴望的对象。然而，另一方面，如何在埋葬死者的时候不把他们所不得不说的一切也一同埋葬，还存在两难困境。那种认为城市可能被卷入哀伤运作的想法凸显了生者的困难，他们不仅要处理与死者的关系，而且还要考虑与他们很少予以充分体现的那些真理的关系。在如何处理与死者的关系方面，城市有选择的余地。然而，哀伤运作的教训就在于，有关纪念与驱魔、铭记与遗忘的决定，绝不可能一经做出，便一劳永逸。

幽灵打破了现行的时空观念：通过返回，它们既改变了时间也改变了空间，将时间与空间放在了一个它们原本不在的位置。我们可以说，幽灵在城市脱节的地方作祟——脱节既指向时间也指向空间。它们通过众多裂隙来串起生者的世界，有时这种裂隙被称为“时空错乱”，有时又被称为“崩溃”：城市充满了这种裂隙。它们攫住了想象，向着它们不得不承受的灾难和痛苦尖叫，为降临在它们头上的不公而哀叹。这类痛苦和不公的故事在城市里司空见惯。经常获得同情，尽管也许还带着对自己生命脆弱意识的颤栗，人们倾听着这些失落与痛苦的故事。即使如此，这也并非总是导向对变革的认可。甚至也不会带来对多样的社会历史的承认，这些历史就藏在幽灵故事的背后(尤其是在那些社会戏剧被转变成个人戏剧的幽灵故事中)。幽灵可能是城市生活魅像中令人震撼的一幕，但也并非总是足以令人震撼。

(1. 作者：斯蒂夫·派尔，英国开放大学社会科学学院文化地理学教授。2. 译者：孙民乐，中国人民大学文学院教授)

注释：

[1] 本文译自 Steve Pile 的 *Real Cities: Modernity, Space and the Phantasmagorias of City Life* (Sage，2005)一书的第四部分，有删节。此注为译者注。

[2] 中译文见中共中央马克思恩格斯列宁斯大林著作编译局编译：《马克思恩格斯文集》第 2

卷，471页，北京，人民出版社，2009。此注为译者注。

[3] 许多人认为幽灵出现于“脱节”的时代。这主要来源于德里达对哈姆莱特的讨论：参见例如 Derrida，1993，p. XIX，17and passim；亦可参见 Laclau，1995；以及 Jameson，1999。

[4] 亦可参见 Bell，1997。有关创伤与历史，参见 Hodgkin and Radstone，2003。

[5] 参见《新加坡国家档案》，1996，p. 48。

[6] 参见《新加坡国家档案》，1996，pp. 60—70。

[7] 有关西乐索海滩大屠杀的故事是未经证实的，但可以肯定的是，大屠杀的尸体被冲到了绝后岛（圣淘沙岛）的沙滩。

[8] 关于饿鬼节，参见 Goh，1997；另外还可参见 Lee，1995b；佛教徒也过饿鬼节，只不过是以忠孝的名义，它以木莲的传说为本。遭遇饿鬼的例子，参见史蒂芬·方对他与他的兄弟相会的叙述（Jimmy，2001）；一个职员的故事（anon.，1989）；或者是一个家庭主妇的故事（anon.，2002）。

[9] 参见 Freud，1913，pp. 114—116：亦可参见 Stephen，1998 and Barrow，1999。

[10] 在许多人看来，这个节日是与“吉祥”用品的拍卖有关，通常是酒，或者微波炉，或者是扑满（piggy banks）等与日常家用有关的物件，这些物品被以高价出售，所得收益通常是捐给慈善机构。

[11] 有关这一观点，可参见 Castle，1998。还可以参见 S. Marcus，1999，p. 117。

[12] 参见 Gilloch，1996；还有 Pile，2002；关于地方的记忆，参见 Nora，1989。

[13] 亦可参见 Hetherington，2001；以及 Gilloch，1996，Chapter 2 and 3。

[14] 亦可参见 Pile and Thrift，2000；以及 Pile，2002。

[15] 参见第1.4和第1.5节。

[16] 当代的柏林仍然在极力解决它与死者的关系：参见 Till，2005。值得注意的是，在这一背景下，圣路易斯1号公墓有一个死者隔离政策。其中有一个特别针对新教徒的被搁置的计划。

[17] 例如，在他看戏的记忆中，本雅明说：“最后，我甚至再也分不清梦境与现实了。”（p. 334）

[18] 我怀疑这与弗洛伊德也梦见挡道的幽灵是一种巧合：参见他的“没有活下来”（non vixit）之梦（1900，initially，pp. 548—553）。

[19] 有关诡异，参见 Royle，2003。有关建筑实践中的诡异，参见 Vlidler，1992。亦可参见 Castle，1995。有所不同却又相关的背景，参见 Jacobs，1996，chapter 5；Cohen，2000；以及 Gelder and Jacobs，1998。

[20] 当然，这个陌生人是一个具有高度模糊意义的形象——既让人信任又让人害怕的形象：

参见 Jacobs，1961；Young，1990；Wilson，1991；还可参见 Pile，Brook and Mooney，1999。

[21] 坟场一般被认为是幽灵居住的地方。例如，爱丁堡的地下墓穴被人们普遍地认为是被幽灵盘踞的地方。这促使心理学家理查德·韦斯曼博士对这一现象进行了“科学的”研究(Scott，2001；亦可参见 Rankin，2001)。在为期 10 天的研究阶段，志愿者报告了从鬼魂到身体接触等一系列的幽灵事件。大约有一半位于特定墓穴的人报告了幽灵的活动，而其他墓穴则只有三分之一的人报告。通常幽灵多的墓穴的特征只是更冷、更黑和更小。韦斯曼博士认为，在这些类型的空间中，人们会感到更加焦虑，因此也更可能“体验到”幽灵的表现。尽管看上去提供了一份科学的、心理学的幽灵探索报告，但这些研究实际上是自己得出了相反的结论——幽灵确实是存在的：只不过它们更愿意盘踞在更小、更黑、更冷的地方罢了！吊诡的是，这项研究使得地下墓穴的旅游更加普及了。受欢迎的不只是幽灵，更常见的情况是，很难去证明幽灵的不存在。

[22] 参见 Gehman and Ries，1998，pp. 12—15。

[23] 参见 Young，Colonial Desire，1995。特别是第六章对于白人权力与跨种族通婚的欲望的论述。

[24] 一个传统的“悲惨的黑白混血儿”的故事，参见 Doane，1991，Chapter 11。

[25] 在里约热内卢也流传着相似的故事，参见 Jaguaribe，2001。

[26] 另一个版本可以在史密斯(Smith，1998，pp. 22—26)的书中找到。在这个版本中，主人许诺娶朱莉为妻，但需要她整夜赤身裸体地待在阳台。他从未想到她真的会这么去做。一个夜晚，主人下楼去喝酒并和朋友们下棋。后来，到了凌晨，他终于上床睡觉了。但是却没有找到朱莉。在恐慌中，他冲向阳台，却发现她已经死去。在这里，过失从主人那里转到了情妇身上。不止如此，朱莉的性情也从忠贞和沉静向任性和暴躁转变。在这两方面，她的爱使她至少变得有勇无谋，最坏则变得愚蠢。

[27] 艾弗瑞·戈登(Avery Gordon，1997，Chapter 4)就托尼·莫里森(Toni Morrison)的小说《亲爱的》(*Beloved*，1987)提出了相似的观点。类似的观点参见 Ware and Back，2002，Chapter 7，亦可参见 Sharp，2003。

[28] 参见 Brooks，1982。

[29] 亦可参见 Mighall，1999，Chapter 3。

[30] 从这个角度看，本雅明的写作也有一种特定的鬼魅气质：例如 Benjamin，1925—1926。有关废墟的论述，亦可参见 Edensor，2001。

[31] 参见 Kennedy，2003。对伦敦人骨的另一种解读，参见 Moorcock，2001。通过对人骨的追踪，默考克在伦敦、纽约和开罗之间建立了空间联系，并在过去、现在和未来之间建

立了时间联系。或者另可参考 Garner，2003。

[32] 亦可参见本书第 3.4 节。

[33] 这部小说被马丁·斯科西斯(Martin Scorsese)改编成为同名电影(1999)。

[34] 参见比如 Freud，1925b。

[35] 在帕克指出城市是“一种精神状态”(Park，1925a，p.1)的时候，他可能不是指城市被其历史纠缠与人被幽灵附体相同。

[36] 参见 Freud，1913，pp.92—93 and 107—122；对于这个主题的进一步讨论，参见 Freud，1917b。

[37] 对于这座引人注目的建筑物的描述，参见 Powell，1992；或者 Pile，2001。

[38] Military Intelligence 6，简写为 MI6。

[39] BBC 一部涉及军情五局的流行系列谍战剧就是以“幽灵”命名的。有意思的是，泰晤士大楼(Thames House，军情五局伦敦总部的名称)的外观看起来不像是泰晤士大楼，倒是像另一个秘密组织共济会的总部。

[40] 他们实际上只是听觉的见证者，因为几乎没有人真正看到了什么。

[41] 电话号码簿上列有军情五局的电话(还附上了一个米尔班克路 12 号的地址，正是军情六局的河对岸)，却没有把军情六局的电话列上。电话簿曾经标出过政府电信局(被认为是军情六局的假名)的地址为阿尔伯特堤岸 85 号。如今，电信局只剩下一个邮箱号码。即便如此，这个局也没有座机号码，交换台号码为：7582，是沃克斯豪尔地区的号码。我猜测幽灵依旧盘踞在阿尔伯特堤岸 85 号。

[42] 在迪根(Degen，2001)看来，地方的这种“操演”与身体、感官和幽灵出现之间的关系有关。

[43] 参见导言部分。

[44] 中译文见中共中央马克思恩格斯列宁斯大林著作编译局编译：《马克思恩格斯文集》第 2 卷，473 页，北京，人民出版社，2009。此注为译者注。

[45] 有关特拉法尔加广场作为一个抗议的地点，参见 Pile，2003。

[46] 此处根据的是一些报纸的报道：比如，可参见《卫报》，2000 年 5 月 2 日头版。

[47] 参见 St. Clair，1999。

[48] 有人估计，那一天有 30 000 名之多的警察在现场或是在伦敦市中心待命。

[49] 引自《卫报》，2000 年 5 月 2 日头版。

[50] 如列夫菲尔(1974)所指出的那样。

[51] 例证参见 Johnson，1994 and 1995。

[52] 有关摄影与幽灵的问题，参见 Durant，2003；Kaplan，2003；以及 Schoonover，2003。

[53] 参见 Benjamin，1935 and 1940。

[54] 关于新奥尔良的情况，参见 Roach，1996。有关柏林，参见本书第 4.2 节；Ladd，1997；以及 Till，1999。

[55] 参见 Kuftinec，1998；以及 DeLyser，1999 and 2001。

[56] 李博斯金还设计了柏林的犹太人博物馆，这绝不是偶然的：一条令人不安的链条把"9·11"与犹太人大屠杀联系起来，亦可参见 Sorkin，2003。

[57] 此处的反殖民主义斗争似乎是一个反西方、反美国、反基督教和反资本主义地理政治逻辑的特殊组合。

[58] 亦可参见 Kerr，2001。

[59] 亦可参见 Curtis，2001。

[60] 亦可参见 Gelder and Jacobs，1999。

[61] 在弗洛伊德看来，忧郁和梦是非常相像的(1917b，p. 251)，即它们与自恋性的精神障碍密切相关：有关自恋，参见 Freud，1914。

为城市驱魔招魂

——略述斯蒂夫·派尔及其城市研究

孙民乐

对城市的研究已越来越走向具体和精细的路径，从规划到管理，从经济学到社会学，各学科和研究领域无不把科学的数据、理性的预测作为鹄的，对城市的物质形态和制度形态做出了全方位的扫描。这类实用主义研究在为城市生活带来实质性利益的同时，也对人们的城市观念产生了复杂影响。简而言之，这些视域之下的城市是均质的、平面的。它们无视城市的历史时空中堆积的巨大的心理能量，而倾向于把城市当作一架可以随意拆装的机器，因此，它们总是能毫不迟疑地确定规格，给出诊断。从某种意义上说，对于作为理性化范本的城市来说，上述研究范式毫无疑问是会受到鼓励的。

当然，也始终存在着对城市的"神秘"、"诡异"，对城市所激发出来的情感与梦想充满好奇的研究脉络，这个脉络对城市宏伟的"躯干"和强健的运动不感兴

城市生活的魅像

（来源：http：//p3.so.qhimg.com/bdr/ _ 240 _ /t01451ed60540812108.jpg）

趣，而着意于发露其内部蕴结的复杂关系网络。英国当代社会学家斯蒂夫·派尔的一系列城市研究便可以归入这个谱系，其近著《真实城市：现代性、空间与城市生活的魅像》(以下简称《真实城市》)更是把梦幻、魔法、幽灵和吸血鬼作为城市的主角，用一种神秘学的灵觉把可见的城市世界与不可见的心理能量联系了起来。该书还以"心理地理学"为这一谱系命名，发掘并激活了一笔数量庞大，且又未经认领的思想遗产，它们来自不同类型的文学作品，来自电影、民间故事，也来自像情境主义国际这样的文化实践运动。这些思想遗产形式多样而复杂，但它们的共同特点在于，都能"自觉地把对城市生活的社会、物质、历史、空间方面的认识与对心理层面的认识融为一体"。[1]它们都关注城市的细节，试图以想象的方式去探察城市生活的隐微踪迹，追寻并重构城市的历史记忆。

在斯蒂夫·派尔的视野里，"城市的真实，既是物质的问题，也是情感的问题，既是可见的，也是不可见的，既是不断加速的，也是缓慢移动的，既是相互连接的，也是偶然并存的"[2]。这多重的面相、多重的速度和节奏交汇在一起，构成了城市生活的"真实"。《真实城市》一书借助数量庞大的梦、魔法、吸血鬼和幽灵叙事，穿越巴黎、伦敦、纽约、新奥尔良、新加坡等城市的历史、地理和心理的条条隧道，尝试着对这种现代城市生活的"真实"进行探取。用作者自己的话来说，这不是对城市生活隐藏真相的揭露，而是对现代城市的"魅影般"的经验的一次探索。[3]

了解本雅明城市研究的读者，对本书谈论城市的路子大概不会感到太陌生，因为在《单向街》、《柏林纪事》和《拱廊街计划》等著作中，本雅明已经暗示城市生活有着如梦似幻的性质，并且也借助梦、魅像乃至幽灵这些概念和意象，对城市生活经验进行了描述和分析。斯蒂夫·派尔对这一谱系的遗产颇为谙熟，他分别从齐美尔、本雅明和弗洛伊德那里汲取了理论启示、概念工具和分析方法。齐美尔在历史唯物主义之下所构建的一个观察城市问题的"地下室"，向他昭示了一个向内掘进的方向：以城市心态为切口，探析城市栖居者心性变化的历史过程以及城市经济结构与精神生活结构之间的关系；本雅明对城市生活视觉元素和梦幻品质的理论揭示，构成了本书的主要工作框架，魅像、梦幻、幽灵等也成为贯穿本书的核心概念；而弗洛伊德释梦的方法则成了本书现象分析的原始模型。借助这一系列的理论工具，本书得以向城市生活的想象的、幻想的、情感的——魅影般的——领域挺进。

《真实城市》把弗洛伊德的早期心理分析与瓦尔特·本雅明的批判理论加以融合，并由此形成了观照现代城市生活或者说是现代性的特殊视野。以这一视野观察，作为现代性“魅像”的城市生活本身犹如“梦的运作”，也是经由凝缩、转移等微妙的心理过程化生出来的。此书以梦、魔法、吸血鬼和幽灵为四条追溯的线索，逐一呈现了这些被所谓的现代理性所封闭的视域对于城市生活、城市心理的情感投射作用，并且辨析出了与上述四个考察对象相对应的现代城市生活的情感运作机制：梦的运作、魔法运作、血液运作和悲伤运作。毫无疑问，这也正是现代性的“魅像”生产的运作机制。

斯蒂夫·派尔的城市研究的取径和诉求是与他所指认的“心理地理学”一脉相承的，甚至可以换句话说，是他多年持续不懈的研究使心理地理学这个思想传统得以贯通和焊接起来。自 1996 年出版《身体与城市：精神分析、主体性与空间》[4]以来，斯蒂夫·派尔一直把“心理—地理”的能量转换作为研究重心，他的《西方城市的奇特案例：神秘的全球化与城市现代性的创制》(2006)[5]、《主体在哪里？地理想象与主体的空间化》(2008)[6]、《心—身地形学：皮肤自我、身体自我与纪念品》(2009)[7]、《当前人文地理学研究中的情感与情绪》(2010)[8]、《亲近的距离：研究者与被研究者之间融洽关系的无意识维度》(2010)[9]、《皮肤的空间性：T. E. 劳伦斯〈智慧的七柱〉中的皮肤擦伤、自我与第二层皮肤》(2011)[10]、《皮肤、种族与空间：弗兰兹·法农〈黑皮肤，白面具〉和内勒·拉森〈冒充白人〉中身体图式的冲突》(2011)[11]、遥远的感觉：心灵感应与情感的远距离传输问题》(2012)[12]、《野蛮心智：在非人类地理中重新思考人类——运用弗洛伊德的两个案例》[13]等，都显示了其独特的理论敏感和深微的研究境界。

斯蒂夫·派尔的学术视野极为开阔，近二十年间，他先后参与了多种重要的专题论文集的编纂，包括：《图绘主体：文化转型的地理学》[14]、《地方与身份的政治》[15]、《抵抗的地理学》[16]、《流贯身体的地方》[17]、《城市世界》[18]、《任性的城市：秩序与失序》[19]、《城市 A－Z》[20]、《文化地理手册》[21]、《社会变革》[22]、《印有图案的地面》[23]。这些论文集大都汇集了人文地理学、城市理论前沿领域的最新动向。新近出版的《精神分析地理学》[24]一书则反映了作者涉入最深的研究领域的新动态。

斯蒂夫·派尔把他开阔的视野和理论敏感成功地带入了城市研究，他的《真实城市》探入了隐藏在暗影部分、众多城市研究者的目光无法抵达的城市世界，或许起到了驱魔和招魂的作用。

（作者：孙民乐，中国人民大学文学院教授）

注释：

[1] Steve Pile, *Real Cities: Modernity, Space and the Phantasmagorias of City Life*, Sage, 2005, p. 4.

[2] Ibid. p. 3.

[3] Ibid.

[4] *The Body and the City: Psychoanalysis, Subjectivity and Space*, Routledge, 1996.

[5] *The Strange Case of Western Cities: Occult Globalisations and the Making of Urban Modernity*, Urban Studies 43(2), pp. 305—318.

[6] *Where is the Subject? Geographical Imaginations and Spatialising Subjectivity*, Subjectivity, 23(2), pp. 206—218.

[7] *Topographies of Mind-and-Body: Skin Ego, Body Ego and Memento*, Subjectivity, 27, pp. 134—154.

[8] *Affect and Emotion in Recent Human Geography*, Transactions of the Institute of British Geographers, 35(1), pp. 5—20.

[9] *Intimate Distance: The Unconscious Dimensions of the Rapport between Researcher and Researched*, The Professional Geographer, 62(4), pp. 483—495.

[10] *Spatialities of Skin: the Chafing of Skin, Ego and Second Skins in T. E. Lawrence's Seven Pillars of Wisdom*, Body & Society, 17(4), pp. 57—81.

[11] *Skin, Race and Space: the Clash of Bodily Schemas in Frantz Fanon's Black Skins, White Masks and Nella Larsen's Passing*, Cultural Geographies, 18(1), pp. 25—41.

[12] *Distant Feelings: Telepathy and the Problem of Affect Transfer over Distance*, Transactions of the Institute of British Geographers, 37(1), pp. 44—59.

[13] *Beastly Minds: Rethinking the Human in Nonhuman Geographies—Using Two of Freud's Case Studies*, Emmy von N. and the Wolfman, Transactions of the Institute of British Geographers.

[14] *Mapping the Subject: Geographies of Cultural Transformation*, Routledge, 1995.

[15] *Place and the Politics of Identity*, Routledge, 1995.

[16] *Geographies of Resistance*, Routledge, 1997.

[17] *Places Through the Body*, Routledge, 1998.

[18] *City Worlds*, Routledge, 1998.

[19] *Unruly Cities?: Order/Disorder*, Routledge, 1999.

[20] *City A—Z: Urban Fragments*, Routledge, 2000.

[21] *Handbook of Cultural Geography*, Sage, 2002.

[22] *Social Change*, Open University Press, 2003.

[23] *Patterned Ground: Entanglements of Nature and Culture*, Reaktion Books, 2004.

[24] *Psychoanalytic Geographies*, Ashgate, 2014.

中国城市形象片巡礼

王柯月

城市形象片，又名城市宣传片、形象宣传片等，顾名思义即是以“城市形象”为表现主体的影像表达[1]，试图令观众在观看后能够明显地感受到一座城市独特的“形象”。对“城市形象”概念的理解是复杂多样的，但无论中外学者研究视角如何不同，对这一概念都存有共同的认识，即：城市形象既包括物质层面，也包括精神层面，既有物的客观存在，也囊括来自居住者的心理认同和情感意识，尤其突出强调城市形象与城市文化的关联性，“城市形象”是城市精神、城市文化的折射体。

一般认为，作为一种影视语言，城市形象片的源头是电影。1927 年华尔特·罗特曼(Walter Ruttmann)执导的一部以城市中的“人”为表现主体的影片《柏林——大型城市交响乐》，被视作城市形象片的创作起点，并掀起广泛模仿和拍摄“城市电影”的热潮。[2]由奥运会主办城市制作，为纪录体育运动赛事和宣传奥林匹克精神的影像资料也为早期的城市形象片的发展起到了助推作用，如 1900 年第二届巴黎奥运会、1964 年的东京奥运会。在逐步发展的过程中，城市形象片也与商业化广告产生了密切的联系。在中国，20 世纪 90 年代改革开放事业取得阶段性成就，城市化和市场化的浪潮汹涌而来，随着“品牌理论”的风靡，企业形象广告成为一种重要的广告类型。企业形象片延伸到城市营销领域，便有了城市形象片的出现。城市形象片致力于再现一个城市形象以及城市文化符号的城市空间，以体现城市的文化底蕴和精神内涵，进而营销城市品牌，以便短期或长期促进城市的发展，具有明显的商业动机和明确的经济诉求。如今，城市形象片已经成为全世界通行的一种宣传和营销方式，随处可见，其目的包括陈述城市的政治、经济、文化、历史概况，推介旅游，招商引资，配合城市大型活动或者赛事进行城市推广，全方位塑造，展示和传播城市品牌形象等。

二

较国际城市形象片来说，中国的城市形象片的起步要晚几十年，并且呈现出明显的阶段性的特征。20世纪80年代，我国制作并播出了一系列国家主导拍摄的电视纪录片，如《话说长江》、《丝绸之路》、《望长城》等，虽然依稀有城市形象宣传的影子，但其主要诉求是通过讲述伟大祖国的历史文化来弘扬主流价值观，并无商业上的考量，也完全与市场脱节。直到1999年4月，为了更好地推介当地的旅游业、打造城市品牌，威海市首先迈出了第一步，制作并通过中央电视台的媒介平台播放了学界普遍认为是中国历史上第一部城市形象片的《中国威海》，使这样的片种和国内城市宣传迅速兴起。此时，率先加入利用电视媒体进行城市营销热潮的，主要是一线城市及部分旅游业发达、自身特色鲜明和部分希望在国际赛事竞选活动中获得主办权的城市，如昆明、香港等。2004年，随着中央电视台于当年启动的“中国魅力城市”、“中国魅力小镇”评选，中国广播电视学会、中国广告学会等多家机构联合主办的“2004中国国际形象片展”系列活动等，城市形象片第一次大规模地进入全国六百多家省、市级电视播放平台。城市形象片在中国已经成为极为普遍的宣传形式，产出数量剧增，在全国各地百花齐放，无论是经济实力相对雄厚、城市品牌包装相对成熟的一、二线城市，还是三、四线城市，都积极地加入丰富城市形象片类型和内容的行列中。2011年之后，中国的城市形象片进入了更为繁荣的发展阶段，全国几乎每一个城市都拥有了自己的城市形象片，

《柏林，大城市交响曲》

（来源：http：//a4. att. hudong. com）

这种宣传和营销方式已经常态化，并出现了一系列新的现象：如市场需求量不断增大，创作更新速度持续加快，传播媒介和方式从传统媒体逐步转向新媒体，制作方和创作团队更加多元化，国际化和海外传播重要性凸显，等等。

中国城市形象片的广泛发展，与当前中国社会的文化政治语境是高度相关的。一方面，城市与现代中国人生活的紧密程度在高速城市化进程中日益加深。据预测，未来十年中国有可能发展成为具有1 000座城市的国家。目前中国城市化率为 51％～52％，城市化结束后将达到 75％～85％。未来绝大多数人将要彻底告别乡村和土地，自愿或者被迫融入城市的生存方式。有鉴于工业革命以来西方城市化进程所带来的种种危害和弊病，人类也不得不反思审查岌岌可危的自身处境，转而将可持续发展的希望投射到城市主体上。其次，在城市竞争日趋激烈的商业化社会进程中，城市政府承担着管理者和公共资本运作者的双重角色，其职能不仅止于建设和管理城市，还包括把城市作为一件商品推销给城市的顾客群体，如投资者、旅游者等。因而一部口碑良好、传播广泛的城市形象片是城市的文化载体和无形资产，对内能够不断地传递官方意识形态，建构民众对于国家意志和生存家园的认同，提高市民对城市的认同感、归属感、自豪感，增强凝聚力、向心力和领导者权威；对外能够辐射公众，宣传施政者建设成果，增添城市的对外吸引力，促进技术、人才、资金等资源的流动，挖掘潜在经济效益。再次，影像化作为一种时代症候，已经深深地进入了普罗大众和创作者的无意识层面。视觉重新恢复了认知的霸权地位，我们正在进入一个“世界图像时代”。英国学者约翰·伯杰指出：“历史上再也没有任何一种形态的社会，曾经出现这么集中的影像、这么密集的视觉信息。”[3]。而影像消费也最为典型地体现了当代消费文化的文化逻辑，即强调商品形象的观赏性效果。城市形象片便是通过影像的方式将符号形象植入受众的意识层面，让受众认可这种关系建构并且形成对华丽影像所代表的虚幻形象的高度向往，从而掏腰包进行消费。

中国城市形象片的数量可谓众多，但拍摄创意却相当有限。城市形象是物质、精神和居民心理认同三方面的综合，好的城市形象片也应当是这三方面的集合体。一般而言，城市形象片的内容众多却不外乎两类：纵向上呈现城市的历史变迁过程，横向上展示城市元素，包括商业、民俗、饮食、文物古迹、文化内涵，即物质文化遗产与非物质文化遗产。在某种意义上，表现城市主体的诸多素材在一部完整的影片中组织结构的形式，不仅会影响到在极为有限的时长中从万千素材中抽取内容的原则，更能够反映出拍摄者在观察和审视一座城市时所选取的角度，在讲述一座城市时所运用的话语体系及其背后的意识形态立场。通过对大量城市形象片话语讲述方式的分析，可归纳为如下几种主要类型。

第一种是幻灯片式，表现城市的方式类似于幻灯片般的拼贴，或者配合画外解说词来讲述城市概况，内容上是该城市地理位置、经济发展水平、自然风光、名胜古迹、风土人情等概念性事实的组合。影片主要停留在对城市外部特征的描述层面上，镜头之间几乎没有内部叙述的逻辑和层次关系。例如2004年武汉的城市形象片《武汉水云间》、2008年石家庄的《燕赵古韵·魅力之城》、2012年无锡的《太湖明珠，魅力无锡》等，都是对城市风貌的走马观花式的画面呈现。

第二种为主题笼罩式，即整部形象片逻辑叙述上存有较为统一、完整的主题，能明确清晰地显示出该城市的特点。主题之下分为几部分，以幻灯片形式辐散展开，拼贴而为整体，彼此间缺乏更多的联系。这一类型结构方式是目前城市形象片的主流，可视之为幻灯片式形象片的进化版，由于建立了相对完满自洽的叙述体系，话语表述上更加工整，创作者围绕抽取出的主题对素材精挑细选，并且尽可能在有限的时间里将最能体现主题的元素淋漓尽致地铺展开来，该城市与其他城市的区别也因此而更加彰显，城市的初步形象得以建立。例如2010年广州的城市形象片《千年羊城，南国明珠》，以经2009年广州市综合公众投票和专家评审后选出的“千年羊城，南国明珠”为城市形象表述词，以“羊”字为基础，分为“祥”、“洋”、“美”、“翔”四个部分呈现广州特色。

第三种是线索贯穿式，即拍摄者人为构建出一种线索，贯穿全片的话语讲述方式。线索可以是某种意象，作为脉络串联全片，例如江苏海安的形象片《时间的温度》，以“海安花鼓”贯穿始终。线索也可以是旅行者的游览经历，如西安的形象片《华夏之都·山水故里》，便是以一位男性游客在西安的行踪为线索来呈现西安的城市景观和风土人情。线索还可以是城市的某种特色。寻找恰当而独特的线索具有相当的难度，想必这也是这种结构方式较少为创作者所采用的原因。

第四种是故事讲述式，此类城市形象片多以微电影的方式出现。所谓“微电影”，以微时长、微制作、微传播等为主要特征，是传统电影与网络传播的结合。微电影所具有的特征与城市形象片在传播媒介、形式特征、主体诉求等方面极易实现某种对接，2012年一出现便取得井喷式发展。故事讲述式的城市形象片形态上更接近于剧情片，用一个较为完整的故事来侧面表现城市，取代了直接贩售城市风景和发展前景的广告或陈列内容的博物馆式展览。例如重庆微电影《爱在重庆》，讲述的是从外地来重庆旅游的男主角邂逅重庆本土女孩小沫，并与之相知相恋的故事，结尾小沫高喊出“我爱重庆!”，点明主题，重庆俨然成为恋爱圣地，也进一步诠释了“重庆，非去不可”的理念。

二

同绘画、电影、文学等艺术形式类似，城市形象片的性质和特点决定了其自身内在的逻辑结构和话语体系。幻灯片式、主题笼罩式、线索贯穿式和故事讲述式都是适应城市形象片内在需要和外部诉求而产生的话语结构类型。从1999年中国第一部城市形象片的诞生发展至今，随着社会、经济、政治和文化环境的变迁，以及城市化进程的不断加深，中国城市形象片也不断调整着话语叙述的姿态。这一方面反映了作为身居城市之中的人们对“城市”这一名词理解的不断深入，持续地对人与城市的关系进行审视与反思，另一方面城市形象片所表达的理念也在时代变化的背景下持续与观众进行对话与互动，投射着人们集体无意识和情感结构的变迁。有学者指出，人们对于城市的看法、对于城市真实的把握，在一种集体无意识的层面上被自身的价值取向所重构。[4]这种价值取向有多少是来自于受众自身、在何种程度上影响了城市形象片的话语方式?受众自身的价值观又在多大程度上被城市形象片(以及视觉媒介)的话语方式所渗透和塑造?

总体上，中国城市形象片使用的是符号学的话语结构方式，在有限时间内呈现最多有关城市形象的方法，无非是集合美食、美景、美女等视觉文化符号来一次大杂烩式的展示。这种做法与消费主义文化的内在逻辑是相符的。现代语言学之父、符号学的奠基人索绪尔在《普通语言学教程》中指出，符号包括两个构成元素，“符号是能指和所指相联结所产生的整体”，“能指是通过自己的感官所把握的符号的物质形式——如一个词的发音或一张照片的外观。所指是符号使用者对符号指涉对象所形成的心理概念”。[5]而根据斯图亚特·霍尔的“编码—解码”理论，所谓视觉表征即是通过图片、影像等对各种概念产生意义，具有对符号和文化进行编码、解码的功能。[6]基于多年来接受视觉文化的良好训练，观众观看城市形象片的过程中，自动完成了对一座城市文化符号象征意义的解码工作。这是城市形象片服从于消费文化逻辑而成为具有消费意义的编码系统的社会语境基础，正因为大众文化的特点之一便是日常生活的审美化、符号化，决定了城市形象片唯有采取这样的话语叙述策略，才能够让一座城市在短短几分钟内为一般民众所感知。

上述四种城市形象片类型里，前三种本质上依旧是对符号话语体系的应用，差异不过是在传播符号的技巧上做文章而已，数量上占据主体，例如为许多观众耳熟能详的2000年的《昆明：天天是春天》、2004年的《武汉水云间》、2007年的《苏州好风光》、2008年的《石家庄：燕赵古韵·魅力之城》、2010年的《广州：千年羊城，南国明珠》、2012年的《印象潮州》、2013年的《水润中国心，做客丹江口》。这类形象片的共同特点是影像画面华丽、音乐优美，极度注重整体氛围感营造，但整体创作思路平庸、内涵浅薄、艺术性不高，而且同质化现象严重。近几年城市形象片在话语叙述上的新策略，是由单纯的文化符号消费转向叙事性的建构，故事讲述型的城市“微电影”逐渐成为话语建构的主流，“城市”与“视觉媒介”这两种现代性装置的结合方式出现转变。以下表格所列为此类城市形象片的代表。

类型	城市	标题	时间	时长	主要情节和结构方式	备注
故事讲述式	香港	香港体验，全情触动	2001	待定	四组来自不同国家的人物角色怀着不同心愿来到香港。机场是展开故事的起点，最终以维港烟火夜景作为共同的终点再次合并线索。	片段来自网络，未找到原片
	成都	成都——一座来了就不想走的城市	2003	5:08	以一个首次到成都帮祖母找寻回忆的旅客的视角，采用了叙事性的手法，从不同侧面反映了成都这座城市充满活力与激情，具有小资情调的市民生活。	张艺谋导演
	同里	情归同里	2008	12:00	讲述的是一对青年男女在同里邂逅之后，引起了他们对前尘往事的回忆抑或幻想。片中贯穿古今两条线索，两段浪漫的情愫在同里的古代与现代两个时空交叉缠绕。	顾长卫导演
	重庆	奇迹之城，梦想之都	2009	12:07	重庆女孩回乡+第一人称主观旁白（性质同早期宣传片的画外音）	
	深圳	In 深圳	2011	13:59	以父母孩子一家三口、钢琴少年、图书管理员、幼儿园老师的日常生活和情感经历来勾勒出只属于深圳的城市画卷。全景展现深圳文体旅游主题下滨海浪漫、主题公园、文化创意、运动休闲以及都市风情等五大版块的内容。	

续表

类型	城市	标题	时间	时长	主要情节和结构方式	备注
故事讲述式	南京	我与南京有个约会	2012	6:00	以法国人凯文对南京女孩小楠的一见钟情为主线，凯文根据小楠的一本相册，走遍南京的大街小巷。	
	烟台	人间仙境，最美烟台	2012	8:05	流浪者男主人公在烟台旅行遇美丽女子，最终“爱在烟台，难以离开”。	
	苏州	苏州情书	2013	22:40	新加坡女孩到苏州寻找前男友回忆，遇到摄影师产生情愫。	微电影，韩雪演唱主题曲
	扬州	寻美扬州	2013	9:47	三组游客在扬州的平行经历：澳洲摄影师；婚姻倦怠期的白领夫妇；台湾大学生小艾探访爷爷故乡。进入当地居民日常生活。	
	上虞	剪爱	2012	6:00	讲述了一位老知青谢教授因葡萄触景生情，想起了自己当年与初恋女友在上虞的约定，决定回上虞寻找失落的记忆。	
	贵阳	贵阳我爱你	2013	30:00	通过四条主线讲述了贵阳人对贵阳的“爱”，用几位青年男女在贵阳生活、创业、恋爱的故事，讲述了贵阳人与贵阳这座城市之间无法割舍的浓厚情感。	本地人视角
	苏州	又见吴中	2013	5:31	以韩雪重回故乡参加闺蜜婚礼为线索，讲述了童年回忆，同时反映出吴中的今昔变化。	
	重庆	爱在重庆	2013	14:40	重庆女孩回乡＋第一人称主观旁白(性质同早期宣传片的画外音)。	腾讯网与英画电影联合出品
	苏州	私人定制——苏州	2013	3:03	新人在当地举办婚礼。	冯小刚执导
	昆明	下一站，昆明	2014	14:30	在昆明读大学时相恋的情侣，毕业因各自梦想不得不分开，男生最终因热爱昆明而留下。	
	南宁	爱上南宁	2014	30:00	两个外地女孩到南宁旅游，与当地男孩相遇相处相恋的经历。	三部曲，真实故事改编

原因是多方面的。其一，这是影像消费时代对叙事性的回归。诚然这是个“叙事已经被铺天盖地的传媒和现代人的快节奏生活省略简化为压缩饼干”[7]的时代，但如同剧情电影仍然吸引着大量观众一般，故事所具有的可读性是无可取代

的，它引人入胜，更符合大众看腻了无须动脑的幻灯片画面之后正在变化的审美趣味，也更容易跳出符号堆砌式话语的窠臼，也才有可能免于瞬间淹没在同类型城市形象片洪流之中的命运。

最早的故事讲述式微电影是2001年香港旅游局摄制的《香港体验，全情触动》。四组来自不同国家的人物角色：杭州来的一家三口、一个美国商人、一对日本年轻情侣和一对英国中年夫妇，怀揣着不同心愿来到香港展开各自不同的行程。机场是四组故事开始的起点，每一组故事独立完整，又有交汇呼应，最终以维多利亚港的烟火作为共同的终点，四条线索再次合并。十余年后，2013年扬州的城市形象片《寻美扬州》便是仿照这一故事模型而来的，三组游客在扬州的平行经历中进入了当地居民日常生活，一座城市的文化风味由此得以展现出来。

首部城市形象微电影《苏州情书》首映

（来源：http：//www.99fit.cn）

2013年由苏州市政府新闻办公室出品的国内首部官方城市形象微电影《苏州情书》，是微电影故事结构的另一种典型，讲的是“因为一个人爱上一座城”的浪漫爱情故事。来自新加坡的30岁的白领韩梅梅，她昔日的恋人在参与中新合作工业园区的建设中选择留在了苏州，为了告别这段感情，也想看看这座城市究竟有何魅力，韩梅梅在分手7年后来到这个城市。在苏州短短一周的时间里，韩梅梅走过平江路、同里古镇，在苏州博物馆、金鸡湖畔流连，看着老人家边听音乐边翻报纸，游走在这个城市的古典与时尚之间，还在不经意间见证了苏州大学学生小苏和小周的感情，渐渐爱上了这座城市，也最终在那里邂逅了自己与摄影师李雷的爱情。两组恋爱故事贯穿了这部微电影始末，在相遇相恋的故事情节中，一个城市的生活铺展开来，用最日常的生活场景展示了这座城市最具特色的景点与饮食，也在细节中诠释了这座城市的精神内涵，在不经意间唤起苏州人的集体记忆。

“故事”重新成为讲述城市的方式，也是当前社会语境中大众生活经验和情感结构变迁的结果。长久以来视觉文化的浸染已经让人们变得挑剔，在连3D方式都被运用到城市形象片拍摄上的今天，想要从影像画面上取得突破，想要单纯凭借视觉冲击占领关注已是难事。与此同时，受众开始对于千篇一律的风光歌舞、城市景观感到厌倦，渴望更高品质、更深内涵、更接地气的影像，有着更高的审美取向，对于只具有单纯视觉震撼力、缺乏内在思辨和艺术深度的视觉文化所采取的态度是有选择性地背弃而不是全盘接受。

然而囿于城市形象片作为文化工业产品的本质，上述人与城市的故事类型很快被大量复制，程式化的故事模板应用到其他城市上依然奏效，屡试不爽，连影片名称都高度相似。故事的主角往往是所谓的外来者——游客、阔别家乡的游子，共同特点是都需要带着新鲜的他者眼光体验重新“进入”——“寻找”——“融入”城市的过程，此过程往往由一个本地人进行引导，由对某个人的爱进而升华到对城市的爱，对于某座城市的情感和心理认同被与这个本地人的交往召唤出来。《爱上南宁》讲述的是两个外地女孩到南宁旅游，与当地男孩相遇的一连串遭遇；在烟台城市形象片《人间仙境，最美烟台》里，流浪者男主人公在烟台旅行偶遇美丽女子，几番交会之后最终“爱在烟台，难以离开”；《我与南京有个约会》则是以法国人凯文对南京女孩小楠的一见钟情为主线，凯文根据小楠的一本相册，走遍南京的大街小巷。此外，还有《贵阳我爱你》、《缘分西江》、《缘在绍兴》、《爱在重庆》，等等，不胜枚举。

其二，对城市、对人与城市关系的重新理解。长久以来，在中国城市形象片的话语体系中，城市多以物化的面目出现，城市本身作为时空集合体所具有的复杂性消失不见。以建筑景观符号化城市，本质上是一种对静止的、凝固的“物”的膜拜。唯有实实在在矗立在地平线之上的“物”的遗迹值得被讲述，有资格进入话语体系，应当被城市居民所瞻仰并为之而骄傲，由此形成对这片地域心理和情感认同的基础。体验和感受城市的主要方式是通过城市形象片中心情愉悦的游客们“进入某城市空间——与这些充满着当地人自豪与骄傲之情的建筑合影留念——退出某城市空间”的过程完成的。这必然导致城市形象片在创作时采用拼贴城市景观的思路，一座城市的形象便建立在物占据绝对内容主体的幻灯片叠加之上。

为近现代空间理论所关注的城市作为“社会空间”的概念直到近些年的城市形象片中才有所呈现和探讨，创作者试图以一定空间内人与社会的紧密互动来掩盖这种人与物表面和谐、内部分离的矛盾性，开始选择更为日常性、生活化的场面进入话语叙述的镜头，这也为“城市故事”的孕育和讲述提供着场所。例如2003年由张艺谋执导的成都形象片《成都——一座来了就不想走的城市》中，作为游客的男主人公不仅仅是为了完成奶奶交给他的拍摄任务，也在尝试进入成都的公共社会空间——由密切的人际互动和交往所构成的日常生活，镜头下是巷子里嬉笑的顽童、蹬着满载蔬菜的三轮车的老农的背影、露天夜市麻辣沸腾的喧闹嘈杂、街边热火朝天的麻将摊儿，将更民间青瓦白墙的川西民居和宽窄曲折的巷弄引入观众视野，普通成都人饱满、细腻、充满人情味儿的都市生活由此得以掀开一角，也更容易引起观众的情感共鸣。

另一方面，正如芒福德在《城市文化》的导言中开篇便指出的：“城市——诚如人们从历史上所观察到的那样——就是人类社会权力和历史文化所形成的一种最大限度的汇聚体。在城市这种地方，人类社会生活散射出来的一条条互不相同的光束，以及它所焕发出的光彩，都会在这里汇集聚焦，最终凝聚成人类社会的效能和实际意义。所以，城市就成为一种象征形式，象征着人类社会中种种关系的综合。”[8]人与城市、与城市文化的密切关系由此可见一斑。芒福德认为，城市是文化的容器，这容器所承载的生活比这容器自身更重要。城市建造和发展的目的也是为了让人更好地生存。人作为城市文化的创造者和传承者，毫无疑问地应该是城市形象里重要的一环。城市故事，说到底还是人的故事。

中国城市形象片中所表现的人与城市的关系，经历着一个从“无人之城”到“有人之城”的转变过程。早期的城市形象片以介绍和展示为要务，画外音带着俯瞰众生的全局视角和不容置疑的口吻，使用大量的指标、数字、事实配合幻灯片式的影像来“说明”一座城市，以达到政府工作汇报、招商引资等目的。吊诡的是，镜头里高楼大厦、名胜古迹、厂房机器和交通工具铺天盖地、夺人眼球，作为城市的居住者、城市面貌的建造者和城市生活的创造者的人，在讲述城市的影像中却是缺席的，至高无上的、官方口吻的画外音垄断着这座城市的阐释权。即便有群众演员来扮演着表面上身份界限清晰的各类城市人族群，例如产业工人、运动员、歌舞演员、成功的生意人、退休老人等，“城市人”仍然因缺乏具体的日常生活细节和情感态度而显得面目模糊，镜头下的人们在城市的巨大空间里载歌载舞、谈情说爱、四处游走看风景，或者是典型的摆拍，缺乏与现实生活的直接联系；或者是概念化的群像，缺乏个性生动形象立体的个人，不过是巨大城市背景下被建构出来的空洞符号。

在“以人为本”构建和谐社会施政目标的推动下，今天的中国城市文化乃至中国文化，意识到需要重新进行自我定位，需要“人”作为主体重新“进入”城市，人在城市中的生存、生活、生产经历和经验成了有价值的、值得讲述的故事。在此类城市形象片中，城市作为故事的发生地，从直接的描述对象退居为背景式的存在。故事多以游客的他者视角切入，游客在城市的特定空间里巧遇或追寻失落的爱情，城市是爱情的发生地也是见证者，主题上往往由个人之爱进而升华到对某个城市的爱，以此来显现人和城市的联系。这样从思维方式、结构逻辑的转变在暗中巧妙置换了表现主体，跳出了以往城市形象片的窠臼，将聚焦点放在了城市和人的关系之上，让城市回归其空间和社会属性。这意味着对于城市考察的新的视角的出现，在方法论上具有突破性意义。

2013—2014 年微电影式城市形象片取得了井喷式发展。这些微电影将讲述对象对准了城市中生活的人，在一定程度上唤起了受众的集体记忆或乡愁经历，击中了受众共通的情感体验，因此而达到了良好的传播效果。城市形象片中讲述者的角色也由局外人——画外音，把话语权交还给影片中的城市居民。例如深圳城市形象片《In 深圳》，踏踏实实地表现不同年龄阶层、身份背景、社会属性的人在城市的生活：妈妈带着年幼的儿子参观海洋馆的周末大概是每个家庭都会经历的日常，“你是妈妈的小鲸鱼”一句体现的是家庭与亲情的温暖；“想和你再环游世界”是热恋中的年轻情侣对于一座城市的向往；“您的启蒙是我的首演”讲述了象征文化传承的师生关系，钢琴老师对学生的启蒙；“总有一盏灯为我点亮”是漂泊异乡努力奋斗的都市人夜深时分心底最深的渴望。影片末尾，人在巨大的城市背景前起舞，对于深圳这座城市的归宿感、家园感就在实现一个个根植日常的民间理想中被密密地编织出来。而在“2013 年十座城市春晚 · 重庆篇”中，普通民众的日常细节特写取代广角全景成为影片主角，拥有了自主讲述故事的权力。这段短短两分钟的影片主要用纪实拍摄的方式讲述了一位名叫奚伯新的出租车司机，来重庆二十多年，他热爱美食，平日喜欢收集重庆好吃好玩的地方，一百多家大小馆子都一一记录在小本子上，还热情地向乘客介绍和推荐，手抄本被网友放到网上立刻成了新一任“重庆饕餮大王”，小本子还被出版成色彩鲜艳的《吃货宝典》。创作者通过奚伯新担任主角讲述自己故事的方式，在影片中串联着展现了城市风光和诱人的美食，甚至重庆人的精神风貌和乐观心态，“工作很单调，但只要有心，重复的工作也可以找到乐趣嘛”，“重庆人是‘好吃狗’，我也是个十足的‘吃货’，来了重庆我真的不想走了”，“以前是别人给我讲重庆是什么样子，现在轮到我来给别人讲了，没有人比我们出租车司机更了解重庆”，幸福的生活状态溢于言表，感染力、趣味性、亲切感都足够充分，“人”终于在城市形象片中站住了脚。

基于对城市、对人与城市关系的重新理解之上的城市形象片，开始认识到城市文化由人创造、也要靠人来传承，每一座城市都有其独特的城市世俗文化和丰富的民生故事，因而将目光转向讲述这个城市中的人的故事，用他们的经历来折射、记录这个城市所经历的点滴变化，白描市民的日常生活，将空泛的主题实物化、挖掘特殊性背后所具有的普遍性，才有可能在更大范围内、更深程度上唤起受众的集体认同，进而建立起一座城市的具有温度和人文情怀的城市形象。

其三，故事背后的多种意识形态。阿尔都塞认为，意识形态是个人同周围现实环境的“想象性关系”的再现，它是一套隐蔽的观念体系，人们往往根据这种观念体系来感知和想象世界，在意识形态的镜像中识别出“自我”，并且被意识形态的镜像结构召唤为“主体”。[9]一部城市形象片所囊括的意识形态往往是多重的，不同观众群体、不同身份地位、不同地域归属的人们通过影片所召唤出的主体往往有着巨大的差异，建构出各自的“城市形象”和认同观念。正如霍尔曾谈论电视发挥的功效，这些新的视觉媒介所讲述的故事“涉及社会知识与社会形象的提供与选择建构，通过它我们了解了‘世界’、他人的‘生活真实’，并形象性重建他们和我们的生活，成为可理解的‘整体世界’”。例如在一个幸福“城市故事”的话语体系中，往往将家庭成员相处和睦、偶遇的爱情格外甜蜜、只要肯打拼就能升职这些理念以一个个故事的方式呈现出来，对于本地居民和有意于来此地生活定居发展的观众来说，极具说服力和代入感，观众便不由自主地将自己替换成形象片中的角色，自动地认同现存的秩序，所谓的集体认同感和“城市主人翁”精神便由此被召唤出来。

由于城市形象片的主要牵头人大多是各级政府，因而城市形象片必然承担着帮助施政者输出官方意识形态、塑造民众主体性和建构身份的作用。与此同时，商业诉求仿佛背负另一种意识形态并存于影片话语内部。福柯曾指出，话语即权力，所有话语背后都有权力诉求。[10]“这种城市形象的媒介化过程在资本和权力的双重运作下，不断释放城市的欲望，这不仅仅是一种城市自我认同的人格化方式，更是投资开发商和城市管理者一起合力打造的现代化景观。”[11]在单纯的文化符号堆砌已经不能让民众产生更深层次认同的今天，通过故事讲述的话语方式，这两重意识形态诉求都能更好地完成自身的任务。

“广告的基本元素之一，就是许诺我们一个从未经历过的抽象世界。”[12]同时城市形象片也借由贩卖归属感(归属于某个社群、国族、特殊家庭、团体或者阶级)的方式要求我们消费商品符号，“把产品和国族、家庭、社群及民主观念联系在一起，采用爱国主义和国族主义的语言来发挥意识形态功能，这些产品被人们当作国家意识形态的工具”。[13]官方意识形态企图与广告属性在城市形象片的贩售哲学上取得了高度的一致，这是政府在商业化进程中角色职责增加的体现。在城市形象片中并存的官方意识形态和商业诉求总是处在角力中，官方话语的逐渐隐去是大势所趋，对于传统价值和核心观念的宣导作用减弱，正因为“消费社会的另一个面向，自我和认同的源头是建构在比家庭更大的领域中”[14]，城市形象片也越来越少地展现家庭伦理关系，爱情似乎成为更行之有效的一种宣传策略和消费时尚。在此基础上，对于城市形象片中意识形态与话语、权力的互动关系，也有待于进一步的研究和讨论。

从1999年的《中国·威海》拉开了中国城市形象片的序幕，到如今几乎中国每个城市都至少拥有一部自己的形象片，这十余年中中国社会经济和历史文化语境都经历着快速而巨大的转型、变革与发展。城市在生长，城市形象在变化，人对于城市、对于人与城市关系的思考和审视也从未停止，反映在城市形象片中更多的是一种话语讲述方式的变化。城市形象片是兼具多重属性的复杂文化产品，作为宣传品承担着官方意识形态输出的任务，作为营销城市的广告力图实现商业利益诉求，作为大众文化消费产品也必须要不断调整话语叙述模式来迎合受众文化心理的变化，从符号式表征方式占据到故事讲述类型异军突起便是一种策略的体现。需要指出的是，即便在“故事”形象片大行其道的今天，符号的表征方式仍然无时无刻不存在于表面温情动人的剧情中，不论是故地重游的老人还是初来乍到的游客，追寻乡愁也罢偶遇爱情也好，故事往往只是结构的最表层外壳，核心仍然是发生故事的场景里对于城市形象的符号性展示，只有极为少数的城市形象片能够把握到“城市故事”真正的精髓与价值，完成了对城市与现代人生活关系更深层次的探讨，因而在艺术性和思想性兼备的城市形象片创作道路上，仍然有很长的路要走。

（作者：王柯月，北京大学中文系博士研究生）

注释：

[1] 除城市之外，一些省、镇、地区形象片虽然表现主体在地理意义上与“城市”有别，但性质相同，本文将其统一归入城市形象片的范畴。

[2] 李伊娜：《中国城市形象片的变迁与发展研究》，6 页，兰州，兰州大学，2010。

[3] [英]约翰·伯杰：《视觉艺术鉴赏》，戴行钺译，89 页，北京，商务印书馆，1999。

[4] 李翔宁：《想象与真实——当代城市理论的多重视角》，2 页，北京，中国电力出版社，2008。

[5] [瑞士]索绪尔：《普通语言学教程》，岑麒祥等译，102 页，上海，商务印书馆，2001。

[6] [英]斯图亚特·霍尔：《超越文化》，韩海深译，25 页，重庆，重庆出版社，1990。

[7] 郑崇选：《都市文化研究的多重视域》，144 页，广西，广西师范大学出版社，2013。

[8] [美]刘易斯·芒福德：《城市文化》，宋俊岭、李翔宁、周鸣浩译，1 页，北京，中国建筑工业出版社，2009。

[9] 详见 Louis Althusseur，“Ideology and Ideological State Apparatuses”，*from Lenin and Philosophy and Other Essays*，Translated by Ben Brewster ，New York and London：Monthly Review Press，1971。

[10] [法]福柯：《话语的秩序》，见许宝强、袁伟编《语言与翻译的政治》，肖涛译，袁伟校，北京，中央编译出版社，2001。

[11] 杨丽萍：《城市文化手稿》，74 页，河南，大象出版社，2008。

[12] [美]玛丽塔·史特肯、莉莎·卡莱特：《观看的实践——给所有影像世代的视觉文化导论》，陈品秀译，220 页，台北，脸谱出版，2009。

[13] 同上。

[14] 同上书，221 页。

参考文献：

1. [美]凯文·林奇．城市意象[M]．方益萍，何晓译．北京：华夏出版社，2011.

2. [美]刘易斯·芒福德．城市文化[M]．宋俊岭，李翔宁，周鸣浩译．北京：中国建筑工业出版社，2009.

3. [法]罗兰·巴尔特．符号学原理[M]．李幼燕译．北京：人民大学出版社，2008.

4. [英]斯图尔特·霍尔．表征——文化表象与意指实践[M]．徐亮等译．北京：商务印书馆，2003.

5. [美]玛丽塔·史特肯，莉莎·卡莱特．观看的实践——给所有影像世代的视觉文化导论

[M]. 陈品秀译. 台北：脸谱出版，2009.
6. 杨丽萍. 城市文化手稿[M]. 河南：大象出版社，2008.
7. 郑崇选. 都市文化研究的多重视域[M]. 广西：广西师范大学出版社，2013.
8. 李翔宁. 想象与真实——当代城市理论的多重视角[M]. 北京：中国电力出版社，2008.
9. 梁华群. 城市形象片的话语研究[D]. 安徽：安徽大学硕士论文，2012.

韩国城市形象片一瞥

[韩]南宫旼

近年来，韩国影视文化的兴起成了引人瞩目的文化现象，尤其是众多韩国“真人秀”综艺节目被中国电视制作单位翻拍，如《爸爸去哪儿》、《我是歌手》、《奔跑吧兄弟》、《世界青年说》、《蒙面歌王》等，占据了中国电视荧屏的半壁江山。本文将通过几部作品介绍韩国城市形象片的特点，尤其是近期韩国的城市形象片制作如何借用“真人秀”元素讲故事，讨论由此形成的影像特点与艺术风格，为中国城市形象片的制作提供借鉴。

韩国的城市形象片制作始于1954年[1]，从20世纪70年代起开始进入高潮，主要的制作单位为韩国旅游局，从70年代至2000年大约制作了七十多部形象片。主要的作品包括1974年的《Korea: Unexplored Orient》，1975年的《New Pearl of the Orient》、《New Gateway to the Orient》、《Land of the Morning Calm》，1979年庆州旅游电影，1980年济州岛宣传片，1981年庆州电影、济州岛电影，1982年《Korea，Living Treasure》等。

20世纪80年代，有两件事情让韩国为世界瞩目，一是1986年在韩国首都举行的亚运会，二是1988年举行的奥运会。韩国政府力图通过这两次运动会创造韩国独特的话语体系，重构韩国传统文化，最终摆脱史上一直延续下来的“殖民国家”身份，以纠正“被歪曲”的历史。这一时期的外宣目标归根到底是在处理“世界如何看韩国”的问题。事实上，韩国正是通过这两次世界性的事件确立了非殖民国家的身份认同，并开始对传统的审美价值形成了自觉意识。

20世纪90年代是韩国产业迈向高端的时期。一方面，韩国政府努力提升国家品牌形象，但另一方面，在此过程中，“如何处理传统?”又始终是一个无法绕开的问题。韩国政府最终选择的方式，是从历史资源中挖掘文化符号，进行现代化加工。

1995年韩国实行地方自治制度。地方政府便开始自行制作宣传片。地方政府的宣传片可分为三种：行政宣传片、旅游宣传片、其他宣传片。所谓的行政宣传片为介绍地方政府整体的业务；旅游宣传片主要介绍某城市的交通、住宿、景观、食物等的旅游资源。[2]此外，2002 年韩日共同举办世界杯；2012 年举办“丽水世博会”。正像 20 世纪 80 年代两次世界运动会一样，这些国际活动加快了国家品牌的世界化。

换言之，韩国国家认同是伴随着韩国的现代化进程逐渐形成的。韩国面对着巨大的时代转型，对自身文化特性的需求逐渐提升。正如中国的长城、日本的寿司、加拿大的移民、美国的名牌大学一样，韩国不断研究“韩国性”[3]符号。为了解决这一问题，2009 年韩国政府设立总统直属机构“国家品牌委员会”[4]，提升国家品牌的努力与热情从未停止。

整体而言，现代工业的快速发展与几次世界活动对提升国家品牌形象起到决定性作用。虽然在许多外国人的眼中，韩国仍然处在国家分裂的阴影之下，尚未彻底摆脱韩国战争、劳资纠纷等的负面形象[5]，但这些不利条件，反过来成为国家对国家形象认同迫切的要求。这些努力，都在韩国政府对国家形象的处理方式与价值观念的选择上体现出来，直接决定了韩国城市形象片的文案写作以及影像特点。

若比较 2000 年前后的形象片就能发现，2000 年以后的形象片普遍具有强烈的视觉冲击力，剪辑节奏与画面切换欢快，整体上给人以时尚而年轻的观影感受。这与韩国政府的文化政策密切相关，因为韩国进入 2000 年以后开始积极开展并发展文化产业，体现在形象片制作过程中充分利用和再造流行的文化资源，如《大长今》、江南 style 等的 K-POP。

韩国 2000 年以后的城市形象片制作的一个重要趋势，就是逐渐摆脱过去幻灯片式的单调又静态的风格，采用故事讲述的方式来结构作品。近年来，随着“真人秀”节目的兴起，“真人秀”的艺术风格也开始渗入城市形象片，产生了新的艺术效果。

2014 年韩国旅游局发表了三部城市形象片[首尔[6]、釜山、弘大(弘益大学)[7]，题目分别为《$10 Tour，So Much More—Bukchon，Seochon Episode》、《$10 Tour，So Much More—Busan Episode》、《$10 Tour，So Much More—Hongik University Episode》，以下简称为“10 美元系列”]，2015 年又发布了一部 4D 版的国家形象片。值得一提的是，2014 年的三部形象片打破了以往老生常谈

的故事讲述类型，并开创形象片的新模式——真人秀类型。影片一开始出现两个外国游客，在首尔的一个红色自动取款机领取一本旅游手册，手册上说只要花费10美元就可以玩转首尔。接下来，影片展开的就是这两个外国青年的首尔自由行。这部作品的最大特征为他们在旅游过程中不断和镜头对话，犹如美国真人秀节目，充满现场感与活力。此外，作品的动画效果也让人印象深刻。随着俩人的移动路线，画面勾勒出动画效果的地图，两个人一边逛街一边画出地图，最后一幅完整的地图弹出来。“$10 Tour，So Much More(10美元玩转韩国)”这一口号贯穿整个故事，提供了一套极具真实感的旅游攻略。

韩国旅游局拍摄的这部“10美元系列”成功借用“真人秀”元素，突破了传统形象片的幻灯片模式与故事片模式，与传统的韩国的形象片形成了鲜明的对比。以前的韩国形象片多由地方政府制作，这类形象片有点类似于中国电视台拍摄的“专题片”，基本上是对一个城市的地理、自然环境、人文历史、特产与风物的介绍，解说词抒情夸张，镜头节奏缓慢，有利于提供客观信息，却无法激发消费者的旅游冲动，镜头运转与叙事结构也较乏味；相反，旅游局的作品充满活力、愉悦刺激，主题别具匠心，并且生动反映大众文化，具有浓厚的时代性与象征性。以下表格是两类形象片(旅游局制作与地方政府的制作)的比较分析，其中旅游局作品共有4部(釜山、弘大、首尔、国家形象片)；地方政府作品有2部(济州岛、江原道[8])。

一、旅游局的形象片解读

城市 信息	釜山	弘大(弘益大学)	首尔(北村，西村)	国家形象片
制作年代	2014	2014	2014	2015
时长	3:12	2:21	3:22	4:54
来源	片段来自旅游局网站	片段来自旅游局网站	片段来自旅游局网站	片段来自旅游局网站
类型	主题贯穿，真人秀	主题贯穿，真人秀	主题贯穿，真人秀	主题贯穿，微电影
主题	$10 Tour，So Much More—Busan Episode	$10 Tour，So Much More—Hongik University Episode	$10 Tour，So Much More—Bukchon，Seochon Episode	Imagine your Korea—The Movie

续表

信息＼城市	釜山	弘大(弘益大学)	首尔(北村，西村)	国家形象片
主要情节	两个外国男生用10美元玩转韩国。他们不断和镜头对话，犹如美国真人秀节目，充满现场感与无限活力。随着俩人的移动路线，画面勾勒出动画效果的地图，两个人一边逛街一边画出地图，最后一幅完整的地图弹出来。	两个外国男生用10美元玩转韩国。他们不断和镜头对话，犹如美国真人秀节目，充满现场感与无限活力。随着俩人的移动路线，画面勾勒出动画效果的地图，两个人一边逛街一边画出地图，最后一幅完整的地图弹出来。	两个外国男生用10美元玩转韩国。他们不断和镜头对话，犹如美国真人秀节目，充满现场感与无限活力。随着俩人的移动路线，画面勾勒出动画效果的地图，两个人一边逛街一边画出地图，最后一幅完整的地图弹出来。	故事中的男主角Josh一心想成为一名演员，可是面试一直不过关，只好无精打采地回家。有一天回到家发现，自己的同屋在边吃韩餐边看韩剧，他便向Josh劝道说：到韩国练跆拳道吧。Josh站在镜子前摆出练武的姿势，想象如果自己是个武人会怎么样？蓦然间，他莫名其妙地跳跃到韩国，由此周游韩国的各个城市并亲身体验韩国文化。
备注	启用最近在韩国电视上非常火的外国艺人	启用最近在韩国电视上非常火的外国艺人	启用最近在韩国电视上非常火的外国艺人	4D效果，在全世界影院映前广告时段播放

图1　$10 Tour, So Much More—Busan Episode(釜山)截图

图 2　$ 10 Tour, So Much More—Hongik University Episode(弘大)截图

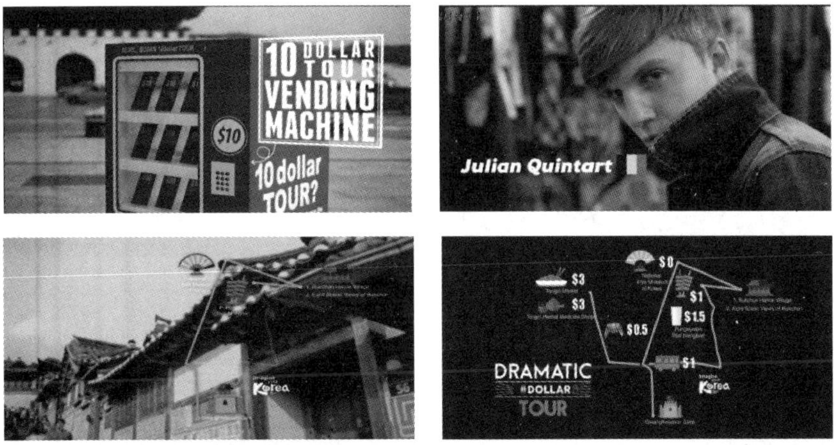

图 3　$ 10 Tour, So Much More—Bukchon, Seochon Episode(首尔：北村、西村)截图

图 4　Imagine your Korea—The Movie 截图

二、地方政府的形象片解读

信息＼城市	济州岛	江原道一泰安郡
制作年代	2014	2012
时长	4:21	13:31
来源	片段来自济州岛旅游局网站	片段来自视频网站
类型	画外音讲述，幻灯片	故事讲述，微电影
主题	Here I am, Jeju	Love story in TAEAN
主要情节结构方式	没有特别的故事情节	幸福美满的一家三口在海滩散步
备注	有对外/内版本 对内版本配韩语讲述	

图 5　济州岛形象片截图

图 6　江原道—泰安郡形象片截图

济州岛与江原道都以旅游业著称。江原道形象片采用微电影形式，展现一望无际的茫茫大海，水天一色、波澜壮阔之美景，同时在影片中有温馨幸福的一家三口在海滩散步，使人感到温暖，突出江原道适合一家人来旅游的特征。然而，在故事题材方面不够新颖，和其他沿海城市的形象片大同小异。济州岛形象片采用幻灯片模式，将济州岛的平原、丘陵、熔岩、海岸、汉拿山等独特的海岛风景一张张地展现。但这部形象片完全是风景的静态呈现，没有人物故事贯穿。将这些传统意义上的形象片与借用了“真人秀”元素的形象片做比较，我们不难分辨出后者的优势与特点：

其一，在主题定位上，韩国旅游局拍摄的形象片明确简练，其主题往往凝缩成一句简短而精彩的口号。比如，“10美元玩转韩国”，这一口号贯穿整个故事，同时是两个外国游客故事的主要情节，即他们要消费完10美元方能让故事结束，地图也才能完成。另外，口号与动画效果的巧妙结合，让行程一目了然、生动形象，给人以身临其境的观影感受。这一模式成功摆脱了以往官方植入式的、单调无味的，甚至是权威主义的宣传风格，反倒从消费者的需求出发，也考虑到近来风行的自由行文化，提出真实又生动的旅游攻略；另外一篇《Imagine Your Korea（遇见你心中的韩国）》的故事设置同样别出心裁。主人公Josh的梦想是成为一名演员，可是一直没能够实现。最后他决定到韩国学跆拳道，以此实现梦寐以求的梦想。从这个意义上，韩国行不只是一次旅游，更是一次圆梦的机会。在Josh的想象过程中，韩国被赋予乌托邦的功能。另外在口号方面，虽然“Imagine Your Korea”未能表达任何有关韩国的客观信息（或许有些人会觉得这口号太抽象），但这种模糊修辞却很开放，它所承载的信息范围广泛，情节不会受到局限而具有了自由发展的空间。

其二，在叙事手法上，韩国旅游局拍摄的形象片继承了韩国影视的特点。比如在“10美元系列”中，两个外国人不断和镜头对话，与观众互动，观众犹如面对一台真人秀综艺节目，激情澎湃，生机勃勃；另一方面，拍真人秀一般使用ENG、家用摄影机等容易操作的设备，因此现场感十足，非常真实，而且以脱剧本的形式模糊了制片人角色，可谓是虚构的“非虚构”。两位游客不仅是制作方的代言人，同时也是消费者和发现者，两位游客在镜头面前自由自在、不加修饰地表现自己，朴素又活泼。两人既没有开高级轿车，没住豪华酒店，也没有吃珍贵菜肴，他们吃的全是街头小吃，但这才是现实中的旅游，切合实际。这种拍摄手法祛除了传统形象片惯用的过度包装与夸张手法，体现出强烈的亲民风格。本作品的另一特点为采用真人真名。“10美元系列”作品中两个人物都是最近在韩国电视上非常火的外国艺人，选用这两个角色无疑有利于增强观众的亲密感与宣传的客观性。《Imagine your Korea》在叙事上的最大亮点为空间跳跃。这部形象片制作成了4D版，在全世界各个国家影院里播放。空间跳跃与4D效果能够凸显电影的视觉奇观，有利于吸引观众并激发他们的旅游想象力。作品中，主人公不断做空间跳跃。一般情况下，这种虚幻的情节很容易破坏故事逻辑并导致情节变得幼稚而不自然，但这类负面效果却没有在这部作品中出现，反而增加了电影的神秘感。因为制造神秘色彩并非是空间跳跃的真正内涵。首先，空间跳跃是一种虚拟的经验，它令人产生无限想象。故事从头到尾也没给出针对“跳跃”的客观解释。观众面对这种开放式结局，能够自由想象韩国的整体形象。虽然开放性结尾不利于传达客观信息，但这恰好与口号“Imagine your Korea”浑然一体，完成想象性建构。总而言之，这部作品通过虚幻叙事与开放性口号的巧妙结合，扩大了承载信息的范围，并在身体感官上较成功地打造了富有科幻色彩的观影体验。

其三，就画面构成而言，“10美元系列”使用很多旋转镜头及垂直镜头，加上不断变化的构图，整个画面充满多种运动的摄影效果，并且画面切换节奏欢快，背景音乐轻快活泼，节拍富有激情，由此塑造一个年轻、时尚、愉悦的城市氛围。这种风格又迎合现代的快速生活节奏。通常，城市形象片习惯用长镜头，因为长镜头的信息量大，而且适合拍自然风景。但“10美元系列”更多使用人物镜头，突出人的性格、表情、动作等，对人物进行细致的描写。轻松欢快的镜头语言映射出的是韩国时尚而年轻的国家认同。这在另一方面意味着，韩国旅游并不是一种概念旅行，而是一种感官与感觉的身体经验。这正是“10美元系列”的镜头语言所反映出的旅游观念。

其四，平民城市的再现：“10美元系列”的空间背景为釜山与首尔。这是韩国最大的两座城市，以高度现代化与商业化著称。过去制作城市形象片时，惯常的卖点是摩天大楼、车水马龙的镜头，但是这两部作品却大胆地拒绝陈旧的城市观念，走进城市的最深处，表现出最为真实、最为朴素的一面，建构出“平民化”的城市。如乘坐公交车（还贴心补充道：“如果要换车，30分钟之内是免费的”）、玩游戏、在集市吃小吃、打棒球、弘大KTV等，这远远不同于过去形象片所追求的奢华贵族之旅。这种反崇高的日常话语，即平民化描写主张走出贵族幻想并走向大众市场。

在某种意义上，现代化是一种机械的复制过程，因此全世界的现代都市大同小异，公交系统、居住环境、餐饮文化、工作形式、建设样式、教育体系等，都是人类文明的复制品。然而，每个形象片里的城市却千差万别，各自充分呈现着独特的文化风俗。可见，每个城市的文化认同是被编织出来的，这种想象性建构是从审美视点出发，传达某一地区的集体性文化认同，是当地社会观念与文化语境的镜像。但重要的是，这一想象性建构往往起源于个体的亲身经验与记忆碎片，因此都市本身是相对的矛盾体。无论如何，制造良好的城市形象是至关紧要的工作。因为形象片一方面有助于包装缺陷，同时能重构传统审美价值，以此确立话语体系与身份认同。

（作者：南宫旼，北京大学中文系博士研究生）

注释：

[1] Kim, Young Hoon: *An Analysis of Koreanness in Tourism Images since* 2000，韩国文化人类学会，2011。

[2] Jeong-Seon, Seo: *Manufacturing Method of Administrative Promotion Video of Local Government and Mise-en-scene Analysis-Focused on Suncheon and Jinju-*, Kongju National University, 2008。

[3] Kim, Young Hoon: *An Analysis of Koreanness in Tourism Images since* 2000，韩国文化人类学会，2011。

[4] 为了提高国家的世界性形象，韩国政府 2009 年设立直属总统的“国家品牌委员会”，负责建设国家品牌。委员会主要任务是发展国家品牌战略，帮助企业开发全球性自主品牌。

[5] Sung-Won Yeom, Kyung-Soo-Oh, “A Study on the National Image Rasing Activity and Recognition in Korea”，宣传学研究，2003 年第七一2 号。

[6] 本形象片主要宣传首尔的“北村”与“西村”。北村位于景福宫、昌德宫、宗庙之间，是传统韩屋密集的地方，也是首尔最有代表性的传统居住地，浓缩了韩国悠久的历史、文化、民俗；西村是景福宫以西的地区，西村不像北村那么有名，过去北村为士大夫集权的居住地，依然保留着 800 座金碧辉煌的韩屋。与此相反，西村是朝鲜时代“中人”(贵族与平民中间的阶层)所居住的地区，也有许多著名艺术家曾经生活在此地，于是建筑风格也较为朴素、简单。

[7] 弘大(弘益大学的简称)是韩国著名的艺术大学，一年四季飘着曼妙的艺术情怀，因此这儿可谓是韩国年轻人的代名词，是韩国大学文化的象征。弘大附近夜店非常多，这里聚集了首尔的年轻人，每晚都是火爆全场，有丰富的夜生活。因此弘大往往不可摆脱“腐败夜生活”的象征。但韩国官方却把它描述成韩国独有的学院文化，在这样一种语境下，它不再是简单的娱乐空间、腐败夜生活，而是韩国著名的旅游资源，足以吸引年轻游客。由此可见，旅游局将首尔的形象片分成了北村与西村、弘大两部分，原本一个小城市被细致分成了两种地方，这样描述得更加具体、详细，突出了首尔多样而丰富的景点。

[8] 江原道位于韩国东北部，是韩国著名的旅游区。江原道有景色秀丽的雪岳山以及著名的滑雪场、温泉等，旅游资源丰富。

参考文献：

1. 陆扬．文化研究导论[M]. 上海：复旦大学出版社，2012.
2. [法]罗兰·巴尔特．符号学原理[M]. 李幼燕译．北京：人民大学出版社，2008.
3. Kim，Young Hoon. An Analysis of Koreanness in Tourism Images since 2000[M]. 韩国文化人类学会，2011.
4. Jeong-seon，seo. Manufacturing Method of Administrative Promotion Video of Local Government and Mise-en-scene Analysis-Focused on Suncheon and Jinju[D]. Kongju National University，2008.
5. Sung-Won Yeom，Kyung-Soo-Oh. A Study on the National Image Rasing Activity and Recognition in Korea[J]. 宣传学研究，2003 第七一2 号．
6. Kim，Dong Hun. TV Reality Program，Its Narrative Structure and Implications—A Semiotic and Discourse Analysis on A Reality Program，*Couple* of SBS TV[D]. Sungkyunkwan University，2014.
7. Lee，Chun-Ja，Study of Municipal Public Relations：Visual Media for Public Relations[D]. Chung-Ang University，2008.
8. Insuk Hwang，Eunjoo Jung. Effects of City Slogan Fit and Positive Associations from A City on City Slogan Attitude[J]. 首尔都市研究，第 14 卷 第 3 号，2013.

城市万象

畸变的“地方”：新媒介文化与空间危机

朱　军

在后大都市时代，随着新媒体的勃兴，“空间”(Space)与“地方”(Place)的二元对立并没有退场，甚至得到了激化。回溯经典的空间研究理论，“空间”被定义为全球性的，是物与物关系的具象；“地方”则是亲缘性的，是地域文化的最后堡垒。吉登斯在《后现代的后果》和《社会结构》中认为二者是缺场和在场的关系，空间体现物与物的抽象关系，也是冰冷的现代化风险的孳生地；而地方则是面对面交流的场所，是家，是具有救赎意义的避风港。但是，随着媒介和信息在一个媒介权力垄断越来越成为问题的世界中内爆，这一地方主义信仰何以确证自身不会陷入迷狂，抑或沦为幻象？何以确信自己不是新的，甚至是毁灭性的风险的策源地？空间研究的未来将何去何从？本文试图基于微观的个体层面、中观的国族层面和宏观的全球化层面三个层面，结合近年代表性媒介事件的探讨，对新媒介文化中空间—地方二元命题做出批判性检视。

一、微观层面：“迷文化”与迷途的“地方”

媒介内爆后形成的拟态空间是后现代都市寓于其中的生存境域。虽然詹姆逊、鲍德里亚等人悲观地认为，去中心的迷宫幻象让记忆与复现失去了方向，只能任由心智漂浮于媒介拟像之中，但是新媒体之流没有固定的位置，却也激发出热切的“寻根热望”。从大众文化到小众文化，再到当下风行的“微文化”，网络传播正在实践利奥塔的预言：网络时代的叙事将让人们回归部落时代，让部落神话重新流行。当代“粉丝文化”借助电视、网络、社交媒体走向勃兴，可以被看作地方主义信仰和部落文化复兴的一个重要面相。

“韩方之争”喧嚣一时，从一场由“麦田”挑起的“代笔门”质疑升级为方舟子与韩寒的法庭对质。作为当下网络空间中影响最大的两大粉丝群，“韩粉”和“方粉”的崛起体现了人们争相参与“文化部落”的原始热情。网络时代，在平面化的全球化空间中，人们重新占据新的“据点”，譬如粉丝群、微博、QQ群、BBS，借此组织成成千上万个“文化部落”。他们更少地因为地理和工作相近而发生联系，而是因为共同的兴趣爱好连接在一起。如上所述，“空间”是物与物关系的冰冷组合，“文化部落”则代表了新媒介的“地方”——一个倾注了经验、记忆、欲望和情感的社群空间。这些“文化部落”成为都市人新的精神居所，部落人的积聚是为了消费一种意义、一种象征和一种社群感。这一文化形态体现了现代都市人愿意临近亲密关系群体而聚居的偏好。它代表后现代社会中的“少数派价值”和“地方主义”。

阿里山邹族文化部落

（来源：http：//a1. att. hudong. com）

这一都市“迷文化”的崛起表明，网络个体试图通过掌控一种新媒介的语言及其意象来掌控空间。利奥塔把这种网络时代的叙事形象地表述为“部落时代”的叙事，它就像部落神话一样，坚持“语言游戏的差异性”。[1]这一后现代策略意在重新找回差异性，找回地方主义。早期“玉米”、“盒饭”、“韩粉”、“方粉”的聚合禀有坚定的价值信仰，由对文艺的喜好和学术的热诚聚集到一起，具有比较强烈的自我区隔意识。这种归宿意识出现在歌迷集中的超级女声栏目，影迷最为集中的豆瓣网，网络小说迷最为集中的起点中文网、晋江文学网、新语丝等红极一时的新媒介社区。各种“微文化”聚集的“迷群”代表了不同的“地方”，这是一种新的集体认同的注脚，也是天然的“邻里关系”在新媒介世界里的延伸。

“迷文化”研究开山人物费斯克因为对新媒介解放力量的过度乐观饱受批评，皆由于西方社会的“迷群”大多局限于边缘人群，缺乏精英与边缘的互动。而在中国，知识分子也是“迷群”的重要参与者，这意味着“迷群”不仅意味着对边缘亚文化的认同，也是精英认同的表现。这是中国“迷群”的价值所在，也是地方主义信仰的解放力量所在。

近年来，原先对于审美的“着迷”为“作为一个普通网络使用者的迷”的论调所替代。Kisten Pullen 在《我爱 Xena. om：创造一个网上迷社区》[2]中写到，网络扩大了“迷群”的范围，允许更多的人参与到“迷文化”当中，并且可以展开他们认为值得的“迷活动”。当下“迷群”的普遍困境在于戏仿不再具有魔力，知识分子的精英意识并不能带动边缘群体的“上流化”，也趋向于在大众中被同化。这种平面化的“忠诚”更像詹姆逊眼中“悲观主义的鸵鸟式的陶醉”。据芝加哥大学教授赵鼎新的观察，“韩方之争”韩阵营的观点都有以下两个特点：1. 他们都回避方阵营对韩寒的一些关键性质疑；2. 他们都把韩寒作家身份的真实性作为自己的信仰或者是分析问题的出发点。除了铁杆“韩粉”外，这些人大多数都是媒体人和公共知识分子。基于此，赵认为“对铁杆韩粉来说，韩寒就是崇拜的偶像，是他们的宗教”。赵因此谨慎地表示除了对“韩粉”大规模地用脏话骂人很有异议外(少数方阵营人士也在一定程度上有同样的问题)，他们的真诚信仰我完全理解并且尊重。[3]

诚然，粉丝群借助一种亲缘性的少数派价值，通过回归部落式的前现代社会的叙事结构，生成一种“不信任的态度”，进而让“不可呈现之物”得到重视。譬如“公民韩寒”之所以获得了不少媒体和粉丝的拥戴，皆因为其对公共事件的持续关注。有关“杭州飙车致死事件”和“‘钓鱼执法’事件”、“直辖市交通税费”和“北川政府采购豪华车”、“湖南株洲高架桥垮塌”、“三峡是个好大坝”、“黄艺博是个好干部”的博文均能获得数百万的点击量和数十万的跟帖。这是一种属于青年的弱者的艺术，以一种“游击战”的方式与权力周旋。

可是在越来越频繁的“迷群”混战中，论战参与方都试图通过本部落的“小叙事”强化偶像和叙述者的权威，强化一种具有原教旨主义色彩的地方主义信仰。问题还在于，当媒体与知识分子群体借此区分敌我、急于“站队”的焦虑盖过了理性的讨论，部落中的“小叙事”便蜕变为另一种权力的“元叙事”。这构成了对地方主义救赎意义根本性的消解。如胡展奋《方韩不再是神话》所言，几乎所有的微博都“站队”了。从“公革”到“公知”到“公痴”到“公务”到“公草”，印象里只有“文革”晚期的“尊法批儒”运动才如此癫狂和混搭。更具“整风”味道的是“被站队”，只要你走步，不把你划入“方队”，就是“韩队”，你自以为乖巧狡黠，那就是更讨骂的“骑墙”。[4]《南方周末》的《方法：方舟子与他所影响的论战法》一文对方舟子的批评，对以“韩粉”为代表的各类粉丝群同样适用。[5]纳粹式的戾气貌似渗透到网络部落的每一个角落，甚至重组了公共讨论文化的基因。参与论战的粉丝都需要重新思考自己是否已经变成“一个愚蠢而侮辱性的迷因(Meme)的带菌传递者”。

迷因也译为模因，源于理查德·道金斯《自私的基因》。Meme类似作为遗传因子的基因，为文化的衍生因子，也经由复制（模仿）、变异与选择的过程而演化。通过广义上的模仿过程，迷因由一个大脑进入另一个大脑繁衍生息。其表现为形成各种思想、曲调、流行语、时尚以及偶像的传播等，有力推动了人类的进步，但同时“迷因”在复制过程中可能会发生畸变，留下令人印象深刻的流毒和触目惊心的附加破坏——秘方药、通灵疗法、占星术、恶魔崇拜、种族神话、迷信和计算机病毒，等等。詹姆士·格雷克进而指出，“从某种意义上来说，这些发展到戕害其宿主的迷因才是最有意思的，比如自杀式炸弹袭击者可以在天堂中得到回报的想法”。[6]困扰世界的自杀式袭击等恐怖主义活动便是“迷因”畸变的极端例子。在互联网时代，“Internet meme”正在成为种种“病毒式传播”的重要助力，粉丝群体无疑是最容易受“网络迷因”裹挟的群体。当“网络迷因”与原教旨主义的地方信仰结合在一起，进而超越国界和种族而弥散，这一“空间—网络—迷文化”聚变效应亟待引起关注。

综上，地方主义信仰如果不能成为“戈德温法则”和“文革法则”的裁判者，往往会成为规则制定的参与者。1990年，美国律师戈德温提出了一项法则：当一场对立的公共讨论不断延展时，参与者一定会把对方与纳粹主义或希特勒类比。此种戾气已经形成了公共讨论文化的某种基因。对比今天的都市“迷文化”，这不能不说是对陷入迷狂的地方主义信仰强烈的反讽。对走入迷途的“迷文化”，需要从根源处去除一些畸变“迷因”的文化土壤，从网络—地方的关系重构入手重塑完善的文化基因序列。

二、中观层面：网络民粹与虚无的“反地点”

“迷文化”代表了个体微观层面的地方主义，网络愤青文化则往往与国家—民族意识形态形态纠结在一起，成为中观层面地方主义信仰的重要表征。福柯曾经将此类反抗的空间比喻为一个与“地点”相对的“反地点”。[7]“反地点”定义的精髓在于，这里既是一个抵抗的空间，也是一个激进风险的策源地。在新媒介空间中，一方面它是情绪化表达爱国主义精神的地方，另一方面也可能演化成一个历史虚无主义激进共振的风暴场。

一般而论，网络愤青文化属于青年亚文化，并且作为理性精英文化的对立面而存在。精英主流文化是全球化时代的领导者们聚会的PARTY，愤青文化则是地方性生物的聚合物。卡斯特尔在《网络社会的崛起》中提出“流动空间”和“地方空间”概念，意在指出精英是世界性的，而大众则是地方性的。不论在西方还是在东方，在发达国家还是传统社会，大众一般都附着在乡土上，生活在地方性的空间里，其感知到的空间是以地域为界限的。而精英则是超越地域的，他们的力量随着权力和财富的流布渗透到世界各个角落。网络愤青文化虽然一定程度上可以被看作是全球化的对立物，但更多地折射的是“空间”与“地方”的对峙。

近年来，以BBS论坛、网络新闻组、QQ群聊、博客、黑客、邮件、动漫、网站、主页为代表的新媒介逐渐成为网络愤青文化表达的主战场。从六次红客攻击、老鹰攻陷白宫、反入常游行、2008年护圣火、反CNN、抵制家乐福事件，到网民方正县砸碑事件、“三妈的”事件、“蝗虫事件”、钓鱼岛争端，愤青文化激起了一系列新媒介事件，从虚拟时空影响到现实世界。其中需要细加分辨的是，一部分活动，譬如使馆被炸网络抗议、护圣火活动，是一种由爱国主义热情焕发的抵抗文化，表达出一种维护本民族价值认同的地方主义信仰，值得肯定。这体现了一种对抗全球化霸权的、必要的替代性安排。另一部分活动，譬如“三妈的”事件、“蝗虫事件”以及钓鱼岛游行中的打砸抢事件，则激发出异化的地方主义。他们更加容易赞同一个消极的纲领——只要在我们的集团之外，就要与之进行共同的斗争。最终愤青所认同的国际政治法则回归到传统的“血和土”的宗教，即一个“健康”国家是以自己的人民(血)和自己的土地为基础的。正如哈耶克指出，在人类天性的支配下，赞同一个消极的纲领，即对敌人的憎恨、对富人的嫉妒，比赞同一项积极的任务更容易一些。[8]

闵大洪认为当下网络舆论有两个值得注意的倾向：对外表现为网络民族主义和对内表现为网络批判现实主义。[9]这是地方主义信仰与反精英冲动在愤青文化中的合流。其危险在于，无论个体是谁，无论个人的信仰、个性、职业、学历和生活方式的差异有多大，作为集体而存在的时候，他们的表达很可能被置于一种集团心理的控制之下，以此获得彼此的认同和安全感。异质被视而不见，后天的习性被抹杀，个性消亡，这时种族无意识的东西就会冒出来，同质的东西淹没了异质的东西。喧闹一时的“孔庆东事件”中，“汉奸”、“狗仔”、“蝗虫”等情绪性的辱骂泛滥，让每一个参与其中的愤青获得一种强大的不可战胜的力量感。相互的“感染性影响”形成强大的“心理螺旋”，传播学研究中的“沉默的螺旋”假设变得异常有效并且明显。

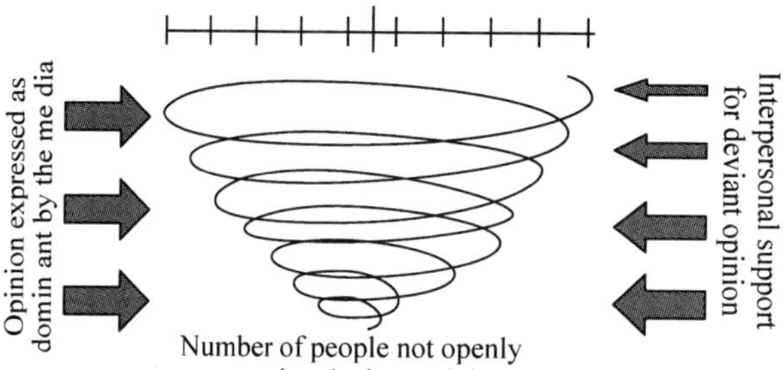

沉默的螺旋

（来源：http：//a3. att. hudong. com）

伊丽莎白·纽曼“沉默的螺旋”假设，揭示出意见表达和“沉默”的扩散是一个螺旋式的社会传播过程。也就是说，一方的“沉默”造成另一方意见的增势，使“优势”意见显得更加强大，这种强大反过来又迫使更多的持不同意见者转向“沉默”。没有质疑声音规制的集体事件往往直接走向极端的表达，极易轻信并且受情绪支配。而一旦遭遇到一丝嫌忌，这种嫌忌就会变成强烈的憎恶。精神分析心理学认为这种集体心理症候将会表现出两大后果：一方面非常褊狭、不容人；另一方面就是顺从权威。[10]于是，激进的愈加激进，而沉默的更加沉默，在网络世界形成一个恶性循环的“沉默的螺旋”。

激进的网络民族—地方主义无法像爱国主义一样开展自身的主体性建构。它既具有个体自觉迫切需要转变为集体的自我实现的冲动，把民族塑造成“由同意意志组成的共同体”，但同时在这一宏大叙事的实现道路上往往会选择一条捷径，即通过抽离自身的主体性，而诉诸强化“他者”、“敌人”残酷暴力的刻板印象为出师正名。不管这一形象在历史时空中如何被转译，而国与国之间、民族之间的敌意与友谊曾经是多么错综复杂，在民粹话语线性逻辑中，甚至短暂的逆流和混乱也不曾存在。“我们”需要的只是一种永恒的、似乎是与生俱来的耻辱感。这是虚无主义者的逻辑，一个没落的“反地点”所衍生出的历史虚无主义空间。

三、宏观层面：全球风险社会与无界的“歹托邦”

如上所述，微观层面上作为“邻里关系”的“迷文化”舍弃了批判力，用偶像崇拜阉割了理想主义；中观层面上以民族—地方主义面貌出现的“反地点”则时不时牺牲了建设性，走向了历史虚无主义。在宏观层面，“地方”的畸变则深刻影响了新媒介文化对全球化空间的重塑。其间，地方主义信仰似乎也丧失了救赎的力量，甚至激发出种族、宗教、家庭、性别等多个层面原教旨主义的勃兴。面对肆虐全球的风险文化，迫切需要重新检视空间研究的空间—地方二元命题。

由乌尔里希·贝克提出的全球风险社会理论是一个警示。当代社会风险的来源并不在于科技与知识的缺乏，而在于科学理性本身。新媒介时代，我们对于全球风险文化的认知更应该关注“非领土化体系”和“高度集中的信息化”如何建构了一套新的时空整合体系。一方面，科技理性的异化力量往往以新的地方主义信仰的形式彰显出来，地方主义往往通过媒介把自己打扮为全球化的对立物，一个神化的狄奥尼索斯；另一方面，地方和区域内部蕴藏的深刻的内在矛盾也以全球化空间矛盾作为托辞，掩盖其面对社会整体性困惑时的彷徨。这两方面心态都旨在追求一种“便利性”，即将整体性的困惑简单归结为空间危机或者历史危机，将空间—地方割裂开来只重视其中一方，没有严肃考虑社会运动的时空特性。

如果以一种超越的视角审视，我们会发现全球化危机与地区性危机是空间危机的一体两面。民族国家和地方社区都被同化为“全球社会”，政治动荡、金融海啸、贫富分化、生态危机等全球风险在国家和地区框架内无法解决。在新媒介文化制造的“时空压缩”环境中，信息流动加速了空间阻隔的崩塌。在前信息社会，人们生活在闭塞的地方性社会中，社会风险主要来源于人们对于外界的无知和鲁莽的行为。当下的媒介地球村中，时间与空间被高度压缩在理性的全球化空间中，这才是风险真正的来源。正如上文所述，“地方”已经不再是当初的被亲身的生活经验感知的地方，而是被精英理性规训并从外部建构的地方。

新媒介时代地方性的动荡，表面上是地方性的政治经济问题尖锐化引发的革命，但其背后也闪烁着精英重构空间的图谋。譬如伦敦巴黎的青年骚乱和中东剧变，一般被称为信息革命/推特革命（Twitter Revolution），因为脸谱网（Facebook）、推特（Twitter）、Youtube 等全球化新媒体发挥了至关重要的动员作用。都市青年是社交媒体的拥趸，这也被称为一场都市“年轻人的互联网革命”。但是，究其本质，这场大众化的革命与第一次阿拉伯革命具有相当程度的相似性，它们都是精英文化与本土愤青文化合流的产物。在这场运动中，精英群体既包括生活在本土的精英，也包括国际范围内汇聚在新自由主义旗帜下的精英。这也印证了很多传播学学者早年对于新自由主义以及市场原教旨主义重塑新媒体的担忧："那些为工业巨头所控制的传播机构成为一种手段，没有这些手段，紧跟在许多前殖民地国家的政治解放之后的新帝国主义浪潮就会不起作用"。[11]

社交媒体在全球范围内的大繁荣，以及在中东剧变中起到的决定性作用，是媒介融合大潮的结果，也是西方世界对传媒市场进行"市场还原"的成果。从 20 世纪 80 年代开始，一系列的管制放松，由渐进调整到全面变更，在日益宽松的市场中，全球化媒介迎合数字技术的要求，开展了一轮又一轮的大规模兼并，市场机制通过拆除国界壁垒将精英话语传播到全球传媒市场的每一角落。随着理性的规定、判断、分析、推论、区别、比较等认知能力的完备，"非领土化"和"信息化"让全球化的帝国空间无远弗届，这一强大的捕食者不是对自然缺乏控制，而是期望在全球范围内对自然的控制能够日趋完美。"地方"正在成为被全球化媒介传布的新帝国主义话语吞噬的地方，一个被精英理性异化的地方主义成为全球风险重要的策源地。

全球空间化约为一种帝国式的"权威"，而地方发生了"畸变"。它在阿拉伯社群中诱发了革命，但同时也激发出守卫地方主义的激进力量。这一过程中，压抑的力量有多大反弹的动能便有多旺盛，特别是在传统文化没有被完全祛魅的社会。吉登斯《超越左与右——激进政治的未来》认为，与其我们将当下社会定义为后现代社会，不如将其定义为"后传统社会"。[12]这一后传统社会中，地方主义及附着其上的独特的传统已经发生了畸变。

新媒介文化某种程度上扮演了传统和地方原教旨主义信仰的催化力量。困扰全球的"伊斯兰国"组织（ISIS 或 ISIL），广泛利用新媒介吸引分散在全球各地的狂热的极端信徒。查理·安德森曾将围绕在上述信仰周围的无数微小反抗者形成的聚合物比喻为"国家安全的长尾"（Long Tail of National Security）。[13]这对现代以来的世界的"领土化"是一个重要挑战。以往，国家对于暴力的垄断导致有限的暴力扩散，在全球化网络时代这种垄断力量逐步被削弱导致了三种趋势：一是战争工具的平民化；二是小众的敌对组织导致了破坏的放大效应，分布全球的游击系统把廉价的攻击行为转变为一场经济和社会运动；三是口碑传播的放大效应，新的恐怖组织能够更加容易招募训练队员，并把他们的信息传递给广大受众，同时更加容易发现其他组织并和他们合作。在一些畸变的文化部落中，地方主义可以获得认同、获得身份，走进公共空间与不同观点展开对话性接触变得多余。在此基础上，教义的纯洁性获得了强化，种族的、家庭的、性别的以及其他形式的传统，自然希望把自己和其他传统区别开来，拒绝对话，从而变得与潜在的暴力倾向毗邻而居，也变得更加危险。

进而言之，在后传统社会，全球化风险在畸变的“地方”获得了进一步凝聚。新媒介传播的“长尾效应”可以成为守护传统的重要力量，也可以助长地方主义的急速畸变。这一地方化的全球风险将使风险呈现高度不确定性、不可预测性、时间滞后性、发作的突发性和超常规性。其极端形态便是，不平衡的地理发展和非稳定的媒介信息流可能交织成的一个虚拟而没有边界的“歹托邦”(Dystopia)，一个社会骚乱、道德崩溃、绝对邪恶、恐怖主义活动猖獗的聚集地。

四、余论：新媒介时代空间研究何处去？

综上所述，传统的空间研究奠基于空间和地方的对峙所产生的复杂的社会差异之上，这种差异支撑了一种温暖的地方主义信仰。新媒介时代，空间研究从地方主义中寻求信仰、归属和认同的同时，不能忽视地方本身的“畸变”所引发的危机。这提示我们：

首先，我们不能简单地套用福柯和多琳·玛赛的地方主义策略，试图在一个现代性、媒介、消费、文化等已经形成严密网络的空间里，寻求差异化的地方、私人空间和“异托邦”。这些论者都强调在时空压缩的世界里找回一块安宁的栖息地，是因为他们心中都相信有一个家乡，有一个避风港。不过，他们都不约而同地回避了新媒介空间中，本土自身已经是一部精致而伪装的神话。正如汤林森所指，全球化的传播系统引发了无可挽回的非领土化扩张，本土已经发生了转型，虽然非领土化扩张并不是意味着地方性的历史终结，但是人们进入到了一个更为复杂的文化空间之中。[14]

其次，承认空间的复杂性，应当竭力规避以原教旨主义的心态对待自然、地方和传统，因为在一个信息化的空间中，这一态度不仅不能消除不确定性，反而成为风险的来源。空间研究需要在空间—地方、历史—现实、真实—虚构、自由—责任、高雅—大众一系列二元对立之间找寻可能性的空间。新马克思主义城市学派所期待的、充满向他性开放的“第三空间”，并非乌托邦式的空想，而具有重要的现实意义。

再次，在“空间”和“地方”之间，文化研究和媒介实践不应该单线条地坚持边缘立场，应探求建构一个“情感的空间”的可能性。新的媒介文化可以基于情感方式塑造地方，有效地与全球化空间展开沟通，为承担更广泛的公民责任做好准备，以“能动的地方”对抗异化的空间，此为更为现实的道路。

最后，新媒介空间无法脱离社会关系的生产和再生产，“地方”的建构亦将立足于社会—空间的再造。这一社会性和人与人的关系有关，呈现为独特的、例行的、规定的、制度化的方式，不断处于编码和解码、协商和争议之中，具有激进的特质，同时承认身份和差异政治的重要性。新媒介拟态时空中“地方”的再造同样牵涉到资源、权力、公正、利益、价值、规范、需求以及社会再生产，其核心的论题在于关注社会不平等和差异，为一个公正、平等、文明的世界提供建设性方案。

（作者：朱军，教育部重点基地上海师范大学都市文化研究中心讲师，中国语言文学博士后流动站博士后，主要从事都市文化和空间研究）

注释：

[1] Jean-Francois Lyotard, *The Postmorden Condition: A Report on Knowledge*, Minneapolis: University of Minnesota Press, 1984, p. 66.

[2] David Gauntlett ed., *Web Studies: Rewiring Media Studies for the Digital Age*, New York: Arnold Publication, 2000, pp. 52—60.

[3] 赵鼎新：《论方韩之争》，共识网：http://xying1962.blog.sohu.com/203832194.html.

[4] 胡展奋：《方韩不再是神话》，载《新民周刊》，2012 年第 5 期。

[5] 陈鸣、叶飙：《方法：方舟子与他所影响的论战法》，载《南方周末》，2012 年 6 月 12 日。

[6] James Gleick, "What Defines a Meme?", Smithsonian Magazine, 2011(5).

[7] Michel Foucault, "Of Other Spaces", tr. Jay Miskowiec, Diacritics, 1986 (16), pp. 22—27.

[8] [英]哈耶克：《通向奴役之路》，王明毅译，133 页，北京，中国社会科学出版社，1997。

[9] 赵金、闵大洪：《对话闵大洪：网络舆论，民意表达的平台》，新华网：http://news.xinhuanet.com/newmedia/2004-10/22/content_2115745.html.

[10] [奥地利]弗洛伊德：《集体心理学和自我的分析》，见《弗洛伊德后期著作选》，83 页，上海，上海译文出版社，1986。

[11] [美]席勒：《大众传播与美利坚帝国》，刘晓红译，15页，上海，世纪出版集团，2006。

[12] [英]安东尼·吉登斯：《超越左与右——激进政治的未来》，李惠斌等译，导论4页，北京，社会科学文献出版社，2009。

[13] Chris Anderson，*The Long Tail*. New York：Hyperion，2006.

[14] [英]约翰·汤林森：《全球化与文化》，郭英剑译，10页，南京，南京大学出版社，2002。

“弹幕族”、“弹幕文化”与“言语社区”的建构

张文联

所谓的“弹幕”(dànmù)原是一种军事用语，被日本兴起的电脑射击游戏引入ACG(Animation、Comic、Game)界后，促成了一种基于特殊播放系统的视频分享网站的发展。由于这种网站可以让观众在观看视频的同时在屏幕上发表评论，观众们在观看网络视频时边看边评，发表的评论在视频上实时滚动，从屏幕飘过，效果看上去像是飞行射击游戏里的弹幕，因此“弹幕”一词成了这种视频分享网站的代称并受到年轻人的热捧，成为青少年观影的一种重要方式。

目前“弹幕”的主要阵地是视频网站。这种基于视频网站的互动字幕技术，由日本一家名叫“Niconico”的视频网站首创，2008年国内开始引进发展，目前国内最著名的弹幕网站是AcFun站(简称“A站”)[1]和Bilibili站(简称“B站”)[2]。随着这一视频模式在青少年网友中受欢迎程度越来越高，优酷、土豆、爱奇艺等主流视频网站也纷纷进军这一领域，开发出自己的弹幕网站，如土豆网的“豆泡”，还有“tucao网”(也简称“C站”)[3]。“弹幕”的影响力也引起了传统电影电视业的关注，2014年“弹幕”被搬到了影院，《秦时明月》、《小时代》和《绣春刀》先后尝试了弹幕放映的新形式。同年10月11日，湖南卫视将弹幕搬上电视屏幕，直播第十届金鹰节互联盛典晚会。尽管“弹幕”进入传统影视业所产生的效果还有待评估，但这种起源于视频网站的新型播映模式开始影响到电影电视的观影方式，显然已成为不争的事实。

电影《小时代》弹幕式放映

(来源：http://www.baidu.com)

麦克卢汉将媒介视为决定人类历史与社会形态的最为核心的要素。不同于我们常常只是从“形

式”的意义上理解媒介，麦克卢汉认为媒介改变了人的存在方式，重建了人的感觉方式和对待世界的态度。[4]按照麦克卢汉“媒介即信息”的理论，“弹幕”的快速兴起，不仅仅意味着观影方式的变化，还可能意味着媒介形式、艺术、文化消费方式乃至生活方式、教育模式的深刻变革。基于对这一变革的敏感，不少人文学者相继从文艺学、传播学、媒介学、文化研究、社会学、心理学等多个层面对这一现象进行了分析和反思，与此同时，追捧“弹幕”、沉浸在“弹幕”世界的“弹幕族”创造的富有鲜明特色的“弹幕语言”，也开始进入了语言学家的研究视野。要解读“弹幕族”的“言语社区”的成因，社会语言学的学者认为：“我们需要研究认同、群体身份、权势、社会化等问题。”[5]

一

要进入“弹幕”的世界，有几个概念必须把握，一是所谓的“宅文化”，二是所谓的“二次元”。“宅”这个名词起源于日本，是“御宅族”的缩略，最早是由日本著名漫画家中森明夫于1983年通过漫画作品提出的，主要描写那些对动漫等着迷，几乎不顾时间和精力是否允许，全身心投入的人。后来“宅”就逐渐演变成对那些待在家里，沉迷于个人的兴趣、爱好，而与社会脱节的青年的称呼。“宅文化”是随着动漫和计算机游戏的出现而诞生的。20世纪七八十年代，电影、动漫、夸张的电动玩具等给青少年以强烈的刺激，逐渐形成了这一代人的审美趣味。这些孩子长大后，社会竞争压力的增大让他们更愿意在网络上寻求真正能由自己的意志主导的世界。每年日本网络上都有“御宅族”的俳句(日本短歌)大赛，某一年的获奖俳句是“虽然我不富有，但在网络世界里，有温馨的家”。[6]

日本一名社会学者在接受《环球时报》记者采访时认为，当今的青年人在精神生活方面有比较高的欲求，即“共感欲求”，“收集欲求”，“显示欲求”，“自律欲求”，“创作欲求”，“归属欲求”等六种欲求。当这些欲求在现实生活的压力下无法得到满足时，这些人更

二次元漫画《黑执事》

(来源：http：//www.sogou.com)

有可能成为“宅一族”[7]。他们的稀奇古怪的想法，不一定都是荒诞无稽的。在某种意义上，当今网络产业的发展如此之快，可视为“宅文化”的一个副产品。“弹幕”被认为是日本“宅文化”的衍生品，受众是“御宅族”。

在“宅文化”中，“二次元文化”占据着统治性的地位。所谓的“二次元”世界是一个以日漫ACG文化为基础的圈子，大致是以“90后”为中心的一代人，他们在成长过程中深受日本动漫的影响。共同的成长经验和记忆将他们联系在一起形成了一个网络社区。以“次元”作为代际区分的标准极为生动形象。一次元指“线”，二次元指“面”，动漫这种艺术就是二次元，三次元指我们置身的现实世界，也就是“体”，四次元则指“宇宙”了。“二次元”有自身的行为规则和完整的理论体系，如果你对一些日本动漫中的概念及人物不熟悉，抑或是对一些经典漫画中的“梗”(弹幕用语，意为“桥段”或者类似相声中的“包袱”)不甚了解，那么观看弹幕视频的时候便很难“有感”(弹幕用语，意为有感觉)并形成共鸣，进而无法理解很多弹幕评论的含义与笑点，这个时候你属于“三次元”，即真实世界，而不属于ACG文化圈的“二次元”。而国内最大的弹幕网站Bilibili(B站)本身也有意想要建造这样的一个二次元空间，除了网站页面强烈的二次元风格外，其另一方式就是设立了严格的会员准入机制，想要注册成为正式会员就必须得到老会员的邀请码或者在60分钟内回答100个问题并得分在60分以上。这100个问题来自老会员所出的题库，注册者每人每次需要回答的问题都不同，但其中百分之九十以上都是关于二次元世界的，举几个“栗子”[8]：

＃6　谁总是去走廊罚站？

大西同学 银八老师 大东同学 小西同学

＃7　《海猫鸣泣之时》纱音的配音是谁？

钉宫理惠 井上麻里奈 崛江由衣 小清水亚美

＃8　《黑子的篮球》中的幻之第六人是谁？

黄濑凉太 火神大我 青峰大辉 黑子哲也

＃24　游戏《红色警戒》中苏联的空艇名称是？

洛夫斯基空艇 罗夫斯基空艇 基里连科空艇 基洛夫空艇

＃25　《暗黑破坏神2》中进入崔斯特瑞姆可以在河边捡到？

克林姆的眼球 赫拉迪克卷轴 维特之腿 国王之杖

显而易见，“二次元”这个词本身就是一个标准和体系，圈起了这群年龄、爱好、言语风格相同相近的人，并将他们区别于主流网民。在这个大的圈子里还可细分，仍以国内最具代表性的A、B站为例：活跃在A站的以“80后”、“90后”为主，A站也以“文章区、评论区”凸显出与B站不同的成熟度；B站是“90后”和“00后”的天下，更“二次元”，以新番（弹幕用语，指新上映的动漫）动画区、娱乐区、游戏区等成为“小学生”们的家园。[9]

“弹幕族”的增长速度惊人。以A站为例，在“弹幕”刚刚引进中国的2008年，注册用户不到一万人，2012年用户注册达到了一个峰值，在当年9月注册人数就高达六万，在随后的2013年和2014年也都出现过用户注册高峰，截止于2015年4月15号，用户数量为1 110 846人。[10]而B站，在2012年注册人数就超过了A站，据说用户数量是A站的5倍，目前为国内第一大弹幕网站。内容也已经从最早的动漫视频，扩展到音乐、舞蹈、游戏、科技、鬼畜（恶搞类视频）、电影等子频道。这些网站成员以“90后”为主，但也活跃着不少“80后”和“00后”。[11]尤其是B站“00后”用户众多，因此有“A站喷子多，B站小学生多”的说法。

二

新技术及媒介爆炸的直接后果，就是当代社会的代际更迭的加速。如果说10年就是一代人，活跃在“弹幕”网站的中国“80后”、“90后”和“00后”，虽然是有着诸多差异的三代人，但他们却有着一个非常重要的共同点，那就是他们大多是独生子女。一方面，独生子女比自己的父辈拥有更好的物质生活条件，集万千宠爱于一身，很小就可以接触电脑和网络，另一方面，独生子女也意味着孤独寂寞无玩伴，靠电视电脑陪伴长大。这种生活与娱乐方式导致了这一代人特有的孤独感。在学校里，由于社会大环境的侵蚀和渗透，各种利益之争也消解了本该纯真浓烈的同学情谊，张扬的个性和凸显的自我也使同学间的情感交流困难重重，“谢室友不杀之恩”虽是一句玩笑话，但其背后投射的却是生活在这个时代的青少年所特有的疏离感。毕业后走上了社会，仍然是“举目四顾心茫然”——激烈的就业环境、生存竞争和工作压力扑面而来。……这些因素都成了“弹幕”社区生成的精神土壤。在弹幕世界，众多同好齐聚，一边透过往日的动漫“怀旧”，一起看着新番吐槽，一起对着某一个“梗”喷饭大笑，一起用着只有圈内人能懂的语言起哄、刷屏、掐架……，弹幕族们会有什么样的感受呢？

> 当时我在新番版看完 FZ，随手点开动画区几个搞笑或煽情的 MAD，看看每个视频的弹幕，转眼就能耗上半天时间。由于这些视频的观看和吐槽者都是同好，给人的感觉就是一大帮爱好者在玩一个大 Party。[12]

自然地，在这样同好举办的大趴（即 Party）互动中，他们找到了同好并“聚众”狂欢，在狂欢中找到了归属感，消解了孤独和寂寞，释放“小我”于“大我”中，建立了群体和自我认同。

一位叫“0 围观人员 0”的网友在百度贴吧里发问“突然想问问大家为什么喜欢弹幕”。他/她说：

> 我自己的感受就是弹幕这种东西给人一种大家一起看的感觉，有种原来这么多人跟我是同好的幸福感。

从这方面想想，弹幕先从小众文化网站兴起也是有一定必然性的。有的网友们这样回复：

> 还是认同感吧。（网友 牧师妹酱）
>
> 喜欢吐槽给别人看也喜欢看别人吐槽，喜欢这种相互交流有意思的东西的感觉。（网友 量子核心）
>
> 至此我不再独自前行……（网友 vantox730doo）（对此条发言的跟帖是“就是这句话！”、“5555 内牛满面”、“＋1”）
>
> 寂寞吧……当有弹幕可看时，感觉就好像很多人在一起看一样……当看到有和自己想法一样的弹幕时……会有认同感……不明白的地方……有人发弹幕科普……心里非常感谢……有人挖苦嘲讽……于是恐怖片也可以笑得出来……（网友 西兰莉亚）
>
> 有弹幕会感觉是很多人一起看，氛围挺好的。（网友 裂羽）
>
> 是寂寞吧，ACG 文化属于小众文化，自己的周围很少或者根本没有与自己有相同爱好的人，感觉自己就像个异类似的，而且在外人眼里，（宅啊、

工口啊、鬼畜啊）这类在主流文化里算不上好形象，连累着爱好者们在现实里的形象等等等等的原因。上弹幕网站有和同好者共同交流的机会，可以给自己带来愉悦（重要的是弹幕是匿名发布的……），也会产生类似“我不是一个人在与名为现实的怪物战斗”这样的想法……（网友 Wei 丫 O）

说实话，因为太寂寞了，看着弹幕会让我的心情更平静一点，那样我会觉得，我并不是一个人，即使在三次元受到挫折，看着弹幕心情就会莫名其妙地好起来：嘿，快看！原来这个世界不是只有我一个人，还有那么多跟我一样的 SB。（网友 阿渣很废）[13]

无论在 A、B 站上还是在知乎、百度贴吧里，关于“弹幕”网站的讨论，类似的言论比比皆是：“就像人为什么要去看演唱会？因为到了演唱会你可以和大家一样名正言顺地‘发疯’，而不可能自己在家里看视频直播也摇着荧光棒嗨到不行。兴趣上的共鸣是人的刚需，这也是弹幕的本质。”，“弹幕产生的文化背景是因为孤独，它来源于爱好的孤独感。”[14]“弹幕”让他们“找到了组织”，找到了“我们”，在这个“我们”的圈子里相互间建立起了一种不同于家庭但却同样亲密甚至更为重要的关系，在这儿，从此，自己不再是“一个人”。

感受到自己不是“一个人”，就意味着观影者会关注其他观众，关注他人的言论并参与其中，在参与中了解其他人的情绪和心思。当关注点渐趋统一，情感共享便逐渐达成。当视频中出现“槽点”、“萌点”、“亮点”或“高潮”时，那满屏飘飞的弹幕便是情感共享的高潮体现，此时观影的快乐无以复加。同时彼此间高频的交流和情感互动也产生了空前的凝聚力，使这些观影者达到了空前的团结和认同。“弹幕”使观影效果和心理感受达到了最大化。

“弹幕”还具有一种独特的“围观”功能。弹幕网站的使用者其实是由两大群体组成，一个群体是 up 主，即在网站上传视频的投稿者，另一个就是观看并发表弹幕的观众。当然也有不少人“身兼二职”。当 up 主投放了一个视频在网站时，就如同一个艺术家向观众展示自己的作品或者一个母亲向众人展示自己的孩子一般，带着骄傲和自豪，期待着众人的赞赏和评价，而观众一边观看一边用弹幕发言，说出自己的看法，之后或同时，up 主也加入观众行列收割众人的观点。在“围观”中观众既满足了自己是群体一分子的参与感和归属感，也满足了娱乐、宣泄、表现等多种欲望，up 主同样除了参与感外更有一份主动掌控和被尊敬甚至被崇拜的满足，这一点在B站表现得尤为明显。“每次发表作品以后，我一个礼拜里可以什么事都不做，就盯着自己作品里的弹幕看。身为作者，看到这么多人吐槽你的作品，无论如何都会觉得心里有种满足感。(当然，批评的话那另说)我想，这就是弹幕的乐趣所在，发弹幕就好比总有人喜欢在影院里聊天一样，是获得乐趣的一种方式。对我来说，弹幕与作品是不可分割的整体，少一个都会损失不少乐趣，这也是为什么同样是新番，我宁愿在AB站看渣画质版，都很少去别的网站看高清版，因为有弹幕。”[15]一位up主如是说。

子频道“鬼畜区”是容纳恶搞视频的地方，聚集着热衷恶搞的up主和观众，此处淋漓尽致地体现了弹幕族对原有文本的曲解、颠覆和重构，更通透地体现了这个群体的亚文化特性。

由以上分析可见，“弹幕”这个网络社区的群体是小众群体，来自“80后”、“90后”和“00后”，他们年龄相近、成长背景相似、爱好相同。他们自我认同为生活在二次元世界的一群人，在三次元的成人世界中渴望群体认同而不得，孤独、寂寞、另类是他们给自己在现实生活里打上的标签。因而他们常常借助网络来实现对成年人掌控世界的逃避和抵抗，借助对新媒介的使用来满足自己的需求。弹幕的出现，恰似武林高手到手了一件超级武器。其功能无疑完美地契合了这些青少年们的需求，并为他们创造了一个属于自己的独立社区，开辟了一片同龄人自由狂欢的空间，也催生了一个新群体——形成一个言语社区最根本的基础要素。

三

仅仅是对二次元文化的热爱就足以吸引这些同好者组成一个圈子了，但“弹幕”的独特性才是促成这一网络社区的形成并不断壮大的根本原因。而同时一个社会语言学重要的研究单位和对象——“言语社区”也因此渐趋形成。因为相对稳定群体和频繁的互动交流是形成一个言语社区的基础所在，而“弹幕”这一新型的视频播放方式的独特性就在于使用“弹幕”的人虽然处在不同观影场所并在不同的时间观影，但可以实现观影者之间的互动交流。也就是说，“弹幕”可以让观众之间“实时互动”——虽然这种认识其实根源于一种错觉：不同“弹幕”的发送时间并不相同，但其只会在视频中特定的一个时间点出现，因此基本上也具有相同的主题，在参与评论时就会有与其他观众同时评论的错觉。所以，虽然网民在不同地点观看，于不同的时间输入评论，但弹幕这种同步技术让观看者产生了“大家一起看”的错觉(即“实时互动”)，形成了频繁的经常性的互动交流。这最是吸引宅男宅女之处，由此也最能管窥群体和语言背后的支撑——心理动机。

无论是排遣寂寞、寻找伙伴和群体认同，还是展示个性、表现叛逆抗拒，或者宣泄旺盛的精力和创造力、纯粹寻找乐趣等，这些都是群体内成员通过交流互动得以实现的。“弹幕族”的交流互动通过“弹幕”网站的“实时互动”技术进行，这一互动交流形式不同于一般的网络平台而呈现出很多独有的特性。常见的网络互动平台，如贴吧、论坛或博客，互动形式较为单一，通常为楼主或博主发帖，人们读帖后跟帖回复，在时间上呈线性展开，有延后和迟滞，无法做到“实时互动”。同时，这种形式的互动无法做到针对帖子中某一个点瞬时发言，一般得完成整个阅读过程，才能回帖反馈，就像以传统方式看电影，想发表评论一般在完成观影后才能进行一样。“弹幕”网站最具特色的“实时互动”，虽然是一种虚拟的“实时”，但观众能够针对视频的某个内容瞬间做出反应，这就消除了传统互动方式因时间线性展开而产生的滞后。有学者将其称为“共时性”，并指出：共时性关系有三种呈现形态，第一，当一部片子在弹幕网站上首次出现时，大量弹幕族会 聚集于此，边看边弹(谈)，制作出这个片子的第一批“弹幕”，随着片子时间轴的前进，评论不断在屏幕上弹出，到了片中的“萌点”、“笑点”、“槽点”或是“高潮”时，这些弹幕甚至会布满屏幕，掩盖了大部分影片的内容；第二，只要你和其他的观影者在同一时间观看某部已经有弹幕的片子，你就可以与他们边看边弹(谈)，此时还可以看到并评论“前人”的各种弹幕；第三，纵然某一时刻只有你一个人点播某个片子，你依然可以看到他人之前发出的各种弹幕，依然觉得有人在陪伴你“看与弹”。[16]

电视剧《甄嬛传》弹幕

(来源：http：//www.iqiyi.com)

由此可见，“弹幕”方式已经与传统的观影方式完全不同。网站观影者无论身处何时何地，都可对同一部片子同一个点的内容进行评论，形成“大家一起评”的氛围；更重要的是，观影者之间还可以互相评论交流，形成客厅沙龙般的“大家一起聊”的感觉。他人的解读加大了信息量，增加了观影的乐趣和收获，有“大家一起嗨”的满足感。在论坛、贴吧、博客等网络平台互动中，当某一帖子引起广泛关注时，会跟帖无数，从而形成一个反馈高潮(这跟在“弹幕”网站观剧，遇“萌点”、“笑点”、“槽点”或是“高潮”时，弹幕满屏飘飞的情况相类似)，但那也只能让观者明了“有很多人关注”，而不会让观者有“很多人陪着我而且大家聊得很嗨”的感觉。

在“弹幕”网站还有一种更有趣的互动方式，也是其他网络没有也不可能达成的，那就是观众还可以瞬间“进入”屏幕化身为剧中人物与其他角色“对话”。这种方式使观众的参与感爆棚，也能取得很好的娱乐效果。比如在美剧《疑犯追踪》第一季第一集中23:43处，陌生的不速之客秒胜一众黑帮并抢走了一批武器，一黑帮头目问一手下“Who the hell was that?（那他妈的是谁?）”话音刚落，一条弹幕飘过“Like the hell I know.（好像我他妈的知道似的）”而剧中本来是无人回答的，因为没有人知道那个人是谁。可此条弹幕的即时出现，于剧情极为贴合，代入感极强，似乎一瞬间发弹幕的这位就进入了剧中空间化身其中一个黑帮马仔对头目的问话给予了回应。由此也产生了很好的吐槽“笑果”，所以紧随其后的一条弹幕就是表示大笑的“233333333”。

四

以上可见，受“弹幕”网站吸引，一个相对稳定的群体——“弹幕族”得以形成；因“实时互动”技术，“弹幕族”们可以达成频繁而有效的互动交流。以社会语言学言语社区的理论来进行分析，一个新型的言语社区已有了坚实的基础。“言语社区”(Speech Community)作为社会语言学的重要组成部分，其概念虽然尚未在研究者中达成一个公认的准确定义，但其中的主要组成要素已被确定和认可。布龙菲尔德说：“言语社区是一群以言语方式互动的人群。”[17]甘柏兹认为，言语社区是“通过共有的言语符号进行规律、频繁交往的一切人类聚合体，它依靠语言用法的显著差异与其他相似的聚合体区分开来。”继而，他更详细地说：“言语社区，即某种人类集合体，它通过一系列共同的言语符号进行日常而频繁的交往并以此为特色，并依据语言运用中那些有实义的分歧而区别于其他相似的集合体。大多数持久的集团，无论是小到面对面交往的伙伴，还是大到还可以分为地区的现代国家，或是同业协会、地段团伙，只要表现出值得研究的语言特色，都可以视为一个言语社区。”[18]也就是说，构成言语社区最基本和最重要的因素是群体和语言。一个相对稳定的群体进行经常性的交流互动，群体中有达成共识的语言和行为规则、标准，秉持相同或相似的态度，有共同的观点和信仰，分享着对社区及社区活动的理解和彼此的价值观，即为一个言语社区。换言之，言语社区有成员们自己的特殊的语言表达形式，他们通过共同认可的语言规则进行互动交流并实现认同，认同自己属于某个圈子。这个圈子可以是某种文化、某个地域或某个领域，并以此将自己区别于他人。

无论是何种交流互动形式都是通过语言具体化的。每个言语社区都有自己的语言标准和规则体系，成员进入社区，认可、接受并遵循这些规则和标准，使用体现这些规则和标准的语言来获取与其他人之间的群体认同。因此，这些语言规则和标准就是进入社区，取得群体认同的钥匙，进入二次元世界亦然。—— 当然，很多弹幕语言其实也是通行于网络的语言，由此，网络语言所有的特色弹幕语言也都具备，比如基于语言经济原则而进行的简洁化，由于普通网民的"草根阶层"性质而带出的"草根"化，因中外语言文化交流而形成的语码混用等。换言之，"弹幕族"们同样遵循着一些基本的网络语言规则。由此也可以看出"弹幕"言语社区与其他网络言语社区是有交叉重叠的。但如同互动交流的方式一样，"弹幕族"的语言仍有不同于一般网络语言的特色，有自己特有的言语规则，关于这一点笔者将于另文进行研究。

在社会语言学的视角中，我们看到互联网技术的发展和新型媒介的出现改变了现代人的生活方式，互动交流区域也因此发生变化；新式的语码被创造和使用，更多的言语社区因此得以建构；传统语言的形式和意义受到冲击，流星雨般的网络热词新词使得社会语言生活既丰富多彩又缭乱混杂。这些全新的语言实践都对社会语言学的理论提出了挑战。就"弹幕文化"而言，分析和解释这个新兴的媒介以及围绕在它周围的群体特性、社区内语言规则及其使用方式，将展示这个群体的生活样态、与社会的联系和互动方式、他们的语言特色以及选择语言的动机及其对社会文化的影响。与此同时，对于这个言语社区的理性存在的求证还需对其进行更微观的量化研究，对其语言变异的系统性、社区结构及发展阶段等也需要进一步的考察分析。相信随着越来越多的关注和研究，我们会对"弹幕族"、"弹幕文化"、"弹幕现象"有一个全面透彻的了解。

注：本成果受北京语言大学院级科研项目（中央高校基本科研业务专项资金）资助，项目编号为 15YJ080309

（作者：张文联，北京语言大学速成学院教师）

注释：

[1] http：//www. acfun. tv" www. acfun. tv.

[2] http：//www. Bilibili. tv" www. Bilibili. tv.

[3] http：//www. tucao. tv.

[4] [加]麦克卢汉：《理解媒介》，何道宽译，33页，北京，商务印书馆，2000。

[5] [加]罗纳德·沃德华：《社会语言学引论》第五版，雷洪波译，7页，上海，复旦大学出版社，2009。

[6] http：//www. zhihu. com/question/21154902.

[7] http：//www. 360doc. com/content/12/0905/16/137012 _ 234461167. shtml.

[8] 此处"栗子"意为"例子"，为常用网络词汇。使用微软拼音或百度输入法时会自动生成很多同音词语并因此产生误用，但一些误用却能造成出乎意料的诙谐幽默效果且使语言更为生动活泼，因而在网络上流传开来，成为约定俗成的网络通用词语。常用的还有"斑竹"(版主)、"大虾"(大侠，某方面很厉害的人)、"围脖"(微博)等。

[9] B站是2009年从A站当中分离出去的。此后，两家网站分别走向了不同的方向：A站的受众年龄偏大、观点偏于稳重中庸，而B站用户则被A站老用户戏称为"小学生"，意指其观点幼稚多变、跟风捧星，缺乏最起码的理性。

[10] http：//www. acfun. tv/a/ac1840523.

[11] 参见郭磊：《我国弹幕网站受众研究》，云南大学硕士论文，2015年4月。

[12] http：//www. zhihu. com/question/21154902.

http：//www. zhihu. com/question/21154902.

[13] http：//tieba. baidu. com/p/1662870005"http：//tieba. baidu. com/p/166-2870005.

[14] 曲若柳：《小众B站凭什么撞进大众视线》，载《中华工商时报》，2015年11月9日，第12版。

[15] http：//www. zhihu. com/question/24113174.

[16] 陈一、曹圣琪、王彤：《透视弹幕网站与弹幕族：一个青年亚文化的视角》，载《青年探索》，2016(6)，总第184期。

[17] 转引自[加]罗纳德·沃德华：《社会语言学引论(第五版)》，雷红波译，150页，上海，复旦大学出版社，2009。

[18] John J. Gumperz，*Language in Social Groups*，Stanford，CA：Stanford University Press，1971，p. 114.

都市女性的当下书写

——当代中国“小妞电影”的群体形象与代际差异

吴妍姝

在1994年发表的论文《不可见的女性：当代中国电影中的女性与女性的电影》的结尾处，戴锦华指出：

“今日之中国无疑正经历着一次历史性的巨变，正在艰难地通过一个历史的隘口。在急剧的现代化与商业化的过程中，女性的社会与文化地位正经历着悲剧式的坠落过程。一种公然的压抑与倒退，或许将伴随着一次更为自觉、深刻的女性反抗而到来。其间，女性或许将真正成为‘可见的人类’中的一部？女性的电影、电视或许将作为一种边缘文化而成为新生的公共空间中的一元？可能。但笔者尚未敢乐观并断言。”[1]

她当时可能没有预料到，她出此言论的十多年之后，以都市女性为主人公、反映青年女性个人奋斗与浪漫爱情的都市轻喜剧——“小妞电影”就在中国流行起来，并用一种崭新的语言讲着新一代女性的故事。

我们可以粗略地将2009年的《非常完美》作为中国“小妞电影”的起点，近十年来，小妞电影作为一种重要电影类型走进中国观众的视线，并持续有《失恋33天》(2011)、《北京遇上西雅图》(2013)、《小时代》(2013—2015)、《滚蛋吧！肿瘤君》(2015)等高票房影片在市场上以小搏大、大获全胜。这些“小妞电影”的出现和流行，无不提醒着我们，当代都市女性正在以一种新的面貌“浮出历史地表”，她们诉说着自身独特的生活困境、生命经验和价值选择。

一

中国“小妞电影”中的“小妞”指的是中国当代的都市女性青年群体。之所以能“舶来”好莱坞“Chick flick”(轻松浪漫、以女性为主角的都市爱情故事)的概念，与我国20世纪90年代以来城市化进程中，北、上、广、深等国际化大都市的形成与随之而来的城市生活方式的形成、消费文化的全方面蔓延密不可分。中国“小妞电影”的故事经常发生在北京、上海、西雅图、罗马等国际大都市，以摩天大楼、高架桥上车流穿行、夜晚的灯红酒绿、眼花缭乱的时尚符号构成“小妞”的成长和生活背景。

除此之外，“小妞电影”作为一类商业消费品，其兴起的背后也是一个年轻的女性消费群体的崛起。周培勤在《“她经济”视角下解读小妞电影的女性凝视》中指出：

“《2014 中国电影产业研究报告》显示，女性观众占 6 成，18～39 岁观众占 87%，文化程度大学以上的占 84%，而且 7 成观众是影院常客，至少每月去电影院看一次电影。综合起来可以推论，小妞电影的女性观众是生活在都市、受到过良好教育并有一定经济能力的年轻女性。”[2]

1975 年后出生、生活在城市、受过良好教育、有一定消费能力 —— 她们正是“小妞电影”的受众，反过来，“小妞”也正是这一群体的代言人，优秀的“小妞电影”往往准确地挖掘她们的困惑和渴望以取得共鸣，并成为社会舆论中“现象级”的讨论对象。

拿近几年的“小妞代言人”——演员白百合来说，她所塑造的引起社会热议的角色，不管是黄小仙，还是熊顿，都具有一种“草根”属性——我们每个人都能从她身上看到自己，她也可能是我们身边的任何人：不具侵略性而让人舒服的长相，一身毛病但又坚持自我、认真倔强的性格；她在电影中的形象没有天使面容和魔鬼身材、没有过人的天赋和出众的能力，不是“女神”和“白富美”，而是“女屌丝”、“女汉子”和“女神经病”。她和你我一样，在城市生活中经历着鸡毛蒜皮的喜怒哀乐。她必须经历挫折：恋爱失败、事业受挫、大城市的残酷和无情，但最终获得安慰：抱得“男神归”、有闺蜜和亲人的暖心相伴、自己善良坚强的价值观得到认同——她让我们感同身受，能够毫无保留地带入自我，获得“现实感”。

深入分析，我们不难发现，“小妞”身上其实具有清晰的社会阶层和强烈鲜明的人物性格。社会阶层方面，这群“受过良好教育、具有一定消费能力的都市年轻女性”其实在当代中国共享一个非常暧昧的阶级身份。一方面，她们在都市文化与消费文化中袭得了“小资”的生活方式、较高的审美品位、独立的人格，都有过上优渥物质生活并取得令他人尊重的梦想，但令人遗憾的是，现实并没有那么容易，在中国贫富差距日益扩大、大都市生存竞争异常激烈、生活压力巨大的背景下，她们仍然是拼命寻求上升空间的“草根”，是“城市中的无产阶级”，是“都市追梦人”，而“梦想和现实的断裂”是她们焦虑的根源。

《失恋33天》中白百何造型

（来源：http：//www.baidu.com）

同时，当下社会价值观的断裂也给予她们压力：在她们追梦、奋斗的过程中，个人努力和勤奋、善良、坚强、贤惠等诸多传统道德已经不一定是她们获得尊重和取得成功的要素；反而，“小妞电影”中凭借女性外貌优势，漂亮但有心机，凭借在人际关系中的手段上位的“女主的敌对角色”们都过着较为优越的生活，正是这种个人身份的混乱与张力、成功价值观的扭曲造成了“小妞”们的挫折感。

“小妞”的性格形象是一种正在从“旧”到“新”过渡的性格形象。一方面，“小妞”是时代新女性，她们具有勇敢做自己、勇敢追逐自我和爱情、注重物质生活和时尚消费、用幽默化解困难等种种富有时代意义的“新”的女性品格。另一方面，她们身上仍然承载着对传统家庭价值的回归、勇敢不屈、坚韧不拔等在中国新时期电影传统的女性形象中部分“旧”的品质。

有趣的是，因为代际差异，“小妞”的内部存在着分裂：“70后”团队主创的《北京遇上西雅图》(以下简称《北西》)在“小妞”的性格塑造上更往“旧”倾斜：《北西》的主角文佳佳是为了孩子奔波海外、独自拼搏将孩子带大的“母亲”，是回归核心家庭的“爱人”；以“90后”为受众的《小时代》系列中的“小妞”更“物质”、更“自我”、更明显向“新女性”的特质滑动；而更贴近“80后”生活现实的《失恋33天》、《滚蛋吧！肿瘤君》将主流价值观的书写与接地气的鲜明个性兼顾得很好。

二

现代社会中女性“性别意识、自我意识的凸显”无疑是“小妞”们最鲜明的性格特质。从性别意义上，“小妞”们的“自我意识”主要体现在其女性主体意识的建构与确立上。

可以把“小妞电影”中的女性放在新中国成立以来电影中的女性形象中比较：对于20世纪“十七年电影”、“文革电影”中的喜儿们、吴琼花们来说，“为了再度奉献，她将成为一个巨大群体中非性化的一员，作为一个化妆为男人的女人，一个消融在群体中的个体而成长/凸显为英雄——一个女英雄。”[3]——20世纪50到70年代，中国电影中女性的一举一动都具有高度的政治化动机，她们的性别泯灭在了政治话语和阶级叙事当中。进入新时期之后，女性身份逐渐被恢复，但女性依然没有在现代社会的生活中找到自我意识，而是更多地以温柔、包容这种近乎神圣的“母亲”、“妻子”形象出现，在经历了“文革”这样的时代伤痛后，她们承载了“为整个时代疗伤”的作用。时间进入20世纪90年代，随着市场经济的开放、人们思想的解放、女性经济地位的上升和“男女平等意识”的普及对整个社会价值观的影响，中国当代女性的性别特征、欲望和需求逐渐清晰，她们正逐渐从时代需求和男性权力的巨大阴影中走出，开始具备自身完整的人格特质，并可以按照自己的全面需求去自觉地构建自己的生活，讲述自己的故事，而不是承担时代的使命、抚慰时代的伤痛。

不难发现，和中国20世纪“十七年电影”中去性别化的、丝毫没有女性特征的、以“女革命者”的指称代替了“女性”的“铁姑娘”们相比，“小妞”们充分显示了作为女性美丽、细腻等性别特质。其中最鲜明的表现是：“小妞电影”中女性对“女性美”的追求被无限放大。

“时尚”是“小妞电影”的重要元素，不管是《北京遇上西雅图》中美艳动人的文佳佳，还是《小时代》中浓妆华服的时代姐妹花，甚至《滚蛋吧！肿瘤君》中一直以“女屌丝”自居却在追求“男神”的时候踩高跟鞋、画大红唇的熊顿，更不用说直接就以“整容、变美”为主题的《整容日记》，

电影《剩者为王》剧照

（来源：http：//www.sogou.com）

这些影片把“女性美”展现得淋漓尽致。如果说，“铁姑娘”是政治话语对女性性别形象的塑造，“去性别化”成为女性审美的标准；那值得反思的是，“小妞”们对美的追求，除了表达女性自身对“美”这一权利的追求，其背后有没有消费主义对女性形象的规训？

和新时期初期主要以妻子、母亲形象出现的“地母”式女性也不同，“小妞”们在电影中的身份不再是“妻子”、“女儿”和“情人”这样需要靠和男人关系确定的女性指称，而是一个独立的女人，她们有自己的朋友、爱情、家庭、事业和理想。让我们回忆一下《天云山传奇》(1980)中的冯晴岚和《牧马人》(1982)中的李秀芝，她们拯救落魄的男主人公于危难之间，奉献自己的一生，用自己的坚忍、包容与宽厚成为男性，甚至是整个需要在伤痛中复苏的时代的精神安慰与情感寄托。这些感天动地的故事在三十年后的《杜拉拉升职记》，抑或是反映了都市年轻白领生活的现象级电视剧《北上广不相信眼泪》中是看不到的，这些都市白领无意于全身投入家庭，更不会为了爱情放弃事业，相反，她们为了自己的理想和爱人争吵，甚至离婚——她们的存在早已不是为了成全男人。

三

当代都市女性自我的呈现不仅仅反映出女性地位的上升和性别意识的时代变迁，也是这一整个“个体化时代”对于个体“张扬自我”的肯定与需求。

《滚蛋吧！肿瘤君》的一篇豆瓣影评用最直白的语言说出了当下年轻人的生活感受：

> 我们从前喜欢看大片。一般由一群老男人执导，主题不是国仇家恨就是爱欲悲欢。动辄就是史诗级，反映大时代。故事逻辑严密，画面精美考究，场面波澜壮阔，哪儿哪儿都好，然而就是有一点不对……我们早看腻了第五代导演们制造出千军万马只为表达他们从60年代带来的，蒙着灰尘的厚重价值观——家国大义、真爱无敌、美女配英雄、屌丝终逆袭……我们没那么伟大。
>
> 我们毕竟只是每天吃饱了睡，睡饱了吃，抱怨工作苦哈哈，朋友聚会乐呵呵的普通人。我们懒，我们笨，我们妄想天上掉馅饼，我们有满满的少女心……很多时候，“少女心”三个字是羞于被提起的。它过于暴露软弱，有伤

尊严。尤其对老男人，太损男子气概，老男人就应该拍大片，去关注天下，遨游宇宙。少女心？小妞电影？太低级……那么就请容我对他们说一句“滚蛋吧”。每天苦大仇深地看灾难片看历史片容易招来肿瘤君。

何不来看一部《滚蛋吧！肿瘤君》……所以就让我们好好来面对自己的脆弱、自己的渺小。让少女心堂而皇之。[4]

这篇在豆瓣页面上收获了219个“有用”奖励的影评其实向我们暗示了两件事情，第一件事情是：时代变了，这已经不再是男性讲述家国历史就能引起社会共鸣的英雄年代和大片年代，我们想要看的是反映我们普通人生活和情感的故事。在当今电影观众的眼中，大制作、俊男靓女、视觉奇观固然是票房保障，但对“小妞电影”、青春片等现实主义题材的电影来说，“取得共鸣”才是制胜的关键。现在的电影市场中，《聂隐娘》这样的文艺片被评价为“自说自话”；放低身段、讲述普通人(甚至我们可以说“屌丝”)的生活和幻想如《夏洛特烦恼》、《煎饼侠》等电影才会创造票房奇迹。尤其是作为女性观众，想看反映女性小情小爱的故事。第二件事情就是：在告别革命、宏大叙事解体的当下，个人的生活、俗世的幸福凸现出来，个人的情感需要被尊重、被表达、被彰显。这篇影评中对“自己的脆弱”、“自己的渺小”这一表达和《小时代》中主人公林萧对自己“宇宙中的小小星辰”的定位是一样的：认清自己在这个时代中的渺小，但同时，只有“我”是这个时代中我唯一能确证、把握的人。

正是因为如此，我们看到了“小妞电影”讲述的都是“小时代”中的故事：事业的挫败、对爱情的向往、友情的温暖、生活中的嬉笑怒骂，似乎除了个体的生老病死，永远不会有什么大事发生。“小妞电影”的语调也都是轻松的、幽默的，似乎任何问题都可以用自嘲这样的化骨绵掌轻轻解除。

“小妞”们同时也是一群极度张扬自我、强化个人感受、个性鲜明的女孩子：在《滚蛋吧！肿瘤君》中，熊顿面临失恋时，整个外部世界都成了她悲痛心情的外化——三里屯都被冰天雪地封冻住；熊顿在面临老板的压迫时没有委曲求全，而是直接和老板争吵抗衡。在《小时代》中，更年轻的90后“时代姐妹花”们的生活更是被无限地放大与强调：性格张扬、走到哪里都风风火火、对任何人都颐指气使的顾里，总是不顾形象做出夸张表情和动作的唐宛如都具有非常鲜明的人格特征——为了自己的生活放声大笑、放声哭泣，丝毫不畏惧别人的眼光，最大程度地展现出自信的感觉，这样“外放”的女性特质，在隐忍和具有“内向性”的母亲、爱人等“大地母亲”式的传统女性身上是很难看到的。——这里的风景，恰如研究者对“我时代”的定义：“网络时代伴随中国的市场化进程和独生子女政策的贯彻一同到来，也就是说媒介转型与社会价值系统和家庭伦理系统的转型同时发生，网络时代的意识形态也快速形成。‘我时代’准确地概括了网络时代的意识形态特征。”[5]

奔放我时代

（来源：http：//www.iqiyi.com）

“我时代”是中国20世纪90年代以来社会世俗化、商业化在网络时代的膨胀：在这一过程中，集体的意义和大写的英雄崩塌了，取而代之的是大众对幸福生活本身的强烈欲求，是个人的欲望、情感的释放。“我时代”是一个充满焦虑的时代，个体性生存经验正在被巨大的资本、制度、汹涌的媒体声音推向虚无，个人急切地需要通过“自我意识”与“个人价值”的反复强调，来把握、确证与寻找我们自身的存在位置。“我时代”是一个充满不确定性的时代，一切坚固的东西都烟消云散了，“我”是我们唯一能够相信、寄托和把握的东西，“及时行乐”、“现世安稳”成了年轻一代的哲学。在“我时代”中成长的一代，已经很少关心大叙事，而是沉浸于“小确幸”和“小幸福”，他们无一不同时具有“自我表达”和“个性建设”的迫切冲动与强烈困惑。

四

“爱情”当然是小妞电影最重要的元素。“小妞”的爱情观可以用《失恋33天》的宣传语概括：“爱，就疯狂；不爱，就坚强。”或者2015年获得票房成功的、同样讲述年轻女性青春爱情的影片《何以笙箫默》的主题曲也能很好地归纳“小妞爱情”的特点——“不将就”。总结一下，“小妞”们信奉：真爱至上、拒绝背叛、拒绝无爱的婚姻、勇敢追爱，在“小妞”的爱情中，足以见到她们的勇敢、主动与善良。

汤唯在《命中注定》中饰演了已经订婚的方圆，她的未婚夫是收入颇丰的医生，但是婚期临近，她开始意识到和这个自己不够爱的男人共度余生是多么可怕，于是因为一个电话就抛弃了自己的未婚夫，去异国他乡寻找“命中注定”的“真爱”。有趣的是，汤唯在《北京遇上西雅图》中饰演的文佳佳，因为“我的心已经不在你这里了”(《北西》台词)，同样抛弃了能够给她光鲜亮丽生活的老钟，去和自己的“真爱”Frank过平凡的日子。我们发现，由“70后”主创团队创作的这两部影视作品中，“真爱”都面临一个重要的敌人——物质，这其实也反映出“70后”这一承上启下、经历重大价值断裂的代际群体对突然席卷而来的物质主义的焦虑，这一点在后文会有详细论述。

相比起汤唯所塑造的“小妞”们在物质面前追求真爱的行为，以白百合为代表的“80后”小妞遇到更多的是“剩女”问题：遇不到爱情的焦虑。周培勤在《“她经济”视角下解读小妞电影的女性凝视》中指出：

“中国独特的剩女文化对于近年来的大众媒介内容(包括电影)则有着不容忽视的影响。‘剩女’于2007年成为当年教育部公布的171个汉语新词之一。简单说来，‘剩女’是指已经过了社会一般所认为的适婚年龄，希望结婚但是仍然未婚的女性。不少研究已经指出，‘剩女’一说的社会现实依据不足又带有歧视性的意味。”

“大龄单身女性常常被社会视为是货架上无人问津的货物。”[6]

“80后”的待嫁女青年，目前正处于“剩女”这一社会舆论的包围中。因此我们看到，不管是黄小仙还是熊顿，都遭遇了男朋友的背叛和出轨，在电影的一开场都是在情场上的“人生输家”，面临“嫁不出去”的烦恼；由“80后”青春作家落落原著和导演、由《失恋33天》的导演滕华涛监制的《剩者为王》直接把“待嫁的剩女想寻找真爱”作为电影主题词。

但是，这些“小妞”们并没有认同社会强加于她们的“剩”的物化标签，而是鲜明地表达出自己的爱情观：我们在感情中不是“被剩”下的，而是在去主动“追求喜欢的男性、追求适合自己的爱情、主导自己的人生”。熊顿、黄小仙、盛如曦(《剩者为王》的女主角)们，在用自己的行动对抗“剩女”这一称呼给她们的焦虑：熊顿画着精致的妆容接近自己的“男神”、黄小仙骄傲地拒绝了“高富帅”的求爱、盛如曦随着年龄的增加在父母的催促下依然去追求“不可能的爱情”。

她们无不宣扬着自己的爱情观念：可以不嫁，但不可以放弃相信爱情的美好。

值得注意的是，《小时代》中，“90后”小妞所表现出的不仅仅是对爱情的大胆追求，更表现为对“男色”的直白向往：林萧对上司宫洺的意淫、唐宛如对卫海健硕身体的向往，或者是影片中充满诱惑的新鲜、性感的男性躯体的特写展示，都为我们描绘出“好色”的女性形象。实际上，“女性好色”的青少年亚文化强烈地冲击了主流的男女关系，尤其是“小鲜肉”这样流行的称呼，坦白而大胆地表达出女性对男性的欲望。我们或许可以说，新女性的欲望随着她们凝视的目光已经公然进入到社会领域中，一定程度上反转了男性看、女性被看的传统性别权力关系。

实际上，20世纪八九十年代第五代导演的作品中同样展现了女性的身体和欲望，但其中的女性依然属于“被看”的位置：以张艺谋的《红高粱》(1987)、《菊豆》(1990)、《大红灯笼高高挂》(1991)为例，“我奶奶”、菊豆、颂莲无不大胆展示自己的身体魅力，在压抑过后释放出赤裸裸的欲望，甚至会因道德不伦受到惩罚。这类女性角色的出现确实是对传统社会戕害女性的批判，和谢晋所塑造的女性角色相比，也深度挖掘出女性隐藏于道德之下的本能和欲望；但我们需要意识到，这些女性形象依然是在男性导演的创作下完成的，女性身体欲望的展示也完全地满足了银幕面前男性注视着的双眼。

直到以《小时代》为代表的“小妞电影”，这种凝视关系才得以改变。除了《小时代》，《滚蛋吧！肿瘤君》中熊顿爱上的是女性的“大众情人”吴彦祖，并且剧中女主角多次意淫了他和自己的情爱关系；《剩者为王》中的男主由新晋“小鲜肉”彭于晏饰演。相貌俊美的优质男性，同时成了“小妞”和女性观众们的欲望对象。虽然这背后有商业逻辑的掌控：女性消费能力提高后，电影出品方有通过女性消费者“消费男色”获得高票房的需求。但另一方面，这一举动依然在一定程度上冲击了刻板的性别差异与固有的性别关系，为新的性别关系构建提供了生长的空间。

五

虽然“大胆追爱、真爱至上”的爱情观已成为“小妞电影”的共识，但“小妞”们对爱情的处理方式仍然存在着代际群体的差异，它集中体现在对“爱情”与“物质”关系的理解上。以《小时代》为代表的青少年，和以《北京遇上西雅图》的女主人公文佳佳为代表的在从传统过渡到新时期的时代剧变中成长的一代人，她们对物质有截然不同的看法。

这首先可以在“时代姐妹花”和文佳佳对自己所处的都市环境的感受中体现出来。《小时代》发生的背景“上海”和《北京遇上西雅图》中的重要城市“北京”是中国的两座“全球本土性城市”：经济的飞速发展，全国的中心地位，后现代的文化景观，跨国化的价值观念。但她们对都市的体验截然不同：

对“时代姐妹花”来说，上海完全是一个“欲望都市”，不管是杨浦大桥流光溢彩的繁华夜景，还是南京西路陈列的巨型橱窗与广告牌，不管是时尚秀场的所在地1933老场房中繁复如迷宫般的空间构造，还是影片最后“姐妹花”手捧时装在高速公路上狂奔的场景，这一切都拼凑出一座典型的“后工业社会的、消费的、资本主义城市”之景象。虽然在影片中也展现出了商业社会对年少真挚情感的倾轧，但从总体上来看，“时代姐妹花”对于上海——这个由欲望符号所堆砌、享乐主义的感官世界始终充满了热切的注视目光与野心勃勃的期待。——换言之，利益至上的成功学观念、上流社会的物质生活成为《小时代》中与都市精英们配套且理直气壮的存在。

但《北京遇上西雅图》中的北京，则只剩下了物质冰冷近乎残忍的气息。影片中关于北京的展示仅限于繁华的夜晚、空洞寂寥的欧式别墅内部景观，与充斥着琳琅满目商品符号的豪华商场。这样的城市景观勾勒出的不只是北京，也可以是任何一个中国无名的现代化大都市，我们发现，在本片中“北京”只是个地域符号，它指称的是一个迷失在物质中的、浮躁的、浅薄的、面临情感缺失的中国。在这里，“金钱—物质”正在用其不可阻挡的力量粗粝地伤害着我们的感情。

《北西》中的女主人公“从北京来的文佳佳小姐”一出场就带有浓郁的物质气息，是以一个缺少内涵、刁蛮任性的“拜金女”形象出现在我们眼中。而且，她的身份“小三”在当代中国也是一个具有症候性的现象：在这个物欲横流的物质时代，“金钱—利益”已经代替了传统道德，成为部分人们日常行动，甚至处理感情生活的核心标准；“小三”更是女性心甘情愿服从“金钱奴隶制”、被“物化”的标志。而“小三”的情人“老钟”，在本片中一直处于缺席状态，只有他来自北京的声音。在他的声音中，没有关怀，没有爱情，只有物质维持的冰冷关系。这种带有不成熟的早期资本社会特征的“金钱侵蚀爱情”的故事(如美国19世纪20年代的《了不起的盖茨比》)，已经成了经常上演的北京/中国故事。

夜上海

（来源：http：//www.nipic.com）

不难发现，两部影片对这两座城市的展示是具有相似性的——它们的物质性、现代性、全球化景观都掩盖了其本土化特征；但镜头对它们的情感则表现得完全不同。《小时代》对上海实际上延续了“充满机遇与挑战、残酷与奋斗的黄金之地”的想象；而《北京遇上西雅图》对“北京”，更多的则是批判与反思。在这个鲜明反差中，实际上反映了这属于两个代际群体的都市女性成长的时代，北京与其所面临的生存困境的差异。

“时代姐妹花”是在“我时代”中成长的一代。即在全球化环境、消费文化与物质社会中长大的一代，跨国企业利用广告和大众传媒将新的消费身份和价值观念以绚丽的手段植入她们的认知系统中，在以“物质—金钱”为唯一真神的单向度社会里，她们“更多是通过消费和市场层面而不是传统渠道，如家庭、组织、学校来发现她们的身份和价值”[7]。物质、时尚与风格，已经成为她们构建自身、实现价值的重要因素。

因此，她们并不惮于表达自己对物质的强调、对欲望的肯定和对美的追求。她们也深刻理解，物质是她们生活的重要保障和她们治愈之物。这就是为什么《小时代》可以大胆为我们展现一个极具感官刺激的“物质奇观”的世界：顾里拥有着整整占一大面墙的鞋柜与昂贵时装；女孩们在伤心时通过穿上漂亮衣服重新兴奋起来；顾里对顾源说：“物质很重要，没有物质的爱情是一团散沙，不用风吹，自己就散了。”在她们的思想意识中，对物质的追求是理所当然、不需要反思的。因为这就是她们的时代中的生活法则。

正是《小时代》对物质生活毫无掩饰的展示，其在上映之后引起了社会文化界的热烈争议，对《小时代》的批评的声音主要集中在其炫富和对物质的堆砌上，《人民日报》更是认为其“将物质本身作为人生追逐的目标，奉消费主义为圭臬，是‘小’了时代，窄了格局，矮了思想”[8]。但是这些来自于主流文化的批判正好提示了我们，《小时代》作为青春文化现象，是青年亚文化的产物，而非主流、边缘性的青年亚文化反映的正是“成人世界与青春世界、父辈一代与子辈一代之间那种永恒的矛盾和张力关系”[9]。《小时代》上映后所面临的两极评价，恰恰折射出当代中国不同代际群体间的价值断裂。

与《小时代》中年轻人对物质生活理直气壮的追求相比，《北京遇上西雅图》为我们揭示了在信仰缺失、物质涌动的现代都市中，金钱至上与物质主义对女性及女性情感的异化与伤害。

如果说“时代姐妹花”面临成长的焦虑急需“物质”来彰显个性、证明自己，那么文佳佳们或者说《北西》所代言的社会群体们，她们是与新个人主义和新物质主义形成一同成长起来的一代人，而现在则承受的是物质带来的伤害。

之前说过，《北京遇上西雅图》的编剧和导演薛晓璐出生于 1970 年。“70 后”们恰好处在中国承上启下的转变时代，“70 后”的成长伴随着改革开放，见证了大规模出现的商业和市场浪潮如何迅速席卷中国。几代人的传统和价值观正在她们身上消失，由消费主义、娱乐文化、全球化、互联网、大都市等关键词建构的新价值观正在她们身上形成。然而，在追求物质的过程中，“70 后”小妞们发现自己不仅会面临自我被物化的命运，也被迫承受有钱无爱的感情。她们开始逐渐感受到所信奉、追求之物对自己的反噬与创痛。

于是，针对“宁愿坐在宝马车里哭，也不坐在自行车上笑”等言论代表的拜金风气，《北京遇上西雅图》借文佳佳的态度和言语予以反驳：“名牌这些都是有钱没心的”、“男人钱多钱少不重要，找一个知冷知暖的才好”，并提出向人间真情与传统道德回归。这正是影片借助对文佳佳的救赎而试图完成的一种对当下时代更为“积极、健康”的道德伦理观与价值体系的重建，也是对拥有着扭曲价值观、感情观的年轻女性们的一次拨乱反正。

我们或许可以说，和在完全商业化、世俗化、传统与价值真空的背景下出生的“时代姐妹花”相比，她们的前辈们还保有难得的理想主义和反思、批判能力。

六

如何讲述中国都市女性的叙事，都宿命般地绕不开鲁迅当年提出的经典追问："娜拉走后怎样?"当"娜拉"变身为"小妞"，这个难题是否有可能化解呢?

"十七年电影"中的"铁姑娘"们是通过放弃自己的性别特质、拥抱政治理想成为英雄的；"女革命者"是通过女性在成长过程中信仰了代表着父权的政党和主义之后成为英雄的；新时期初期的女性通过满足人们的疗伤功能而成为英雄；到了当代，"小妞电影"同样给出了自己的回答，她们同样一直在寻找自我言说、自我定位的可能。独立、勇敢、坚韧、奋斗，这些传统品质依然是当代"小妞"们共同的回答：《北京遇上西雅图》中的文佳佳离开了富商之后自己一个人依靠劳动抚养孩子；《滚蛋吧！肿瘤君》中的熊顿在面临绝症时展现出超乎常人的勇敢、乐观和坚强；《胜者为王》中的盛如曦，《小时代》中的顾里、南湘，《杜拉拉升职记》中的杜拉拉等都以"女强人"的形象出现，用出色的工作证明自己的价值。她们似乎在告诉我们：女性的幸福要靠自己的争取和奋斗。但这真能成为"除了堕落，就是回来"之外的第三种出路吗?

从剧情走向来看，这些"小妞"们的归宿基本分为三种：

比较普遍的一种，是女性在男性的陪伴之下找到了自我和幸福：《失恋33天》中的黄小仙拒绝像其他人一样，陷入金钱维系的婚姻关系，成为物质的附庸，但是她(或者说影片制作者)并没有意识到，自己重拾尊严的过程中，始终离不开影片中的男性——王小贱的指引与帮助。在她试图追回前男友时，是王小贱一掌扇醒了她，让她彻底放手；当她面对客户刁难无能为力时，也是王小贱挺身解围；在黄小仙的失恋治愈期里，王小贱一直作为陪伴者和拯救者出现。这一切，依然服从着"白马王子拯救公主"的异性恋罗曼史的叙事规则。《命中注定》中的方圆在冯大理的帮助下寻找到爱情、《我的早更女友》中的戚嘉在暖男好友袁晓鸥的暖心陪伴中重拾幸福……这不禁让我们想到《红色娘子军》等电影中"成长的女革命者"，她们在代表党的男性的教育下，投入革命、完成成长；而时至今日，"小妞"们的成长依然需要男性的拯救和指导。

《北京遇上西雅图》中的文佳佳，不仅在"暖男"Frank无私的陪伴和帮助下收获自我和幸福，更是选择了回归核心家庭这一表面上温情脉脉的道路。在西雅图完成成长洗礼后回归北京的文佳佳，再度出演了一个"娜拉出走"的故事，她决定摆脱物质束缚、离开富商之家，开始独立带孩子生活。她迈出了女性自主选择命运的一步："脱离原有的归属，再度选择人生与命运，再度选择自己的社会地位与角色。"[10]只是这个时候，禁锢文佳佳的不再是传统大家族的父权制度，而是以更大诱惑力奴役人的金钱。但是遗憾的是，文佳佳放弃了后者，却重回前者的窠臼之中。她完成的由"堕落坏女孩"向贤妻良母的转变，依然迎合了男性目光对女性传统美德的期望。

文佳佳对现代婚姻制度的"回归"，一方面是之前提到过"70后"群体对传统价值的回归：她们在"旧"与"新"的剧变中成长，接受着传统文化和传统革命精神的教育，因此始终具有社会和家庭的责任心。这使得文佳佳为了孩子独身一人、远赴国外，甚至放弃自己的未来，也始终向往"一家三口"温情平淡的幸福生活。

另一方面，这也体现出当代中国女性在想象个人幸福时的贫乏，在她们的意识里，只有最后回到婚姻制度中才会给她们安全感，带来幸福的保证。从这个意义上，文佳佳是解决了男性对"红玫瑰"、"白玫瑰"选择难题的完美欲望对象，她犯错误时，是充满风情的情人，当她回到正常的婚姻生活，又是合格的贤妻良母。

温情西雅图

（来源：http：//www. sogou. com）

刘江(1969年生)指导的《咱们结婚吧》也可以算作是展现都市女性爱情生活的"小妞电影"，从电影名称就可以看出来，"结婚"在潜意识中已经成为"小妞"们爱情和幸福的最终归宿，其中刘涛饰演的事业女强人为了维持婚姻的稳定、为了孩子也放弃了自己事业上升的机会。这再次向我们展现了：在"小妞电影"这个统称之下，小妞们的代际差异还是非常明显的，"结婚生子"、"贤妻良母"这些传统要素依然构成了"70后"女性对幸福的核心想象。

在这个意义上，反倒是备受社会舆论诟病的《小时代》在女性价值的实现上探索最为深入，这也体现出了青少年亚文化在性别方面的某些颠覆性力量。

《小时代》中最有话语权、最有力量、最有"大家长"风范的是顾里和叶传平，她们在剧中几乎不依靠任何男性，只手遮天、呼风唤雨。尤其是顾里，她几乎是一个“无懈可击”的时代新女性，她有殷实的物质基础和强大的个人能力，与男友处于平等互利的恋爱关系，并能给予身边的好姐妹以庇护，同时，她又不是无性别化的“男人婆”，举手投足之间充满了女性的魅力，她和男性权威周旋，并在《小时代》四部曲的结尾之处带领姐妹、弟弟们杀出一条血路，成为最后的胜者。她几乎也是《小时代》最受欢迎的角色之一。

但我们在为中国银幕上出现这样女性形象而雀跃的同时，也要注意两个问题：其一，顾里和叶传平背后没有依靠男人，但她们依靠的是巨大的资本。虽然她们在剧中能力超强，但前提是她们已经拥有了巨额财富，影片的最后，顾里的成功也是因为她找到了父亲留给自己价值六亿的金矿。失去了殷实经济基础的顾里还能像现在这样吗？我们无法猜测。

其二，从本质上来说，这种建构“新女性”形象的是消费文化逻辑的双赢叙述策略，而非女权主义的产物。表面上，女主人公反转性别成规，与男性平起平坐；实际上，作为消费对象，这一形象通过对“女性主义”话语的宣传，成为年轻女性自我投射、自我想象的对象。这也可看作一次对“女性主义”这一意识形态的消费。

“小妞电影”的基调大都是轻松愉悦的，但如果拨开这层“轻”的面纱，我们或许能看到生于不同年代的都市女性在当下所面临的形形色色的困境与焦虑：“70后”的“文佳佳”、“方圆”们饱受物质至上价值观的伤害，希望重回理想、道德和传统家庭；“80后”的“黄小仙”、“熊顿”、“盛如曦”们同时承受着在大城市追梦的压力和社会的“剩女”指摘，但不愿意放弃自己的个性、真爱与理想，希望用乐观和坚强化解一切；“90后”的“顾里”、“林萧”们害怕成年人的黑暗和成长的孤独，希图用丰盛的物质和坚不可摧的友谊建立一个足以对抗成人世界的乌托邦。

电影作为造梦机器，让“小妞”们的梦想统统都实现了。但从影院回到现实，她们面临的问题依然没有改变。但我们不应该忘记，时代姐妹花们决定脱下高跟鞋为梦想狂奔的那一瞬间，文佳佳在北京豪宅中看着空空荡荡的四周决定离开的那一瞬间，熊顿用自己的乐观和善良感染了所有人的时候，都是“小妞”们新的生活想象对当下现实的一瞥，她们将逐渐浮出历史地表，等待梦想照进现实。

（作者：吴妍妹，北京大学中文系硕士研究生）

注释：

[1] 戴锦华：《不可见的女性：当代中国电影中的女性与女性的电影》，载《当代电影》，1994年6期，37—45页。

[2] 周培勤：《"她经济"视角下解读小妞电影的女性凝视》，载《妇女研究论丛》，2015年1期。

[3] 戴锦华：《不可见的女性：当代中国电影中的女性与女性的电影》，载《当代电影》，1994年6期：37—45页。

[4] 摘自豆瓣网友"名川"的豆瓣影评《堂而皇之的少女心》，http：//movie. douban. com/review/7555399/? source=new _ aladdin.

[5] 邵燕君：《传统文学生产机制的危机和新型机制的生成》，载《文艺争鸣》，2009(12)。

[6] 周培勤：《"她经济"视角下解读小妞电影的女性凝视》，载《妇女研究论丛》，2015年1期。

[7] 詹明信著：《晚期资本主义的文化逻辑》，张旭东编，12页，北京，生活·读书·新知三联书店，2013。

[8]《〈人民日报〉评电影小时代：沽名钓誉、追名逐利者请出列》，2013年07月15日登于人民网，http：//politics. people. com. cn/n/2013/0715/c1001-22198222. html.

[9] 马中红、邱天娇：《Cosplay：戏剧化的青春》总序，1页，见"新媒介与青年亚文化"丛书，苏州，苏州大学出版社，2012。

参考文献：

(一)参考著作

1. [美]詹明信．晚期资本主义的文化逻辑[M]. 张旭东编，陈清桥、严峰等译．北京：生活·读书·新知三联书店，2013.

2. [英]迈克·费瑟斯通．消费文化与后现代主义[M]. 刘精明译．南京：译林出版社，2000.

3. [英]齐格蒙特·鲍曼．个体化社会[M]. 范祥涛译．上海：上海三联书店，2001.

4. [英]斯特里纳蒂．通俗文化理论导论[M]. 周宪译．北京：商务印书馆，2001.

5. 戴锦华．隐形书写——90年代中国文化研究[M]. 江苏：江苏人民出版社，1999.

6. 戴锦华．性别中国[M]. 台北：麦田出版，2006.

7. 罗钢，王中忱主编．消费文化读本[M]. 北京：中国社会科学出版社，2003.

8. 陶东风主编．粉丝文化读本[M]. 北京：北京大学出版社，2009.

9. 马中红，邱天娇．Cosplay，戏剧化的青春[M]. 苏州：苏州大学出版社，2012.

10. 吴菁．消费文化时代的性别想象——当代中国影视流行剧中的女性呈现模式[M]. 上海：上海世纪出版集团，2008.

11. 陈晓云．电影城市：中国电影与城市文化(1990—2007)[M]．北京：中国电影出版社，2008.

(二)参考论文

1. [英]劳拉·穆尔维．视觉快感和叙事性电影[C]//外国电影理论文选．上海：上海文艺出版社，1995.

2. 黄平．“大时代”与“小时代”——韩寒、郭敬明与“80后”写作[J]．南方文坛，2011(3).

3. 邵燕君．传统文学生产机制的危机和新型机制的生成[J]．文艺争鸣，2009(12).

4. 郭艳．代际与断裂——亚文化视域中的“80后”青春文学写作[J]．中国现代文学研究丛刊，2011(8).

5. 陈瑜，曾军．小时代，或个人青春的独奏——《致青春》、《小时代》和《青春派》的青春主题[J]．艺术评论，2013(11).

6. 胡黎红．《北京遇上西雅图》的文化地理学解读[J]．电影艺术，2013(3).

7. 薛晓路，杨远婴，陆绍阳，周黎明．《北京遇上西雅图》四人谈[J]．当代电影，2013(4).

8. 鲜佳．“小妞电影”：定义·类型[J]．当代电影，2012(5).

9. 戴锦华．不可见的女性：当代中国电影中的女性与女性的电影[J]．当代电影，1994(6).

10. 陈里．当代女性电影的后女性主义表达[J]．中国社会科学报，2010(7).

11. 邵燕君．“小时代”与“金钱奴隶制”[DB/OL]．[2013-09-12]．http：//www.chinawriter.com.cn/wxpl/2013/2013-09-12/174176.html.

12. 周培勤．“她经济”视角下解读小妞电影的女性凝视[J]．妇女研究论丛，2015(01).

13. 朱其．“70后”：这个名称意味着什么？[J]．美苑，2005，(5)：5—6.

(三)参考电影

1.《北京遇上西雅图》(薛晓璐导演，2013)

2.《命中注定》(张皓导演，2015)

3.《咱们结婚吧》(刘江导演，2015)

4.《失恋33天》(滕华涛导演，2011)

5.《滚蛋吧！肿瘤君》(韩延导演，2015)

6.《剩者为王》(落落导演，2015)

7.《小时代1：青木时代》(郭敬明导演，2013)

8.《小时代2：青木时代》(郭敬明导演，2013)

9.《小时代3：刺金时代》(郭敬明导演，2014)

10.《小时代4：灵魂尽头》(郭敬明导演，2015)

11.《红色娘子军》(谢晋导演，1961)

12.《天云山传奇》(谢晋导演，1980)

13.《牧马人》(谢晋导演，1982)

14.《菊豆》(张艺谋、杨凤良导演，1990)

15.《大红灯笼高高挂》(张艺谋导演，1991)

16.《红高粱》(张艺谋导演，1987)

“互联网＋”下的文化产业新业态探索
——以“手枪诗自媒体平台建设”为例

黄永健

一、手枪诗(松竹体新汉诗)缘起

无影掌
断魂枪
东邪西毒
美女丐帮
丈八蛇矛短
六寸手枪长
才下眉头心头
倏已出击八荒
诗歌讽咏寻常事
何惧冠名曰手枪
手枪诗
非诗余
村姑解唱白居易！

2013年12月底，深圳大学黄永健教授通过在微信里面发布汉诗，突发灵感，创造出手枪体汉诗。因为形似手枪，简称手枪诗，同时其形状酷似长松披竹——松枝竹竿合为一体，又被称为松竹体新汉诗。黄永健多年从事散文诗理论研究及创作，出版了《深港散文诗初探》、《中国散文诗研究——现代汉语背景下一种新文体的理论建构》及《中外散文诗比较研究》，计60万言，出版了散文、散文诗集《来如春梦》、《愤怒的剑兰》等。研究创作之余，长期苦闷于现代新诗、散文诗与大众的隔膜与疏离。2013 年 12 月的一个晚上，为安慰病痛中的小学同学突发灵感，在手机上创发而成手枪诗。时过午夜，少年时代女同学微信传来信息，病房只她一人打吊瓶，过敏症突发的恐惧悬挂在女同学的心头，也刺痛了远在几千里之外的老同学的心，佯装镇定，同学发来一图：冰天雪地，四野昏暗，一女子持灯于荒郊断亭苦等远方归人，因有所感，黄永健于手机屏上首得两句：

怎么写
愁死鬼

这完全是梨花体的写法，但是，仿佛神助似的，在手机屏上，又出现了两行四言诗，接着两行五言、两行六言、两行七言、诗是两行两行发给同学的，最后又回归三言，最后一行回归七言，当时作者不知为什么把刚刚发出去的七段诗句，通过复制粘贴变成了下面的形状：

怎么写
愁死鬼
手执圩灯
伊人等谁
终南积雪后
人比清风美
古今聚少离多
长恨望穿秋水
知音一去几渺杳
暗香黄昏浮云堆
不如归
不如归
好梦君来伴蝶飞！

远在合肥医院里打吊针的女同学懵了，她问这是什么体，答曰“手枪体”，就此，手枪体新汉诗诞生。诗重理、事、情，仿佛天外飞来的这首手枪诗，以梨花写法起首，越写越古雅流丽，本身说明了诗歌缘情绮靡，雅俗和谐的本质特性。

2014年4月10日晚7点，梨花体“教主”赵丽华，应深圳大学流风诗社邀请，再临深大图书馆演讲梨花体及其绘画，场面依然热闹非凡，有同学请教赵老师对于黄永健手枪体的看法，赵丽华的态度：现代诗没有老爸。言外之意中国现代诗的爸爸是西方这个干爹，但是，她认为对诗体的探索是值得尊敬的行为。从她的新书《一个人来到田纳西》的前言所发表的理念来看，她是自始至终都是只认“干爹”不认“亲爹”的，所言必举西方诗现代派诗人。现场有同学试问三首走红的梨花诗到底为何走红，她令人满意的答复也只有“自由”二字，试看：

手绘手枪

（来源：http：//www.baidu.com）

《一个人来到田纳西》

毫无疑问
我做的馅饼
是全天下
最好吃的

网上的评价：这是首很好的乡愁诗！想要了解它的好，有一个比较简便的方法，就是寻找诗眼。诗眼是什么呢？个人觉得既不是“毫无疑问”，也不是“馅饼”，而是“天下”。“天下”这个词，给人的第一感觉是古文里的中国，但诗人来到了田纳西，对于当时的她来说，“天下”就是车水马龙的美国社会，以“天下”来代指美国，既合理又有断裂感，一种很深很深的乡愁就埋藏在这种矛盾里。以“天下”为根，一首绝妙的乡愁诗就这样自己长成了。

事实上，当诗人找到“天下”这个支撑点的时候，诗已经呼之欲出了，诗人只需要像摘果子一样把诗摘下来，放入自己的篮子里便可以。她不需要像靠语言取胜的诗人一样去冥思苦想每个句子，她想表达的只是某种早已烂熟于胸的感情，——人人皆有，却仅有诗人写出。这种写法，是相当高明的写法：攻其一点，一击致命。这种诗乍一读会觉得味如嚼蜡，呵呵，那是因为诗眼隐蔽得太好了，但你只要设身处地仔细品味一下，立刻会被诗的浓烈意境笼罩[1]。当时赵丽华说，将馅饼改成“汤圆”、“米豆腐”、“热狗”等等，那么一首梨花体可以生成N首佳作。

赵丽华与梨花体

（来源：http：//www.baidu.com）

尽管赵丽华的观点引起网上热议，有上百万人追风，但是，正如她的老师们——庞德、威廉姆斯等当年在美国的风靡一时一样，风光一阵渐显颓势，诗歌包括其他任何艺术形式若到了纯粹摆弄理念的程度，离自我灭绝为时也不会太远了。到了“文化中国”呼之欲出的21世纪20年代，梨花体、羊羔体包括将它们推上历史的风口浪尖的整个20世纪现代汉语新诗，必须成为我们加以“文化”地审视和反思的对象。

1916年8月23日，胡适写下中国第一首白话诗《两只蝴蝶》(原题《朋友》)，发表在1917年2月的《新青年》杂志。自此之后，一个不同于汉赋、不同于唐诗、不同于宋词、不同于元曲、不同于明清小说的文体开始出现，这就是中国新诗的初始。

近百年来，中国新诗经历了多次学术论争，到今天学术界重又不得不讨论新诗的“二次革命”和“三大重建”——诗歌精神重建、诗体重建和诗歌传播方式重建。正如吕进先生所指出的那样，新诗的第一次革命是爆破，当下的新诗二次革命是重建——重建中华诗歌的固定形式，重建中华诗歌审美风范，重建中华诗歌的传播方式。[2]虽然“重建”跟“革命”的含义不尽相同甚或相反，我们理解的当代新诗“二次革命”是极而言之的言说方式，当代新诗的审美定势、无边界放任和远离读者乖违当下的接受现状，已经到了忍无可忍的地步，要动摇其根基，突破其将近一百年来所建立的审美标准和写作范式，通过三大重建达到现代汉语新诗的创化和新生，这无疑类似于一场革命，众所周知，老传统壁垒森严，可是有时候新传统森严壁垒，新诗在文化中国时代的审美理念去魅，诗体建设和写作、传播方式更新，就其必然遭遇的误解和阻力来说，不啻一场“革命”。

在这场“革命”中，诗体重建是当前汉诗学界的又一热门话题，全世界的华文诗歌界讨论热烈。

纵观新诗的世纪演化历程，刘半农、郭沫若、闻一多、何其芳，包括试图以外来十四行诗固定汉诗形态的冯至等现代著名诗人都在诗体重建上做出了巨大努力。但是，正如吕进先生所指出的那样，新诗的诗体重建在上个世纪里的进展比较缓慢，毛泽东的“迄无成功”说，也当指诗体重建。

近百年的新诗危机，从诗体看，也主要是自由诗的危机——太自由，而这正是当代新诗也是梨花体、羊羔体的最大问题！太西化，正是梨花体的卖点也是盲点！太哲学，搞出脱离人群的笑话！无论哪个民族的诗歌，格律体总是主流诗体，如英美十四行诗，日本的和歌和俳句，越南的六八体和双七六八体等，中国诗歌史上主要以三言、四言、五言、七言诗歌为主流，六言诗不及三言、四言、五言、七言诗广泛，但是骈赋、元曲中六言诗句比比皆是，中国诗歌一直以格律形式代代相传，那是汉语和汉字本身的逻辑使然，更是中国文化要义中诸如“阴阳”、“流变”、“轮回”、“和谐”、“中庸”等价值观念的形态化身。美国意象派另一代表人物洛厄尔认为：“这些我们称为汉字的奇妙的笔画组合实际上是完整思想的图画式表现。复杂的汉字不是自然而然地组成的，它们是由简单的汉字组成的，每一个汉字都有其意义和用法。把这些汉字组合在一起的时候，每一个字都对整个汉字的音或意起到作用。……因此要了解一首诗中的全部意图，就必须懂得分析汉字的结构，这一点是十分清楚的。”[3]试问今天的新诗作者有几人明白这个道理或思考过这个问题？只是到了近代在西方话语的强力同化过程中，经由知识精英自上而下的“启蒙”、“灌输”，自由诗登上了历史的舞台。严格地说，自由诗只是汉诗历史长河中的一条支流，这条支流融会中西，实际上是“西体中用”，到今天因为西化源头缺水几至枯水断流，它必须再次一头扎进汉诗的历史主流中，调整方向，强健流脉，起死回生。种种迹象表明，现代格律诗才是汉诗诗坛的主要诗体。[4]

手枪诗(松竹体新汉诗)依托手机微信平台始创、传播、互动、扩散、定名，一问世就引起了中国诗歌界和美学界的热议，以网上“美学群”为代表的一类传统诗歌学者认为手枪体汉诗是对中国传统文化的糟蹋，应该制止。更有学者认为这可能已经走火入魔了，搞出一个世间怪物出来，但是更多的学者赞同手枪诗，认为这是对传统文化的继承与创新。韩国汉学家、诗人许世旭教授指出："中国诗人，必须立足中国"，"一个人面临歧途，只有回顾既往的路，才能正确地摸索该走的路，也就是继往开来；中国本身有辉煌悠久的诗史，传承之间，更应如此"。[5]

二、手枪诗(松竹体新汉诗)的创新理路

反思新诗走过的道路，我们认为吕进先生提出的二次革命观点和三大重建路径，虽然不免激进，却是直面汉诗困境痛下针砭之"良言"和"良药"。新诗走过近一百年的演变历程，在人类诗歌史和中国文学史的视界之内，它可以被看成是中华主流诗体在近代以来西方文化和西方诗歌的强力同化过程中，因文化激变而形成的一种"汉诗变体"，如今在中华文化不断强化自身逻辑演变的新世纪话语环境之下，这种过多承载西方文化理念、过于自由、过于知识分子化的"汉诗变体"，即使在西方人看来，也是一种丢魂失魄的"盆栽"和"假花"，毕竟过于脱离母体文化的主脉，以致在母国和境外遭遇双重尴尬。举一个例子，当代著名新诗作者于坚甚至将他的诗作命名为《作品 111 号》，这是完全抽象化的西方乐曲的命名方式，而获得第五届鲁迅文学奖的车延高被指不停地按下回车键写作新诗，其作品被戏称为"羊羔体"，近年来网上热议的"梨花体"，不过是汉诗西化特别是美国化的登峰造极的案例而已。"梨花体"像模像样的代表作"一只蚂蚁，一群蚂蚁，也许还有更多的蚂蚁"，不过是美国意象派诗歌的汉语翻版，须知意象派深受中国古典诗歌和东方新禅学的影响，这种出口转内销的玩意儿只能媚惑大众于一时，岂能凭借其高度抽象的思想——所谓哲理，与当下的生活打成一片？"羊羔体"不过是进一步口语化、口水话同时也进一步西洋化的现代汉语自由诗。

在中国诗歌发展史上，"以乐从诗"(上古至汉代)、"采诗入乐"(汉代至六朝)和"依声填词"(隋唐以降)构成了一条发展的风景线。后来诗与音乐逐渐分离。这种分离以新诗的出现为极致。但是，新诗离开了音乐，给自己带来很大的局限性。所以恢复和发展诗乐联谊，是重建新诗传播方式的重要使命。[6]

手枪诗(松竹体新汉诗)押韵，调平仄，运用偶句、典故、粘连、回环、反复、感叹、疑问、夸张、排比甚至戏说、拼贴、蒙太奇、含混等一切行之有效的诗歌写作技巧，亦可换韵，其原创即主体形式(另有几十种变体)由三、四、五、

六、七言传统主流诗体依次排列，从手机屏上三三四四五五六六七七三三七共13行(也可以增添为十五行、十六行、十七行等，还可以双抢、三枪并题连发)，它在手机屏上纷披而下，犹如老干披松，又如高山飞瀑，气势轩昂，看起来美观大方，连小朋友都能记住这个形式，即写即发，快如子弹出击，流星闪电，所谓“才下眉头心头，倏已出击八荒”，道出了我国传统诗歌与当代高科技微信平台一旦联手，威力无穷的道理。

手枪诗(松竹体新汉诗)押韵，恢复和发展诗乐联谊，这是非常重要的，现代新诗渐行渐远，其中最主要的原因是难于朗诵和记忆，现代新诗名作《再别康桥》、《采莲曲》、《雨巷》、《死水》、《乡愁》取得成功的要诀是押韵，所以古人不韵非诗绝不是无缘由的。在押韵的大前提下，手枪诗(松竹体新汉诗)，将中国数千年汉语诗歌中的主流诗体——三、四、五、六、七言进行分解后再行组合，同时允许在使用各种诗歌技巧之余，使用高雅题材之余，用这种具有视觉美感和听觉美感的形式，贴近生活，贴近时代，贴近生活中的喜怒哀乐爱恶欲和应有尽有的中外生活场景，尽情书写，可高雅如古诗词，通俗如顺口溜、打油诗。如：

大街长
窄巷深
红尘十丈
地老天昏
毕巴复毕巴
三条碰五饼
歌堂舞榭歇火
麻牌人气陡升
十亿人民九亿赌
小民百姓耽太平
渔家傲
沁园春
穷穷富富城中村！

这首手枪诗(松竹体新汉诗)有感于如今都市城中村乱象，即兴而作，具有强烈的写实主义精神，在手机微信发表后，引来很多点击，诗歌合为时而作，当年白乐天的诗作走的是雅俗共赏的群众路线，现代汉语诗歌没有理由高吊胃口，甚至毫无理由地蔑视大众，在那儿自言自语沾沾自喜地“纯诗”一番。手枪诗（松竹体新汉诗）原创形式为三三四四五五六六七七三三七共13行，但是考虑到我国古代并有二言诗（《断竹》），可以变形为二二三三四四五五六六二二六共13行，还可以变形为二二三三四四五五六六三三七共13行，一一二二三三四四五五六六二二六共15行，枪口可以朝上，也可以朝下，可以仿照十四行诗分成起承转合四个部分，或两到三个情景的并列、拼贴、剪接（双枪、三枪并题连发）等，所以有很多变体，可供当代诗人在充分认知我国古典诗词美学积累古典诗词文化修养的基础上，吸收时代语词、语感，创新意象，拓展意境，施展才华，贡献佳作。如以二言诗起首：

鼓点
直击
涛声远
万人立
龙的传人
吴风楚俗
还之以魂魄
唱彻兮九歌
雄黄酒何处觅
白娘子昆仑月
兰溪
年少
赤足欢度五月节！

如果在节日里，诗人和大众都能用这种诗体结合自己的亲身感受，以手枪诗（松竹体新汉诗）相互祝福，传情达意，比起相互恭喜发财，例行恭维，那就要文雅多了，通过新的传媒，手机互动，在和风细雨中我国诗歌精神和中华诗歌正能量又会重新回到人间，并有力地抵消外来低俗文化、功利文化和流行文化的不良影响，引导年轻人认知祖国文明，温习传统文化，拓宽创新思路。

腾讯QQ、微博、微信等传播手段正改变着我们的日常生活，手枪体通过手机操作，即写即发，适合日常书写，抒发感情，温习古诗，抨击时弊，畅怀达意，篇幅不大不小，外形美观大方，最重要的是手枪体不致散漫无度，被人恶搞、追骂和唾弃，它有格式可循，生机盎然，可慢慢为人理解、唱和。有人认为手枪体说白了就是手机体，是手机时代应运而生的一种文化传播火种，实际上它是一种古典新潮的新汉诗、新诗体！人人可以用手枪体抒发感情！又快又美又好玩！

三、余论

有网友指出手枪诗(松竹体新汉诗)古已有之，白居易有首《一七令・诗》，将一言、二言至七言依次排列，称为一七令，后成为固定的词牌名，其形如下：

诗
绮美
瑰丽
明月夜
落花时
能助欢笑
亦别伤离
调清金石怨
吟苦鬼神悲
天下只应我爱
世间惟有君知
自从都尉别苏句
便到司空送别词

白居易时代，没有手机微信，他与一班诗友完全是就着我国历代主流诗体，通过对句的方式，考校才能。这种“宝塔体”虽然暗含总括中国当时已经传承下来的主流诗体的用意，但是从创作传播角度来看，并不具优势。同时，这种一七令诗体，结构上欠缺回护——回环往复之美，形式堆砌，无有起伏跌宕之势，从完形心理学(格式塔心理学)角度来看，这个诗体并未完形——形成一个完整的形体，是未完成的残缺之形，我们完全有理由认为，假如在白乐天时代，人人使用手机传情达意互通无间，那么，古人或许早就创设了如今的手枪诗(松竹体新汉诗)，因为没有手枪，古人纵有神眼超识，也难得借助手机屏进行一次美的定型，或者也可以认为他们的游戏未至完美。手枪诗(松竹体新汉诗)不长不短(十三行到十七行)，形体起伏跌宕，讲究起承转合，回环往复，刚好填满手机屏(更长至于双枪、三枪并题连发除外)，如果从文化演化的逻辑立场上来看，这个带有传奇般发生学故事的新诗体，是手机时代中国五千年文化道统和诗歌学统，按照汉语和汉诗的演变逻辑，在手机微信时代的及时发声和优美显现——五千年诗歌文化的一个华丽转身。

手枪诗(松竹体新汉诗)又绝不雷同于楼梯、宝塔、海浪、回文、藏头等各种为形而形的中外诗体，它的形式饱含中华文化之道、汉语诗歌智慧以及外来文化和现代科技的积极干预，它的文化积淀、文化转化和文化创新性质，与为形而形的文字游戏绝不可同日而语，手枪诗(松竹体新汉诗)是文化中国到来之际的诗魂觉醒，是诗的邂逅，诗艺的整合以及手机微信时代互动创意的结果。[7]

(作者：黄永健，深圳大学文化产业研究院教授)

附：手枪诗自媒体平台建设

创新项目名称	手枪诗自媒体平台建设		
是否在校生	是(　)		
是否成立企业	否		
立项时间	2015-06-01	项目所在地	中国广东深圳市南山区
所处阶段	创意		
所属行业	互联网和移动互联网		
股本结构	黄永健　100%持股		

续表

融资计划	黄永健老师自己出资10万元用于人才团队建设及项目发展需要，未来计划融资10万元，出让5%的股权，用于发展团队
项目亮点	1. 继承传统。中国诗歌史上主要以三言、四言、五言、七言诗歌为主流，六言诗不及三言、四言、五言、七言诗广泛，但是骈赋，元曲中六言诗句比比皆是，中国诗歌一直以格律形式代代相传，那是汉语和汉字本身的逻辑使然，更是中国文化要义中诸如“阴阳”、“流变”、“轮回”、“和谐”、“中庸”等价值观念的形态化身。手枪诗以手机微信屏幕上美观的形式，集中展示中国数千年来流传下来的主流诗体，是对传统文化的巧妙传承 2. 设计精巧。手枪诗将中国数千年汉语诗歌中的主流诗体——三言体、四言体、五言体、六言体、七言体，通过微信平台，以两两对出，起承转合的方式，进行创造性的整合和转化。全诗十三行(可以伸展为十五行、十七行等)，形体起伏跌宕，讲究起承转合，回环往复，刚好填满手机屏，双枪、三枪、五枪、七枪以至九枪连体，也可以在微信手机屏一次性发表 3. 简便快捷。楼梯、宝塔、海浪等各种为形而形的中外诗体，需要花费时间精力在手机屏上进行反复编辑。手枪诗只要在手机屏上按照三三、四四、五五、六六、七七、三三、七，或二二、三三、四四、五五、六六、二二、六的形式，输入诗句，不断回车，即可以快速创作，快速发表 4. 互动无限。手枪诗雅俗共赏，可以及时发送，迅速得到反馈。节假日，在手机上可以随意创作，巧妙构思，诗歌酬唱，同时可以图配诗、诗配图、诗配手机视屏，诗配手机影视等等形式，进行跨界创意整合 5. 广告软文：手枪诗具有大众性、娱乐性、狂欢性的诗体特征，同时又具有极其深厚的文化内涵，因此，搭载微信平台，可以迅速成为广告软文，品牌推广利器，通过和“钗那提”等品牌的联手合作证明，手枪诗可以产生自身的品牌效应，成为互联网时代的内容产品，并进一步发展成为电商平台
项目简介	汉语新诗走过近一百年的演变历程，在人类诗歌史和中国文学史的视界之内，它可以被看成是中华主流诗体，在近代以来被西方文化和西方诗歌强力同化所形成的“汉诗变体”，如今在中华文化不断强化自身逻辑演变的新世纪话语环境之下，这种过多承载西方文化理念、过于自由、过于知识分子化的“汉诗变体”，即使在西方人看来，也是一种模仿而来的山寨版，毕竟过于脱离母体文化的主脉，以致在母国和境外遭遇双重尴尬。手枪诗(松竹体新汉诗)押韵，调平仄，运用偶句、典故、粘连、回环、反复、感叹、疑问、夸张、排比甚至戏说、拼贴、蒙太奇、含混等一切行之有效的诗歌写作技巧，亦可换韵，其原创即主体形式由三、四、五、六、七言传统主流诗体依次排列，从手机屏上依照三三、四四、五五、六六、七七、三三、七一路分行而下，共十三行，它在手机屏上纷披而下，犹如老干披松，又如高山飞瀑，气势轩昂，看起来美观大方，连小朋友都能记住这个形式。节假日，在手机上可以随意创作，巧妙构思，诗歌酬唱，同时可以图配诗、诗配图、诗配手机视屏、诗配手机影视音乐等形式，进行跨界创意整合。真正做到让诗歌回归大众，让诗歌反映现实，让诗歌传播中华文化正能量
商业模式及收入来源	建立品牌合作机制(品牌合作方提出手枪诗软文需求，建立合作，实施单项收费模式)和品牌联盟机制(主要是针对中小创意型品牌，施行以“手枪诗”品牌推广为技术入股，建立品牌联盟)，同时设计周边创意衍生产品(如手枪诗与创意礼品结合、手枪诗与书画用品结合生产创意衍生品)，预计年收益额达到500万元

续表

市场分析	(1) 手枪诗自媒体平台宣传策略 手枪诗自媒体平台要想拿到足够自己生存的市场份额，必须要吸引足够的粉丝并产生一定的社会效应，这就要对自己的宣传策略有一个清晰的规划 在宣传方面，我们不能只局限于通过自身的微信公众平台来进行推广，而要将视野放宽一些，首先积极参与社会上的大型学术讲座，同时进行适当的事件营销，提高在网络平台的曝光度，同时和现有一些知名微信自媒体平台合作、举办线上线下活动沙龙，全方位地提升平台知名度 (2) 平台合作策略 在粉丝积累到一定数量后，引入合作盈利机制，分别是品牌文化项目合作和品牌软文项目合作，二者均以客户提出需求、建立合作为运行模式，手枪诗自媒体平台运用自身的创意作品为客户提供软文或品牌文化，从中获取一定报酬 (3)周边衍生产品策略 很多著名的自媒体平台都没有进行衍生品的开发，主要不是因为产品的知名度不高，而是因为融资不合理。造成了衍生品开发时的资本不足，品牌推广的力度不强，知名度不高，使企业没有足够的开发空间。手枪诗自媒体平台主要的开发策略有两种：一种是直接开发衍生品，这种方法获利比较丰富，但是风险也相当高。另一种是将衍生品的开发权和代理权出让，这样虽然在获利上有所减少，但是相应的风险也减少了许多，并且在向国际推广时可以成功地绕过当地的贸易保护措施，通过向对方的衍生品生产商出让代理权进行利润回收
项目团队	团队主创 姓名：黄永健，男，1963 年出生 学历：中国艺术研究院研究生院　博士 经历：深圳大学艺术设计学院　教授 专长：艺术学理论、美术史论、文化创意产业研究 市场推广 姓名：随晓燕，女，1989 年出生 学历：深圳大学　研究生 经历：设计公司　平面设计师 专长：绘画、设计 平台运营 姓名：冯源，女，1990 年出生 学历：湖南师范大学　学士 经历：三原设计工作室　主理人 专长：策划、设计、展会 客户服务 姓名：孙悦，女，1990 年出生 学历：深圳大学　研究生 经历：培训学校　美术老师 专长：绘画、设计

续表

项目SWOT分析(重点分析项目风险及拟采取的自控措施)	优势：(1)以原创为核心。对手枪诗自媒体而言，原创性是自媒体平台得以生存发展的命脉和根基。原创是吸引粉丝关注的关键点，而粉丝看中的也正是优秀作品的原创性。(2)版权自主。作者对自己的原创作品拥有完全的自主版权，可以自主决定作品是否转让、以何种形式合作，在这里，作者可以和读者互动，接受读者的反馈信息，以便更好地实现合作和发展 劣势：(1)目前仅有部分上乘作品，由于手枪诗产生刚一年有余，作品库还不够庞大，目前仅有黄永健教授及网上写手进行创作，缺乏稳定的写作团队。(2)受众的局限性。由于手枪诗属于新诗体，不同于常见诗体，目前吸引的读者群不是很庞大。但总体来说，未来手枪诗自媒体平台的主要受众还是以有一定文学素养的年轻人为主，年轻受众比较容易接受新兴事物，学习使用能力也强，受众的主动选择性是自媒体平台目前最大的制约因素。 机会：身处中国的深圳特区，在这个改革开放创新包容的前沿移民城市，手枪体的横空出世似乎是必然的，无法阻挡的。腾讯QQ、微博、微信等传播手段正改变着我们的日常生活，手枪体通过手机操作，即写即发，适合日常书写，抒发感情，温习古诗，抨击时弊，畅怀达意，篇幅不大不小，外形美观大方，最重要的是手枪体不致散漫无度，被人恶搞、追骂和唾弃，它有格式可循，生机盎然，慢慢为人理解、唱和 威胁：仅适用于小众营销。手枪诗自媒体平台属于新兴事物，没有现成的经验遵循。在发展过程中，粉丝要求不断提高，对作者的能力要求也不断提升。手枪诗作品类型多样，倾向不同类型的读者人数必然会有所侧重，平台必然会倾向人数比较多的受众，就会不可避免地向小众营销倾斜，目前这种情况还是不可避免的

资金使用计划	2015年	2016年	2017年	备注
资金需求	50 000	150 000	200 000	
预计收入	0	500 000	1 000 000	
预计用户数	10	50	100	

注释：

[1] http：//bbs. tianya. cn/post-poem-113242-1. shtml.

[2] 吕进：《三大重建：新诗，二次革命与再次复兴》，载《西南师范大学学报》，2005(1)。吕进先生在这篇文章中提出的观点，无意中成为当代"手枪体新汉诗"创发的理论起点。

[3] 参见李平：《西方人眼中的东方文学艺术》，185—186页，上海，上海教育出版社，2004。

[4] 吕进：《三大重建：新诗，二次革命与再次复兴》，载《西南师范大学学报》，2005(1)。

[5] 罗四鸰：《新诗二次革命引发争议》，http：//www. people. com. cn/GB/wenhua/27296/2952445. html.

[6] 吕进：《三大重建：新诗，二次革命与再次复兴》，载《西南师范大学学报》，2005(1).

[7] 梨花体借助微博轰然而起，短短数年，手枪诗(松竹体新汉诗)借助手机微信，优美出世。手枪体挑战梨花体，或可看作是中西文化巨大差异性的矛盾的总爆发，是文化矛盾与社会矛盾激化到一定程度的结果，是文化转型与中国文化华丽转身的一个强烈讯号。

东莞街头观察与随想

黄忠顺

商业步行街

2013年春节回老家路过武汉，那里的朋友兴致盎然地邀我去看他们引以为傲的新建筑“楚河汉街”——万达许多城市综合体中似乎格外用力打造的一个。寒冷的傍晚，走在“汉街”上，看这个商业步行街的建筑，一派民国租界的风范，红灰相间的清水砖墙、精致的砖砌线脚、乌漆大门、铜制门环、雕着巴洛克式卷涡状山花的门楣、石库门头、青砖小道、老旧的木漆窗户。这新与旧、时尚现代与古典欧式交融的建筑，似乎是要与当年的汉口租界的历史建立互文关系，但这里零落着的开业不久就因生意清淡关门大吉或等待转包的景象，又有一点挽歌意味——至少是我，在这个寒冷的傍晚，在“楚河”边的“汉街”上，隐约听到了华丽与没落交集的旋律，为万达的城市综合体建筑，也为中国城市化进程之昂扬的商业地产建筑篇，低回咏叹。

“楚河”边“汉街”上的这种感受，可能源自一种背景，那是我有关东莞商业步行街的“个人知识”。

2004年我初到东莞，先于我两年来东莞就业的一个女学生，带我和家人游览东莞城市，首站便是东莞东城所谓寰宇风情休闲商业步行街。这步行街占地约两万平方米，是一系列别具异国风情的建筑群，但随处可见中国文化色彩的铜像，似乎隐含着中国近代最先开埠之地对国际化生活品质的一种理解或乡愁？这里有各式各样的品牌服饰、特色小店、精致饰品、购物商场、风味小吃、美食餐厅等等。我当时还在一个装修典雅空调温度舒适的店里试穿了一套西装，上装效果好，但嫌贵，好像不是我等阶层的所有，没买。这条购物街，在购物的意义上还难以领悟“繁荣”的字义，但餐饮的生意好。那时候正是东莞城市建设狂飙突进的时期，三年之后，东莞就有了不下30条商业步行街。但建筑的时尚化、高端化好像已经逐渐沦为表皮。2008 年之后我曾三次去过东莞东城的那个寰宇风情休闲商业步行街。关门歇业的铺面渐多，营业的店铺基本上改卖餐饮和低端的拟似地摊的货。

就在东莞的商业步行街荣衰换景之际，王健林的城市综合体——万达广场开始在东莞崛起，依然像动画片中热带植物根茎的生长，快速地伸展到东莞各镇街道办的领地：东莞长安万达广场、东莞东城万达广场、东莞厚街万达广场、东莞虎门万达广场等。

仿佛一幅格外夸张的漫画像，从遍地的大小厂房，到一条条华丽的商业步行街和一片片万达广场，作为从中国制造向中国消费转型的东莞城市漫画，颇有寓意。漫画的确是一种富于寓意的语言，这种寓意来自于对外在表象迷惑的超越性把握。

它把握到的是什么呢，这些城市建筑？据西南财经大学中国家庭金融调查与研究中心的调查显示，2015 年中国家庭平均资产水平为 91.9 万元，其中房产占比高达 69.2%。这说明，中国经济高速发展带来的国民财富积累，主要沉淀在城市建筑上。出租厂房是“中国制造”时代东莞人的致富之道；当“中国制造”走向一个峰值的时候，善于藏富于民之地，其多年积累之财，顺应国家经济转型的节拍，向商铺转移，商业步行街受这种逻辑推动而充分演绎，万达广场则可能是这种逻辑演绎的“中兴”叙事。但无论是商业步行街叙事还是万达广场叙事，最终的决定性因素，还是人：一拨人的财富在其文化观念的支配下铺叙了这些城市建筑的一个叙事高潮，更大的人群(主要是外来工)决定了其建筑城市内部的故事品质。网购的潮水般兴起在这个故事中发挥了推波助澜的作用。

我对这个城市内部的故事品质的认知与想象，更多受到两位女作家的同题纪实文学的影响：美国前《华尔街日报》记者张彤禾的《工厂女孩》(*Factory Girls*，上海译文出版社 2013 年版翻译为《打工女孩》)，和从新疆移居东莞的作家丁燕的《工厂女孩》(外文出版社 2013 年版)。这两部作品不约而同写东莞女工，因为这个新兴工业城市在人口峰值达到上千万人的时候，超过 80%是外来务工者，其中 70%是女工。可以说，正是这六七百万女工成就了东莞“世界工厂”排头兵的地位。故女工一度造就了这个城市故事最不应被忽略而又总是被忽略的品质。

我曾写过一篇文章谈过这两本纪实文学(《〈工厂女孩〉和〈打工女孩〉“世界工厂”的多维面相》，载《中国社会科学报》，2014-11-21)，兹不累述；但愿意另外做点补叙。据丁燕前不久对我讲，她又有一部以东莞打工族为题材的纪实文学即将完成，但叙事主体不再是女工，而是男工。不是为了规避重复，而是自2014年年初央视曝光东莞酒店色情业后，东莞已经难以招到女工，女工汇聚的城市像舞台换景一样变成男工城市了。

街上的路人

2004年年初我到东莞，尚未建立起东莞城市基本交通地理，步行在街上常常询问路人。街道上来往的多半是年轻妹，当然也有壮实小伙，但面对询问，光天化日之下，人来人往之际，她或者他大多是一幅高度警惕的神色，紧张地摇头，不敢搭理，迅速避开，像避开麻风病人或心怀不轨的坏人一样。从当知青的时候开始，我就显出一副清洁干净的白面书生模样，不具备坏人的侵犯性和病人的传染性的体表症候，所以，这是我在内地城市问路时几乎没有遇过的情形。当我改问街边铺里的店员或单位门卫时，得到的也多半是摇头。他们都是外地人，并且工作流动性很强，对周边地理并没有自己应用范围之外的多余知识。

多年后初到台湾，吃过晚饭，我和另外两个同事在台北的大街上闲逛而逛得迷糊了，向街上行人询问回宾馆的路。被询问者是一整洁帅气的年轻人，他耐心指点如何往前走到第二个红绿灯再左拐，然后在什么标志下再向哪里拐……道路比较复杂，他不厌其烦地解说。我们顺着他指的方向慢慢散步，没曾想，在该拐弯的路口，那已经消失在前行的街面上的青年，正等在那里为我们指路。那时候我再次想起2004年在东莞街道上问路的经历。截然不同的城市街头的问路经验，显现了两个城市相距甚远的文明程度。

但东莞与台北截然不同的问路经验所显现的城市文明差距，我不认为主要在于东莞街上那些警惕、紧张、不搭理人，匆匆走开的路人的文明程度。2004年国庆期间，我乘西安开往广州的普快列车返回东莞，在广州长途客运站换乘大巴时，和我同坐的是一个十八九岁的姑娘，我们交谈了几句，知道彼此乘坐的是同一趟列车，她已在东莞打工一年半，我才刚满月。车一上高速，她就睡了，睡得很放心。一夜的火车，在拥挤的硬座车厢她大约没法安睡。直到下高速后车行颠簸她才醒过来擦了擦口水。车到站后，人们争先恐后地奔向开往东莞各地的各路公交车。她以先于我来东莞的老练说，我们应该乘坐K2线，她带我穿越人群，奔向K2，我以为我们又是同路，但她在K2线的站牌下，提醒我应该下车的站点，就提着沉重的行李消失在人群中，去找她要乘坐的公车站点了。我不知道她在东莞的哪一家工厂打工，也不知道她姓甚名谁，她消失的背影，跟我在东莞的大街上问路的那些警惕、紧张、不搭理人，辟邪一样地匆匆走开的年轻妹的背影没什么不同。如果我们是在东莞的街道上，我想她也会面对我的问路，警惕、紧张、不搭理，辟邪一样地匆匆走开。

小桥流水

（来源：http：//www.baidu.com）

东莞在它经济高速发展的时候，与蜂拥而来的外来人口相伴随的是社会治安问题非常严重。那时候当街抢劫的事非常普遍。在《南方都市报》上我读到，东莞某工厂组织“自卫队”保护员工上下班安全，若遭抢劫，只要其身上穿了厂服或戴了工牌，“自卫队”将会不遗余力地“伸出援手”。在东莞电视新闻上，我经常看到的是关于开展“铁腕”、“粤鹰 2”，重拳打击“两抢一盗”的报道，或是加大命案侦破力度的报道。

对于这群庞大的外来工而言，陌生的城市与他们卑微的社会地位、微薄的收入，面对社会治安的混乱，他们更容易遭受伤害。2005 年临近年底我在东莞市人民医院住院的时候，病房里收了一个因遭遇抢劫，耳朵被咬掉一只、一只眼睛的伤势据说有可能失明、颅骨被打折、胸骨两处骨折的农民工。他晚上下工回住地的路上，被挟持并抢走了银行卡，因为他拒不说出卡的密码而被打成这个样子。他卡里的三千块钱应该是他在这个城市用日积月累的血汗积攒起来的一个美好理想吧。他为之付出了如此代价，却仍然没有保住这美好的理想。这三千块钱仅仅只够交入院押金，他的治疗费需要上万元。在我和他同病房的几天里，他始终沉默着。我不知道他是因病情不能开口，还是因心灰而无言。对人生有着独特参悟的作家史铁生说过，一个人沉痛的创伤经验常常就是那个人的一个“生日”。经由这个“生日”，他将会是成为一个怎样异于先前的“新莞人”呢？

作家余华说，没有一个人在心理上是完全健康的，起码不可能一生都健康。我们人人都有着不同程度的焦虑，对尚未发生的事情的担忧和害怕，这样的心理或多或少地在左右着我们的生活态度和思维方式。他说这番话，是基于一段个人经验，即，有一年他在香港丢过一次护照，历尽麻烦之后才得以回到北京。他说，护照的丢失意味着身份的失去，此后的三四年时间里，他每次在国外的时候都会梦见自己的护照又丢了，然后一身冷汗醒过来，才知道是虚惊一场；而且无论是在开会演讲，还是在游山玩水，每隔四五个小时就会神经质地去摸一下护照是否还在口袋里。直到今天，他出国前整理行装时，首先考虑的是穿什么样的衣服可以保证护照的安全，然后再考虑其他。也就是说，香港的那次护照丢失，让他在此后十年的时间里只要置身异国他乡，就会出现焦虑和恐惧。

从中，我们不难体会东莞那些街头路人对陌生人迎面而来时躲避和害怕的心理病态的原始。由这种原始再像“非典”影响人群，就形成了一种街头路人心理症候，并成就一种东莞城市的独特风貌。

城市的伸缩弹性

2008年金融海啸之后的一天，我到东莞长安一片工业区附近的一家“好又多”超市。与往日到东莞任何超市其出口看到的都是排着一列一列等待付费之人不同，这里偌大一个超市，各种商品打上了降价牌，却空空荡荡，只有我和我妻子两个顾客。潮水般涌来的农民工们又突然潮水般地消退了。喧闹的拥挤的热气腾腾的东莞，悄然安静下来。治安环境也至此开始发生逆转。

余华在一次演讲中，讲到拉丁美洲文学的真实，说到巴西。当年经济的高速发展，使巴西大量人口涌入城市，一批城市成为超级城市，大约类似东莞。经济减速后，这些人失去工作，就导致巴西的秩序非常可怕。余华转述了两个故事来表现这种可怕，一个是学者汪晖的经历。他去巴西的时候，一进饭店就被告知，哪里都不能去，除了一些旅游景点。钱不能带多，只能带一些救命钱，如果有人用枪指着你脑门时，这些钱就可以救你一命。另一个是央视的刘建宏跟余华讲的巴西球星卡洛斯的故事。卡洛斯开着跑车在路上跑，巴西一家电视台正好在现场直播足球赛，于是连线卡洛斯问他愿不愿意讲几句话。卡洛斯说可以，等我把跑车停下来吧。当他下车刚开始说话，一杆枪就顶着他的脑门，整个镜头在巴西被现场直播。卡洛斯并不慌张，对着镜头说，现在有把枪顶着我的脑门，等我把钱付了再继续接受采访吧。

基于巴西的经验以及其他外国经验，经济学家们把中国经济形容为骑在自行车上的大象——只要还在前进就没有问题，一旦减速后果就不堪设想。所以金融危机后出手4万亿刺激来“保8”，认为“8”是底线，如果“8”破了，大象就将倾覆。保增长就是保就业，保就业就是保社会稳定和安康。如今是“7”也破了，来到了“6”时代，但就东莞的治安，或一般社会的安定来说，则是我2004年移居东莞以来见过的最好的阶段。从全国来看，大象显然也没有倾覆，倒是“大象骑自行车”的比喻倾覆了。

大象未倾覆的中国经验，或者说东莞经济大幅减速而没有“巴西化”的经验，提示我们还应深入一步认识中国的城乡二元结构。这种二元结构在现代性之平等与自由的观念里，它的负面价值已经不言而喻，我曾经在《当前城市户籍制度问题的文化分析》（载《西北师范大学学报》2008年1期）一文中从文化视角谈过，但这种二元结构在中国城市化的进程中所具备的强大的社会稳定器的功能，显然没有被充分意识。由这种二元结构所定义的中国乡村定义了中国农民工与城市产业工人不同，他们是站在乡村的角度看待他们之于城市、工作和自己的城市边缘人身份。他们在东莞的街头面对迎面而来的陌生问路者高度警惕，紧张摇头，不敢搭理，迅速避开，毫无家园的安全感，但只要能够挣到比在家乡更多的钱，他们就怀抱希望地在这里日以继夜地辛勤做工。他们没有奢望城市必须保证他们的就业。他们认为能够在城市扎根而获得体面的生活那要靠自己特别的运气，那要有自己特别的本事。他们每一个人都为没有那样的特别的运气和本事而留有退路，即他们在身体衰弱无法支撑自己在城里做工或城里的工作机会发生变化时，他们就返乡回家！那里有他们的家园、亲人、土地和传统，他们可以自给自足，更低成本而不失尊严地生活。

街头沉思

（来源：http://www.baidu.com）

于是，东莞，以致整个中国高速发展的城市，就具备了应对经济发展放缓时刻世界其他城市无与伦比的伸缩弹性。

（作者：黄忠顺，东莞理工学院城市文化研究中心教授）

城市书写

论新时期作家的城市叙事类型及意义

——以张承志、鬼子、陈村为例

颜水生

改革开放以来，中国的城市化进程比以往任何时期都要迅猛，城市化不仅成为当今社会发展的重要趋势，也逐渐成为普通民众的重要追求。当今中国几乎所有的作家都身居城市，但城市大都是以“恶”的形象出现在文学叙事中。每个作家都有自己的城市经验，也有各自独特的阅读城市的方式，但是城市与乡村的对立似乎是新时期作家共同的叙事原则，张承志、鬼子和陈村的文学叙事也以同样的二分法叙述城市。然而，城市文本呈现的不仅是作家阅读城市的方式，也是社会发展和时代变迁的缩影，张承志、鬼子和陈村不仅表现了新时期文学城市叙事的三种范式，也表现了当代作家对城市发展的不同思考。

一、城市瘟疫与浪漫主义追求

“城市瘟疫”是张承志对城市的形象描绘。张承志的文学道路与新时期文学几乎是同步发展的。新时期文学以现实主义的恢复作为历史起点，然而张承志是新时期现实主义潮流的一个另类，他以鲜明的浪漫主义精神登上文坛。“文革”结束不久，当作家们都在集体诉说创伤经验和痛苦记忆时，张承志却在竭力书写理想主义的多种可能性，他似乎试图以浪漫主义挑战现实主义的主流地位。1978 年，张承志在《人民文学》杂志发表了处女作《骑手为什么歌唱母亲》，小说开篇描绘了内蒙古草原的巨大魅力：“马头琴的乐声沸腾了我们的血，点燃了我们的心。”[1]这是一种明确的浪漫主义宣言。张承志把描绘的重点倾注在广袤的草原，虽然他经历了内蒙古草原的严寒酷暑和风云突变的艰苦生活，但他依然热情歌颂内蒙古草原的壮丽风景，表达对草原牧民的无限热爱。张承志认为，“草原是我全部文

南柯一梦

（来源：http：//www. baidu. com）

学生涯的诱因和温床。甚至该说，草原是养育了我一切特征的一种母亲”[2]。热爱、歌颂大自然是浪漫主义作家的共同特征，浪漫主义作家还对城市没有好感甚至怀有强烈的憎恨。在城市叙事中，张承志既远离了现实主义的城市悲剧，也疏远了现代主义的城市幻象，为了恢复人与大自然的关系，张承志创造了一种独特的力量，让大自然从属于伟大的母亲。由于张承志对草原母亲怀有无限的崇敬和热爱，城市就被构造成大自然的刽子手，张承志认为城市就像瘟疫，不仅给草原带来了巨大的破坏，甚至也给人类带来了无穷的危害。

张承志很少直接描述城市景观，虽然城市在他的作品中总是被轻描淡写，但依然具有强大的毁灭力量。在《匈奴的谶歌》中，张承志沉浸在对牧歌时代的美好暇想和历史追溯中，河西走廊曾经是游牧民族的生活乐园，在汉武帝时代创造了无限的辉煌，但是经历两千年的风雨历程后，河西走廊陷入了绝境。张承志认为城市化是河西走廊陷入死症的罪魁祸首，“若能把城市比成瘟疫，那么在河西走廊里，城市正在肆虐”[3]。张承志对牧歌时代怀有浓厚的向往情绪，但是历史的发展却不以人的意志而转移，昔日辉煌的河西走廊不可避免地消逝了，因此，“失我支山，使我妇女无颜色。失我祁连山，使我六畜不藩息”这首传唱至今的古歌既是牧歌时代的预言，又是牧歌终结的谶言。张承志把城市放置在历史发展的长河中，从而使城市的发展带有历史的沉重。张承志不仅描绘了城市对大自然的破坏，也描绘了城市本身的衰颓。2002 年，张承志在《斯诺的预旺堡》中以古今对比的方式揭示了城市的衰败，他首先重温了斯诺在 1936 年对预旺城的描绘：

“我们到达了预旺堡城，这是一个古老的回民城市，居民约有四五百户，城墙用砖石砌成，颇为宏伟。城外有个清真寺，有自己的围墙，釉砖精美，丝毫无损。但是其他的房子却有红军攻克以前围城的痕迹。”[4]斯诺的描绘具有浓厚的时代气息，战争仍然无法掩盖预旺县城的繁华气象。张承志对斯诺的描绘产生了浓厚的感伤，因为他看见了：“预旺县城衰败凋残，变成了一座‘土围子’预旺堡。堡墙也段段颓坍，居民更迁徙外流，如今的预旺只是一处僻冷隔离的穷乡弃里。”[5]虽然其中只隔着半个世纪的岁月沧桑，但是21世纪的预旺城却已尽显荒芜。预旺城衰败的原因是什么呢？张承志进行了深入的探索与思考，张承志把城市的衰败归结于时间的无情，他通过城市突显了20世纪的沧桑与破败，预言了21世纪的堕落与腐朽，空间的突转与时间的变迁相互融合，他总是在历史中寻找城市的意义，因此《匈奴的谶歌》和《斯诺的预旺堡》中的城市叙事不仅具有反城市意义，也具有重要的反现代意义。张承志经历了新启蒙运动的沉浮，他以坚定的理想主义立场和浪漫主义情怀呼唤人道主义的觉醒，抵抗人文精神的失落，他的《心灵史》在这个方面显示了独特的价值。然而，张承志的思想又充满了矛盾，中国新时期的启蒙运动也是一场现代化运动，它试图将中国从乡土世界带入城市世界，但是张承志毫不留情地批判城市的罪恶，引导人们怀念古典浪漫的牧歌时代。张承志是一个具有强烈历史意识的作家，但是在历史观方面，张承志是反现代的，他反对启蒙主义的进步历史观，他认为时间的变迁和历史的发展并不一定促进人类的进步，反而有可能给人类带来灾难。他强调历史的发展给大自然带来了巨大的破坏，城市对大自然的破坏更是令人震惊，因此，他明确表达了对21世纪的厌恶情绪。在《金牧场》中，张承志试图告诉人们放弃城市中漂亮的办公室，抛弃城市的罕世珍宝，从而走向雄奇的草原，走向神秘的大自然，他强调“九死不悔地追寻着自己的金牧场”是人类神圣的责任。[6]张承志认为大自然是崇高神圣的，而城市则充满了喧嚣浮躁，因此他赋予了大自然浓厚的神秘气氛，他把大自然塑造成人类的家园，而城市则成为人类家园的破坏者。新时期是中国现代化事业重新扬帆远航的阶段，张承志以其独特的立场体现了新时期文学对现代化的反思。

二、城市悖论与现实主义关怀

张承志在浪漫派作家中是独特的，他对城市怀有强烈的憎恨情绪，他宁愿舍弃城市的繁华，而选择广阔的大自然，无论是内蒙古草原，还是西北高原，甚至是新疆戈壁，都可以成为他灵魂的栖居地。鬼子对城市的态度与张承志截然相反，鬼子在《我的城市》中明确表达了对城市的热爱，并且努力追求使自己“成为一个真正意义的城市人”。[7]鬼子的创作始于20世纪90年代以后，他的创作也基本反映了转型时期农民与城市的复杂关系，以及进城农民的真实心态。鬼子以鲜明的现实主义姿态进行创作，他尤其关注进城农民在城市底层的艰难生活，李敬泽甚至认为鬼子的小说“和‘现实’具有如此直接的对应关系”。[8]鬼子将农民带到了现代城市的边沿，但他们并不能真正融入城市，他们满怀激情冲进城市却最终沦为城市的闲逛者，城市对进城农民来说是一个永恒悖论。城市悖论是新时期小说城市叙事的共同模式，李佩甫《城的灯》和张浩文《杀头公猪上西安》等小说都运用了这种叙事模式。

鬼子在“悲悯三部曲”中从三个方面揭示了城市悖论。首先，农民向往城市却又不适应城市。在《瓦城上空的麦田》中，“父亲”把“我”带进城市，千方百计地想使“我”成为真正的瓦城人，“父亲”认为只要“我”留在瓦城，村里人就永远比不上“我”。“父亲”的逻辑是主观式的，却揭示了转型时期农村与城市之间的差异，正是这种差异使农民对城市怀有莫名的向往。“向往城市”体现的是一种普遍的社会心态，也预示了中国社会发展的方向。但是农民“向往城市”的心态大都是肤浅的，他们对城市的认识往往是片面的，因此他们进入城市后就感到手足无措，就感到难以适应城市生活，“我知道瓦城好，但我觉得瓦城是别人的瓦城，不是我的”[9]。这句话道出了进城农民的共同心声。“父亲”把“我”带入城市表面上是因为受到了母亲离家出走的刺激，根本原因却是城乡发展的不平衡造就了农民自我贬低的社会心理。其次，农民热爱城市却又被城市无情抛弃。在《瓦城上空的麦田》中，胡来想尽一切办法使自己的儿子成为城里人，最终葬身在城市的滚滚车轮之下。李四把儿女送入瓦城，使他们都成了真正的城里人，但李四自己却被儿女遗忘，也被这个城市抛弃了，最终以自杀来告别城市。再次，城市本身是美丽与丑恶的集合体。美容店是鬼子描绘最多的城市空间景观，鬼子把美容店看作是城市的化身，美容店表面装饰得花枝招展，实际却是藏污纳垢的处所。在《被雨淋湿的河》中，鬼子直接讲述了城市的悖论特征，“我觉得人世间的丑恶都云集在看上去十分发达而美丽的城市中。城市就像那蜜蜂窝，我承认里边有着许多可口的蜜糖，但也时常叫人被蜇得满身是伤”[10]。

鬼子的城市悖论表现了进城农民的生活状况，鬼子是一个具有强烈时代精神的作家，他深情地关注了城市化大潮中底层人物的生活与命运，揭示了社会转型带给底层百姓的阵痛，他以客观的现实主义描写表达了深切的人道主义情怀。城市在鬼子笔下就是一个“悲惨世界”，城市无法安顿农民的身体，也无法安息农民的灵魂。城市与乡村的对立也是鬼子小说的重要主题，在《瓦城上空的麦田》中，“我”与老太婆的观点集中表现了这种冲突，“我还是喜欢我的村子。村里有山有水，有田有地，什么都有，爱怎么玩就怎么玩”。[11]鬼子认为城市与乡村的对立不仅表现在物质层面，更表现在精神层面，因此，老太婆不断呼喊李四的魂魄，希望他从瓦城返回乡村。20世纪90年代末是中国现代化发展的重要阶段，城市化发展加快了步伐，鬼子敏锐地把握了转型时期农民的身份变化和心理波动，精细地描绘了城市与乡村的对立，他坚定地强调了城市是社会发展和农民转型的方向，但他也强调了乡村是农民的精神家园。陈村的城市叙事表现了转型时期的农民对城市的矛盾心态。

三、城市感觉与现代主义探索

“城市感觉”是陈村提出的概念，这个观念在中国现代主义城市写作中具有重要价值。上海是中国现代主义文学产生的温床，成长于上海的作家往往会沾染这个城市的独特气息，从20世纪30年代的穆时英、刘呐鸥、施蛰存到20世纪80年代的王安忆和陈村，他们的都市写作为中国现代主义文学的发展做出了重要贡献。陈村长期身居上海大都市，他的作品大都与上海有关，从《少男少女，一共七个》到《鲜花和》等作品都是在描写都市男女的日常生活与精神状况。不仅如此，陈村还明确倡导现代主义写作观念，2013年8月15日，陈村在与青年作家的对话中提出了描绘“城市的感觉”的观点，他说：“我们是生活在这个城市中的人，城市充满现代因素的部分我们没有表达好。我希望后来的作家们能够继续写下去，能够接上以前的，更好地描绘对我们这个城市的感觉。”[12]陈村认为城市充满现代气息，城市的日常生活是零散的、平庸的，时间和空间都是支离破碎的，小说应该以日常生活叙事表现存在的本质。陈村以其独特的现代主义观念揭示了现代城市的本质，他描绘了现代人在现代城市中的感觉，表现了现代人的生活面貌和精神状态，探索了“烦”的存在本质。

陈村从两个方面表现了“城市的感觉”。一方面，对精神孤独的表现。在现代城市，人与人之间的隔膜与日俱增，即使一门之隔也大都老死不相往来，人与人之间的空间距离贴近却无法缩短精神距离的疏远，陈村在短诗《城市现代化以后》中揭示了人的精神孤独，他说，“我们给自己装上了坚实的牢笼＼我们为别人设置了厚实的铁门＼我们不认识对门的邻居＼我们在网上寻找友人＼我们污染了城市……我们的世界热闹了＼我们的心灵孤独了”。[13]在这首诗歌中，城市形象体现为作家的内在感觉和印象，城市成为牢笼和孤独的换喻，人在城市中生存，就像一个个幽灵，没有目标地游荡，只能孤独地闲逛。在现代主义文学中，个体和群体具有完全不同的生活方式，个体精神被城市经验不断消弭，最终成为齐美尔在《大都会与精神生活》中所揭示的“麻木不仁”的孤独个体。“在大众（mass）社会中，会迷失的是个体：异化不可避免；个体即使在群体之中也感到孤独”。[14]《鲜花和》讲述都市宅男的焦虑与困窘，杨色虽然身处于女人的包围中，但他无时不处于爱的饥渴中，他甚至戴着“性”的眼镜观察周围环境，爱的缺失和性的饥渴使他觉得生活变得异常空虚。小说《地上地下》描绘了两个不同的生存世界，也表现了个体与群体不同的精神世界，生活在地上的城市人物质繁华却又心灵空虚，他们漫无目的地游逛在城市的街道，精神的压抑让城市人形同陌路，他们不得不陷入毫无目标的空虚中。陈村描绘了日常生活的表面化和碎片化，从而透视世俗人生的孤独空虚的精神状态。另一方面，对存在本质的探索。陈村写过一篇以“烦”命名的文章，他认为烦是人的本质，“人真是个作怪万千的东西。他们已经没有别的出路了，只有更烦更烦。”[15]陈村对烦的思考不仅涉及人的存在，还包括对文化与历史的思索，陈村认为现代人在现代社会找不到出路，只有陷入永恒的“烦”中，烦不仅是人的心理状态，也是存在的本质。陈村在《我的城市》中揭示人在现代城市中的生活状态，认为城市的本质也与烦紧密相连，他说：“城市不是我的，我离不开城市就只好夜夜做梦。后来一直做到白天，梦就没日没夜。我想其实自己不要将来不要过去要的就是现在。我想其实城市再脏再臭再乱也是我的城市，除此我就穷光蛋一个。我想自己并不爱你城市但离不开走不了恨不成，最终只能死在你的肚子上请多多关照。死后我也睁大眼睛竖起耳朵，看你的变迁听你的动静听得我烦得不行。我在你烦死人的喧嚣中永远安息。”[16]陈村揭示了人与城市之间既相互依存又相互隔离的复杂关系，虽然烦是城市的本质，但人却无法脱离城市，反而更加深受城市的影响，人在城市中就像做梦一样毫无主体性，只能不断地深陷城市的永恒的“烦”之中，这样的思考具有明显的存在主义特征。在小说《一天》中，陈村描述了现代人在城市中的生存状态，主人公每天的生活就是从竹头楼梯的“咯吱咯吱”到有轨电车的“叮叮当当”再到冲床的“哐当哐当”的不断重复，生活到处布满危险，时刻都务必谨小慎微，生活单调乏味，深陷永恒之烦而无法自拔，以至于烦躁之音短暂停息反而感到不自在。小说主人公在城市中生存毫无主动性和自由性，一切都是按部就班，他深陷烦之存在却没有任何的主体意识，反而有一种自我麻木的满足，麻木不仁成为精神的本质。

与鬼子一样，陈村对城市怀有无限的热爱，在《想象上海》中，陈村把上海看作是梦想也是归宿，是人生的唯一。在《少男少女，一共七个》中，陈村把城市看作是浪漫主义向现代主义过渡的重要环节，浪漫主义把城市神秘化、象征化，现代主义则把城市世俗化、平面化。在《鲜花和》中，陈村不再怀念充满浪漫气息的乡村主义，而转向对碎片化的日常生活的表现，城市不再神秘而成为空洞的、表面的琐碎生活，“烦”成为存在的全部意义。现实主义突出人在物质环境压迫下的生存苦难，因为城市每天都在产生各种各样的欲望，但是进城农民却没有能力消化这些欲望。在陈村看来，现实主义无力表现“城市的感觉”，因为“城市的感觉”强调城市叙事的向内转，城市世界是一种主观的现实。陈村的城市叙事侧重对心灵世界的表现，体现了新时期文学向现代主义艺术转向的努力。

四、小结

我们已经看到，张承志、鬼子和陈村的城市叙事包含着新时期文学的历史，也蕴含着城市化发展的各种结果。文学文本和叙事范式体现了时间的变迁，张承志、鬼子和陈村为我们提供了多种将城市概念化的方式，也提供了思考时代发展的方式。城市每天都在变化，每天都在产生新的事物，如果我们沉湎于古典思维方式，而对新思维新事物熟视无睹，那么我们就会越来越难以理解城市。我们应该“对城市的观念必须不停地重新进行研究。……正是通过它们才能解释过去，检验我们的现实感，并构建未来。而且，无论其是好是歹，城市终究是我们的未来。”[17]

（作者：颜水生，贵州民族大学人文学院教授）

注释：

[1] 张承志：《骑手为什么歌唱母亲》，见《张承志代表作》，1 页，郑州，黄河文艺出版

社，1988。
[2] 张承志：《自序》，见《美丽瞬间：张承志草原小说选》，1页，北京，北京师范大学出版社，1993。
[3] 张承志：《匈奴的谶歌》，见《黄土——张承志的放浪笔记》，22页，南京，江苏文艺出版社，2009。
[4] [美]斯诺：《西行漫记》，董乐山译，240页，北京，解放军文艺出版社，2002。
[5] 张承志：《斯诺的预旺堡》，见《张承志散文：插图珍藏版》，140页，北京，人民文学出版社，2005。
[6] 张承志：《金牧场》，390页，北京，人民文学出版社，2007。
[7] 鬼子：《我的城市》，见《广西当代作家丛书·鬼子卷》，14页，桂林，漓江出版社，2002。
[8] 李敬泽：《鬼子：通过考验——评“鬼子悲悯三部曲”》，见《瓦城上空的麦田》，247页，沈阳，春风文艺出版社，2004。
[9] 鬼子：《瓦城上空的麦田》，见《瓦城上空的麦田》，71页，沈阳，春风文艺出版社，2004。
[10] 鬼子：《被雨淋湿的河》，见《瓦城上空的麦田》，188页，沈阳，春风文艺出版社，2004。
[11] 鬼子：《瓦城上空的麦田》，见《瓦城上空的麦田》，71页，沈阳，春风文艺出版社，2004。
[12] 陈村：《重构城市传奇》，载《社会科学报》，2013年8月15日，第6版。
[13] 陈村：《城市现代化以后》，载《青年博览》，2006(8)，22页。
[14] [美]利罕：《文学中的城市：知识与文化的历史》，吴子枫译，90页，上海，上海人民出版社，2009。
[15] 陈村：《烦》，载《文学自由谈》，1988(5)。
[16] 陈村：《我的城市》，载《天涯》，2000(3)。
[17] [美]利罕：《文学中的城市：知识与文化的历史》，吴子枫译，384页，上海，上海人民出版社，2009。

影像表达

异托邦

——贾樟柯电影中的县城空间

杨林玉

异托邦的法文单词 Heterotopia 原为医学用语，“hetero”意为“其他的”、“不同的”，Heterotopia 指错位或冗余的器官，也指异位移植。福柯在 1966 年出版的《词与物——一种人文考古学》的序言中首次提到“异托邦”的概念，尔后 1967 年他在建筑研究学会（Architectural Studies Circle）上所做的一次题为《异质空间》（“Des Espaces Autres”）的讲演中阐释并界定了“异托邦”的六大属性[1]。据有学者考证，福柯提出的“异托邦”与中国文化大有干系[2]。在《词与物》的序言中，福柯谈到他的写作动机源于他所读的博尔赫斯（Borges）所引用的某部中国百科全书中有关动物分类的文字[3]——一种令人（西方人）瞠目结舌的、含混不清的分类。福柯认为，一种条分缕析的“定位”的缺失以及由这种缺失引发的不安感是异托邦的主要特征。“异托邦”的概念贯穿于福柯的知识—权力论述。福柯意谓，透过权力的运作机制，我们可能发现，我们所自以为身处的那个具有最大公约数、具有最大同质性的貌似井然有序的日常的空间其实并不存在，我们周遭的空间是一个杂糅了各种气质（或许同时还萦绕着幻想[4]）、可能被无限辨识出来的各种各样的异托邦。在《异质空间》中，福柯提出，异托邦兼具想象性和现实性，它虽真实地外在于我们，却不是自我呈现的，它需要去发现。福柯举镜子为例，镜子使得“我能在自己不在场的地方看见自己”，镜子里反映出的“我”在场的那个场景（异托邦）既是真实地外在于我所处的场景，又与我所处的场景——那被一套关系所勾勒出轮廓的场景截然不同。在某种程度上说，电影正是这样一种能让我们身处其中的“异托邦”显影的镜子。

本文拟用福柯的异托邦概念解读贾樟柯电影的县城空间。在“中国梦”的诸多讲述方式中，贾樟柯的电影被认为是代言了底层中国并代表了知识分子良知的、具有纪实风格的影片。在关于中国现代化的诸多银幕表述中，贾樟柯的电影纪录了一个“县城中国”现代化的过程，呈现了被现代化抛弃（牺牲）的群像。需要提出的是，贾樟柯的电影也不是一个纪录的电影，它的真实感是一种美学上的真实感，他本人曾坦白：“对电影来说最重要的是呈现真实感。真实感就不一定是直接获取的，有可能是主观想象的。”[5]贾樟柯的县城叙述基于他对正在进行的现代化进程的理解，贾樟柯在不同的场合也多次表示“不断感到自己的农业背景”以及对工业的恐惧。正如“对城市的积极性理解（像激动、变化、匿名和进步）依赖于农村的否定性意象（像固定的、令人厌烦的、墨守成规的、恭敬的和落后的）”[6]，贾樟柯的电影表达了一种对于城市的否定性意象。与情节剧故事主导相反，贾樟柯纪实风格的影片中，县城空间具有主体性位置。然而，“县城中国”也不是一个同质性的空间，它本身拥有无限的丰富性，贾樟柯的电影意欲概括一个变化的时代在“县城中国”的上演。“县城中国”被贾樟柯当作一个 disable 的场域，连同它的那些静物[7]般的县城子民一样，可以被现代化机器拆解、挪移、重置，没有自主性。贾樟柯先在地有一个“静物”的概念界定了他的“县城中国”，故其呈现的“县城中国”实则是一个贾樟柯式的“异托邦”。它关乎现实，又不全然是现实。这个“异托邦”的主题设置是，人想要变成独立自主的人（逃脱静物般的被摆布的命运），而不可得。围绕着县城子民从“异托邦”突围过程，贾樟柯向我们展现了“县城中国”上演的乌托邦与反乌托邦的游戏，在现代化的不无暴力的拆除“故里”的过程中，现代性却迟迟未能登场，“县城中国”浮现出一派“废墟”气质与“赝品”质地。

异托邦的突围

贾樟柯电影的空间主体暗合了 20 世纪中期以来国际学术界的“空间转向”潮流，在 20 世纪 90 年代以来的中国电影界以先锋的姿态于地下登场。贾樟柯精心营构的异托邦是福柯所谓的“偏离的另类空间”（heterotopias of deviation），“处在偏离的另类空间中的，是那些其行为与被要求的方式或规范发生偏离的个人”[8]。在现代化的宏大背景下，原有的县城中国的构成元素被暴力拆解，而处于现代化过程之中则使得这些偏离了原来位置的因素还没能得到有效的安置，在“各显神通”的空间争夺战中，有的人被抛下常轨，成为另类。接纳另类的，是这类“偏离的另类空间”，在主流媒体的目光之外，无关时间，无关未来。概而言之，贾樟柯电影的一大主题是，“偏离的另类空间”里的个人的突围，而这些突围者所想象的大都市、花花世界于他们而言其实是另一种无法企及的异托邦，这个异托邦“似乎只是纯粹的开放，但实际上一般却隐含着奇特的排斥”[9]，因为它“预先假定了一个由开放和封闭所组成的系统”，“要想进入，个人必须获得特定的允许，摆出特定的姿态”。如《天注定》中的民工小辉、《世界》中的舞女小桃，虽然身处大都市，却不能真正进入这个大都市，小辉、小桃对于大都市这个异托邦来说，只是“匆匆过客，而不是诚邀的客人”[10]。

也许因为描绘的是这样的一类空间性的异托邦，贾樟柯电影的时间线索较弱，往往是于人物口中不经意间交代，观众几乎要很努力地才能从脑中建构起线性的时间。相反，对空间的设置则格外用力，如《小武》一开场，公路边小武掏出的烟盒上的“山西”二字特写。这对于以时间为主导的线性的历史传统构成一定的颠覆。他的故事没有开始，也不走向结局。空间主角是没有剧情结局的，空间只有情绪。这对于线性传统之忠实拥趸的国内观众而言，是一次审美预期的踏空。贾樟柯电影中的人物是空间的配角。面无表情的人物穿行在空间中，不是展现人自身，更多地像是在导览“县城中国”，随镜头铺开的是无限多义而富有冲击性的空间。镜头很少犹豫，坚定的移动方式，一如现代化对“县城中国”展开的追捕。

县城是城乡结合处，兼有城市和乡村的一些特点，它是纯正的城市人眼中的乡下和乡下人眼中的城市，是传统文化与现代文化的演武场。不同于充满疏离感的现代都市，动荡发展的县城仍保留了乡土社会的熟人网络，然而也由于它本身处在发展中，人物没有稳固的居所，处在一种不停地行走的状态，让人焦灼。行走的人某种意义上也是被抛出主流秩序的人，或者说没有可贪恋的既得利益的人。而不停行走的人无关自由，像《逍遥游》中的巧巧、斌斌、小济都向往自由，并非挣脱父母管束的自由(影片中传统父母的权威早被解构，不构成一个反叛的对象)，而是对于想要摆脱县城的生存却没有门路、不知道如何挥霍剩余的人生的焦虑。这是小济、斌斌等县城青年被仿象激发的都会向往(另一种形式的异托邦)与灰暗的现实处境之间无解的矛盾。县城中国的设置，没有给小济、斌斌们进出他们向往的那种异托邦的自由。在这个意义上来说，贾樟柯预言了县城永远不可进入都市，永远只是一个“中转站”。

在“县城中国”这个异托邦中，行走的人有着生不逢时和生不逢地的人生感叹，《小武》中小武说“老子是生错了时代”，《逍遥游》中小济说“我要生在美国，我早打劫了，美国遍地金钱”，《三峡好人》中“小马哥”说“我们都太怀旧了，不适应这个时代”。行走的人自我体认为大都市里的“侠客”，而无关潇洒的人生窘境却不是在藉流行音乐的豪迈宣泄中可以打发的。所有的县城子民都想逃离，有能力逃离的人也已逃离，小县城，不是中国人的故乡，也不是中国人的梦想所在，小县城是一种在路上的生存方式。火车、车站、轮船于小县城的子民而言，是意味深长的，也是兴奋点之所在，藉交通工具可以毫无挂碍地穿透空间，给人一种奔赴向往的异托邦之所在的幻觉。县城的城墙作为区隔的象征在《站台》中有主体性地位，小县城于外在，是一个界限分明的异托邦，同时，城墙在《站台》画面构图中的巧妙运用也喻言了随着时代的发展，从前可能处在某种同质圈内的人将要被不同的界限分隔，异托邦也代表了人与人之间的区隔。

乌托邦与反乌托邦的游戏

“城市(亦即所有都市空间，甚至是‘自然’景观)总是关乎社会心态与意识形态，它深受叙事的影响，不断在定义与重新定义乌托邦或反乌托邦(dystopias)的游戏中，调整自己的定位。因此，城市在不同的言说中摆荡，它不具绝对、固定的意义，而是暂时的定位之一而已。”[11]

在《站台》开场，80年代初的山西小县城外表，除了标语有些变化外，一切还是社会主义的情形，然主流话语与民间话语的裂隙已出现，官方的“为人民服务”、“四个现代化”口号，文工团演出的《火车向着韶山跑》等红色意识形态宣传，已被流行服饰、花花世界、绯闻的诱惑所消弭。现代化的宏伟话语被改革开放后民间敏锐的对于物质时代、消费气息的捕捉所取代。《站台》中文工团歌手对《年轻的朋友来相会》的戏仿，流露出对主流话语的欺骗性的认知：未来属于“八十年代的新一代”吗？宣唱者文工团员们自己都不相信，宣唱四个现代化的宏伟展望与将要被排放到边缘自生自灭的现实，构成一种戏谑的复调。计划生育宣传队从温州发廊前喊着口号通过，于年轻人而言，眼下的时髦更真实可触。文工团推行轻音乐节目改革，告别革命话语，向世俗生活妥协，终堕至媚俗。影片中随处可见的是国家主流话语与普通人的疏离，刘少奇的讣告在广场高音广播，年轻人若无其事地经过。在社会主义的大家庭内部，家家户户开始在院墙上砌玻璃碎片防盗。

作为八九十年代商品经济大潮下主流视野之外的异托邦，贾樟柯电影中的小县城受另一套不同于主流叙事的影响。小县城之于80年代的启蒙，是一个无足轻重的所在，小县城的暖心酒是港台流行文化，是缠绵的男欢女爱与冒险投机的乱世英豪。港台文化中的草莽枭雄成为银幕偶像，冒险、投机发家的想象对应着大都市、花花世界的想象。官方的主流叙事于小县城的百姓而言，基本不过是马路上喧闹的噪音之一，贾樟柯电影中像复读机一样顽固再现的官方标准普通话的国家新闻、广播与本地方言形成一种疏离的效果。官方形象对日常生活的介入往往以一种暴力执法的面目出现，如《站台》中尹瑞娟与钟萍聊起的白猪被毙之前的游街示众，而《小武》中的严打则让人想起80年代令整个中国大地震颤的“严打”。小县城自有一套异托邦里的价值法则，通过大张旗鼓表彰“成功企业家”与反复推销福利彩票教导“异托邦”的子民：一切向钱看，不管白猫黑猫，抓到老鼠就是好猫，甚至严打、普法、审讯犯罪都实际上达成了令人嘲讽的效果。《站台》中普法——计划生育的宣传，引发了文工团员对旧时代一夫多妻的“美好联想”[12]，《逍遥游》中审讯罪犯张君的电视画面则激发了小济将打劫银行的念想付诸行动。

八九十年代商品经济的狂澜所向披靡，刚从社会主义体制下脱出的整个社会没能建构一套与之相应的、合法的讲述机制。被剥夺的群体为什么被剥夺，暴富的为什么暴富？关于社会主义初期的一套当家做主、勤俭节约、自力更生的话语体系成了无源之水、无本之木，因语言的惯性残留在人们的日常生活中，然而其所指已不期然间偏移，成为语义双关的俏皮游戏，用以解构官方意识形态自身，如《站台》中随处可见脱出体制的人们对“组织”、“纪律”、“劳动人民”、“四个现代化”等社会主义建设的宏大话语调侃与戏仿。崔明亮对母亲神气地说“你不养我，还有共产党养我”，一种体制内的对令人尊敬的文化艺术工作者的优待被俗化成市场经济意义上的“包养”。又如“向先进看齐，一帮一对红”社会主义大家庭内的互助话语被文工团成员之间用于狎昵的调侃。甚至煤矿签生死合同，条款兼用江湖术语和主流话语“生死有命，富贵在天”、“如遇不测与矿厂无关，本着革命的人道主义，每人补偿……”。更不用说，在《任逍遥》中转行“做金融”的小武警告前来借贷的斌斌“这不是国家银行的钱，不用还”，与社会主义时代人们耳熟能详的“舍身护公款”的讲述形成了莫大的反差。在这里，原有的社会主义体制解散后，支撑它的一套意识形态话语也随即失效，虽然在官方层面它还被使用，然而在小县城这一层面，它已然被当成了“皇帝的新衣”。

《小武》是90年代讲述的关于90年代小县城的叙述，影片中小偷被唾弃、被严打，大偷则光鲜体面、被表彰。新中国致力消灭的走私、投机倒把、色情业以一种改头换面的姿式高调登场，并被冠以新式名词：贸易、娱乐业，受主流媒体庇护。小县城中，媒体不断重复的"严打苍蝇，表彰老虎"之类的主流话语与操方言的民众世界是两个世界，在那里符号对现实的指认发生了令人吊诡的迁移。如三兔在电视采访中说小武"这样的害群之马，就应该被抓起来"，而在现实生活中，他是小武唯首是瞻的手下。小勇在电视上是成功企业家，在现实生活中是为走私焦头烂额的非法商人。地方的电视媒体的话语体系与普通民众的生活区隔甚远，但却有效地影响了后者的思维方式，一个显而易见的例子是，大家明知小勇干的是对社会危害更大的非法买卖，却一致认为小武应该"从良"，向小勇学习。在这里，一种极端个人主义的逻辑被当作合理法则体认——管他危害大与小，管他干净不干净，只要能逃脱现时处境，跻身电视媒体营造的异托邦之列就是好的。

缺失的现代性主体

现代化中小县城天然具有展演性，在不断变迁的现实、不断行走的处境面前，人们需要一个仿象来固定、投射自我的身份。处在城乡之交，县城空间藉由媒介、赝品营构了一个大都市的仿象，是人们模仿都市的灵感来源，而民间戏曲、港台武侠剧以及失序的环境则参与了合谋一个江湖重返的氛围。贾樟柯电影中有许多舞台表演场景，台上与台下是两个世界，台上人物常常不自觉地把台上人物的"风范"带到台下。《三峡好人》中沈红酷似舞蹈的吹风扇的动作（暗示了她的舞蹈演员出身），"小马哥"刻意模仿周润发的装扮、点烟手势，《小武》中萦绕小武的《霸王别姬》音乐是小武"末路英雄、生不逢时"的自我意象，《站台》中沦落到餐风宿露地走穴的前文工团演员崔明亮在舞台演出的兴头上走下台，很有"范儿"地与观众握手，《二十四城记》里则是仿象与自我合一，表演与讲述不分。一种"庄周梦蝶"的隐喻贯穿在贾樟柯的电影中，一如小县城人的生存，亦真亦幻，迷离焦灼。

现代化中的小县城混乱，无序，令人感到不安，正对应了福柯对于"异托邦"的最初界定。小县城处在现代化之中，却缺乏现代性建构。现代性呼唤的主体公民、司法制度、社会福利、医疗卫生体系等在贾樟柯的电影中是缺席的。作为司法代表的警察的出场总代表着非法或率性地执法。影片《小武》一开始小武上车，以“我是警察”为名拒绝买票，而乘务员也没辙；好警察郝大亮拷着小武过街市，甚至把小武随意往电线杆上一锁就离开；从1994年至1997年小武没有间断老本行，如不是CALL机出卖，小武可能一直逍遥法外。又如，《站台》中沈瑞娟的警察父亲在电影院外要与女儿谈话，一声“向后转”喝令群众，全然无执法范围的概念，而《任逍遥》中警察甚至逼迫“打劫银行”失败被抓的木讷的斌斌唱歌取乐。

贾樟柯电影中电力不足的音响放出的略显走调的流行音乐构成了小县城生活的背景声，暗喻小县城病态的现代化图景。流行文化形构了边缘人的乌托邦想象，那是大都市里的江湖，典型代表是邓丽君和张帝的歌曲，一边是红男绿女，醉生梦死，一边是英雄枭雄，荡气回肠。这些被广泛消费的流行音乐参与了形构县城异托邦，但其价值逻辑没有被设置进县城异托邦的关系序列之中，它只是作为一种氛围存在，供消遣，给县城子民提供想象空间。有福同享、有难同当的江湖情谊被商品经济大潮冲刷殆尽(或者其本来存在与否也未可知)，故而死守这套“够意思”的江湖道义[13]的小武被时代抛弃。“农二代”的小武，城市的边缘人，在现实中安身立命的是一套传统老中国的江湖道义，而今这一套只在想象中存在，原有的悲壮的想象(如侠盗，盗亦有道)被粉碎，代之以祛魅后的委琐形容。有一小段《霸王别姬》的音乐放得慷慨激昂，那是小武为给小勇凑结婚份子钱得手后出现的，似乎干这一票能帮助他挽回兄弟情谊，然而结果是这残存的一点兄弟念想彻底破灭。大街小巷萦绕的绵绵情歌让失落的小武走向另一个存身之所——KTV包房，他当起了歌厅小姐梅梅的“傍家儿”(让梅梅傍着他)，他努力表现得像个可依靠的人[14]，藉护佑一个女人象征性地再圆“大侠梦”，然而还是失败了，梅梅在遇见山西煤老板之后，不辞而别。资本大鳄不费吹灰之力就让江湖“侠客”的脸面跌落在地。失落的小武转向家庭，想当一个孝子。他把给梅梅买的戒指送给了母亲。然而母亲一转身就给了未过门的二嫂，金戒指还被她说成是镀金的不值钱的东西。小武们想要加盟主流的努力总是失败的，他只能从一个边缘游荡到另一个边缘，从歌手变成小偷，从小偷变成“搞地下金融”的[15]。

纵观贾樟柯的《故乡三部曲》，随着改革开放深入，县城建筑逐渐变得破败，县城的破落相、灰色调日益浓厚。性自由(大都会的另一类想象)，从起初的个别追时髦到普遍性的风气。昔日的社会主义的主体跌落为边缘群体，被消费主义胁迫，委琐不堪。《站台》中追求艺术的尹瑞娟深情地舞蹈，之后是面无表情地骑着摩托在街头执行公务。崔明亮高大上的工人父亲开了间商铺，公然与第三者同居。文工团被打包卖出去，一如崔明亮的表弟被卖给矿厂。似乎现代化是一个把所有一切变成商品出售的过程，也是一个让大部分人失去做人的尊严、失去体面的工作的过程。

港台流行文化营构的情天恨海与乱世英豪的都市想象、江湖想象对于建构现代性主体都无益。八九十年代中国社会问题重重，下岗工人生计都成问题，广大小城镇居民(大多是“农二代”)勉强解决温饱，对物质的饥渴被流行文化激发，而现实又并不是遍地是机会(除了少数早期的开放地，广州、深圳)，对物欲的追赶扭曲了人的灵魂。经历过三十多年社会主义教育的工人阶层，曾经的父一代是责任、勇气、主人公的化身，而今轻轻易就在商品经济的浪潮中迷失自我，走向堕落，或变得懦弱不堪，如《站台》中崔明亮的父亲，《任逍遥》中小济的父亲。如果说第五代导演作品要通过一个仪式性的弑父才能终于完成自我的成长的话，在贾樟柯的电影中男孩轻轻易就踏过了父亲的权威——父亲们被时代打败了——却没能获得成长。男孩的成长中父亲的权威是不可少的。而今的父亲，如齐泽克所说，都太耽于享乐了，不愿意承担自己的责任。因成长过程中没有一个权威(供效仿、供打倒)，80 年代之后的一代青年没能养成真正的主体人格。《任逍遥》中小济可以教训委琐的父亲，还象征性地打败了大混混乔三(睡了乔三的女人)，没有胜利的喜悦，只有不尽的空虚；巧巧父亲被医院扔在走廊里哭，巧巧呵斥他：哭什么，又不是不管你。一种前现代父与子的关系的颠倒，却不预示着子一代的成长。在媒介对人的塑造方面，录像厅、路边广播、地下电影、流行音乐对人的渗透却无所不在。相反，主流媒体近乎不存在，是另一种权威的缺席。

权威的缺席往往意味着责任的缺失以及无序与放荡的状态，而县城边缘人对都市的想象的核心却是江湖式的“任逍遥”，是想干什么就干什么。似乎权威的阴影以一种不在场的方式钳制着人的自由。边缘人物的迷茫、绝望缘自异托邦突围的无望。第六代导演经历市场经济的冲刷，经历了迷茫、绝望的青春，从国家包办一切，到被当作包袱甩掉，从国家主体到边缘。80 年代初残存的理想气质蜕变成 90 年代的极端物欲，作为第六代导演的贾樟柯在小县城所经历的大变革中感受更多的是无序的、令人不安的异托邦特性。

废墟主题与赝品气氛

贾樟柯电影中废墟的主题一再出现。混乱，无序，现代性携带着冷漠的暴力，强力介入人们的生活。关于城市的废墟主题是一个探讨很多的话题。巫鸿在《废墟、破碎和中国现代与后现代》中提到，废墟美学传统在西方源自中世纪，西方的视觉艺术中的废墟是作为审美对象。中国传统绘画中几乎没有废墟，古代中国对保存和表现废墟是十分忌讳的，关于废墟的绘画都会被认为昭示不幸和危险。[16]现代中国视觉艺术中废墟主题的出现是西方文化东进后逐渐产生的，这一过程是中国进入世界的现代主义体系的过程，也是中国历经劫难后艰难重生的过程。[17]可以说，废墟形象是伴随着现代化过程发展起来的，根植于现代化的内部，展开的对现代性的批判。废墟艺术的一个绵延不尽的主题是现代化对旧有的人际生存场域的毁坏。现代化清空了人的安身立命之所在，却没有提供新的安置地。《小武》中更胜那“几十年的铺子，说拆就拆”，“旧的是拆了，新的还不知道在哪里”。90年代以后商品经济大潮下，资本暴力地介入人们的生活，城市里到处开始大拆大建，老城建筑、街道从地上到地下，如被开膛破肚般地切割，整整一代人在建筑工地的轰鸣声中度过他们的成长岁月。90年代末贾樟柯拍片时所记录的八九十年代小县城系列影片也被打上了废墟意识的烙印。

小县城的废墟而外，是表面光鲜亮丽的KTV包房、酒店，廉价包装之下的赝品气氛十足。“雅俗混杂的赝品气氛(kitsch)”恰好对应了小县城的空间，“赝品感症候反映了全球现代化和残存的传统生活世界的各种因素七拼八凑，标示着一个急速现代化、与国际资本接轨的国家中触目惊心的不平衡发展”。[18]贾樟柯电影中随处可见这种异托邦色彩的刺目的并置：《小武》中华丽的大上海与梅梅住的破旧的群租宿舍，《世界》中灯光绚丽的舞台与逼仄潮湿的宿舍，《站台》中四处巡演的草台班子则是小县城的缩影——俗艳服饰、炫目灯光、倾情展演的台上与破败昏暗、有气无力地敷衍生活的台下，在“活着混口饭”与“混口饭活着”的语义之间循环。《世界》是导演意图的明显表达。虽然拍摄地点在北京，然而世界公园是个相对封闭的所在，风光的地上与暗无天日的地下，两个世界，小县城与现代化的世界有着难以逾越的异托邦界线。

外在的废墟触目惊心，同样颓丧的废墟在精神世界。老的工业体制消散后，大量无业游民从工厂被甩到大街上。小县城的人们，除了做生意，经营服务业(色情业)，没有别的活计。不适应时代的、像小武这样老实的“手艺人”[19]就被流放到偏离的异托邦中。小武们在KTV哼唱流行音乐(加入流行)激发的情欲，与无处不在的广告激发的物欲，与他们的实际购买力有着巨大的差距，以至让人失去了勤劳致富的耐心。“手艺人”小武钱来得快，去得也快，本以为自在自得，然而小武却不知道，貌似同处一个外在于银幕中国的异托邦，他和他往昔的伙伴、家人已因这现代化的进程而被分割在不同的异托邦里了，各个异托邦有自己的“合法”/“合理”的规则设置。小勇由过去的小偷“从良”，经营烟草走私生意，开设娱乐厅(社会主义中国的非法生意)，大发横财，盖大楼、娶漂亮媳妇，让昔日的同伴艳羡不已，按彼所在的异托邦的规则，他必须同过去的“阶级兄弟”——小武划清界限。小武的家人也轻轻易就因为金钱抛弃了他。[20]影片中在城里当公务员的老二与老大、老三(小武)的生活已差距很大，[21]但小武和大哥却被父亲要求各出五千元为老二攀的城里姻亲长脸。现代化的进程深刻地粉碎了传统的家庭伦理。从前是城里的子女倾尽其所能帮扶农村老家，现在是举一农家之力供养其中一个在城里体面的生活。一种新型的先富(劫贫济富)的逻辑展露无遗，抑或是对改革开放的委婉的诘问?

在《小武》中，导演对小武以及小武的生存境遇有深深的体认，连带观众也不自觉地跟着小武的情绪起伏，这是导演初出道时对“小武”还把握得比较真实。到后来《站台》，人物就显得有些生硬，导演想要建构的一个悲壮的理想主义破产的故事始终没能呼唤出悲剧感。到《逍遥游》，更是没有与观众达成一致的诉求了，只是一种冷静的呈现。到底是个阿 Q 式的故事，恋爱失败，革命(事业)失败，尔后走向沉沦或毁灭。“故乡三部曲”之后，贾樟柯电影中的人物进一步形式化，成为他营构异托邦的要素，不再有主体性。《世界》展现的是典型的福柯意义上的与时间积累有关的“异托邦”，而《三峡好人》是一部绝佳的异托邦概念的阐释文本，被剪切的时间，偏离常轨的人与物，消失中的县城、自然景观与超现实场景的并置，以及相互隔绝又彼此渗透的异托邦[22]，等等。这也一定程度上反映了导演随着自身境遇的改变，其一次次叩访从前生存的小县城空间，然而不可抗拒地与曾经亲密熟悉的县城有了疏离。导演藉电影回望自己曾经在场的异托邦，试图重新营造它，展布它，召唤我们这样一个大多数人都有农业背景的受众群体从内心里重新体认那个自己从中突围而出的“异托邦”，以之对一种巨无霸式的现代化机器构成微弱的质疑。

(作者：杨林玉，首都师范大学出版社社科编辑室主任，副编审)

注释：

[1] 其一，每一种文化都可能构成异托邦，这是在每一个人类群体中都会出现的常量，有两个主要类型：危机（应对）的异托邦和偏离的异托邦；其二，在一个社会的历史进程中，可以让某种既在的异托邦以一种相当不同的方式发挥作用，如墓地；第三，异托邦能在一个实际存在的场所周围并置几个空间、几个彼此不相协调的设置，如剧场、东方的花园；第四，异托邦朝着可称之为异托时（时间上的异托邦）的另类时间开放，当人们与传统意义上的时间发生某种绝对的断裂时，异托邦就开始发挥作用，如博物馆、度假村；第五，异托邦总是预设了一个由开放和封闭所组成的系统，这个系统既使各个异托邦相互隔绝，又使它们彼此渗透，也就是说异托邦之间的进出必须获得特定的许可，摆出特定的姿式；第六，异托邦对其余的空间发挥着作用，要么创造一个幻觉的空间，要么创造一个别样的、实际存在的空间，如殖民地。此段概括参考了[法]福柯著：《异质空间》，见《福柯文选》第4部分"话语分析：语言与知识"，李康译，李猛校订。

[2] 周桂君：《福柯"异托邦"对中国文化的误读》，载《湖南师范大学社会科学学报》，2009(0)，93页。

[3] 这段文字提到"动物可以划分为：(1) 属于皇帝所有，(2)有芬芳的香味，(3)驯服的，(4)乳猪，(5)鳗螈，(6)传说中的，(7)自由走动的狗，(8)包括在目前分类中的，(9)发疯似的、烦躁不安的，(10)数不清的，(11)用精细的骆驼毛笔画出的，(12)等等(其他类)，(13)刚刚打破水罐的，(14)远看像苍蝇的"。见[法]福柯：《词与物》，前言1页，莫伟民译，上海，上海三联书店。作者引用时译文有改动。

[4] [法]福柯著：《异质空间》，见《福柯文选》"第4部分——话语分析：语言与知识"，李康译，李猛校订。

[5] 贾樟柯、饶曙光、周涌、陈晓云：关于《三峡好人》的对话，载《当代电影》，2007(2)，24页。

[6] [英] 阿雷恩·鲍尔德温、布莱恩·朗赫斯特、斯考特·麦克拉肯、迈尔斯·奥格伯恩、格瑞葛·斯密斯：《文化研究导论》，陶东风等译，58页，北京，高等教育出版社，2004。

[7] *Still Life* 是贾樟柯《三峡好人》的英文名，中译作"静物"。

[8] 参见福柯《异质空间》。

[9] 同上。

[10] 同上。

[11] 科林·麦克阿瑟：《中国盒子与俄罗斯玩偶——寻找无形的电影城市》，见[英]大卫·克拉克编《电影城市》，林心如、简伯如、廖勇超译，24—25页，台北：桂冠图书股份有限公司，2004。

[12] 崔明亮在团里带头唱搞笑版的《年轻的朋友来相会》："再过二十年，我们来相会，老婆七八个，孩子一大堆。"

[13] 如小武每次偷完钱包后把证件放入邮箱，省去被偷者补办证件的麻烦，又如，小武为朋友两肋插刀，出手大方。

[14] 如身材矮小的小武走在马路牙子上以显得比梅梅高一点，在梅梅生病时飞奔出去给她买热水袋，并应梅梅之要求买了个 CALL 机以便她随叫随到，对梅梅出手出奇地大方。

[15]《站台》结尾处，蔡明亮的装束已接上小武了，显然，蔡明亮是小武的前身。《任逍遥》中"搞金融"的小武哥显然是小武的后身。

[16] 巫鸿：《作品与展场》，12—13 页，广州，岭南美术出版社，2005。

[17] 张皓：《电影〈三峡好人〉与中国当代艺术中的废墟主题》，载《电影文学》，2006(6)，86 页。

[18] 王斑：《全球化阴影下的历史与记忆》，185 页，南京，南京大学出版社，2006。

[19] 小武自嘲是手艺人，干不了小勇那种"事业"。影片中小勇靠走私香烟和开设娱乐厅致富。

[20] 小武的父亲让老大和老三(小武)各支援五千元给公务员老二攀的城里亲家，小武的母亲把小武送给她的戒指给了老二未过门的媳妇，导致小武与家里决裂。

[21] 如影片中三兄弟在一起时，老二拿出一包售价 12 元的万宝路，这相当于开拖拉机的老大抽的一条烟。

[22] 如山西的煤矿与奉节的拆迁工地彼此渗透——经由一个外乡人韩三明的到访，奉节本地干拆迁营生的工友们跟随其北上山西煤矿，而来自山西太原的护士沈红来此寻找他曾为小职员、如今是拆迁队头头儿的黑社会丈夫，两个人各自所在的异托邦的设置决定了他们没有复合的可能。

对倒：电影《花样年华》的香港镜像

李冰雁

王家卫导演的电影《花样年华》改编自香港作家刘以鬯的小说《对倒》，与常见的电影改编类型不同，影片并没有采用小说原作的人物、情节和主旨等，而是在叙事技巧上借鉴原著，开创出别具一格的“对倒”叙事。影片参照小说原著的叙事结构和文学技巧，通过叙事、剪辑、配乐、场面调度等手法制造声音/画面、时间/情感、历史/记忆的交织，人物关系在时空上构成平行、错位或相反的关系，故事表象与意涵的错位、情节失序乃至缺失等。叙事的繁复使电影的形式充满象征意味，拓展电影的审美内涵，丰富电影艺术的形式与风格。

“对倒”源自王家卫对刘以鬯小说的感受：“我对刘以鬯先生的认识，是从《对倒》这本小说开始的。《对倒》的书名译自法文 tête-bêche，邮票学上的专有名词，指一正一倒的双连邮票。《对倒》是由两个独立的故事交错而成，两个故事的主要人物分别是一个老者和一个少女，故事双线平行发展，是回忆与期待的交错。对我来说，tête-bêche 不仅是邮票学上的名词或写小说的手法，它也可以是电影的语言，是光线与色彩、声音与画面的交错。Tête-bêche 甚至可以是时间的交错，一本 1972 年发表的小说，一部 2000 年上映的电影，交错成一个 1960 年的故事。”[1]可以说，电影与小说、电影的形式与风格之间的对话讲述了一个 60 年代的香港故事，同时也是 20 世纪末的香港镜像。

一、时空错位的全景敞视

“对倒”出自刘以鬯从 1972 年 11 月 18 日开始在香港《星岛晚报》连载的长篇同名小说。1975 年作者将其改写为短篇小说，在《四季》发表。[2]跟长篇小说《对倒》相比，同名短篇小说删减了情节和冗长的意识流动，缩小篇幅，但结构没有较大改变。小说讲述来自上海的移民淳于白、香港本土少女亚杏一老一少在街上相对而行，两人都有绵密的意识流动，老者回忆过去，少女憧憬未来。两人偶然在同一个电影院、公园同一把长椅上比邻而坐，互相猜测对方，最后一南一北远去。除了人物设置隐含了年龄的对倒与性别的对倒，小说还自由出入于虚实之间，无论时空上抑或意识流动上，都构成平行或交错、相对或相反的“对倒”关系。

《花样年华》的三处字幕均来自长篇小说《对倒》，影片结构上的“对倒”首先表现为男女主角的命运及活动空间的交错或平行。“一九六二年　香港”，在抒情式的缓慢节奏中，男女主角的邂逅、错开，正贴近片头引自《对倒》的文字：“那是一种难堪的相对。/她一直羞低着头，给他一个接近的机会。/他没有勇气接近。/她掉转身，走了。”这是以形式制造戏剧的张力：昏暗的楼道、闷热的空气、缠绵的雨水、男女主角爱情的错位，表现出一种欲言又止的含蓄情感。

“对倒”还通过叙事的重复、倒叙造成表象与意涵的错位。影片突破线性叙事技巧，有意制造重复的场景，表现出时间、人物情感的缓慢变化过程。与小说原著中男女主人公的生活/意识时空从平行到相交的变化一样，影片的男女主角多次一上一下、一前一后擦肩而过，配合背景音乐大提琴协奏曲 *Yumeiji's Theme*，3/4 拍的节奏，复调调式，低婉回旋，内敛中透着淡淡的哀愁和伤感。此处镜头多次定格在同一个昏暗的楼道，拐角处一盏白炽灯，灯下墙面上贴着旧报纸的广告——典型的 20 世纪 60 年代香港街角。在不变的场景中，通过女主角苏丽珍旗袍的变更表现时间的流动，使重复的同一个场景、同一个动作饱含时间的纵深感和连续性。

场景的重复一方面表现男女主角相似的处境(受自己配偶背叛的疑虑)，以及因同样的忧郁、孤寂而产生惺惺相惜的心情；另一方面，从错过、擦肩而过到同行的细微变化，表现他们在日复一日重复的生活中渐行渐密。正如王家卫所指出：“日常生活总是固定不变的——同样的

苏丽珍与周慕云

(来源：http：//image. baidu. com)

走廊、同样的楼梯、同样的办公室，甚至同样的背景音乐，但我们可以通过不变的背景看见这两人的变化。重复反而使人更加看清楚这些变化。”[3]影片在重复的场景中通过细节的变化，推进情节的发展，同时也在缓慢的叙事节奏中营造一种诗意、抒情的氛围。

在另一个场景，王家卫更将这种时空的复调叙事推向极致。有别于传统电影常用的平行蒙太奇或交叉蒙太奇，影片多以毫无转换标志的连续蒙太奇来表现时空的交替，使同一个场景引申出多个时空的重叠。在同一家西餐厅有两场经典的剪接，对白和场景都有逻辑性关联，但由于女主角着装的改变，看似衔接镜头表现的却是不同时空发生的事情。这种连续蒙太奇使叙事具有跳跃性、节奏性的同时，也以极其简练的情节和段落体现时间和情感的变化。可以说，传统电影中的“穿帮”镜头在这里成为“有意味的形式”：一方面使重复的场景、寻常的生活细节有了时空、情感的变化，拓展影片的内容和形式技巧；另一方面，改变叙事节奏，使原本单一的画面具有不和谐的艺术效果。

除连续蒙太奇外，《花样年华》还借鉴了文学的倒叙手法，倒叙手法的运用适应了剧中人物情节对倒的语境。倒叙在《对倒》或其他小说中都是较为常见的叙事技巧，这使小说/影片带有悬念，增强戏剧的张力。影片的场景从香港转移到新加坡后，首先采用倒叙结构继续讲述两人的情感纠葛。与传统的蒙太奇(一般有画外音、字幕等做标志)不同，《花样年华》中镜头、时空的切换不带任何标志，造成叙事的间离感。比如以下三个连续剪辑的画面：(1)周慕云在酒店房间找东西，神色紧张，似乎遗失了一件对他很珍贵却又难以启齿的物品。特写镜头是烟灰缸上的一只烟头，周拿起烟头，看见上面有口红的痕迹。(2)周与好友阿炳谈起古人将秘密埋在树洞的传说(没有提丢失东西)。(3)*Yumeiji's Theme* 响起，苏丽珍出现在一个房间：特写镜头是一双女性的绣花拖鞋，点一根烟后，近景镜头换上高跟鞋，拿起拖鞋。按逻辑顺序来看，此处的剪辑顺序应为：(2)—(3)—(1)，但此处却用侦探片惯用的倒叙手法，通过时空的错乱加强影片的戏剧冲突，同时也令男女主角的爱情带上无法捉摸的神秘性：近在咫尺，却又擦肩而过。

影片以镜头呈现时空交错或平行，从而使简单的情节富有戏剧性；与此同时，人物的命运遭际同样经历错位，声与画、情与景环环相扣，形式与内容合二为一。时空错位的“对倒”一方面推进情节的发展，制造戏剧冲突，丰富了电影的表现形式；另一方面表现出男女主角欲言又止的爱情，凸显 20 世纪 60 年代的氛围。从这个角度来看，影片的“对倒”叙事与其说是时空的交错，不如说是人的心绪流淌，通过跨时空画面的剪辑，讲述现代人的都市寓言。

60年代的香港是一个相对封闭的社会，虽然已婚女性有出外工作的机会(苏丽珍在船务公司当秘书)，但由邻里街坊所构成的社区仍相对保守，伦理道德对婚姻家庭的窥视，束缚了男女之间的情欲。从电影镜头语言也可以看出，影片多用室内景，且多次使用静止的长镜头，正是私密空间的丧失给人造成压抑、不安情绪的显影。剧中人时刻处于被偷窥的惶恐状态，而这源于城市高昂的土地价格、逼仄的生活空间，这使一切正当或不正当的关系都暴露在公共空间中，丧失了传统社会高墙院落所带来的私密性。正如福柯所指出的“全景敞视主义”(panopticism)，即现代社会的家庭、学校、工作场所、医院、军队和政府机构等，无不被隐匿的权力所监控；在“全景敞视式”视觉系统中，主体受现代社会机制“规训”而面临坍塌的危机。[4]可以说，剧中人被窥视的局促与不安、私密空间的丧失正是现代都市人的真实写照。

二、情节空缺显影的时代主题

影片有意通过主要情节的“省略”形成模糊与错位，以形成“对倒”的效应。但这不是苍白地卖弄技巧，而是运用蒙太奇剪接、精细的场面调度、音乐以及戏中戏等各种方式力求再现20世纪60年代香港的时代氛围。与传统电影以情节吸引观众相比，《花样年华》重点在于以“空”的艺术凸显出一个时代的氛围。

“空”首先表现为主次人物的交错乃至缺席，从而营造特定的氛围，即王家卫所追求的氛围(mood)。由始至终，周慕云的太太和苏丽珍的丈夫陈先生都没有正面出场，仅仅以声音或模糊的背影出现。当被问及为什么如此处理这两个人物时，王家卫指出：“我们是想看到两种关系——偷情和被压抑的友谊——出现在同一对人物身上。这种技法来自胡利奥·科塔萨尔(Julio Cortazar)常用的结构，就像一条首尾相连的蛇，最终形成一个圆。”[5]洛枫认为，这种安排制造了“偷窥”的观影状态，将观众偷窥的焦点转移到男女主角上；“偷情的角色也暗地里替换”，最终周、苏两人成为婚外情的主角。[6]

从情节上看，男女主角的确承担了另一对婚外情的角色，但影片显然不是为了表现婚外情的状态来满足观众的窥视欲，而是通过人物形式的缺席来丰富电影语言，同时深化形式的叙事功能。形式上的“缺席”具有丰富的意蕴：首先周太太、陈先生画面上的缺席象征他们在婚姻生活中的缺席，从而造成周、苏两人的孤寂、落寞到惺惺相惜，这是推动情节不可或缺的要素；其次，缺席并非不存在，而是无处不在：他们仿如暗处监控的眼睛，如影随形地窥视、规范周、苏两人越轨的爱情。正如苏丽珍最常安慰自己，也安慰周慕云的一句话："我们不会像他们那样。"可见，对方的背叛已经成为道德枷锁，哪怕"缺席"也是无孔不入地左右他们的行为举止，压抑他们的情感，从而营造出20世纪60年代含蓄、内敛的氛围；最后，省略人物和故事的情节，打破传统电影重情节叙事的风格，凸显人物心绪和时间流动。如果说周太太、陈先生以背影和声音出现尚属于"在场的缺席"，那么，人物中还有一种"缺席的在场"，即影片的次要线索：苏丽珍的上司何先生和余小姐的婚外情关系。何太太、余小姐没有以任何形式出场，但通过何先生买两个一模一样的手袋、余小姐送领带，表明何先生周旋于两个女人之间。主次两条线索都处于婚外情的纠葛中，这在增强戏剧性冲突的同时，也为男女主人公和观众发现、推测婚外情提供线索和参照。何先生跟情人从火热到冷淡，最后回到妻子身边的经历，也喻示了苏丽珍的情感过程。由此可见，影片被有意省略的人物同样承担重要的叙事功能，从而增强情节的复杂性，丰富电影的形式与风格。

对倒的另一个表现是通过主要情节的"省略"形成模糊与错位。简言之，情节是为了表现事件前后人们的精神状态和行为举止，而不是重点讲述故事本身。正如中国水墨画的留白，画幅里的空白并非空无一物，而是充满灵动的意境。影片同样采用"留白"技巧，充分利用画面剪接、正/反打镜头的影像优势省略故事的主要情节。比如：2046房前的走廊，大红窗帘随风飘动，男女主角内心的情感和欲望喷薄而出。苏丽珍穿大红的外套，像一团火，在酒店旋转楼梯上匆忙来回走动，表现出内心剧烈的矛盾和挣扎；镜头切换到室内，敲门声响起，周慕云严肃的脸上掠过一丝诡异的笑容；镜头再次切换到房间外的走廊，大红的窗帘在整面墙上蔓延，此时，苏从房间走出，与周告别。此处大力渲染男女主角见面前的犹豫不定，以及分别时的尴尬，省略在酒店见面的情节。显然，影片无意表现情爱场面以吸引观众的眼球，而是通过缓慢的叙事呈现人物的精神世界。

影片另一处对情节的"省略"也很经典。在出租车上苏丽珍把头靠在周的肩膀说："今晚我不想回去。"此后缓缓切换到另一个时空讲述另一场戏，前一幕的剧情发展如渐渐远去的车那样失去下文，女主角那句对白仿如梦呓，似真似幻。此处情节的“空”给观众留下巨大的想象空间，尤其是结尾苏丽珍带一个小男孩独自生活，孩子的生父成为一个谜。从电影语言上看，“主干情节”的“省略”打破传统电影按时间和逻辑顺序中规中矩的叙事，其省略的情节更是商业电影一般会浓墨重彩书写的情欲戏。

情节省略

（来源：http：//image. baidu. com）

《花样年华》恰以情节的“空”凸显人物的心绪和时间的流动，藉此反映一个时代的精神。王家卫指出，他是在剪辑的最后一刻剪掉了男女主角的床戏，“促使我花这么长的时间拍这部电影是因为我已经沉醉其中——具体说来，是它所散发出来的氛围(mood)。我最想的就是捕捉那个时代，一个比我们现在更敏感的年代。从一开始我就不想拍一部关于婚外情的电影，那将会很沉闷，很容易预见两个可能的结局：当事人或者结合，走到一起；或者放弃，回到原来的生活。我感兴趣的是在这个故事所表现的环境中，人们相互间会有怎样的行为和关系，以及他们保守秘密、分享秘密的方式”[7]。这种表现手法与意大利导演安东尼奥尼的电影有异曲同工之处，尤其是经典的“疏离三部曲”《奇遇》(L’Avventura，1960)、《夜》(La Notte，1961)、《蚀》(L’Eclisse，1962)——时间和空间成为叙事的主体，大量的长镜头、主角消失的空镜头等，折射出现代人迷茫、犹豫、空虚、孤寂的心绪，最终表现一个时代的精神。王家卫如此提及安东尼奥尼对他的影响：“我从安东尼奥尼学习到一样东西，他告诉我，有时主角并不是男女演员，而是背景(the background)。”[8]《花样年华》以形式的交错表现多重主题，最终表达对时间、记忆以及逝去时代的缅怀。

影片将时代背景作为银幕的主体，省略了常规电影的叙事套路，比如着重对情节的描述、对人物的刻画等。值得注意的是，电影对情节与人物的省略并非出于时间限制等因素的考虑，而是借助省略留下可供想象的空间，表现出男女主人公欲言又止的情感，渲染出时代的气息。这极大程度地发挥电影艺术的长处，即通过视觉和图像的隐喻展现抽象的思维，最终显影了一个时代的本真。20 世纪 60 年代是香港本土意识开始形成的关键时期，影片通过对 60 年代的缅怀、追忆，也正是当下对自我身份的重新思考与定位。然而，当下现代人对自我的追寻、对精神思考的深度赶不上快速的生活节奏，造成自我迷失、空虚、孤寂等心理。于是，沉湎于逝去的年代是对内心空虚的补偿，也是对自我的重新确认。

三、电影类型交织讲述的“殖民地经验”

《花样年华》借镜《对倒》的艺术结构讲述一个爱情故事，当中既包括爱情片、侦探片等多种类型电影的特征，也通过“对倒”的剪辑技巧呈现人物的情感和意识，显影了生命的真实处境。影片截取原著的一小部分，或内容或形式乃至作者的美学理念加以发挥，称得上是“意念式改编”。从电影本体论的角度来看，这种改编或许更符合电影的艺术规律。毕竟，电影和文学是两种不同的媒介，电影是视觉符号叙事体系，除需符合文学叙事的一般要求，还要有良好的视觉效果，正如莱辛在《拉奥孔》所提出：“美是造型艺术的最高法律。”[9]这条美的规律同样适用于电影艺术。

对倒在影片中还表现为多种电影类型的交错、重叠，拓宽了电影的叙事内涵。从电影类型的角度来看，《花样年华》不仅仅是一部爱情片，也是悬疑/侦探片、伦理片。王家卫曾谈到他有意将《花样年华》作为悬疑片来拍：“《花样年华》，那是关于两个人的电影，很容易便会变得沉闷。但我不把它作为爱情片拍，而决定采用惊悚片的手法，像部悬疑片。片中男女主角开始时同是受害人，跟着他们展开调查，要找出奸情是怎样发生的。我是这样去建构电影的：每一幕都很短，借以维持张力。这可能是电影令观众出乎意料的原因，他们原以为会看到一部经典爱情片。”[10]的确，不管是剪接技巧还是情节叙事，影片都带有悬疑片乃至侦探片的性质。影片的主要线索是男女主角从蛛丝马迹中推测自己的另一半如何走进婚外情，直到自己也踏入这个雷池，才知道“原来许多事情都是不知不觉”。他们之间的爱情也在互相揣测、拉锯中展开，扣人心弦。男女主角解开另一对婚外情的谜团，自己也陷入情感的迷雾，最终走向没有结局的结局。

显然，悬疑片在制造戏剧冲突、吸引观众焦点、丰富电影叙事技巧等方面有得天独厚的优势，因而被广泛结合在其他类型片中。王家卫选择用悬疑、惊悚的形式讲述一个看似寻常的婚外情故事，在丰富电影叙事技巧的同时，也表现出他对伦理、道德的探寻。当人处在伦理的边界，如何平衡理性与情感？

影片的尾声也充满悬疑色彩，还与新闻纪录片的片段相互交叠。“那个时代已过去/属于那个时代的一切/都不存在了”，镜头切换到1966年殖民地时期的柬埔寨，戴高乐总统到访、万民夹道欢迎的历史片段。带着对苏丽珍难以忘怀的回忆，周慕云在吴哥窟的断壁颓垣中，对墙上的石洞倾诉秘密。在这个穿越了数世纪时空的古老石窟中，他将逝去的爱情和所有的回忆永远留在洞中，重归生命的原初——空无。字幕第三次出现《对倒》的文字：“那些消逝了的岁月/仿佛隔着一块/积着灰尘的玻璃/看得到，抓不着/他一直在怀念着过去的一切/如果他能冲破/那块积着灰尘的玻璃/他会走回早已消逝的岁月。”通过对逝去时代深深的叹惋，在忧伤和肃穆、顿悟和超然中，一切戛然而止。

对个体而言，“殖民地经验”与其说是一个政治概念，不如说是一种境遇和心态。它是全球化时代个体对时空、地域的独特体验。现代科学技术的急剧发展，人类的视野和时空观向外太空延伸和拓展；另一方面，交通、通信的便捷使人类的生存空间不断压缩。无限膨胀的时空观与逼仄、狭小的生存空间构成难以调和的矛盾和分裂，从而使生活在当下的个体不可遏制地回忆过去——那个想象中缓慢、停滞的时空。可以说，香港殖民地时期被称为“借来的时间”、“借来的空间”，正与全球化背景下现代人的生存境地遇合。回忆、感伤的主题是现代都市人在快餐式生活状态下渴望“生活在别处”的自我疗伤与安慰，也是中产阶级的文化消费。

四、结语

从《阿飞正传》(1990)、《花样年华》(2000)到《2046》(2004)，王家卫一以贯之地讲述20世纪60年代香港的故事。这三部电影的人物、情节具有延续性，类型和风格也相对一致：松散的结构、琐碎的生活细节、慢节奏的叙事、开放式的结局，着重表现人物的情感、意识以及对时间、回忆的执着，称得上是王家卫的“60年代香港三部曲”。

王家卫为何对20世纪60年代情有独钟？除彼时的文化氛围、美学精神让他着迷以外，深层原因或许还在于60年代能够成为90年代的镜像，借助两个时代的交错折射当代港人的怀旧情绪和政治文化观。比如，影片结束在1966年本身就颇有深意。对此，王家卫指出：“1966是香港历史转折的标志……迫使港人艰难地思考他们的未来。他们中的许多人在40年代末从内地移民过来，度过近二十年的平静期，建立了自己的新生活——这时突然感觉到政治环境的改变迫使他们再次迁徙。1966年是一些事物的终结，同时也是另一些事物的开始。”[11]他同时也指出：“戴高乐是殖民历史的一部分，一个即将远去的历史。”[12]殖民地时期的终结、港人对何去何从的疑虑，诸如种种都是影片对八九十年代香港文化政治的反应。

阿巴斯(Ackbar Abbas)用déjà disparu(“尚未发生已成过去”，王德威译)形容“九七香港”的文化政治处境：“香港文化不能被称为‘殖民主义’，它必定是跟已经改变或正在改变的空间有关，这种消逝的殖民性空间跟以往的殖民主义没有任何相似之处。”[13]在王家卫的电影中，“这种消失的空间也对更大的时间和历史经验产生作用”，“影片并不是从90年代看60年代，而是给我们更易理解的结构：60年代的人看90年代，就像60年代之前的人看60年代一样，依此类推”[14]。简言之，“九七”到来之前，所有的疑虑、不安都是对未来的“预设”，而一旦这个时刻真正到来，对当时的状态却不复记忆，人们反而试图想象此前那个逝去的时代，制造虚拟的回忆。由此可见，《花样年华》重构了一种可供消费、想象的中产阶级情怀，以时空“对倒”的幻象折射出20世纪末香港的华丽与苍凉。

（作者：李冰雁，澳门大学文学院博士，惠州学院中文系教师）

注释：

[1] 王家卫：《〈对倒〉写真集前言》，见刘以鬯：《对倒》，335页，香港，获益出版事业有限公司，2008。

[2] 参见刘以鬯：《对倒》序，21—22页，香港，获益出版事业有限公司，2008。

[3] Laurent Tirard：《王家卫现身说法》，见潘国灵、李照兴主编《王家卫的映画世界》，Chan，Teri译，260页，香港，三联书店有限公司，2004。

[4] 参见[法]米歇尔·福柯：《规训与惩罚》，刘北成、杨远婴译，219—337页，北京，生活·读书·新知三联书店，2009。

[5] Rayns，Tony，*In the Mood for Edinburgh*，*Sight & Sound*，2000(10)，p. 17.

[6] 洛枫：《如花美眷——论花样年华的年代记忆与恋物情结》，见潘国灵、李照兴主编《王家卫的映画世界》，132页，香港，三联书店有限公司，2004。

[7] Rayns，Tony，*In the Mood for Edinburgh*，*Sight & Sound*，2000(10)，p. 18.

[8] Brunette，Peter，*Wong Kar-wai* ，Chicago：University of Illinois Press，2005，p. 119.

[9] [德]莱辛：《拉奥孔》，朱光潜译，14 页，北京，人民文学出版社，1984。

[10] Laurent Tirard：《王家卫现身说法》，见潘国灵、李照兴主编《王家卫的映画世界》，Chan、Teri 译，260 页，香港，三联书店有限公司，2004。

[11] Rayns，Tony，*In the Mood for Edinburgh*，*Sight & Sound*，2000(10)，p. 18.

[12] Rayns，Tony，*In the Mood for Edinburgh*，*Sight & Sound*，2000(10)，p. 18.

[13] Abbas，Ackbar，*Hong Kong*：*Culture and the Politics of Disappearance*，Minnesota，the University of Minnesota Press，2002，p. 3.

[14] Abbas，Ackbar，*Hong Kong*：*Culture and the Politics of Disappearance*，Minnesota，the University of Minnesota Press，2002，pp. 53，53—54.

文本变异：
《赎罪》、《洛丽塔》、《耻》的“罪态”分析

黄秀冰　严前海

进入 21 世纪以来，以畅销小说及世界级文坛获奖作品为蓝本改编成电影俨然成了西方影视圈的流行趋势，然而小说文本较之电影文本既是互文本关系，同时在许多方面又大相径庭。小说文本描绘更加细腻，反映了更加复杂的人物关系，详尽地揭示了人物的内心状态，当小说通过改编形成电影文本之后，就会受到时间和空间的限制，在叙事结构上就不能如小说般拖沓、琐碎，小说与电影呈现出一种交织又互有区别的形态。

本课题选择《赎罪》、《洛丽塔》、《耻》这三部名著，其原因是小说与同名电影在世界范围都有着广泛的影响，本文在这三部作品中提炼出一个共同主题——“罪”。从小说到电影的过程诚然是涉及了多种学科的知识，因此这三部作品中的“抽象之罪”只是作为分析小说文本与电影文本复杂关系的其中一个视角切入点。

通过分析小说文本与改编电影可以体验到不同情节的演绎，同时还能感受这两种媒介的独特之处。尽管小说和电影都可以讲述同一个故事，但两种媒介都有着自身的规律与技巧，两者都在一定的规律与技巧内来表达抑或转变。也正是通过对成形的影视作品与小说文本进行对比，在此基础之上，能加以了解小说创作者及电影创作者的意图，并且探讨从小说文本到电影作品是一种怎样的变化过程，厘清二者的关系有助于区分电影艺术与文学作品的差异，无论在影视实践操作上还是理论研究上，对本人来说都是一种新知识的汲取。

论文整体框架上分为引言、概述、作品分析、总结四个部分。采用了小说文本与电影文本的对比手法，同时涉及电影的视听语言分析，侧重点在于转换成电影之后的认同。

一、三部小说与同名电影的概况

1.《赎罪》

小说的作者伊恩·麦克尤恩(Ian Mc. Ewan)是英国享誉盛名的作家之一，在多次且多部提名布克奖的作品中，《赎罪》四次被提名布克奖(其中一次获奖)，与同名电影受到了业界内外广泛好评。

电影《赎罪》于2007年上映，由乔·赖特(Joe Wright)执导，在第64届威尼斯电影节和2007年温哥华国际电影节上作为开幕影片受到了广泛关注，但是雷声大雨点小的《赎罪》虽然在英美两国创下不俗票房成绩并获得第65届金球奖最佳剧情片奖，而在第80届奥斯卡竞选中遭遇冷门，只获得了最佳配乐奖。

2.《耻》

小说《耻》的作者J. M. 库切(John Maxwell Coetzee)是南非白人殖民者的后裔，在南非种族冲突和种族隔离之下的时代成长，于英、美等欧洲国家学习，后定居于澳大利亚，其著作《耻》发表于1999年，分别获得1999年的英国布克奖和2003年的诺贝尔文学奖。

电影《耻》于2009年上映，由史蒂夫· 雅各布(Steve Jacobs) 执导，电影忠实于原著，凭借着干净的画面、鲜明的色调在各电影节中受到了追捧。

3.《洛丽塔》

小说《洛丽塔》的作者是著名俄裔美国作家弗拉基米尔·纳博科夫(Vladimir Nabokov)，小说几经易稿之后，纳博科夫本想销毁此书，是妻子的阻拦才得以让这部作品保留，然而它的问世过程几经波折，最后于1955年在欧洲率先问世，《洛丽塔》本身的独特性让它一问世便蜚声世界文坛并至今历久弥新。由于其中对不伦之恋的描写，指责和刁难纷至沓来，也出现了对作品的多种解读。

第一部改编电影1962年在美国上映，其名改为《一树梨花压海棠》，由斯坦利·库柏利克(Stanley Kubrick)执导。第二部电影《洛丽塔》1997年在美国上映，由亚德里安·莱恩(Adrian Lyne)执导。

二、何为“罪”?

三部作品在主题上都涉及了——罪。然而这种“罪”的概念并不等同于一般的犯罪、违反法律法规等，小说中的主人公所犯下的罪行可以说是一种抽象概念的罪，如《赎罪》中的布里奥妮由于自己的丰富想象犯下的罪行，《洛丽塔》里迈入中年的亨伯特迷恋妙龄少女的癖好，《耻》中卢里教授对女人的玩弄到自己女儿受害无法发言而延伸出来的越界主义，这三部小说传达的都是一种涉及人性、伦理道德、人权等不易确定划界的罪行，而小说作者与电影创作者之间又是如何表达这种罪行，是通过文学和电影表达人文关怀还是通过这两种媒介施展文学和电影才华，将在下文做出分析。

1. 自我灵魂之罪的表达与转换：《赎罪》

《赎罪》以二战为背景，穿透了战争、爱情、成长与罪行，作品讲述了一个极具文学创作才能的小女孩布里奥妮在成长中企图救赎自己，偿还在十三岁所犯下的罪行的故事。管家的儿子罗比与布里奥妮的姐姐塞西莉亚情投意合多年，但彼此都在压抑着对对方的爱，在那一年，罗比用露骨的性词语给姐姐塞西莉亚写了一封情书，天赋异禀的布里奥妮有着极强的想象力，她偷看了姐姐的信件之后开始对罗比浮想联翩，对姐姐产生了一种“救世主”的责任感，并在一场强奸案中肯定地认定罗比就是她眼中的“色魔”，错误地指认罗比即是罪犯。多年之后，布里奥妮开始认识到自己的年少无知，二战时期，她放弃了剑桥的学业，渴望通过当战地护士来赎罪，遗憾的是在布里奥妮十八岁的时候，参军的罗比最后死于败血症，姐姐塞西莉亚也在同年于地铁站的爆炸中丧生。因此她这一生试图把这一罪孽通过写小说的方式来偿还，使得自己得到救赎。

2. 多重身份叙事视角手法的异同

小说《赎罪》的后现代元小说叙事手法至今在学界已经成为定论。所谓的“元小说”指的是小说中的小说、文本中的文本，普通的小说在叙事上更关心的是通过许多叙事元素(人物、事物等)来叙述一个故事，而元小说更关注这个文本生成的过程以及运用的结构和手法，元小说可以说是以一种复杂的叙事结构以及“不可靠叙述”[1]来营造一种反常态的叙事规则。

为了营造布里奥妮的罪与救赎，小说分为四个部分，前三部分分别从布里奥妮、塞西莉亚、母亲艾米丽、罗比、表姐罗拉的角度出发，以第三人称视角相对客观地描述了事情的始末。

在同一个事件发生的时候，小说作者采取了双线或者多线模式。例 1：姐姐塞西莉亚与罗比在后院发生了争执，布里奥妮从狭小的窗缝中看到了这一幕，当看见姐姐身穿薄纱般的裙湿透地从水池里走出来时，布里奥妮这个敏感又疯狂的小女孩开始对罗比产生了奇异的认知，并以为罗比是在侵犯姐姐。紧接着，作者再次从塞西莉亚的角度出发，以第三人称的角度叙述了事情的原委，原来塞西莉亚与罗比情投意合已久，只不过是在感情进阶的过程中产生的小摩擦罢了。同一场景中的两个叙述情节正好可以反衬出布里奥尼的错误与偏见。

电影在这个情节的处理手法上基本采用了小说作家的叙事手法，也是通过布里奥妮的角度出发(在这里我们可以将它视作摄像机的“视角”)，先呈现了布里奥妮看到的情况，再运用闪回的手法，从第三者的身份客观地呈现出事情的真相，因此，在小说文本叙事视角的运用上与电影叙事视角之间是可以贯通与相交的。

当然小说的复杂程度不仅限于此，其叙述线更具深度力量。纵观全作，我们会发现小说的叙事奇妙之处在于第四部分，在第四部分中作者笔锋一转，转到了1999年的伦敦，这一章节是以布里奥妮的日记呈现的，当时的布里奥妮已经77岁高龄，并且终身未嫁未育，我们会恍然大悟小说的前三部分非出自真实作者麦克尤恩之手，它是出自由麦克尤恩打造的“小说家布里奥妮”——也就是小说中的人物所杜撰，作者这一叙事手法的运用，完美地从客观叙事转换到了“不可靠叙事”，其中的虚构性取代了原先的客观性。

例 2：(原文)“六十年以后，这个女孩子会在笔下回忆起十三岁的时候，自己是怎样穿越了这个文学史——从缘起欧洲的民间故事入手，之后又写起简单的道德剧，直到 1935 年那个热浪滚滚的早晨，她的发现使她转向不偏不倚的心理现实主义”、“再过半个小时，布里奥妮就将犯下罪行了”、“但是，还有一个狂人悄无声息地潜行夜幕中，怀着一颗黑暗的心……若要描述他的罪行，她就得现实些，先保护姐姐不受他的伤害，再设法写下一纸罪状，将他绳之以法。布里奥妮放慢速度，开始步行，心想他一定恨透她在藏书室里阻挠了他的行动。”[2] 就此，我们可以在原文中发现端倪，文风和叙事的视角与布里奥妮的性格特征、内心世界是如此吻合，而我们在顺势而下的顺序文本里浑然不觉，即使口气当中带着布里奥妮的主观臆想。

例 3：第四部分布里奥妮说明了实际上在前三部分的书写中，姐姐塞西莉亚和罗比最后两情相悦地生活在一起为自己的结局设计，现实生活中不能给予他们美满，只好借笔抒情在小说中表达；但在医院当战地护士、表姐罗拉最后嫁给了“强奸者”马歇尔、由于两人的权势地位无法公开小说是真，至此是她为此赎罪的一种方式。回顾前文，小说的叙事者身份就变得极其不可靠，首先，前三部分的作者身份被打破；其次，情节的真实性被怀疑；再者，作者在这些环节当中自我指涉、自我推翻，构成了复杂并难以追溯的情节交涉。

图 1　摄影机视线

图 2　布里奥妮视线

当小说转换成电影后，这些罪行刻画的叙事策略产生了变化，这些变化是由于媒介的不同产生的必然。小说可以利用文字创造许多的视点(包括文本结构)，然而影片这么做就会打乱观感造成杂乱无章的叙述。因此，在电影《赎罪》中导演即使遵循了原著四个部分的故事背景：1935 年的乡下田园、1939 年罗比所在的二战战场、1939 年布里奥妮所在的医院、1999 年伦敦，还是不能排除摄影机(旁观者)的视线(如图 1)作为一个事件的交代。同样是两个作品的掌控者(小说作者与导演)，我们假设导演分别采用了布里奥妮 13 岁、18 岁、77 岁的“内视角”(如图 2)[3]来叙述前三部分，小说作者也指出前三部分是主人公布里奥妮所杜撰的小说内容，但由于影像在呈现的过程中时间顺序和摄影机(旁观者)视角大大削弱了小说中的互文本性和相互指涉性，观众很难把画面和小说杜撰的文字联系到一起，更不会察觉这些画面被掌控在布里奥妮的小说文本中(如图 3)。视听画面比文字更加立体，它是一个画面符号的完整呈现，是想象力的“实物化”过程，但人物的一个简单臆想却不能通过画面很好地传递给观众，所以导演面临的最大难题在于第四部分：如何告诉观众这些故事都是布里奥妮编造的“善意谎言”？电影《赎罪》在第四部分的最后救赎中，为了情节设计的需要和画面的呈现，采用了布里奥妮公开接受电视采访告知真相的形式取代了小说以布里奥妮本人日记叙述的形式，这正是影像难以触及和叙述准确的部分——内心化的部分。电影《赎罪》在这一部分，由小说的第一人称转换到了第三人称，小说作者与电影创作者在对救赎的解读上是否产生了变化？将在文章的末尾部分谈改编认同中做解读。

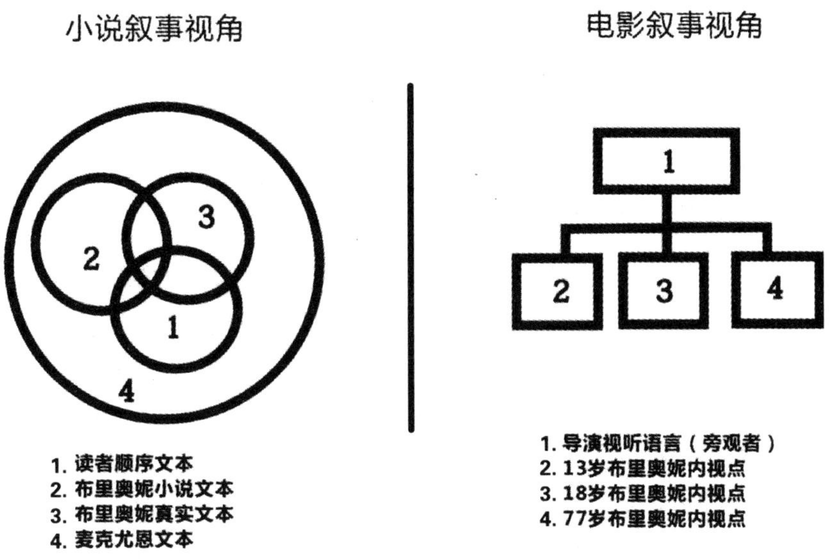

图 3

3. 音效作为一种叙事元素

“声音在现代电影中发挥了越来越重要的作用，因为电影身临其境的真实性取决于构成声轨的三个要素：音效、对白和配乐。这些要素增加了内涵的层次，提供了感官和情感刺激，扩大了我们电影体验的范围、深度和强度，远远超出我们仅通过视觉手段所能实现的效果。”[4]音效是影视作品中的特定产物，文学作品可以运用拟声词，却没有办法引出画外空间，让读者体验真实感，而《赎罪》中的“罪”正是通过配音作为一种叙事元素使得主题得到升华。意大利作曲家达里奥·马里安奈(Dario Marianelli)凭借电影《赎罪》摘得了第 80 届奥斯卡最佳配乐奖。电影配乐采取了打字机的音效，对剧情的烘托起了重要的作用，除了作为转场的因素，影片在一开始就以打字机的声音配合作为序幕，井然有序，节奏明晰轻快，在随后布里奥妮出现的许多环节中都相继出现了打字机结合背景音乐的旋律，产生了一种令人紧张和情节预告性的作用，暗示了这个故事与打字机密切相关，甚至在一定程度上暗示了这是由打字机引起的“罪”，打字机音效在叙事中起到了强化、强调的作用，令影片的配乐独树一帜。随着混音技术的发展，在声音空间的维度里，电影《赎罪》创作者把音效作为一种叙事象征有以下两种形式：

(1)可见视点

所谓的“可见视点”是指声画同步，也就是画面中的可视物体发出的声音，这是可视的、有源可寻的声音。可见视点的使用更多是出于画面的自然呈现，出于展现演员动作或声源体画面的需要，是一种相对自然、客观的叙述元素。如影片一开头由打字机打出片名及影片人物罗比给塞西莉亚写情书。

(2)不可见视点

“不可见视点”则是在画面中找不到发声的声源体或者声源体与对应的画面是错位而非同步性的。不可见视点的音效更多是运用在强调和预告中，通过设置这些不可见的音效在观众的听觉中产生了一种暗示，属于为刻意营造某种气氛而运用的手段。如影片中布里奥妮即将做出惊人举动时或者是进入到一种自我臆想时，打字机的音效旋律就会出现，但此时没有打字机的画面，从而产生了一种期待感和紧张感，不可见音源往往会刺激我们的听觉，调动想象力。

三、边缘隔离之罪的表达与转换：《耻》

52岁的卢里表面上是社会的精英，但早已与妻子离婚的他私底下却每周与索拉娅幽会。事实上索拉娅与卢里一样，在日常生活中他们都有着另外一个身份，索拉娅是两个孩子的母亲，他们有着平静的生活，然而卢里越界，企图与索拉娅有更多的接触，后果就是索拉娅将永远消失在他的生活中，这是他的第一次越界付出的代价。随后，他以浪漫的名义让他的学生梅拉妮与他发生了性关系，并试图用自己的教师权利掌控梅拉妮，被揭发后卢里接受惩罚却拒不反省认罪，最终被逐出学术界，这是他第二次越界的代价。随后卢里到乡下寻找自己独自生活的女儿露西，但在一场暴力袭击中，女儿被三个黑人强暴，自己也被打伤，正在卢里想要为女儿讨回公道并让女儿离开乡下时，女儿露西不但拒绝了他的建议，声称卢里不应该干涉她的生活，还打算把孩子生下，为了让自己还能在乡下生存，露西不得不嫁给先前是自己雇佣工的人(黑人)做小老婆，一气之下，卢里离开了乡下回到开普敦，却发现自己不再属于这个城市，而乡下也容不下他，作为南非曾经的上层精英分子，卢里终被推到了边缘。

小说《耻》发表于1999年，作品描述了新南非种族隔离制度废除后，由于长期积压的历史问题、社会问题，白人与黑人之间仍然处于剑拔弩张的状态之下。小说《耻》正是基于这个时代背景，讲述了一个在南非开普敦大学讲授英国文学的大学教授卢里在这个时代下逐渐被边缘化的过程，这个过程就是他所犯下的“罪”，小说中黑人地位的转变，对其进行身体上、精神上的折磨又让他感到了“耻”。

1. 第三人称下的内聚焦

20 世纪的南非，大部分的作家试图通过文字结合现实主义的手法来再现历史，重现社会现状与社会现状之下存在的罪行，他们的目标是“通过准确刻画历史事实来对社会负责”。传统的现实主义手法明显不能满足于库切这个“跨文化”背景下成长的小说家，从库切的观点出发，小说应该发挥其艺术能力，通过其艺术性、虚构性来为写作注入一种新动力。面对传统现实主义的手法，库切在大卫·阿特维尔(David Attwell)的访谈中认为，小说“不应该沦为历史话语下的附庸”，历史是“不可再现的历史”。在 1987 年的一次演讲中，库切明确了这一观点，并提出了“小说创作被历史话语殖民化”这一现状，他认为小说与历史之间应该是一种对立的关系。由此推断，库切采取第三人称叙事与人物内聚焦的手法来描写罪行，是出于一种自身对小说写作的自由化观念，“他”是一个个体延伸出的想象和个人化表达，小说的卢里是个人化的卢里，库切是个人化的库切。

“所谓人物聚焦文本，就是叙述者在话语层上借用故事人物的视角来讲述事件。在这种情况下，人物视角实际分属于故事和话语两个层面，一方面，由于它透露了聚焦人物的内心感知，所以构成了塑造人物形象的一种特殊手段，另一方面，由于特定人物视角构成了观察其他人物和故事事件的一种特殊渠道和窗口，因此同样隶属于话语层面。”[5]《耻》在三种“聚焦”[6]方式中属于内聚焦手法，小说中对于“耻”的刻画完全由卢里的“内聚焦”呈现，这里的内聚焦不单是摄影机模拟人物的视线，也指从人物的思想、内心世界出发来叙述的视角，而这种第三人称刻画在《耻》中反而是对客观叙事的有所保留。例如小说的前半部分，大量地描写卢里是怎样一个人、他所处的是一个怎样的环境，采用了卢里内心的独白、大量的对话情节、他所研究的浪漫主义文学等，这些大量的“内聚焦”情节并非毫无意义，他恰恰是卢里犯下错误的缘由，他以一种精英阶层文化高高在上的姿态对底层文化造成的冲击，这种边缘化、被隔离更多是由这个贯彻全文的“他”得到解读的，由耻延伸出罪，形成一种罪与耻相交的效果。

电影《耻》之所以在忠实度上得到认可，很大程度上是在叙事视角的采用上遵循了原著的手法，并且库切本人于 2013 年 4 月接受《南方周末》的采访时，也肯定了影片忠实原著的创作手法和完整性，这种叙事的模拟与《赎罪》的运用相似，这里不再对电影的视点做赘述。

2. 画面空间的可操作性

在小说《耻》中运用了大量的对话性情节和对抗性情节，因此在很大程度上，

《耻》的情节设置的迂回、矛盾冲突的强烈都是适合改编成电影的因素。大量的对话也无疑是给电影人物塑造的过程中增添羽翼，导演在叙事上参照了原著的手法，叙述的基调也和原著保持一致，因此在对原著的“忠实度”上受到了肯定。除此之外，受到业界追捧的是《耻》在画面处理上做到了简洁流畅，那么看似中规中矩的电影《耻》在小说所不具备的画面空间中，导演是如何操作的呢?

(1)色彩

电影是基于照相术延伸出来的，空间中的色彩运用会造成主、客观的差异，《耻》中的色彩变化即是导演营造出的一种刺激感官，对情节的发展做出暗示性的解读。在《耻》中我们可以看到，影片的前半部分都采用了相对暗沉的色调，或者在大景别之下，颜色的解读可以被忽略。当剧情发展到教授卢里在课堂上望见了身穿大红开衫的梅拉妮时，梅拉妮的红色在暗沉的色调下格外显眼，与身着暗色西装革履的卢里形成了一种鲜明的对比。卢里对兼职性工作者索拉娅做出越界行为后，索拉娅永远消失在了卢里的生活中，卢里的私生活开始变得索然无味，年轻有活力的梅拉妮显然成了卢里的不二目标，电影用画面讲故事，这里的颜色既有吸引卢里“越界”的作用，也有引导观众注意力的效果。卢里利用教师的威严感不断地对梅拉妮进行赞美和勾引，并无视这个过程中梅拉妮对他产生的轻微抗拒感，两人认识的第二天，在卢里的强烈要求下两人发生了性关系，房间色调沉闷抑郁，梅拉妮面无表情。随后几天的梅拉妮仍旧穿着显眼亮丽的服装，但在卢里总是为了满足自己的欲望强行私闯梅拉妮宿舍时，色调产生的变化，由原先的身着亮色到暗沉的服装，到两人再次发生关系时，整个房间与被子变成了抑郁的蓝色。两人在约会的过程中也是采用了偏蓝的冷色调，一连几天都是下雨天，光线并不充足，代表着这段关系对梅拉妮而言其实并不美好。除此之外，卢里被解雇之后逃到乡下找女儿，从城市到乡村，色彩明显产生了变化，从原先的暗沉色调到明亮的颜色，乡村景色也增添了曝光，使色调更加明快，在一定程度上作为卢里新生活的一种转场和生活的起始变化。

(2)构图

构图的区别也是表达演员内心情感差异的方式之一，电影画面有静态构图和动态构图，在矛盾冲突的情节中，导演则多采用了相对的静态构图(固定机位)、对称式或水平线构图，通过摄影机的水平调节来表达人物彼此的对抗。

罪点及推向边缘构图

情节	小说原句	电影构图	景别	角度	运动	作用
卢里因对学生梅拉妮的侵犯接受校方听证会的审判 （犯下罪行）	他并不觉得慌张，相反，他对自己很自信		中	仰视	固定	与画面形成人物视觉对视，摄影机采取仰拍，并让卢里跷着二郎腿入镜，显示出他态度的傲慢和不接受，尽管他口头认罪，是个人对抗群体
卢里企图让女儿说出被强奸的经过，并想要女儿听从他报警翻案 （强势越界）	与他相对坐在桌子另一头的露西深深吸了口气……两人之间从来没有离得这样远，从来没有这样争吵过		中	平视	固定	与女儿形成对抗
女儿被强奸怀孕，无法阻止女儿嫁给黑人又回不到城市，被边缘化的卢里 （被边缘化）	他在诊所后部没有放东西的地方为自己营造了一个窝，放了张桌子，一把旧椅子……撑着一把太阳伞……他一天给狗喂两次食……有时还同它们说话……在孩子出生之前，这就将是他的生活		大	平视	固定	狗代表着卢里最后的同情，而对面惨白的墙和铁丝隔离带突出了卢里的边缘化

四、欲望伦理之罪的表达与转换：《洛丽塔》

《洛丽塔》讲述了一个中年男人亨伯特与少女洛丽塔之间产生的“忘年恋”，以致最后彼此都消亡的故事。亨伯特年幼时初恋的女孩死后，他便一直保留着对十二三岁少女的迷恋情结。一次偶然找寻住房的机会，亨伯特在后院遇见了性感迷人的“小妖精”洛丽塔，从此便一发不可收拾地爱上了她，与此同时，洛丽塔的母亲对亨伯特也别有好感，有着畸形恋的亨伯特为了留在洛丽塔身边便娶了洛丽塔的母亲夏洛特。私底下的亨伯特常常为洛丽塔写日记，无意中这些露骨的日记被母亲夏洛特发现，感到绝望的夏洛特冲出家门不幸被车撞死，而亨伯特则名正言顺地成了洛丽塔的监护人，洛丽塔与亨伯特两人虽有父女之名，却无父女之实。亨伯特带着洛丽塔周游美国，尽可能给洛丽塔想要的东西使其受惑，然而好景不长，洛丽塔对亨伯特渐渐失去了兴趣，企图摆脱亨伯特。期间洛丽塔爱上了编剧奎尔蒂，两人设局摆脱了亨伯特，而三年之后亨伯特收到了洛丽塔怀孕需要金钱救助的信，见了面后，洛丽塔的丈夫竟然不是奎尔蒂，此时的洛丽塔已是一个韶华消逝、不再可人的妇女，离去的亨伯特最后把奎尔蒂杀了，同年洛丽塔也死于难产。

1. 叙事中的多元化选择

(1)纳博科夫的叙事手段

小说《洛丽塔》全篇所采用的是主人公以自白书的形式来诉说自己的“罪行”，通篇采用了第一人称作为叙述的角度，将描写主体焦点聚集在亨伯特的身上，其中大量地刻画了他的内心世界。第一人称的特质是拉近了小说人物与读者的距离，在阅读的过程中更容易解读主人公的潜在意识与故事内涵。按照元小说“文本中包含文本”的特质，《洛丽塔》当中的虚构性和不确定性比麦克尤恩的《赎罪》更加强烈，《赎罪》的不确定性和虚构性在于结构上，而纳博科夫的不确定性和虚构性体现在众多的细节中。

在时间的设置上，当读者按照页面的正常顺序阅读，小说中的时间是在亨伯特入狱的时候开始，所有的事情都已经发生，因此整部著作是人物亨伯特的回忆录、自白书，属于倒叙，大框架的倒叙中其实是包含了顺叙的。在这篇自白书里，纳博科夫又反复用到了插叙，如他一开始的自白是表达了对洛丽塔爱入骨髓的情怀，然而笔锋一转：“实际上，要是有年夏天我没有爱上某个小女孩的话，可能根本就没有洛丽塔。”某个小女孩指的是安娜贝尔，也就是亨伯特的初恋，这时候亨伯特开始叙述他和安娜贝尔之间的美好回忆，属于插叙。时空的概念在纳博科夫的设计下变得模糊，甚至显得有点随心所欲。

在话题的选择上，尽管纳博科夫解释说《洛丽塔》不带有明显的说教和批判意识，我们却不能排除纳博科夫在叙事主题上带有技巧性的选择。如亨伯特一开始坦言了自己是个杀人犯，也承认了自己有罪，但是却玩味地说：“你永远可以指望一个杀人犯写出一手绝妙文章。”事实上在这个过程中亨伯特的罪行是被淡化了的，亨伯特的主题是洛丽塔，纳博科夫的主题是营造一个有趣的故事，亨伯特在“写作”中下意识地与读者产生交流，甚至会假设读者的想法与情境，当故事进行到一定的阶段，以及亨伯特最后杀死了奎尔蒂，他在堆砌的情感之下把“罪”嫁接到了奎尔蒂的身上，认为奎尔蒂剥夺了他赎罪的机会。清醒的读者会明白，亨伯特实际上也在一步步种下自己的罪，只是这个罪在纳博科夫利用叙事时间的错乱、词语的玩味性的技巧里被逐渐弱化。

(2)库布里克的情节选择

电影替换、革新了小说中的情节，主要原因是要服务于主题。库布里克在《洛丽塔》这个奇妙的“花蝴蝶”背后，选择了剧情冲突这一环节来表达。受制于传统的好莱坞表现手法，库布里克也选择了突出人物关系之间的滑稽和当时美国社会的氛围。库布里克版《洛丽塔》把亨伯特枪杀奎尔蒂的情节放在了开头设置悬念，接着亨伯特叙述自己到美国的缘由(实际上，在库布里克版《洛丽塔》中第一人称的叙事仅仅用在这一环节，并且只是简洁带过，其余的故事展开基本采用了第三人称)，之后便展开了与洛丽塔的奇妙旅程，直到影片结尾运用了环形叙事的手法重回到一开始枪杀奎尔蒂的画面。库布里克在《论电影》中曾提出对情节设计的看法：“我认为最好的情节是不明显的情节。我喜欢娓娓道来，开始时只是潜入观众的皮肤，渐渐地渗透到他们的全身，他们会欣赏优雅的笔触和柔软的基调，是用情节点和悬念给他们当头一棒。”[7]

当第一人称作为独白被削弱后，并且不作为主要的叙述焦点时，库布里克便不遗余力地打造他的“悬疑电影”，塑造了一个个荒诞的角色和情节。诚如，库布里克在片头就用一个长特写镜头，只出现一只干净白皙的脚丫，一只手不紧不慢地给洛丽塔涂指甲油，这个镜头在影片的后半部亨伯特带着洛丽塔出游的时候得到了“回放”，此时也暗示了一种追求与被追求的关系。诸如此类具有暗示性和幽默性的情节还有许多，如亨伯特在床前与洛丽塔的母亲夏洛特亲热时却目不转睛地盯着洛丽塔的照片；在一场转场中，库布里克画面急转跳到了一张极其恐怖的脸上，镜头再转，原来是亨伯特、洛丽塔、夏洛特三人一起看电影，亨伯特在母女俩的中间，当夏洛特感到害怕时握住了亨伯特的手他却立马抽开了，而洛丽塔将手搭在亨伯特手上时他却立即握上了自己的另一只手，夏洛特随即又握在了他们俩的手上，五只手叠加在一起，当夏洛特意识到什么的时候，脸上怪异的表情显得分外滑稽；另外，亨伯特在枪杀奎尔蒂的时候，神志不清的奎尔蒂却试图与亨伯特打乒乓球。这些叙述情节和黑色幽默的气氛渲染都刻上了库布里克的烙印，因此影片的风格选择不在于刻画这个“罪”，而是让“罪”作为一个出发点引出影片的故事性和情节感。

库布里克改编《洛丽塔》在20世纪的60年代，在当时《洛丽塔》仍然是一部饱受争议的作品，库布里克在寻找演员的过程中也遭受了许多坎坷的经历，因此我们也可以理解为什么《洛丽塔》会删掉大量的关于“色情描写”、亨伯特对洛丽塔狂热迷恋的相关情节，继而采取了情节的冲突、美式黑色幽默的影片风格，除了因为库布里克本人对悬念情节和黑色幽默影片的钟爱，还有一个原因也是来源于社会舆论的压力。当时的库布里克希望纳博科夫来完成剧本的创作，尽管纳博科夫给出了400页的剧本，但是却拒绝好莱坞式的改编。“从一开始，《洛丽塔》就似乎注定无法完整地搬上银幕。直到1976年的《出租汽车司机》和1978年的《雏妓》出现后，好莱坞才算对朱迪·福斯特和波姬·小丝这样以性感形象露面的年轻女演员开了绿灯，尽管如此，她们还是激怒了很多人。哈里斯说：‘我们决定把它处理成一个怪异的爱情故事，并不打算表现亨伯特对小女孩的偏好。’”[8]这是影片的商业性影响了它的叙事手法与叙述元素(包括剧情设计、演员安排等)的革新，电影区别于文学作品较为明显的是它的形象符号会受到市场的引导，进而影响导演的“二次创作”。

(3)阿德里安·莱恩的戏仿

电影中的“戏仿”源自喜剧中的修辞与模仿，最初的戏仿称作“拙劣滑稽的模仿”，但在后现代语境中，戏仿逐渐引申出多重意义，即模拟诗词、模拟文体、模拟表演等相关“模仿”，一定程度上戏仿可以说与“互文性”构成了较大的关联，无论是文学作品还是影视作品都是建立在一定的参照与模仿之中，即使是纳博科夫的原著《洛丽塔》其中也包含了大量的“戏仿”，如引用当时的现象及名人做修辞润色，最为明显的是对弗洛伊德式的精神分析提出了质疑。因此，笔者认为莱恩导演的《洛丽塔》或是“戏仿”程度最大化的版本。

阿德里安·莱恩在1997年再次翻拍了《洛丽塔》，与库布里克的选择方向不同，他选择了把“罪”延伸到亨伯特的内心深处，那颗为洛丽塔而躁动的心最后走向了破碎，营造了一种具有时代背景的爱情电影。莱恩主打把《洛丽塔》在电影的特性之上向库布里克致敬，在人物塑造、情欲打造和叙事格调上向小说《洛丽塔》靠拢。

①叙事

97版的《洛丽塔》承袭了库布里克的“将结局前置”的手法，在叙述上莱恩没有表现尽，他只是让亨伯特杀了人之后神志不清地在山路上开车，并没有像库布里克直接把案发现场前置，但是在情节内容上照搬了纳博科夫的故事发展顺序，较为明显的是增加了亨伯特童年时的初恋安娜贝尔的出场，令亨伯特的种种行为有了“罪源”。与库布里克的叙事内容相比，增加了这一情节一定程度上是解释了亨伯特恋童癖的缘由，库布里克在影片中断然剔除了这一情节，一开始表现了亨伯特作为一个冷酷杀手实则是为悬疑的情节服务，但也难免令亨伯特后来恋童癖的表现显得有些空穴来风。

莱恩为了延续和表现原著的内涵，在开头和结尾采用了第三人称的摄影机视角，但是却由亨伯特作为旁白来读出小说原句：“早晨，她是洛，平凡的洛……可是在我的怀里，她是永远的洛丽塔。”这时导演采用了特写，慢慢拉近亨伯特木讷呆滞的脸，旁白继续说：“洛丽塔是我的生命之光，欲望之火，同时也是我的罪恶，我的灵魂。”亨伯特的“罪恶”就此展开，结尾承接开头故事发展的时间顺序，亨伯特被警察追查逃到一座山上，镜头缓缓拉近山下的景色，“罪恶”再次回归亨伯特的内心：“当时，我耳边响起的是一片孩童的欢笑声，令我心灰意冷的不是身边没有洛丽塔，而是欢笑声中没有她。”这种内心的表达在库布里克版《洛丽塔》中是没有的，库布里克表现亨伯特时更像是一个“观察者”，而莱恩以剧中主角来作为旁白的手法，主要目的是深入主人公的内心世界。

②尺度把握

莱恩改编的《洛丽塔》将亨伯特与洛之间情欲的部分表现出来了，还原了小说之间的人物关系。首先在服装妆容的选择上，莱恩版本的洛丽塔更贴合原著；演员有内心化的表达，在枪杀奎尔蒂时表现得残忍而血腥，尺度大增；饰演洛丽塔的演员的身材与样貌也不如库布里克版中的那么“美丽、纯粹”，莱恩版本把洛丽塔打造成了“罪源”，洛丽塔本身就是个罪孽、性感的小妖精，她没有同龄人的天真无邪，她甚至会主动示好，一定程度上将亨伯特与奎尔蒂玩弄于股掌之中，这与小说中的形象是贴合的。

2. 文字游戏的神韵到符号构建的电影化

“而我呢，正好是这样的作者：着手写一本书的时候，并没有别的目的，只想这本书尽快脱稿，在要求说明这书的起源和成书的过程的时候，则非得依靠‘灵感和关联情节的相互影响’这样的术语。”这是纳博科夫在1956年的一篇《关于一本题名洛丽塔的书》的文章中提到的。“灵感”，这是一个只可意会不可言传的词汇，它充满着不确定性因素。从这句话不难看出纳博科夫那种致力于纯艺术创作的旨趣，小说只是作为一种施展文字才华的手段，亨伯特饱受争议的畸形恋也只是作为一个故事的落脚点，这是纳博科夫的聪明之处。

纳博科夫对文字的掌控与游戏，《洛丽塔》给予了他最广阔的空间，他几乎不受外界的限制，与纳博科夫的内心达到了某种似是而非的境界，这种文字游戏的意识体现在了《洛丽塔》中大量的双关语、典故，以及对英文单词读音首字母相同的“对偶式”拼接中，无论是开头或是结尾，都暗含戏谑与虚构性的词句：如亨伯特的名字为“亨伯特·亨伯特”；洛丽塔的母亲把她送到“Q营地”，“Q”其中具有暗示奎尔蒂(Quilty)的意味，已经开始缓缓进入奎尔蒂的圈套，当然这是来自亨伯特的忏悔书；亨伯特枪杀奎尔蒂这一幕两人在地上厮打时，纳博科夫是如此描写的：“我压住他，我们压住我，他们压住他，我们压住我们。”此时的亨伯特与奎尔蒂已融为一体；“高贵的六翼天使”、“海上老人”分别取自《圣经·旧约·以赛亚书》与《一千零一夜》；如中文版《洛丽塔》中的那句“我的迷人精、我的司机、阿门、阿哈阿门”，英文原文是“my charin’，my carmen，ahmen，ahahamen”，charin’与carmen同音；译本“正如心理疗法大夫和强奸犯都会告诉你的那样”，“心理疗法大夫”原文是therapist，拆开即是the rapist，带有强奸犯的意思……大量的例子都证明了要完整地将《洛丽塔》原著的韵味转换成画面，几乎是不能的，但为什么像库布里克和莱恩这样有经验的电影人还会冒着这么大的风险去改编《洛丽塔》呢？

原因在于纳博科夫不仅塑造了“文学的”《洛丽塔》，同时他还打造了“电影化的”《洛丽塔》，实际上这部小说包含增加了当时好莱坞影片的多种需求，从这个方向看，小说《洛丽塔》也在塑造一种符号：洛丽塔的故事脚本荒诞怪异，绝无仅有，满足了剧本的需求；纳博科夫塑造的少女洛丽塔实际意义上并不是一个少女形象，她懂得运用手段将男人控制于股掌，性感貌美、天真烂漫集于一身，“蜜黄色的皮肤”、“细胳膊”、“褐色的短发”、“长睫毛”、“鲜亮的大嘴”，这些描述性的文字都表明了洛是一个好莱坞式的娇俏情人，她的形象是非常鲜明、电影化的；而电影洛丽塔(库布里克版)本质上是迎合了小说的人物、背景和故事情节，通过电影技术来创造一种符号，实现故事情节到真实画面的转换，只是一种符号的构建。

五、小说到电影的改编与认同

1. 共通与差异

无论是电影或是小说，都毫无疑问是建立在一定的历史背景、社会背景、前人的作品创作之上的，小说与小说之间、电影与电影之间、小说与电影之间都存在“互文性”的交叉构建，两者之间相互取材，小说借助电影的手法将人物形象塑造得更加鲜明、结构更加引人入胜，如《耻》中大量的对话情节直接充当剧情、《洛丽塔》的符号构建与剧情冲突、《赎罪》的元小说叙事策略营造的剧情冲突和惊奇感，这与电影的需求是一致的。

由于媒介的不同，表达方式和叙事手段有时也相互背离，小说通常需要大量地描写主人公的内心，整篇小说可以是主人公的自白，小说中也常常存在“无所不知的叙述者”，他知道关于这个小说故事的任何东西；电影受制于“摄影机”的视角，一定会有“第三人称式”的表达来描写客观环境。小说的叙事来自文字的组合，而电影是通过声、像、镜头来表达，因此小说的想象空间更加广阔，我们在阅读文本的时候，画面的建立与附加需要我们发挥自身的想象力，电影最终是画面呈现，人物形象、故事情节已被塑造成形，观众想象力的发挥相对减弱。当然，电影的表达空间更加广阔，观众需要建立品析声音空间、画面空间、镜头语言的素质，一定程度上还需要了解小说原著的表达才能更好地去诠释一部电影作品。小说与电影就如同两条相交线，在某个点上两者相交，而在某个点之后两者却越离越远。

2. 电影对小说的忠实度与背离

无论电影改编如何“意识流”，如何将小说叙事内容分割得支离破碎，电影创作的过程始终都是一个“模拟”的过程，将文字表达符号化，客观因素、主观因素都令这个过程绝对达不到对原著的照搬，导演需要在小说的基础内容之上建立自己的影像语言。可以说当形象画面替代了文字语言，影像就不纯粹是一种作品表达，同时它是一种商品，它既要符合影像表达的基本规则同时还要满足于大众需求。

因此通过对这三部作品的分析总结出三种基础影视改编规律：(1)模仿，如《耻》与莱恩版本的《洛丽塔》。这种改编的方式极力还原小说中的人物形象，尤其是剧情的衔接与安排都尽可能参照原著的顺序，这类作品旨在将优秀的文学作品形象化地呈现给观众，完成读者渴望还原的阅读体验。(2)设计新的叙事元素，“声音本身所具有的表现性与象征性超出了它所能传达的信息以及伴随它的画面”[9]，如《赎罪》中利用打字机声效丰富了情节内涵，配乐作为一种叙事元素是影像表达所特有的，它可以通过设计让改编变得立体而不是毫无创新地照搬，除此之外还有许多视听叙事表达这里不再一一举例。(3)解构重组，这类改编导演倾向于创造自己的作品风格，借助原著的基本人物关系与故事线索发挥想象的空间，将情节改编朝着主题选择推进，库布里克版《洛丽塔》正是基于这种想象空间打造了一种别样的、黑色幽默的《洛丽塔》。

而影视改编的背离则基于这两方面：无法还原的人物与无法传递的文字神韵。小说主要目的在于将人物或者事件塑造“完整”，小说作者会刻画大量的内心独白或者全面剖析事情的原原本本，电影改编后人物关系与人物塑造最多只能形成一种指涉性的关系，电影《耻》中“因越界造成的罪”实际上并没有表现完整，人物关系被定位在主要的几个人物上，而其他的辅助性人物由于时间或制作的原因并未表现；《洛丽塔》中大量的典故与纳博科夫美轮美奂的文字也无法被转换成影像，大段大段具有韵味却无法形成剧情链接的文字被剔除，这是电影改编的局限。

3. 作者的理解与解读者的理解

影视作品改编是“危险”的，“对于电影来说，叙事的造物力量特别难以获得认可。文学文本从单纯的文字中创造世界，可是电影呈现给我们的却是丰富的图像与声音阵列，音像阵列直接就产生一个密密匝匝的具象世界。”[10]所以从表达手段上，电影比小说更复杂，观众需要做复杂的工作才能辨识这个空间。媒介自身规律不同、创作者思想不同，再现不可能是完全再现，电影改编者能完整捕捉的只有小说的主题思想和内涵，在这层转换中导演更关注的是对画面的接受程度，导演作为最为最直接的“说书人”还需要摒弃直译转换成意译，因此创作者的文化背景、创作风格(包括原著的写作风格)、主观理解都会令创作者在纷繁的文字世界中另辟蹊径，选择他所需要的要素服务于电影的完成。

麦克尤恩的小说《赎罪》对“罪”是提出质疑的，在小说文本中，作者并没有让布里奥妮完成救赎，抑或可以说是无罪可赎，她的灵魂仍然是一个空心的状态，掌控了文字并不等于掌控了世界，在这个过程中布里奥妮最终并不是因为赎罪而赎罪，而是因为赎罪的需要明白了什么是“罪”。电影版本的《赎罪》结局采取了电视采访布里奥妮，由她来说出所谓的一厢情愿的“赎罪”，电影给予布里奥妮的赎罪行为是肯定的、完成式的圆满结局。库切的《耻》建立在南非动荡的变革社会之下，而库切的文化背景与出生背景不得不令解读者往“殖民主义”方向去解读，这个层面也反映了作者的所思所想与他生活的社会环境形成了很大的“互文”，然而正如一个导演关心影片画面的接受度一样，小说家更在乎自己的文字表达的创新与艺术内涵，因此，小说《耻》的罪则是个人的“罪”，与南非的殖民主义呈相关性，而非还原历史(这里并不否认作为一种历史的参照)。《洛丽塔》的“罪”则更是体现了文字创作与影像创作的艺术性，“……而纳博科夫此时表现出的专业水准令所有人都惊讶，他不像一个正襟危坐、不苟言笑的文学家，而是一位和制片商谈判游刃有余、深谙电影行业的潜规则的电影人……他不会让自己的作品石沉大海，他了解文化产业的运作，有意识地运用这些运转中的规则将自己的作品积极推向大众”[11]。所以我们有理由相信，“罪”只是一种最原始的落脚点，笔者认为《洛丽塔》之所以经久不衰是基于它的多样性，人物的形象设计、时代背景，不伦之恋极大地满足了追求阅读快感的读者；而叙事手法、行文构造又满足了结构主义者的研究；剧情设计配合人物的鲜明时代特点及商业性的噱头，满足了电影可视化的转变和电影生产中的营销策略；辞藻运用、语言的张力、游戏式的英文写作也满足了文学研究者的探究与赏析；更有甚者，则认为其中的性幻想与亨伯特精神状态为弗洛伊德式精神分析学提供了有效的文本；至于现在，洛丽塔已转变成一种符号，“萝莉”文化的象征。

在小说《洛丽塔》的序文中提出了“不可靠读者”的概念，“不可靠读者”可以理解为其解读是建立在自身的认知和主观意识上的，《洛丽塔》有各式各样的层次解读，解读者将焦点聚集在作品本身，去探讨其中的“不可靠叙述者”，分析其叙事层面，却不容易意识到自己是一个“不可靠读者”，还原到现实之内与其他改编作品之中，这种“不可靠读者”依然成立，这种不可靠则来自解读者不同的身份、文化、信仰、社会背景的种种影响，简而言之则是“横看成岭侧成峰，远近高低各不同”。

在这种“不可靠读者”中，我们可以相对地探讨解读的深度问题，这个深度可以概括为：小说内容的保留程度与小说精神内涵的理解程度。小说内容（人物关系、故事线等）的保留是改编的基础，对于精神内涵的解读却是对改编者水平的考验。因此解读也会朝三个方向发展，一是小说叙事元素总动员，全员照搬，依葫芦画瓢；二是把精神内核大众化，以一种通俗的形式向大众展现；三是借巨人的肩膀，将电影诗化或者深度化。大部分的改编只能做到前两者，做到第三种却不易，即使是公认的大师也未必能做到，除了考验改编者对镜头语言的掌控能力，更多地还源自文学素养和哲学思辨，在这一点上，文学到电影的路上还有许多空间可以拓展，也值得去思考。

六、结语

综上分析，电影对“罪”的阐释是建立在小说的基础之上的，三部小说与电影有着较强的互文本关系。在叙事手段运用上小说无法达到电影的视、听盛宴，及符号化的形象代码，而电影由于受到时间和空间的关系也达不到小说中的抽象概念与文字语言美，电影叙事显然是达不到小说般的炉火纯青和极致，在大量的文字组合面前导演无疑是需要“断章取义”的，但即便是达不到彼此的特殊性作用，小说与电影仍然以其自身的特点向读者（观众）传递了作品自身的内在价值和叙事策略。“罪”也作为本文研究的一个落脚点，探讨了小说到电影转换中“罪”这个主题因素在声音、画面、导演风格等几种方式的影响下，抑或受到市场的引导，衍生了不一样的叙事效果，我们无须去探讨电影的好坏、忠实的程度，它只是一种创作者相对个人化的解读，无论是阅读还是观影都是一种创作者将符号产生，被叙述者（读者、观众）继而接受的过程，这个过程会因为思维方式的不同而产生不同的理解。

（作者：黄秀冰，东莞理工学院文学院学生；严前海，东莞理工学院文学院教授，博士）

亲切感的场所。正如列斐伏尔所言，“空间中弥漫着社会关系，它不仅被社会关系支持，也生产社会关系并被社会关系所生产”，庙宇这个熟悉的空间为南下的华人社群关系所支持，使同乡人更加团结并进一步地因为这种团结而形成新的、更深一层的交往模式。

除了作为维护同乡情谊的生活空间与场所，天福宫也成为英属殖民地内，华人聚集缅怀故国的地方。19 世纪的新加坡华侨多数都还是效忠于清廷，国家认同是中国清朝政权[65]，习俗上也拒绝被“异乡”所同化，从以下三张照片中华人的穿着打扮，我们能够感受到华人从“衣”乃至“食、住、行”中体现出的传统中国式情怀。

图 9　(左)1905 年，家境富裕的海峡侨生妇女；(中)1907 年，两名华籍男子和一名小孩的合影，图中三人皆着满服；(右)1920 年，穿着传统结婚礼服的新人。以此推测，早前的华人在正式场合中穿的都是满族礼服

与此同时，天福宫《建庙碑记》的字里行间虽无明确的故国之思，但更早一些的福建人组织，如新加坡永春会馆《永春会馆告阙成功》[66]碑文中便以中国永春为“乡园”并自称“重洋羁旅中人”，《恒山亭碑》[67]也称新加坡为“异国”，称中国为“家乡”。由此可见，当时的华侨仍具有强烈的故国情结，心系祖国并强调自己的中国血统、与中国家庭的血缘联系，乃至于儒家思想精神面貌、文化认同等等。这一切都促使着华人投奔能够代表家乡形象的空间与组织。而带有浓厚中华文化、建筑风情与宗教气息的寺庙便意味着中华空间和传统民俗生活的延续。

随着时间推移，华侨开始在新加坡定居并繁衍下一代，身份上从华侨转为华人，心理认同上从“落叶归根”转为“落地生根”，对于空间的理解也“跳出感知，进入认知”[68]。英殖民地政府始终对社会秩序的管理采用“自治”模式，交由各移民社团内部自行管理日常事务。在此期间，不同方言群体的人力、财力、势力逐渐壮大，开始拥有专属的寺庙、公冢[69]和学校，而累计起一定财富的华商也开始诉诸权力的掌控，更积极地、系统地管理着同乡人事务和各自的方言群体。自此，方言群体开始形成有规模有组织的“帮”。学界对“帮”(Pang，Clan Associations)的定义是：以方言为认同基础而形成的带有地缘性的人群划分方式，进而“以某些领袖人物和某个(或几个)同乡会馆为中心，靠约定成俗的规矩，控制同种方言的华侨(包括相关会馆)，对华侨社会的各种组织形成影响，甚至起支配作用”。[70]19世纪[71]，在还未形成会馆的情况下，华人庙宇成为方言群体的议事场所，进而庙宇和帮权社会的联系最为密切。在此背景下，被认为是“早期新加坡福建帮最高层次、最高规格的庙”乃至“本坡闽籍全省公众香火”的天福宫，逐渐成为福建帮领袖聚集讨论同乡事务的场所，即福建帮总机构。

实际上，我们也可以做出大胆的猜测：未建庙前，天福宫董事会成员或许已有建立会馆或同乡联合机构的想法。据史料记载，1828年，闽籍富商陈笃生等[72]先后向Cowee Toang、Sim Loo-ah和沈允(Sim Hoon)[73]、曾和生[74]等几名华人购买原本用于建厝的8块土地，兴建天福宫。1839年，陈笃生率领11位各方言帮的头面人物筹募三万银圆巨资，在妈祖祀坛小庙的基础上扩建天福宫，许多捐款人是经营海运商务的帆船船主，1840年天福宫落成。当时倡议建庙之人后来成为庙宇的总领导人，又任福建群体的总领袖，可见天福宫作为政治空间的背景。时至今日，天福宫的地契也一直都保留在福建会馆，由会馆主席或馆长保管。

作为管理福建族群的最高总机构，庙宇空间和社团组织形成了“重叠的双重结构”[75]，由同样一群大董事和大总理组成领导层，办公地点也都在天福宫里。1840年至1913年，现在摆放孔子神像的“画一轩”曾是领导层的“会议室”，门额高悬“会馆”匾额，堂上供奉关帝，象征族群团结义气；1913年，时任天福宫大董事陈武烈觉得天福宫内的画一轩空间太小，于是将天福宫左侧的庆德会右廊和另一栋住屋改建成两层楼高的会馆馆舍，庙宇与会馆开始有了初步的地理和职能区分。1916年，天福宫进行现代化改组，向英殖民地政府提出备案，申请注册成为正式社团。1919年，福建会馆正式从天福宫内部搬离，迁入与天福宫毗邻的新馆，新馆紧挨“崇文阁”，自此福建帮事务转由“天福宫福建会馆(Thean Hock Keong/ Thian Hock Keng Hokkien Huay Kwan)”打理，进入“会馆正式领导的时代”[76]。该馆址一直沿用至2014年，足足有一百年历史。

图 10　19 世纪 60 年代(上左)[77]和 2015 年(上右)[78]的画一轩，昔日的关帝像被今天的孔子像取代；天福宫创建初期到 1916 年的新加坡福建会馆办事基地(下)

表 2　新加坡福建会馆正式建馆时间表

时间	会馆建馆大事记
1915	领导层对会馆进行现代化改组，律师拟制章程，向英政府申请注册成为正式社团
1916	英殖民地政府批准豁免福建会馆的注册，将其定名为“天福宫福建会馆”，当时的第一任正董事为银行家薛中华(1886—1940，薛佛记曾孙)
1937	在会长陈嘉庚领导下，改名“新加坡福建会馆”，定性为“非盈利有限公司”[79]

1916 年之前，任何一位福建帮领导的塑造过程都离不开总机构(天福宫)的政治空间；闽帮领导要“上位”，往往得先在帮内总机构奠定领导地位，然后热心公众事业，将影响力扩散至整个华人社会，最终获得当权者(英国殖民地政府、

清政府等）的封号和委任状，从而确立闽人群体，乃至整体华人社团的领袖地位，以此确立名声的代表人物有陈笃生、薛佛记、陈金钟，其中来自马六甲的富商薛佛记和陈笃生家族牢牢掌控天福宫的实权，其他后来居上的领袖人物，如陈金声[80]和章芳林等只能充当辅助性角色。

表 3　1840 年至 1916 年的天福宫领导层与历任董事的贡献

任期	天福宫正董事/总领导人	其他董事	重要事迹与贡献
1839—1840	陈笃生（Tan Tock Seng）漳州海澄县人，生于马六甲	薛佛记（Si Hoo Keh）、龚光传；两人均生于马六甲	1840 年，陈笃生是天福宫修建时的最大捐赠者，共捐 3 074 元[81]。薛佛记捐 2 400 元，排名第二 1842 年《南京条约》和 1860 年《天津条约》后，闽帮人口快速增加，陈笃生与陈金钟父子管理帮内事务并维持与英殖民地政府的良好关系 1844 年，建立“陈笃生贫民医院” 1846 年，英国海峡殖民地政府封陈笃生为“太平局绅”
1850—1892	陈金钟（Tan Kim Cheng）漳州海澄县人，生于马六甲	邱正忠（财政）[82]、蔡绵溪；两人都是漳州海澄县人	证婚（建立婚姻注册制度）、管理公冢 1865 年，陈金钟成为“太平局绅”[83] 1877 年，清政府在新加坡设立领事馆[84]，新马华人也充分彰显其民族主义，先后支持中国 1884 年的反法战争、庆祝皇帝和皇太后的诞辰、欢迎中国舰队访问新加坡[85]，也建立中国文化相关的团体，如“会贤社”、“图南社”[86]。19 世纪末，华人领导和富商也在节庆期间换上清朝士袍并带上清朝士大夫的官帽[87]，可见其对于清廷的效忠 1881 年至 1891 年，左秉隆任新加坡领事 1881 年，左秉隆将“显彻幽明”匾额赠给天福宫
1892—1897	蔡绵溪 漳州海澄县人		（陈金钟和邱正忠相继去世，蔡绵溪填补正董事空缺，但不掌握实权）
1897—1915	陈武烈（Tan Boo Liat）漳州海澄县人	李清渊、邱新再	福建会馆独立于天福宫，办公空间增加，庙务与馆务分离，便于现代化系统管理 1899 年，任新加坡华人女子中学校财政 1900 年，发起海峡英籍华人公会 1906 年，天福宫重修 1907 至 1910 年，左秉隆再任新加坡领事 1911 年武昌起义成功后，清政府被推翻，陈武烈参与福建保安捐[88]的工作，在会馆内组织福建保安会，为新成立的闽省政府筹款，建立新福建

在1840年至1916年之间，天福宫经常被人称为“天福宫公司”[89]、“福建公司”、“天福宫福建会馆”[90]，甚至于1898年《海峡华人杂志》(Straits Chinese Magazine)的一篇文章[91]竟直接称天福宫为“福建庙”，可见天福宫在当时几乎可算是福建群体的“代言人”。据《新加坡史》一书记载，“新加坡的福建会馆建于1839年”[92]，即天福宫创建的时期，可见当时天福宫已经具有兼任福建会馆的作用。而这段时间内，寺庙和会馆始终存在着一而二、二而一的关系，性质随时都可切换。历代闽帮领袖就在这里处理华社事务、协调商务、筹募赈济善款、为闽邑族人主持结婚注册，使天福宫长期具有完全领导福建族群的权威地位[93]。因此，天福宫像是社会的缩影，具有以小喻大的空间特征；天福宫的最高领导层同时喻示着新加坡福建帮，乃至整体华社的领导人地位，也往往由社会中财富显赫的“头家(Towkay，指‘大老板’)”构成，是上层[94]社会中的佼佼者。与其称之为巧合，不如认同天福宫(福建会馆)作为运行“帮权”的政治空间。

列斐伏尔指出，空间是一个关系化与生产过程化的动词，不仅仅是指事物处于一定的地点场景之中的经验性设置，也是指一种习惯实践，最好理解为“社会秩序的空间化(spatialisation of social order)”[95]，即一种发生在社会活动与空间和社会地理环境各方面之间的、生产的经济方式与文化想象之间的过程。哈贝马斯的交往行为理论也认为，现代世界中的“生活世界”构成了交往实践的背景，在生活世界当中，交往主体努力共同解决他们日常生活中遇到的问题。[96]

天福宫作为闽帮总机构，经常要处理福建群体的日常事务，如维护群体的社会秩序、调节社会交往与经济互动等，所以从天福宫衍生的领导权往往在很多层面上影响着普通民众的生活世界。例如，19世纪中期时，各个帮会依靠经营苦力贸易和掌控娼妓发财，而天福宫却赋有完全支配福建人的威权，天福宫大董事禁止福建女子当娼，立法森严，无人敢破坏[97]。又如，从天福宫第二届领导层开始，陈金钟开始以其大董事的身份权力，为福建籍人士证婚，而天福宫便成为初期的证婚场所。《石叻古迹》称，唯有“经它(天福宫)颁发婚书，才是合法的婚配”[98]，虽然有些夸张之嫌，却也证实了天福宫在经营世俗空间中的权威性。

据英国公务员维汉(J. D. Vaughan)于1879年记载：“许多福建籍新婚夫妇有时在天福宫两侧厅堂举行婚礼，陈金钟在天福宫建立婚姻注册制度，并以他崇高的社会地位，为他们主持证婚。这项服务被认为对华人社会很有益处，而且越来越受到人们的接受”。[99]值得一提的是，证婚人将在婚礼证书上签字，因此证婚仪式也将拉近领导者与普通民众之间的距离。以下图片分别展示了证婚相关文件，并显示“证婚”逐渐成为当时华人社会中的惯例。后来，20 世纪 30 年代华社兴起在会馆内主持“集团结婚”，而福建会馆于 1956 年至 1960 年间共举办了 17 届[100]集团结婚，更是受到了 20 世纪 30 年代福建会馆内“证婚”之影响。

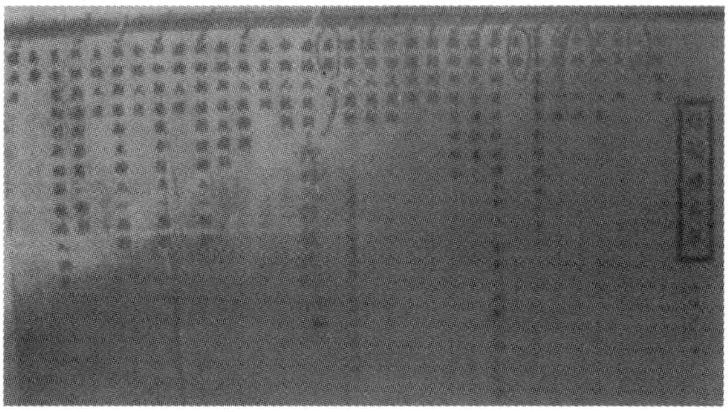

图 11　婚礼节目表[101]，证婚环节在婚礼前半段进行

图 12　带有证婚人姓名的结婚证书[102]

图 13　(左)福建同安会馆[103](Tung Ann Huay Kwan)和(右)龙溪会馆[104](Leong Khay Huay Kwan)为会员证婚

除此之外，天福宫领导者也为庙务刊登招聘启事，体现世俗化的管理方式，如1897年3月27日《叻报》中《天福宫事近闻》一文："顷据坡中闽商付函本报嘱为登录函内所云，乃本坡天福宫招人承冲香火之事，详视所论夺珠合理，惟愿该宫董事人于此一事尚其细心酌核方可举行，庶见大公不至外闽人言藉藉语，云：'往者不可谏，来者犹可追，窃愿董其事者有以善国之斯可矣。'"同年4月3日《叻报》的《天福宫——招人承冲香火事》、1898年4月30日《叻报》"天福宫告白"启事[105]、1906年2月23日[106]天福宫在《叻报》刊登"招工投票"广告，广告中声明各项严格的施工要求，如产自中国的上等漆料、金箔等工料。由此可见，天福宫的修整往往采用公开招标的形式，庙务管理也聘请僧人代为效劳。尽管天福宫仍以宗教为其核心(庙务由僧人负责)，但核心领导人是世俗的政客或商人，且世俗领导者具有宗教的人事管理权。

天福宫的土地权掌握在领导层的富商手中；闽帮领袖热衷于为天福宫与闽帮业务置地，如戏台后方等地，以至于位于戏台后方的史丹利街(Stanley Street)一度被称为"戏台后"。截至1897年，天福宫已在市区拥有十三处地产[107]。天福宫董事对土地的管理和经营权十分重视。1826年至1867年由加尔各答印度殖民地总督管辖的海峡殖民地政府[108](Straits Settlement Government)，1840年建庙时，将天福宫宫前的一小块地段馈赠给天福宫，用来演戏酬神和举行其他宗教仪式。天福宫董事会对该戏台极为重视，1880年曾有一位署名"华籍居民"的读者致函《海峡时报》(The Straits Times)，担心庙前空地将被政府收回并拍卖给前印度政府。翌日，天福宫大董事陈金声便复函澄清天福宫董事并没有接到政府关于收回、变卖，或要天福宫出资购买前印度政府捐赠给直落亚逸华人庙的小块地皮；回复速度之快显示董事会对天福宫事务和土地管理的时刻关注。天福宫也拥有绝对的土地支配权，如在不同时代为戏台进行不同的归置：大戏台于1850年修建完整，每年神诞庆典，延请戏班演戏，是"市区民众重要的文娱大会场"，1915年创建崇福女学校后，戏台围栏内的场地也成为学生们上体育课的大操场。戏台于1954年拆除，原址建造福建会馆大厦。

最后，天福宫领导层也具有规划、决议、分置围绕寺庙和会馆的政治权力的规划能力。如1897年，陈武烈成为天福宫大董事，意图拓展天福宫领导层，从福建人聚集的五股头(即五条街)——源顺街、顺丰街、中街、兴隆街、三美街中，各选两名协理，共十人，轮流查察天福宫事务[109]，使五股头负责人同享帮权。而围绕天福宫的庆典，向来也是个争夺“面子”和权力的地方，如五股头在“迎神赛会”中，“各备台阁[110]、鼓乐、马队及各仪仗为缀景，还有舞狮、顶马杂剧[111]”，各股在游行节目上都费尽心思，为的就是让节目“簇簇生新，斗角勾心”[112]，而舞龙舞狮、挥舞大旗等表演也是取悦神明的“比赛”。

表 4　1881 年和 1931 年的海峡殖民地华人帮派人数统计

1881 年华人人口统计[113]		1931 年华人人口统计[114]	
福建人	24 981 名	福建人	180 066 名
潮州人	22 644 名	潮州人	82 369 名
广府人	14 853 名	广府人	94 191 名
海峡侨生	9 527 名	琼州人	19 896 名
琼州人	8 319 名	客人	19 222 名
客人	6 170 名	总数	395 744 名
其他	272 名		
总数	86 766 名		

表中可见，来自漳州、泉州和永春[115]三地的福建帮是当时新加坡人口最多、财富最多、势力最大的华人方言群体，其势力分布一直到 19 世纪末期都没有改变[116]。天福宫在闽帮之外的帮权政治中占有一席之位。作为闽帮的代表机构，其政治色彩外溢到宗教领域上。不同帮派之间存在竞争关系，彼此态度并不友善，由于闽帮人多势众，潮帮和粤帮联系其他更小的方言帮派形成与之对抗的“联合阵线”。闽粤两帮政治上的不满和隔阂，早期往往通过宗教及相关领域的抗衡体现出来。例如各帮设有专属自己的寺庙和义冢，闽帮有天福宫和“恒山亭”、粤帮有粤海清庙和“碧山亭”，生前不团结，死后亦是分离的[117]。

此外，闽粤两帮每年循例游神一次。闽帮游神路线中表示的“停锣鼓”处便是潮州人的商店，闽帮游神经过潮州人或其他非闽人的商店，如果敲锣打鼓将会引起冲突。闽帮势力重大，因而其他帮派纷纷联手形成第二阵营，如粤帮的游神赛会[118]则云集广府人、潮州人、客家人和海南人等帮，形成以潮帮粤海清庙为主的联合阵线，与天福宫为根据地的福建帮进行对抗。由此可见，天福宫不仅仅是政治议事的场所，其本身也成为政治谈资的砝码。后来，帮际纷争逐渐减少，帮际之间也出现合作倾向；各帮领导人纷纷协助英政府平息帮际骚动，而“和谈”场所便是各帮的总机构。1854 年闽帮领袖陈金声和潮帮首领佘有进(Seah Eu Chin)协助英殖民地政府平息闽粤帮会党械斗；1857 年械斗则由闽帮陈金声和广帮胡亚基联手平息，领袖谈判的地点都有可能是天福宫。再后来，不仅仅是出于“和谈”目的，帮派之间的合作也是在寺庙这一个总机构内达成的，如 1887 年，华社各大帮派领导人如闽帮的陈明水、广帮的胡亚基、潮帮的陈成宝共同为山东一处粮荒募集善款，最后收集 28 000 元用以赈灾[119]。方言帮派之间，由政治竞争走向合作，在寺庙里完成，也回应了天福宫《建立碑记》上的“我唐人所共建也”所暗指的“唐人”议事空间。

图 14 早期华社私会党解决纠纷的插图[120]，后来帮派领袖介入调停纷争

三

在宗教和政治之外，更让人眼前一亮的便是天福宫及其周边所形成的文化教育网络。尽管中国古代十分看重教育和科举考试，但南来新加坡打工的华侨大都因家庭条件不佳而未曾受过高等教育。史料证明，许多华社领导人的教育水平普遍较低，而教育程度也绝非成为领导人或受到景仰的必备条件，陈若锦[121](Tan Jiak Kim)是少数受过私塾教育的闽帮领导人。在上层社会之间，华人为子弟设置就学之所，称之“蒙馆”，从当时外人的叙述可知一二，如德国传教士汤生牧师(Rev. G. H. Thomsen)在 1829 年的报告中指出，当时甘榜格南(Kampong Glam)和北京街(Pekin Street)一带有数间粤语及闽语的私塾性质的学校。但这些私塾始终不能形成大规模、大众化的教育网络。

同时，英语教育并不受英国统治者的重视；殖民地政府直至 1876 年才开始插手管理或补贴资助新加坡的英语学校。1900 年之前，新加坡基础教育乏善可陈，提供义务教育的小学和中学屈指可数。新加坡早期建立的学校都以英语作为教学媒介；英语学校除了最早的、至今名声最响的莱佛士书院(Raffles Institution)之外，还包括传教学校[122]，如 19 世纪中后期建立的圣约翰书院(St. Joseph's Institution)和英华学校(Anglo-Chinese School)。要获得教育只有两种途径：一是报名英校，二是上私塾，但英校名额始终有限，私塾学费又非常昂贵，所以普通华人家庭的孩子要上学绝非易事。20 世纪初期，受中国革新派孙中山、康有为和梁启超等人影响，中华民族的思想开始在新加坡崛起，新加坡文人开始重新兴起一股“回京赶考科举风”，富商之子邱菽园便考中举人归来。加之两位新加坡华人林文庆和宋旺相分别从苏格兰和英格兰留学归来，华人重新意识到教育的重要性，帮派也意识到教育对增强帮派实力的重要性，于是纷纷投资教育事业，培育下一代栋梁。

表 5　闽帮华文教育的里程碑

时间	闽帮办学历史
1849—1852	陈金声创建“崇文阁”
1854	陈金声创办最早的传统华人学堂“萃英书院”，位于临近天福宫的厦门街(Amoy Street)。无论家境贫富均可入学受教，属于私塾性质，萃英书院所在的厦门街又称“义学街”。后来，其子陈明水重修书院，其孙陈若锦1885 年重建书院，1911 年“中华民国”建立后由私塾改为“新式学校”，收3 元学费。1954 年学校停办
1867	立《兴建崇文阁碑记》
1906	天福宫开会商讨未来教育发展方向，内容刊于同年 12 月 26 日《叻报》中的《天福宫大会决议布告》
1907	天福宫支持设立“道南学堂”
1910	部分闽帮董事“以崇文阁所祀仓圣文昌诸神，所办义学，及检收字纸等事，以及所置屋业，全部移归天福宫兼管”[123]
1915	“崇文阁”改为“崇福女学校”
1929	福建会馆接管“崇福女学校”

在这一背景下，福建帮总机构天福宫也加入振兴文教的行列，于 1849 年和1954 年设立“崇文阁”和“萃英书院”两所义塾，即地方上出钱请教师在一个公众地方开办学校，招收家境贫寒的子弟，从性质上有别于此前只开放给贵族子弟的私塾。尽管闽帮早期设立的崇文阁、萃英书院都优先考虑本帮学生，但仍然鼓励、推动了华侨教育事业的发展。崇文阁的宗旨是“读孔孟之书，究洛闽之奥，优柔德性培养天真，化固陋为文章，变鄙俗为风雅”；《翠英书院碑文》也写“他日斯文蔚起，人人知周孔之道，使荒陬遐域，化为礼仪之邦”，可见早期华校都研习旧中国传统，教授《三字经》、《千字文》、《幼学琼林》与“四书五经”之类，也兼

习书法与珠算。值得注意的是，早期位于寺庙里的华人义塾崇文阁虽然尊重读书人，但采取的具体态度却是“敬惜字纸，功德无量”，对教育事业的尊重是基于宗教方面的考虑。而崇文阁除了教学外，也“为小亭以备焚化字纸，每岁仲春，济济多士，齐明盛服，以承祭祀，祭毕并送文灰而赴于江，以宏正道”[124]，可见初期的文化教育与宗教仍然有着千丝万缕的联系。即便如此，我们也应该肯定崇文阁和萃英书院对新加坡华文教育的启蒙意义。

20世纪初期，新加坡华社开始重视“新式学校”的概念，从私塾转变为“学堂”概念，继续推动子女教育。1906年，闽帮领袖在天福宫召开大会[125]，“兴辩蒙小两等学堂”，加上此前所设的义学，都要遵照清政府学部的规定划一教学，由天福宫董事和协理负责向各商号募捐办学经费[126]。“新式学堂”的代表为1907年所创建的“道南学堂”。1907年2月，清政府负责福建教育的官员陈宝琛(后为宣统皇帝老师)南来视察“侨教”，推动设立道南学堂[127]，同年4月道南学堂创校，天福宫三大董事及多名协理均为发起人，并于同年11月开始，招收学生百名、教师四名[128]，教学内容为“中英文分科教授，闽音官音互相讲解，均就学生之才力程度妥为教育”[129]，即因材施教。虽然道南学校最初并非由天福宫直接管辖(天福宫内的福建会馆尚未成立)，但天福宫在道南学堂成立初期起到了重大推动作用，如创办学校的决议就是在天福宫通过的，道南学堂也于1929年移交至福建会馆管理，改名“道南学校”，可见天福宫和福建会馆与早期华社教育有着千丝万缕的联系。后来严格意义上以天福宫福建会馆名义创办的第一所学校，是1915年的崇福女学校，校址设于崇文阁，50年代搬迁往对面的福建会馆大厦[130]。“崇福”是宋朝时期朝廷对妈祖的封号[131]，以“崇福”二字命名福建会馆的第一所学校，又见该校与天福宫的“密切关系”[132]。

整体而言，天福宫从两个方面与早期义塾(崇文阁和萃英书院)有着密不可分的联系：第一，学堂和寺庙在地理位置上非常相近；崇文阁和萃英书院都紧挨天福宫，可以称为天福宫空间的延长线，如1849年崇文阁便建于天福宫西边(左侧)，“反映了早期华族庙宇与文教事业的密切关系”[133]，而萃英书院亦建于离天福宫不远的厦门街(Amoy Street)。第二，学堂的创建人多为天福宫领导层和闽帮领袖。从崇文阁和翠英书院的石碑上，我们可以看出捐金兴学的人士多数是从马六甲迁徙过来的福建移民翘楚，如陈金声等人，其姓名也繁复出现在福建人寺庙，如恒山亭、庆德会、天福宫和保赤宫陈氏宗祠的碑碣中。后来最著名的闽帮

"新式学校"道南学堂也由陈文烈办学，并获得李清渊、陈嘉庚等人的财务支持，三人都曾留名于天福宫的董事会，可见天福宫领袖对于文教工作的重视。

因天福宫而缘起的早期华人义塾，其实验性为日后学校的规划与发展起到奠定作用，福建会馆后来在20世纪初中期陆续创办了五所新式华校，即道南(1910)、爱同、崇福、南侨、光华，1954年萃英书院并入这五所学校中。此外，在创办学校的过程中，各帮派之间也展现出少有的合作倾向，跨帮进行捐赠，援助文教事业，如《兴建崇文阁碑记》记载：崇文阁总理佘有进捐金二百元。佘有进虽为潮帮领导人物，却热心帮助闽帮人士的教育事业，反映华族社会的上层在一定程度上借兴办学堂突破了方言群的界限。

图15　19世纪华人私塾学院[134]

图16　1849年建立的崇文阁位于天福宫左侧(左)；1905年之前的所有华校均为私塾性质[135](中)；1919年，福建会馆搬入新的两层楼建筑，会馆一层还设有崇福女学校[136](右)

图 17　1854 年，闽帮领袖陈金声捐钱购地创办的萃英书院内部[137]

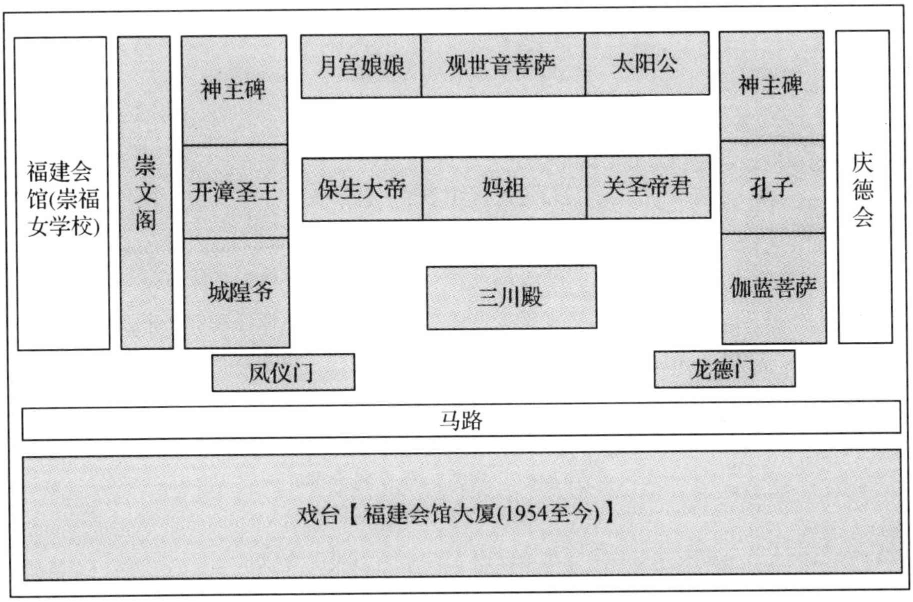

图 18　1913 年，崇福女学校与天福宫空间格局（福建会馆于 1913 年从右侧靠近庆德会的两层建筑搬入左侧崇文阁旁）

“寺庙匾额的意义远远过于文字符号；它是寺庙文化空间的有效构成，代表着僧俗两众的宗教认同与文化判断”，因而“匾额之于寺庙是去之不肃，去之不可，一座寺庙的历史是否久远、声名是否显赫、底蕴是否深厚，只要看看它的匾额的数量与撰书者的身份就已足够”[138]，而楹联也是祠庙精神传承的主要载体。天福宫寺庙空间内的文字语言对于我们理解当时华社的文学、思想修养，以及当时天福宫与外界的历史往来有着非常大的帮助，就此而言，天福宫是一个名副其实的历史和文化空间。

表 6　天福宫空间内遗留的历史文物文字

类别	总数	现存数目	匾额文本
木制匾额	45 件	庙宇与会馆保留实物 30 件，下落不详 15 件	“天福宫”、“神昭海表”、“光被四表”、“救世婆心”、“盖世英雄”、“大道均咸”、“梯航默祐”、“利济舟楫”、“德超孙许”、“刚德参无”、“水德配天”、“恩流海国”、“济世慈悲”、“显彻幽明”、“宝筏通灵”、“是真慈悲”、“非后胡戴”、“慧日光辉”、“波靖南溟”、“泽被赤子”、“求神则灵”、“苏玉娘娘”、“诚而有报”[139]、“叩答神光”、“至诚前知”、“有求必应”、“会馆”、“画一轩”、“德威祠”、“山西一人”、“酬谢圣恩”、“佛光普照”。
木刻楹联	12 对	8 对翻新对联归于天福宫，2 对保存于福建会馆，1 对赠中国厦门华侨博物院，1 对下落不详	圣德比天高，保护舟航，功屡施于远通； 母恩如地厚，眷怀商士，泽充洋乎新嘉。 圣德参天，万民吉庆； 母仪配后，四海安澜。 法力宏深，锡珍祥于世界； 慈心广大，敷吉庆于吾家。 伽论有言皆奉佛；蓝园无处不尊神。 使节咏皇华，九万里破浪乘风，直上青天揽明月； 恩波周寓县，五大洲承流仰镜，共航碧海会车书。 此地为涉洋第一重冲要，帆樯稳渡，又来万里拜慈云； 惟神极航海千百国生灵，庙宇宏开，藉与三山联旧雨。 妃后晋徽称，化身是童真菩萨； 佛仙同正果，低头拜三世如来。[140] 圣德遍万方，尊卑同景仰； 神光周六合，商贾尽输诚。 法雨注南天，草木山川生秀色； 慈云布西土，士农工贾沐恩光。 西天杨柳枝头千年翠； 南海莲花座上九品香。 满座春风笑里生； 一时花雨□□□。 是蒸是享，濯濯厥灵； 弗见弗闻，洋洋如在。
石刻对联	5 对	5 对；1840 年建庙时期原刻	三川殿左右龙虎堵石壁： 海国安澜，深资后德； 舟楫利涉，长赖神功。 三川殿正大门左右石壁(内联)： 祥发湄洲，梯航捷至，恩垂北狄； 德教嘉里，栋宇聿新，福被南闽。

续表

类别	总数	现存数目	匾额文本
			三川殿正大门左右石壁(外联)： 圣德醍醐，光昭海表； 坤仪显耀，祥发闽中。 三川殿东侧门左右石壁： 圣德流芳万古，声灵赫濯； 母仪媲美千秋，俎豆馨香。 三川殿西侧门左右石壁： 普济慈航，渤海安澜共庆； 覃敷德泽，黎民乐国长歌。

名人赠匾，左秉隆领事于 1881 年将“显彻幽明”匾额赠给天福宫，代表着整个时代的新华社会与中国清廷的情感和政治、外交联系。1877 年清政府在新加坡设立领事馆[141]，主动向新华社会示好，意图与英殖民地政府“争夺”新华群体的效忠。作为回应，新加坡华人充分彰显其民族主义，先后支持中国 1884 年的反法战争、庆祝皇帝和皇太后的诞辰、欢迎中国舰队访问新加坡[142]，也建立与中国文化相关的团体，如“会贤社”、“图南社”[143]。19 世纪末，华人领导和富商也在节庆期间换上清朝士袍并带上清朝士大夫的官帽[144]，可看出华社以清为尊的观念及其对于清廷的效忠。1881 年至 1891 年，左秉隆担任新加坡领事，是当时在新加坡的权力最高的中国代表。左秉隆上任第一年，便赠匾额给天福宫，将这一时代的历史意蕴封存于天福宫的空间里。

另外，光绪皇帝也将“波靖南溟”牌匾赐给天福宫，肯定天福宫领导层赈灾救国的贡献。1905 年，新加坡闽帮商人捐款福建漳泉州水灾，于是 1907 年，为表扬福建帮商人和宣慰南洋侨民，清朝光绪皇帝将御笔题字的“波靖南溟”馈赠给天福宫，经由福建转送至新加坡并在新加坡加工制成匾额。匾额于 1908 年 1 月 6 日[145]悬挂在天福宫正殿最上端；作为极少数获得清帝御赐牌匾的海外庙宇[146]，天福宫的地位获得进一步提升。从天福宫匾额来看，寺庙协助赈灾、表达对于清朝的归属，这显示了天福宫作为历史空间的特质。清朝史料对此均有记载，如《清德宗景皇帝实录》[147]卷五十七，光绪三十三年三月癸丑(1907 年 5 月 4 日)：“颁南洋新加坡天后庙匾额曰波靖南溟”和《清内务府油木作档》光绪三十三年七月初一日：“天后庙匾额方交署闽浙总督崇祇领”，指内务府完成制造传送御书木箱。按照撰书者的世俗身份进行排列，身份越高者，其匾越向中心建筑靠拢；相反，则越向四周散射。光绪皇帝所提的“波靖南溟”匾额位于正殿妈祖神像的正上方，位置为全庙正中之处，与皇帝九五之尊的地位相契合。

此外，庙内木刻和石刻楹联也都以文雅的方式记载了当时华侨移民新加坡的情景，如三川殿正大门左右石壁(内联)对联：

祥发湄洲，梯航捷至，恩垂北狄；

德教嘉里，栋宇聿新，福被南闽。

这幅石刻对联为1840年建庙时期原刻；意思指的是妈祖神佑起源自湄洲，让水陆交通都快捷到达目的地，连北方异域都蒙受妈祖的恩惠，而妈祖神佑恩德传遍各地，这座崭新的殿堂，让福建以南各地都享有妈祖庇佑的福气。另外，三川殿正大门左右石壁(外联)：

圣德醍醐，光昭海表；

坤仪显耀，祥发闽中。

意思是“神圣的恩德让人切身感受，光辉照耀四海；天后的尊贵无比光荣显耀，吉祥自福建开始”。由此可见，天福宫庙宇内部的楹联字里行间记录了福建人南下的历史年代以及南来的方式(海上航行)，是印刻在墙壁中、研究早期新加坡华人移民史中可以借鉴的史料。

在这些史料被发掘的过程中，学界也兴起了一股学术探讨的风气，如围绕天福宫御赐匾额“波靖南溟”所藏圆筒内发现的光绪御书是否真迹一事，在20世纪末曾经引起一阵热烈的探讨。首先由新加坡报人杜南发在1999年《新明日报》发表的整版专文《光绪御笔是不是真迹》一文中，道出“御宝”可能经由别人代笔的可能性。随后《联合早报》刊登的《“波靖南溟”确是光绪皇帝御书真迹吗?》，《海峡时报》专访各位新加坡文史研究者如柯木林、林孝胜等，均认为并不是真迹，后来经过长期论证才明确该“御书”为光绪皇帝亲自下令但并非亲自手写，由于仍属于皇家书法，所以仍然算是原件真迹。由此可见，庙内文物具有引发历史讨论的潜力，有时甚至能改变新加坡人对历史开端的认知，如庙内文物早于文字所记载等情况。就这股潜力而言，无论在晚清时期或当下的新加坡，都具有特殊含义，更深刻地印证了庙宇作为文教空间的存在。

天福宫是个弘扬传统思想品德的空间，推崇儒家德行。儒家经典是“中国主流意识形态的文本基础，更是确立所有合法性和合理性的依据，如《四库全书总目·经部》总序中说：‘盖经者非他，即天下之公理而已’”[148]。崇文阁的宗旨是“读孔孟之书，究洛闽之奥，优柔德性培养天真，化固陋为文章，变鄙俗为风雅”；《翠英书院碑文》也写“他日斯文蔚起，人人知周孔之道，使荒陬遐域，化为礼仪之邦”；当时的学校和义塾都“在经史之学中建筑着自己的知识结构”[149]；读书等同于读经史，十分贴近光绪初年(19世纪70年代)的中国世情。

除了与天福宫毗邻的义塾大力推广儒家经典教育之外，天福宫内部的空间也对儒家经典思想进行了无声的诠释和记录，而这些诠释往往从日常生活中有感而发。19世纪新华移民大多是苦力、手工业者或小商人等等，他们所继承的儒家思想，主要是简单朴素的伦理道德，如对先人的祭祀、对孝道的推崇或对家庭伦理的维系等等，即非“学理层面”或“宗教层面”的儒教体系，而是“生活层面”的儒家伦理[150]。对于庙宇来说，楹联的艺术特色分为以气夺人、以情感人、以理服人、以史省人、以辞悦人、以衬引人[151]几大类；而天福宫的许多楹联匾额都嵌入了道德元素，可谓是“以德服人”，强调社会功能并充满了理性色彩。

天福宫建庙宗旨之一便是“食德思报”，以答谢“圣母慈航”，使社区“安居乐业，物阜民康”[152]。因此，知恩图报、饮水思源等儒家伦理道德意识，都成为天福宫所提倡的精神思想，如三川殿东侧门左右石壁的“圣德流芳万古，声灵赫濯”、“母仪媲美千秋，俎豆馨香”便大力歌颂妈祖娘娘“流芳万古”的美德，而三川殿左右龙虎堵石壁的“海国安澜，深资后德”、“舟楫利涉，长赖神功”也把平安抵新归功于天后的保佑，对“后德”与“神功”的感恩之情溢于言表。诸如此类的楹联另有“圣德比天高，保护舟航，功屡施于远通”、“母恩如地厚，眷怀商士，泽充洋乎新嘉”和“圣德参天，万民吉庆”、“母仪配后，四海安澜”。由此衍生出“忠义”乃至于“忠君”思想，尊奉妈祖娘娘为“母后”，并保证“非后胡戴”，即“没有人能取代天后娘娘”，以示自己对天后的肝胆忠心。同时，天福宫东厢的画一轩常年举行董事会议，殿中奉祀关圣帝君，亦借忠义精神[153]来团结会馆同人。“德超孙许”的匾额则体现了仁德的儒家思想。

除了庙宇当中的文字记载，神像本身及其传说故事也代表了一定的儒家思想，如：妈祖娘娘林默“海上伏机救父”中所体现的孝顺观念；又名“文衡帝君”的关圣帝君熟读《春秋》与《左传》，被视为可以保佑学子读书的文昌神[154]；保生大帝吴夲显灵济世、劝猛兽归善的事迹等等，都寄托了儒家仁、义、孝顺、勤奋等核心观念，无形中影响并塑造着一代华人的传统儒家道德观。总体来说，天福宫在墙体壁面上所刻录的文字，以及神明本身所具有的儒家思想特质，纷纷潜移默化地影响着信众的伦理道德意识，因此天福宫是体现儒家思想的重要空间媒介。

结语

庙宇是早期新加坡华人聚集和维系情感的主要场所，在当时人们的心中具有不可替代的神圣地位。19 世纪初，华侨漂洋过海来到新加坡，刚下船的第一件事便是到沿海的妈祖庙"拜拜"敬神。《建立天福宫碑记》也记录了天福宫的建立初衷，即为了报答"圣母慈航"的救命之恩，而"披戉面辰……崇祀圣母"。与此同时，《碑记》也记录了庙宇兴筑的特点、庙内供奉的主要神明，兼以描述来新华侨的生活条件及精神面貌，展示新加坡开埠期间内，华人初下南洋的景象：

> 新加坡天福宫，崇祀圣母神像，我唐人所共建也。自嘉庆二十三年，英使斯临，新辟是地，相其山川，度其形势，谓可为商贾聚集之区。剪荆除棘，开通道途，疏达港乂，于是舟樯云集，梯航毕臻，贸迁化居，日新月盛，数年之间，遂成一大都会。我唐人由内地帆海而来，经商兹土，惟赖圣母慈航，利涉大川，得以安居乐业，物阜民康，皆神庥之保护也。我唐人食得报恩，公议于新加坡以南直隶亚翼(直落亚逸 Telok Ayer)之地，创建[155]天福宫，披戉面辰，为崇祀圣母庙宇。遂佥举总理[156]董事劝捐，随缘乐助，集腋成裘，共襄盛事，卜日兴筑，鸠工庀材，于道光廿年(1840)造成。宫殿巍峨，蔚为壮观，即以中殿祀圣母神像，特表尊崇，于殿之东堂祀关圣帝君，于殿之东祀保生大帝，復于殿之后寝堂祀观音大士，为我唐人会馆议事之所，规模宏敞，栋宇聿新，神人以和，众庶悦豫，颜其宫曰天福者，盖谓神灵默佑如天之福也。共庆落成，爰勒贞石，其创始之由，并将提捐姓氏列于碑阴，以垂永久，俾后之好义者得所考稽，以广其祀于无穷焉。是为记……[157]

后来，随着南下华侨人数增加，寺庙形成了华侨聚集地，是"唐人会馆议事之所"，甚至早于会馆成为华侨华人的沟通枢纽。新加坡华人寺庙的独特之处在于它不仅仅是一个宗教场所，更是人们聚会、联络感情的地方，甚至在很多情况下起到了解决问题与纠纷、维系社会安稳的作用。

本文结合天福宫和华人社群的历史发展，探究天福宫在新加坡近代华人社会史上所占有的一席之位，提出庙宇空间除了起到宗教礼拜的作用外，还包括政治和文化教育层面的作用，而即便作为一个宗教空间，天福宫充满中国风情的建筑风格和多姿多彩的华人宗教仪式庆典，也充分体现了早期华侨思乡怀旧的文化认同与南下谋生的时代记忆。这在很大程度上印证了“空间是人类历史生产的产物”这一概念；空间不仅是一种生产的结果，它本身也是再生产者[158]，现在的空间(present space)和“过去留下的痕迹”共同形成一个目前的整体(current totality)。本文使用社会历史来解读天福宫的庙宇空间，也借庙宇空间反过来解释社会历史。受列斐伏尔思想影响的爱德华·索亚(Edward Soja)指出，很多历史记忆不仅仅写在文献中，也存储在图像里和生活中围绕身边的立体空间。还原当时天福宫空间的真实景象，恰恰是本篇文章的目的，而笔者也以庙内的匾额、楹联和碑记为文本，分析寺庙中一点一滴的文化、历史和思想内涵，进而“诠释出古人的所思所想”，通过宗教、政治和文化教育三大方面，把无言的图像转化为有言的历史[159]。

历史往往呈现惊人的相似性；在明代方志图经中，一座城市常常在地图上重点标注官府衙门、宗教寺庙和学宫官仓，分别象征着政治权力、宗教权力和文化与经济权力，反映了古代中国的意识形态，是整个城市在那一朝代的缩影。几百年后、几千里外的南洋岛屿新加坡同样在一座寺庙中展现了这三方面的文化政治内涵，代表着新加坡城市在那个时代的历史缩影。

图 19　1856 年，英国画家珀西·卡宾达(Percy Carpenter)所画的新加坡市区

同样有趣的是，宗教空间有时也会和政治空间、文化教育空间重合。就宗教空间和政治空间的结合而言，庙中供奉的一些神明具有地域色彩，如天福宫内供奉的开漳圣王陈元光便是中国福建地区的地方保护神。陈元光在唐朝期间追随父亲——大将军陈政入闽平乱，21岁父亲去世后，子继父志，毕生平定番乱，对闽粤之域，开垦荒地、修建水利、振兴教化，使当时极为落后的福建地区经济昌盛发达起来。因此，将陈元光供奉于天福宫内，虽然违背了其作为全“唐人”议事之所，却也奠定了庙宇背后的世俗闽帮势力。另外，陈元光一共在福建地区待了42年，其中足足有26年担任漳州刺史[160]，而天福宫和闽帮最高领袖陈笃生和薛佛记家族均为漳州移民，可见政治和宗教在天福宫中的紧密联系。另外，宗教和文教意识的结合也可通过神明背后的民俗传说得到体现，此前在文教空间进行叙述，此不赘述。

最后，以上这幅油画是1856年英国画家珀西·卡宾达所绘制：从华利山(Mt. Wallich)远眺新加坡的海岸。在华利山被铲平后，山上的泥土用来填满图像右侧的直落亚逸湾，以至于1879年的填海工程后，天福宫所在的直落亚逸街[161]已经不再是临海地区。因此，时代改变，物换星移，不变的是天福宫在华人社会中的地位和它的历史代表性。在此意义上，天福宫作为新加坡的历史叙事空间，具有封存历史的作用，有助于我们寻找自己作为华人的根源，也是构建国族身份的认同所在，正如葛兆光在《中国思想史(第二卷)》中说道：“过去的历史本身并不彰显，因为它已经消失在时间中，而由遗迹构筑的历史，却总是被当下的心情、思路和眼光暗中支配着，把一部分事情、一部分人物和一部分年代以及一部分知识和思想的历史从记忆中翻检出来，‘翻修’、‘编织’与‘涂改’，从来历史的书写者，从本质上来说，他们也只是在回忆……不过正是这种历史记忆，当它被发掘出来，在重新诠释之后充当了思想资源时，这一过程才使传统不断延续……本来，共同的历史记忆就储存在每个人的心灵深处，不同的历史记忆是不同的根。”

（作者：黄丽玲，美国耶鲁大学东亚系博士研究生）

附录

表 1

时间	华人人口/总人口	华人占总人口比例
1819	—"一百多名在种植园里的中国人" —总人口 150 人，华人 30 人 —《南洋年鉴》：不过 500 人 —邱新民：多于 500 人 —6 月 11 日，莱佛士至索美塞夫人的一封信：岛上人民约有五千人，多为华人	20%
1821	1 000/4 727	21.2%
1824	3 317/10 683	31.0%
1830	6 555/16 634	39.4%，华人成为最大的社群
1834	10 767/26 329	40.9%
1836	13 749/29 984	45.9%
1860	50 043/80 792	62%
1881	86 766/139 208	62%
1891	121 908/184 544	66%
1901	16 4041/228 555	72%
1911	219 577/303 321	72%

表 2

时间	商业发展、华人生活环境、心态变化
1819	4 月 9 日，两艘大商船停在港内，还有一百多条亚洲小商船。傍晚，第一艘从暹罗来的帆船运来：鱼、糙米、糖、棕榈油和其他杂货
1822	进出新加坡河港口的船舶达 130 689 吨，运入运出价值 850 万元西班牙银圆的货物。在南岸那片潮汐涨落的沼泽地带，现在有中国人居住在他们的木筏上和东倒西歪的住房里
1824	第一份报纸《新加坡纪事报》；中国人男女人口比例是 8∶1；他们靠鸦片和赌博来补偿这方面的不足，成为这城镇中最不守法的人。从中国来的男人，同家乡的老婆照旧保持联系，但在新加坡又再讨个马来族的妻子，回国时把儿子带回去上学，女儿则留在新加坡，严格看管，不许她与中国人以外的人结婚。虽然第一代中国人是与马来人通婚的，但几代之后就产生一个自成一统的社会集体，中国移民可以从中找到妻子
1825	新加坡河西的商业区(现在的莱佛士坊 Raffles Place)更加拥挤起来。中国人向外沿直落亚逸湾岸边发展
1826	槟榔屿、马六甲、新加坡联合起来称为"海峡殖民地(Straits Settlement Area)"，首府设在槟榔屿

续表

时间	商业发展、华人生活环境、心态变化
1831	新加坡初次提到有秘密会社(Secret Gang Society)，初创时为了推翻外来满洲统治，在中国受到迫害，将阵地转移到海峡殖民地后，“搞阴谋、怂恿械斗、勒索财物、破坏法律”，把他们对当时中国政府的藐视思想转移到对新加坡东印度公司的藐视之上。但行政官没人会说中国话(一直持续到19世纪50年代)，很少人对中国有点二手知识，容易把秘密会社错当成慈善组织，甚至安排其成员成为华人“甲必丹”
1834	新加坡贸易额下降，中国人在市镇经营菜园，留着长辫子、头戴草黄色斗笠，身穿粗布短衣裤、打赤脚在地里工作。再远一些就是中国人的甘密园和胡椒园
1840	建立天福宫。从此，会堂寺庙与日俱增
1844	“陈笃生医院”创办，到了1849年可容纳1 000人
1845	中国人创办“万国病人医院”；当时华人移民中有病人、带菌者、流浪汉，霍乱、天花和麻风都是常见病况。创办《海峡时报》，《新加坡纪事报》停办
1846	新加坡有43座商人的仓库，其中5座属于华人
1850	太平天国运动和摇摇欲坠的清王朝的镇压手段，使许多人到新加坡定居，不想再回本国
1852	第一批中国妇女抵达新加坡，与她们的丈夫同甘共苦 在这里出生以及少数在中国出生的移民永久地在新加坡定居下来，有些大商人还根据1852年颁行的规划法成为英国的臣民。但大多数移民都希望奋斗几年，赚够钱后就回中国去，于是定期把积蓄寄回国内
1853	中国人可以加入当地国籍
1881	从1881年开始，海峡华人迅速增加，已达10 000人。中国移民娶马来女子或本地出生的妇女为妻的时代已成为过去；他们只和早期结婚的人的后代结婚，意识到自己自成一统，已经在逐步分化为若干不同的社会阶层，例如：上层人士注意穿鞋袜与下层人士有所区别
1889	中国人举行庆祝会，祝贺光绪皇帝结婚和登记。中俄领土之争、1894年中日战争，华人“渴望他们的国家繁荣兴盛”，积极阅读相关新闻报道
1908	英国和中国的商人已经充分成长为一支独立的力量，不能听任外界摆布
1911	辛亥革命；新加坡是华侨酝酿革命的策源地之一，当中许多人被孙中山吸引，孙中山戴上眼镜乔装成沿街叫卖的小贩，12月乘坐“德凡巴”号驶进新加坡，在新加坡华侨之间宣传中国必须造反的道理 华人开始剪掉辫子

表 3　其他闽帮寺庙及其管理人

其他闽帮寺庙	董事
新加坡恒山亭(创建于 1828 年) 1828 年，泉漳华侨在新加坡购下四排埔地段，作为乡侨死后葬身的公冢，在石叻路路口创建恒山亭，作为管理公冢、办理乡侨丧葬祭奠事宜的机构，当时比较严肃的闽侨集会和议事均在恒山亭举行，是为闽籍华侨的总机关 1840 年年底，天福宫建成后，因其比恒山亭宽大，前来朝拜的人数众多，所以福建帮的总机构由恒山亭移至天福宫 亭宇正门：恒德捺伯权恩流异域，山灵镇公位化被中华 前厅上悬匾额：山岳钟灵、保我黎民、佑我程鹏、德厚灵神 正厅中央神坛上方：福弥春烋(薛佛记立) 正厅柱子上的对联：福阴敷闽粤沾咸雨露，德泽普华商共沐恩波(注意句首的“福德”二字) 正厅中央神龛供奉：福德正神；左：城隍爷公；右：注生娘娘 碑文：“恒山之左，叠叠佳城，叠叠丘墟”；让远离家乡的华人“惊魂有所依”、连年有祭祀	薛佛记(Si Hoo Keh) 祖籍：福建漳州东山人，生于、死于马六甲，晚年担任马六甲青云亭亭主 薛茂元(Si Moh Guan) 1879 年
马六甲青云亭(创建于 1673 年) 奉祀观音大士，马六甲福建帮总机构，历届甲必丹和亭主均为漳、泉、永春人。青云亭位于马六甲甲板街，寺庙对面亦有一座戏台，与天福宫格局相似	梁美吉(1824—1839) 薛佛记(1839—1847) 陈金声(1847—1864) 陈明水(1864—1884) 陈明若(1884—1893) 陈若准(1893—1915)
金兰庙(创建于 1830 年) 早期闽帮的秘密会社，取名“金兰”，比喻交情之深，开埠初期闽帮人士通过焚烧黄色符咒的仪式在此桃园结义。早期仅限七十四名创始人出入 供奉：清水祖师 旁边的地藏王庙正殿供奉：地藏王古佛；左边神坛：齐天大圣；另一神坛：孔夫子；内殿：近人的神主牌 (如今两庙合并)	章芳林(1881—1893) 虽为闽帮人，祖籍福建漳州长泰县，但无帮派色彩，是继三大家族“马六甲移民集团”(陈笃生家族、薛佛记家族和陈金声家族)之后崛起的富商，曾与潮帮巨富陈成宝和陈旭年合资鸦片烟草生意，但财富略逊于三大家族 1873 年被封为太平局绅 1881 年筹资重修金兰庙
庆德会(创建于 1831 年) 早期仅限三十六名创始人的家族及其后裔，是一个纯商业性质的兄弟互济会	三十六家族
保赤宫陈氏宗祠(创建于 1876 年)	陈笃生之子陈金钟和陈金声之子陈明水(Tan Beng-swee)共同创办

19 世纪，福建会馆管理的寺庙：恒山亭、天福宫、金兰庙、麟山亭、梧槽大伯公庙。

19 世纪属于福建人的其他寺庙：凤山寺(南安会馆)、陈氏宗祠。

注释：

[1]《南海明珠天福宫》，63 页。

[2]《南海明珠天福宫》，16 页。

[3]《石叻古迹》，49 页。

[4] 详细数据请参见附录中的表格 1。

[5] 这一时期恰好也是福建会馆还未搬离天福宫的时候；1915 年，福建会馆申请成为独立的组织，于 1919 年正式搬离天福宫。

[6] 19 世纪 30 年代，结实的宗教建筑开始出现，各大宗教信仰最早的场所分别是：1833 年的罗马天主教堂、1835 年代表基督教信仰的亚美尼亚教堂(Armenia Church)、1842 年代表华人信仰的天福宫、1824 年代表伊斯兰教信仰的甘榜格南清真寺、19 世纪 50 年代初代表印度教信仰的湿婆庙、1845 年代表犹太教信仰的新那阁街犹太会堂。见《新加坡史》，68 页。

[7] 另一所拥有皇帝御笔亲题的华人寺庙便是潮州人的粤海清庙，所题匾额为“曙海祥云”(光绪皇帝 1898 年题赠的亲笔御书)。

[8]《大城市空间的文化生活》，见《城市公园反思——公共空间与文化差异》，11 页。[英]阿雷恩·鲍尔德温：《文化研究导论》，146 页。

[9] 谢纳：《空间生产与文化表征》，65 页。

[10] Henri Lefebvre, Critique of everyday life, volume I, p. 97. 转引自刘怀玉：《现代性的平庸与神奇——列斐伏尔日常生活批判哲学的文本学解读》，103 页。

[11] Henri Lefebvre, The Production of Space, p. 26. 转引自《现代性的平庸与神奇》，408 页。

[12]《社会空间论》，第 7 页。

[13] 张子凯：《列斐伏尔“社会空间”思想研究》，38 页。

[14] 同上书，39 页。

[15]《华侨华人民间信仰研究》，227 页。

[16]《妈祖婆生日之论》虽为一本劝人勿信妈祖信仰的小册子，但却刻画了当年海上航行者对妈祖的崇祀。

[17] 参见庄钦永：《新加坡华人史论丛》，62—64 页。

[18] 直接参与驾驶帆船前往新加坡的老船员黄渊捷老先生如是说，参见《新加坡社团大观》。

[19] 韩槐准：《天后圣母与华侨南进》。

[20] 韩槐准：《天后圣母与华侨南进》。

[21] 后来，直落亚逸的周边地区进行填海工程，现在该街道和天福宫所在处已不再紧挨海滩。

[22]《石叻古迹》，50 页。

[23]《道教传入新加坡概况》，见《华侨华人民间信仰研究》，228 页。

[24]《石叻古迹》，49 页。

[25] 苏庆华：《大马半岛与新加坡的妈祖崇祀：过去与现在》，见《新马华人——传统与现代的对话》，411 页。

[26]《庙宇的文化和社会意义——文化学者与观察者的对话》，见《庙宇文化（第一本）》，10 页。

[27] 芒福德：《城市文化》，69 页。

[28] 刘怀玉：《现代性的平庸与神奇》，90 页。

[29] 抬阁是由几位小孩一组，身穿戏服在装扮景点的流动台阁上扮演民间传统戏曲故事，如《八仙过海》故事等。

[30]“顶马杂剧”是骑在马上演奏乐曲或扮演戏曲故事。

[31] 丢勒的描述：“星期天，圣母升天日的仪式结束之后，我看见盛大的游行行列从安特卫普的圣母教堂里走了出来。这时，全城各行各业的人们都集中到这里来了。每个人都穿上了适合自己等级的盛装，各阶层各行业都高举着自己行业的徽帜，你一看就知道他们各属于什么行业。队伍中，不时还有人高举着昂贵的大蜡烛，还有三只长长的老式法兰克银喇叭。按德国习惯，队伍中还有许多吹风笛的、打鼓的。各种乐器吹吹打打，到处鼓乐喧天……我看见仪仗队穿过大街，游行的人们排列成横排，每排有一定间距，但前后排之间十分紧密。他们当中有金匠、油工、教堂执事、刺绣工、雕刻工、细木工、粗木工、水手……真是应有尽有。还有许多来自外地来此地谋生的工匠、商人和他们的帮工，也走在行列之中。也有本地店铺的老板、行商和伙计们，参加了游行。这些人过后，又走来了手持枪支、弓箭、弩击的猎手，以及骑兵和步兵。继而是执法官的卫队，以及披红挂金光彩夺目的精兵。而他们之前行走的，是各色宗教教派和一些基金会的会员，都穿着各式各样的罩袍，样子很虔诚。……最后走来的是圣母教堂教士的队伍，包括全部牧师、教士、修士等等各种人员。还有个圣母玛利亚怀抱耶稣的巨像，由 20 个人抬着，装饰得十分华贵，表达着对上帝的虔诚信仰。游行仪仗队里展示了许多有趣的东西，而样样都装饰得十分华丽。一艘艘由马车改装成的船只和其他造型，沿街巷路过，上面还表演着化妆戏剧。随后是先知团的整齐队伍，还有《新约》中的一些场面，如天使报喜，以及三位圣王骑在大骆驼或者其他怪物身上，都安排得很紧凑周到，惟妙惟肖。从头至尾，游行队伍足足从我家门前过了两个多小时。”参见芒福德：《城市文化》，71—72 页。

[32]《叻报》档案照见《南海明珠天福宫》，43 页。

[33]《南海明珠天福宫》，43 页。另外，《宋刑统》记载的后唐天成二年(927 年)六月七日敕令里认为"僧俗不辨、男女混居、合党连群"等行为都"纵于淫风，实为弊恶"。

[34]《南海明珠天福宫》，43 页。

[35] 报章档案照见《南海明珠天福宫》，42 页。

[36]《南海明珠天福宫》，42 页。

[37] 同上书，38 页。

[38] 同上书，255 页。又见《重修天福宫碑记》："兹将大修本宫工料，并建造戏台后(史丹利街 Stanley Street)厝七座，置地建筑，并重修丹戎巴葛旧厝三座，所有开费列明于左……" 参见梁康伯：《寻庙》。

[39] 芒福德：《城市文化》，62—63 页。

[40] 刘怀玉：《现代性的平庸与神奇》，123 页。

[41]《南海明珠天福宫》，35 页。

[42]《社会空间论》，7 页。

[43] 同上。

[44] 柯木林：《古色古香的天福宫》，见《石叻古迹》，222 页。

[45]《南海明珠天福宫》，331 页。

[46] 与戴斯手稿相比，天妃殿(正殿；摆放妈祖、天后娘娘之殿)仍然保留其空间格局，而三川殿、两廊、观音殿以及左右护厝稍有异处。见《南海明珠》，331 页。

[47]《南海明珠天福宫》，100 页。

[48] 同上书，48 页。

[49] 笔者 2015 年 1 月摄于天福宫。

[50]《齐东野语》卷十二对《三教图》有所记载。

[51] 到了元代，三教合一对世俗社会的规范体现于：以伦理纲常(儒家礼法)为核心，通过佛教的因果报应、生死轮回及道教的鬼神惩戒、寿夭伤病、善恶感应，形成了恪守礼法，顺从怯懦，乞求平安，畏惧灾祸的文化意识。参见葛兆光：《道教与中国文化》，289 页。

[52] 同上书，302 页。

[53] 参考徐李颖：《在国家与社群之间：新加坡华人庙宇社会功能的转换——以天福宫为例》，见《华人社会与民间文化》，33 页。

[54] 关于"儒教"是否独立成教，新加坡学者也有不同见解，有学者认为孔子神格并不强烈，不能单独为教，更适合将其归入道教。这里将不做深入探究。

[55]《南海明珠天福宫》，198 页。

[56] 天福宫右侧建筑"庆德会"的八卦形状屋顶。笔者摄于 2015 年 1 月。

[57]《南海明珠天福宫》，370页。

[58] 见1827年刊行的《粤游小志》："本省有诱愚民而贩卖出洋者，谓'卖猪仔'。"

[59] 蔡少卿：《中国秘密会社》，371页。

[60] 李钟珏：《新嘉坡风土记》。

[61] 葛兆光：《中国思想史(第二卷)》，688页。

[62] 同上。

[63] 颜清湟：《社会》，12页。

[64] [法]列斐伏尔：构成自由的权力的总和属于一个社会中人们集体的合作，而不是孤立的个人。(Henri Lefebvre, *Critique of Everyday Life*, volume I, pp. 171—172.)

[65] 徐李颖博士："二战前的新加坡华人，在潜意识里一直认同于中国。新加坡只是他们的旅居地，他们总希望有朝一日衣锦还乡、落叶归根。1840年至1915年间，国家认同是清朝皇权，1915年至1950年，国家认同则是推翻大清皇朝之后建立的'中华民国'，新加坡建国后，天福宫的国家认同才完全转变为新加坡。"见《佛道与阴阳》，22页。

[66] 李卫国、黄溢华：《新加坡历史图片集1819—1945》，151页。

[67] 同上书，148页。

[68] 同上书，149页。

[69] "馆内崇奉天上圣母、张公圣君神位。每值二圣诞辰，则萃吾永之人，肃整衣冠，称觥祝嘏，以迓神庥。因而饮酒宴乐，笑语移日，悦亲戚之情话，洽朋友之交游，冠裳风物，无异乡园，雍雍焉、戚戚焉，和亲康乐，忘其为重洋羁旅中人也。"见陈育崧、陈荆和：《新加坡华文碑铭集录》。另见《恒山亭碑》："夫叻州者，包络山川，控引武垅，商贾于兹，千仓万箱，是皆地之钟灵，水之毓秀者也，爰有人众之盛如此，然而，托足异国，昔人所悲，犹未旋返，莫可以期，存则荣归，殁则旅瘗。眼见恒山之左，叠叠佳城，累累坵墟，或家乡远阻，吊祭不至；或单形只影，精魄何依；饮露飱风，诚无已时，每值禁烟令节，一滴之到，夫谁与主，令人不胜感慨系之矣。于是建亭于恒山之麓，以便逐年祭祀，少表寸诚。"

[70] 张子凯：《列斐伏尔"社会空间"思想研究》，34页。

[71] 公冢是华人的墓地，由富有的华人和由华人中间进行募捐购买而得并赠送给华人社会，供贫苦华人作适当的埋葬时所用。(见《新加坡华人百年史》，197页。)福建帮公冢是"恒山亭"，而广帮的公冢则是"碧山亭"，等等。

[72] 陈碧笙：《南洋华侨史》，372页。

[73]《佛道与阴阳：新加坡城隍庙与城隍信仰研究》，18页。

[74]《南海明珠天福宫》，16页。

[75] 同上书，20 页。

[76] 同上书，55 页。

[77] 同上。

[78]《新加坡华人会馆沿革史》，54 页。

[79] 笔者 2015 年 1 月摄于天福宫。

[80]《南海明珠天福宫》，55 页。

[81] 陈金声后来退回马六甲担任青云亭帮主。

[82]《波靖南溟天赐福》，见《庙宇文化(第二本)》，29 页。按照"The Economic Life of the Chinese in Singapore"一文，19 世纪 30 年代，普通工人(种植园员工等)一个月的薪水为 4 至 4.50 元；到了 19 世纪 90 年代，薪资稍高一点的苦力每月可以赚取 7 到 9 元(144—145 页)。照此算来，陈笃生和薛佛记所捐款项重大。

[83] 徐李颖：《佛道与阴阳》，69 页。

[84] 太平局绅(Justice of the Peace，简称 JP)，是一种源于英国，由政府委任民间人士担任维持社区安宁、防止非法刑罚及处理一些较简单的法律程序的职衔，成为太平局绅无须任何学历或资格认证。见《新加坡史》，39 页。

[85] 首任领事是广帮的土生华人胡亚基，卸任后由左秉隆和黄遵宪接任。中国领事在华侨中积极推行对华效忠政策。

[86] 1887 年，陈金钟在植物园设宴款待北洋舰队时说："我大清自开基以来二百余年，尊尚王道，乃日久而弱，故数十年来海疆多事……中国能自振兴，共享太平，自是朝廷之福，而我辈亦可共乐尧天，兹遇诸君皆抱异才，际遇风云，可作公侯千城之选，将来精忠报国，共勋升平。"见《世界福建名人录》，320—321 页。

[87] 粟明鲜：《1899—1911 年新加坡和马来亚华侨的孔教复兴运动》，见颜清湟编《海外华人史研究》，248 页。

"During festivals and special occasions, rich merchants dressed in long official robes of the Ch'ing dynasty, beautifully embroidered and with full signalia (merchants often bought official titles from the Ch'ing government), and wore Manchu official hats." (Leong Yuen Sang, "The Economic Life of the Chinese in Singapore", from "Early Chinese Immigrant Societies", p. 139.)见《波靖南溟——天福宫与福建会馆》，43 页。

[88]《南海明珠天福宫》，55 页。

[89] 同上。

[90] 该文章名为《新加坡华族的社会组织》，转引自杨进发《战前新加坡的福建会馆》，见杨进发《陈嘉庚研究论文集》，121 页。

[91] [英]哈·弗·皮尔逊:《新加坡史》,77 页。

[92]《南海明珠天福宫》,27 页。

[93] 社会三阶层:上层包括大富商、银行家、出入口商、船行东主、大代理商、土产东主、锡矿东主、鸦片专卖商及酿酒厂东主;中层包括小商店东主、零售商、贸易商、店伙、政府雇员、技艺匠、裁缝匠与机械匠;下层包括锡矿工、园丘雇工、家庭仆从、三轮车夫、街头小贩等;华侨社会以财富来衡量社会阶层。

[94] 钟锡金:《新马华人民族意识探讨》,43 页。

[95] Rob Shields, Lefebvre, Love and Struggle, Spatial Dialectics, pp. 154—155.

[96] 曹卫东:《曹卫东讲哈贝马斯》,42 页。

[97]《石叻古迹》,i, ii。

[98]《石叻古迹》,i, ii。

[99]《南海明珠天福宫》,370 页。

[100]《华人传统》,49 页。

[101]《新加坡华人会馆沿革史》,105 页。

[102] 同上书,106 页。

[103]《华人传统》,47 页。

[104] 同上。

[105] "兹因本坡天福宫主持僧人擅自回唐,本宫香炉另招僧人投充,一年为期。"

[106] 光绪三十二年二月初一日。

[107]《叻报》,1897 年 5 月 8 日。

[108]《南海明珠天福宫》,369 页。

[109]《波靖南溟——天福宫与福建会馆》,41 页。

[110] 抬阁是由几位小孩一组,身穿戏服在装扮景点的流动台阁上扮演民间传统戏曲故事,如《八仙过海》故事等。

[111] "顶马杂剧"是骑在马上演奏乐曲或扮演戏曲故事。

[112]《南海明珠天福宫》,372 页。

[113] Maurice Freedman, "Immigrants and Associations: Chinese in Nineteenth-century Singapore", Comparative Studies in Society and History. Vol. III, No. 1, 1960, p. 26.

[114] Singapore Census Returns, 1931.

[115]《石叻古迹》,6 页。其他南下新加坡的福建移民还来自南安(Nan A'n)、同安(Tung An)、兴化(Hing Hua)等地。

[116] 19 世纪后期,海峡殖民地政府成立华人参事局(Chinese Advisory Board),各帮代表人

数是按各帮人口占新加坡华族人口比例委任的。1895 年委员会名单中，福建帮代表五名，潮州帮代表五名，广帮代表四名，琼帮代表四名，客帮代表一名。见《石叻古迹》，5 页。

[117] “Social Divisions and Social Conflicts”，p. 179.

[118] 1901 年 11 月 25 日《叻报》报道：“本日坡中广、潮、客、琼四籍绅商店户职年人等齐到粤海庙中杯卜本届迎神赛会之期。兹悉迎神已卜定十月二十四日，送神回庙则定在十二月十二日。想届时自有一番热闹也。”

[119] C. F. Yong，“Chinese Leadership in Nineteenth Century Singapore”，from “Chinese Leadership and Power in Colonial Singapore”，Times Academic Press，1992，p. 13.

[120]《新加坡华人会馆沿革史》，93 页。

[121] C. F. Yong，“Chinese Leadership in Nineteenth Century Singapore”，from “Chinese Leadership and Power in Colonial Singapore”，p. 10. 陈若锦 1859 年出生于福建永春，曾与当过天福宫副董事的李清渊创立“海峡轮船有限公司”。

[122] C. F. Yong，“Chinese Leadership in Nineteenth Century Singapore”，from “Chinese Leadership and Power in Colonial Singapore”，p. 9.

[123]《南海明珠天福宫》，375 页。

[124]《石叻古迹》，i，ii。

[125] 1906 年 12 月 26 日《叻报》中的《天福宫大会决议布告》：本月初八日为我福省坤耆士商第二次大会，在天福宫宣读决议事宜，重在尊崇圣教以挽颓风，便凡昭示神明咸归正理删其繁文节其縻费，此等苦衷当为明理，诸君所共谅。今幸众心齐一切实施行，从此父戒其子、兄勉其弟、夫告其妻，亲朋戚友互相传述，俾知千百年之积习，现已酌理准情，去其太甚，其有应行改革未尽事宜，当俟学堂大兴之后，时时讨论潜移默化重而习之、壮而行之，定卜圣教，昌明人心，纯粹则今日之一变，僅至于□来日之一变，必至于道矣。愚戆之见，惟君子查焉。兹将决议三事列左：一、公认宜兴辩蒙小两等学堂与旧设之义学，悉遵学部章程整齐教法，凡各商号皆宜捐助经费，以广教育，其劝捐之责暂由本宫董事协理共任。其劳如各街各号有热心学务愿共分劳者，请即开明姓字居址或互相推举。于本年十一月二十二日以前，函报源顺街安和号，以便刊列芳名作为劝捐董事，并好于下次订期邀请领教妥速举办。至新设学堂，应设若干所当俟开捐之后，另举专员再行酌定。《叻报》档案照见《南海明珠天福宫》，50 页。

[126]《南海明珠天福宫》，50 页。

[127] “道南学堂”名字的典故出自宋理学家程颢送学生南下传颂理学时所说的“吾道南矣”；“道南”意味着中华文化文脉、道德伦理思想等向南延伸。见《南海明珠天福宫》，51 页；

及《触物生情话道南》。其他为道南学校提供财政支援的闽帮人士还包括著名米商李清渊、双林寺创始人刘金榜及大商人兼社团领袖陈嘉庚。亦见《触物生情话道南》。

[128]《南海明珠天福宫》，50页。

[129] 同上书，375页。

[130] 同上书，31页。

[131] 宋高宗时，相传妈祖托梦说白湖泉水能治莆田瘟疫，于是被封为“崇福夫人”。见《庙宇文化(第二本)》，31页。

[132]《南海明珠天福宫》，57页。

[133] 柯木林：《崇文阁与翠英书院》，见《石叻古迹》。

[134] 笔者2015年1月摄于新加坡宗乡总会楼内展览。

[135]《新加坡华人会馆沿革史》，80页。

[136] 同上书，55页。

[137] 笔者2015年1月摄于新加坡宗乡总会楼内展览。

[138] 段玉明：《中国寺庙文化论》，284页。

[139] 1953年，二战后民间善信敬献。

[140] 1896年，由邱笃信(又名邱正忠)与其子邱菽园敬赠。邱笃信是新加坡早期著名的华社领袖，曾被清廷诰封文林朗，赏戴花翎，钦加盐运使，封典晋封荣禄大人，被认为是个“拥护大清与通晓诗书的商人”，见柯木林：《新华历史人物列传》，101页。邱笃信在赠予天福宫匾额的同年去世。邱菽园(原名邱炜萲)是新加坡唯一一个上京考中的举人，也是第一位为新加坡冠以“星洲”美名的学人，同时也是一位诗人，著有《菽园诗稿》，在当时的华人社会中享有颇高的盛名。邱菽园也捐资建造莲山双林寺(Lian Shan Shuang Lin Monastery)和都城隍庙(Seng Wong Beo)。

[141] 首任领事是广帮的土生华人胡亚基，卸任后由左秉隆和黄遵宪接任。中国领事在华侨中积极推行对华效忠政策。

[142] 1887年，陈金钟在植物园设宴款待北洋舰队时说：“我大清自开基以来二百余年，尊尚王道，乃日久而弱，故数十年来海疆多事……中国能自振兴，共享太平，自是朝廷之福，而我辈亦可共乐尧天，兹遇诸君皆抱异才，际遇风云，可作公侯千城之选，将来精忠报国，共勋升平。”见《世界福建名人录》，320—321页。

[143] 粟明鲜：《1899—1911年新加坡和马来亚华侨的孔教复兴运动》，见颜清湟编《海外华人史研究》，248页。

[144] “During festivals and special occasions, rich merchants dressed in long official robes of the Ch'ing dynasty, beautifully embroidered and with full signalia (merchants often bought

official titles from the Ch'ing government), and wore Manchu official hats. "Leong Yuen Sang, "The Economic Life of the Chinese in Singapore", from *Early Chinese Immigrant Societies*, p. 139.

[145]《南海明珠天福宫》，52 页。

[146] 另一所获得光绪皇帝亲笔题名匾额的新加坡华人寺庙是潮州帮的"粤海清庙"。

[147]《南海明珠天福宫》，53 页。

[148]《中国思想史(第二卷)》，611 页。

[149] 同上书，632 页。

[150] 许源泰：《沿革与模式：新加坡道教和佛教传播研究》，5 页。

[151] 解维汉：《中国祠庙陵墓楹联精选》，2—6 页。

[152]《南海明珠天福宫》，369 页。

[153] 同上书，370 页。

[154] 同上书，199 页。

[155] 同"创建"。

[156] 同"总理"。

[157]《南海明珠》，231 页。又见陈育崧、陈荆和：《新加坡华文碑铭集录》，57—58 页。

[158] 张子凯：《列斐伏尔"社会空间"思想研究》，44 页。

[159]《古地图与思想史》，见《二十一世纪》。

[160]《南海明珠》，202 页。

[161] 李卫国、黄溢华：《新加坡历史图片集 1819—1945》，29 页。

参考文献：

(一)中文文献

1. 南海明珠[M]. 新加坡：新加坡福建会馆，2010.

2. 潘可礼．社会空间论[M]. 北京：中央编译出版社，2013.

3. 刘怀玉．现代性的平庸与神奇——列斐伏尔日常生活批判哲学的文本学解读[M]. 北京：中央编译出版社，2006.

4. 李卫国，黄溢华．新加坡历史图片集 1819—1945[M]. 新加坡：星洲日报、文化部，1981.

5.［英］哈・弗・皮尔逊．新加坡通俗史[M]. 厦门：福建人民出版社，1974.

6、葛兆光．古代中国的历史、思想与宗教[M]. 北京：北京师范大学出版社，2006.

7. 葛兆光．道教与中国文化[M]. 上海：上海人民出版社，1987.

8. 葛兆光．中国思想史・第 2 卷・七世纪至十九世纪中国的知识、思想与信仰[M]. 上海：复旦大学出版社，2000.
9. 厦门大学南洋研究所．新加坡简史[M]. 北京：商务印书馆，1978.
10. [英]康斯坦斯·玛丽·藤布尔．新加坡史(A History of Modern Singapore)1819—2005[M]. 欧阳敏译．上海：上海东方出版中心，2013.
11. 宋旺相．新加坡华人百年史[M]. 新加坡：新加坡中华总商会，1993.
12. 解维汉．中国祠庙陵墓楹联精选[M]. 西安：陕西人民出版社，2005.
13. 林孝胜，张夏帏，柯木林，吴华，张清江，李奕志．石叻古迹[M]. 新加坡：南洋学会，1975.
14. 梁康伯．寻庙——新加坡的华人庙宇[M]. 徐李颖译．新加坡：新加坡道教学院，2011.
15. 陈育崧，陈荆和．新加坡华文碑铭集录[M]. 香港：香港中文大学，1970.
16. 许源泰．沿革与模式：新加坡道教和佛教传播研究[M]. 新加坡：新加坡国立大学中文系，八方文化．
17. 世界福建名人录[M]. 新加坡：新加坡福建会馆，2012.
18. 粟明鲜．1899—1911 年新加坡和马来亚华侨的孔教复兴运动[A]//颜清湟．海外华人史研究．新加坡：新加坡亚洲研究学会，1992.
19. 段玉明．中国寺庙文化论[M]. 长春：吉林教育出版社，1999.
20. 新加坡华人会馆沿革史[M]. 新加坡：新加坡宗乡会馆联合总会，1986.
21. 波靖南溟——天福宫与福建会馆[M]. 新加坡：新加坡福建会馆，2005.
22. 华人传统[M]. 新加坡：新加坡宗乡总会，EPB 出版社，1990.
23. 钟锡金．星马华人民族意识探讨[M]. 新加坡：康达印务有限公司，1984.
24. 新加坡民俗导览——庙宇文化(第二本)[M]. 新加坡：焦点出版有限公司，2007.
25. 邱新民．新加坡寻根[M]. 新加坡：理想纸品印刷公司，1983.
26. 张子凯．列斐伏尔“社会空间”思想研究[D]. 北京大学马克思主义学院博士论文，2008.
27. 陈碧笙．南洋华侨史[M]. 南昌：江西人民出版社，1989.
28. 徐李颖．佛道与阴阳：新加坡城隍庙与城隍信仰研究[M]. 厦门：厦门大学出版社，2010.
29. 刘同华．列斐伏尔的“空间生产”理论研究[D]. 北京大学硕士论文，2012.
30. [美]塞萨·洛等．城市公园反思——公共空间与文化差异[M]. 魏泽崧等译．北京：中国建筑工业出版社，2013.
31. [英]阿雷恩·鲍尔德温．文化研究导论[M]. 陶东风译．北京：高等教育出版社，2007.
32. 谢纳．空间生产与文化表征——空间转向视阈中的文学研究[M]. 北京：中国人民大学出版社，2010.
33. [英]彼得·伯克．什么是文化史[M]. 蔡玉辉译．北京：北京大学出版社，2009.

34. 曹卫东．曹卫东讲哈贝马斯[M]. 北京：北京大学出版社，2005.

35. 陈嘉庚研究论文集[M]. 北京：中国友谊出版公司，1988.

36. 徐李颖．在国家与社群之间：新加坡华人庙宇社会功能的转换——以天福宫为例[A]. //华人社会与民间文化．2006.

37. 颜清湟．新马华人社会史[M]. 北京：中国华侨出版公司，1991.

38. [清]张心泰．粤游小志[M]. 1827.

39. 蔡少卿．中国秘密会社[M]. 杭州：浙江人民出版社，1990.

40. 李钟珏．新嘉坡风土记[M]. 新加坡：南洋书局，中华民国三十六年．

41. 李天锡．华侨华人民间信仰研究[M]. 北京：中国文联出版社，2001.

42. 庄钦永．新加坡华人史论丛[M]. 新加坡：南洋学会，1986.

43. 彭松涛．新加坡全国社团大观[M]. 新加坡：文献出版公司，1983.

44. 韩槐准．天后圣母与华侨南进[J].《南洋学报》第二卷第二期．

45. 苏庆华，大马半岛与新加坡的妈祖崇祀：过去与现在[A]. //新马华人——传统与现代的对话．李元瑾主编．新加坡：新加坡南洋理工大学，2002.

46. [美]刘易斯・芒福德．城市文化[M]. 宋俊岭译．北京：中国建筑业出版社，2008.

(二)英文文献

1. Rob Shields. *Lefebvre, Love and Struggle, Spatial Dialectics*. pp. 154—155.

2. Maurice Freedman. "Immigrants and Associations: Chinese in Nineteenth-century Singapore". from *Comparative Studies in Society and History*, Vol. III, No. 1, 1960.

3. Leong Yuen Sang. "The Economic Life of the Chinese in Singapore". from *Early Chinese Immigrant Societies*.

4. C. F. Yong. "Chinese Leadership in Nineteenth Century Singapore". from *Chinese Leadership and Power in Colonial Singapore*, . Times Academic Press, 1992.

5. Angeline Foo. *Collecting Memories—The Asian Civilizations Museum at the old Tao Nan School* (触物生情话道南). Singapore: National Heritage Board, 1997.

复调的地标

——长春地质宫故事

朴　婕

城市地标建筑指的是能够代表城市特色和形象的一系列建筑。由于它们或则从建设时就被设计为当时权力意志的象征，或则在历史、社会中发挥过某种特定作用，因而具有鲜明的可识别和记忆性，不仅构成该城市居民识别地理位置的标记，也是人们认知一个城市、理解其特性、评判其地位的符码。比如上海东方明珠、台北101，是上海、台北作为国际大都会及其经济实力的标志。由于地标极强的象征能力，它往往与该城市特定的价值功能紧密相连，仅代表着一种价值功能及其后的权力话语，很少具有多重意义。而随着历史变迁、话语变动，如果它所代表的意义不再为新的权力话语所认可，它就或则被销毁，或则丧失了地标地位。比如苏联为纪念二战中牺牲的红军战士而在中国设立的众多纪念碑塔，在数十年间是很多城市的标志，但在今日已鲜有人关注。就算有些特殊的地标，在新时代被重新利用，并获得了新的功能与意义，但每重意义之间也是自足且互斥的，除非特别追溯它的流变、强调它意义的多样性，否则它只会根据给定的语境，提供一个确定且独一的意涵。如北京的天安门，在明清时代是帝王权力的象征，而在新中国成立后成为公共集会的场所，但这两种意义往往是根据讲述语境而选择其中一种。所以通常来说，地标只象征一种权力。

但城市是多元的。城市固然也经历历史变迁和话语变更，且在同一时代，不同立场、不同政治经济社会文化倾向之间也会发生冲突，因而始终有多重话语作用于一个城市，但城市并不抵触它们的同时存在。各种话语不仅发生博弈，也可以相安无事甚至相互合作。比如帝国中国早已成为过去，但现代城市仍可容留王家庭院于其中，作为一个组成部分。套用巴赫金对陀思妥耶夫斯基小说的复调性的讨论，城市恰恰是“有着众多的各自独立而不相融合的声音和意识，由具有充分价值的不同声音组成真正的复调”，它们并不总是被一种声音所统合，“众多的地位平等的意识连同它们各自的世界”[1]，结合在一起成为城市。所以城市多是复调的，但鲜少可以展现城市复调性的地标。城市通常只能利用多个地标建筑，来发出它多元的声音。

但有一种情况，地标在建设阶段就历经多个时代，它的形态上就混杂着多种话语的声音。由于未能在一个时代完成，任何一种声音都不足以独自支撑起地标的全部意义，它们在发生冲突的同时又需要相互利用：后一时代既要擦去前一时代的痕迹并涂抹上自己的色彩，又利用了前一时代的建设基础；而反过来，前一时代的建设虽遭到后一时代的改造、擦抹乃至遮掩，但它也因后一时代的吸收利用才得以留存和完成，并有机会在未来某一刻重新发出声音。这使得在同一个地标中，不同话语、立场为基础的历史叙述可以各抒己见，在相互抵抗与吸收之间构成了特殊的合作状态。

长春的地质宫就是这样一个例子。它是坐落在长春市地理中心地带的一座仿古宫殿式建筑，不仅自身气势恢宏，前方还设有超过二十公顷的广场、背后有大面积的花园；正面道路不仅是长春市少见的正北正南向街道，在中间有宽阔的街心步道的前提下，两侧仍各有三车道的幅宽；同时，街道两侧建筑整齐划一。可以说方圆近三公里的建设，都是围绕它展开的。无论是它的地理位置、周边建设还是自身形态，都可以看出它在长春的特殊地位。而这座建筑是历经伪满洲国、建国初期与 90 年代三个时段才建设完成，其中交错着殖民主义、民族意识、帝国皇权、阶级立场、现代资本等多种话语的运作。这些话语之间存在着巨大的冲突，特别是其中殖民主义与民族意识之间水火不容。但即便如此，它们还是相互吸收利用，并最终建成了地质宫。这样的地质宫，正可谓话语间不断竞争与相互吸收的外化形态。它以一个地标，代表了长春历史的多元面相。同时，它也打开了地标这种象征物的文本性，展开了历史的特殊断面，让人看到多重话语既进行角力又相互依存的肌理。

一、帝宫肇基

1932 年日本扶植伪满洲国建立时，预期要将它建成世界的“理想国度”，而刚刚从长春改名新京特别市的新都城，更要成为与世界知名城市并称、甚至超越一切都市的理想之都：它作为政治中心，应配以相应的管理机构，随时有效调配资源；应拥有约四百平方公里恰到好处的城市面积，一百万左右的人口；应拥有各民族聚居的群落及相应的宗庙、祭祀场所；应有四通八达的交通；应拥有足够的水源、绿地和公园；应拥有足够的广场空间以便集会活动；应拥有完备的卫生及各类配套设施，等等。而同时，此前的长春只有晚清时期发展起的二道沟一带的聚落并在日俄战争后从沙俄手中获得的南满铁路沿途一带有所发展。定都新京后，日本大量购入了土地，这些土地除了少量的原住民之外一片空白，连道路都需要从零开始规划。驱除原始住民后，便没有任何原有建设的阻碍，加上长春整体呈平原地势，地理障碍也比较少，所以一切可以按计划操作。对于新国都的设计者来说，这里也是广阔天地大有可为。

作为政治中心，新京的门面在于权力中心的设计。虽然此时已经在城市东北角开始建设日本关东军的官厅，但按照日本的计划，伪满洲国应是相对独立于日本的国家。时任早稻田大学教授的佐藤武夫便指出了新都城要体现出的新气象："以前的做法是将满洲当作殖民地和附属国来看待，而现在则不同，现在的目标是创建一个国家，创建一个民族和谐的世界"，日本"作为指导民族，那种所谓的征服者的殖民主义禀性或者殖民主义意识是绝不应该有的"[2]。既然是"指导民族"，哪怕只是门面工作，权力的中心也不能处于关东军乃至一切日本府衙周围，而需要在新区重新规划伪满洲国的官衙。1932 年 8 月至 11 月间，关东军特务部、满铁经济调查会和伪满洲国国都建设局三方人员召开四次会议，提出了五套城市规划方案。其中的讨论重点，即是伪满行政中心、特别是溥仪所在的执政府——帝宫的建设。

规划之漫长源于日本与溥仪代表的伪满之间难以取得共识。溥仪紧咬着日本曾经许下的承诺，要求采用帝制，而权力机关也就应以皇宫为制式。但当时的日本无意履行承诺，不断以国际舆论、东北地方势力反对等托词搁置溥仪的称帝要求，所以围绕是否建设皇宫、到底以怎样的方式建设执政中心，多方僵持不下。加上新京位于平原边缘地带，地势起伏不定，且有几条河流流经，道路便不宜采用南北向规划，因此很难找到一个适合传统皇宫格局的位置。僵持数月后，几方势力达成妥协，最终认可了溥仪"恳请一定要面南"以及应处于地势高点的要求，划定杏花村一带为建设预留地，以备继续商讨未来建设。

在争论的过程中，帝宫周边的建设已逐步落实。首先是划定了道路布局。参考此前满铁附属地建设中矩阵式设计中锐角交叉所产生的交通问题，并针对新京的地势，新区设计最终采用了仿巴黎的多心—放射状模式。由于已经扫除了原有建设，新区的一切都可依据设计规划，形成井然有序的布局。杨家安、莫畏指出，这里“以整齐的、具有强烈秩序感的城市轴线系统，宽阔笔直的大街串联起若干个豪华壮阔的城市广场，几条放射线大道通向巨大的交通节点，形成城市景观的戏剧性高潮”，是受到了巴洛克风格城市的影响，它以其壮丽的色彩和高度的秩序化，体现出对强权的膜拜，在 20 世纪三四十年代深受极权统治者的青睐[3]。而处于地理中心、最为醒目的道路，就是未来帝宫正面的顺天大街。该街道为当时新京最宽的道路，幅宽 60 米，就一个人口尚不足二十万、亦无高层建筑的城市来说，堪称一望无际。负责道路设计的伊地知纲彦回忆，这片土地“既可以从东西地平线看到日出日落”，又可以看到“地势呈起伏状的大陆”，“那种快乐是无法忘记的”[4]。

作为宫前道路，顺天大街还在其正中铺设了 16 米宽的街心步道，从近郊移植了 25 年生的榆树，满足美观与绿化需求。沿路也禁止架设电线杆、高架线，也不允许张贴广告，放任两侧树木恣意生长，以形成如柏林的菩提树下大街和巴黎的香榭丽舍大街的景象。

沿路两侧，依次建设了伪满洲国国务院、军事部、交通部、司法部、经济部和综合法衙。由于此前关东军所在的大同广场一带建设时，设计师多居于日本而并不了解东北的实际环境，又想混杂多种建筑理念，以致建设杂乱无章，故而建设伪满政府所在的顺天大街时便吸取了经验教训。考虑到一方面，伪满官员对带有中国屋顶的新式建筑评价更高；另一方面，时任国都建设局顾问、直接指导官厅设计的佐藤利器也认为应“以满洲的氛围为基调”[5]，此地统一采用了“满洲式”或称“兴亚式”风格建筑。

所谓“满洲式”或“兴亚式”，是以西方古典主义建筑为基础，建设中心对称、轴线突出的墙体，在此之上配以融合了中日样式或者中国民族样式的屋顶，既形成宏大的气势，也融合了民族样式。在当时的上海、哈尔滨等地，可以看出欧洲诸国所采用的是将自己的民族风格照搬到中国大地的方法，以单一的高耸建筑、一览众山小般地藐视周边的中国建筑。与之相比，此次伪满官厅的建设则强调形制统一，并注重与东北地区自然环境、原始建筑风格的融合。时任官厅设计人员的牧野正己就批判此前的建筑“考虑的只是样式，对当地的实际情况完全不了解”，没能将建筑与当地建设实际融合起来，只是形成了“所谓的国际风格”。而顺天大街的官衙很是“下过功夫”去“追求一些什么东西”，“另辟蹊径”地展现了伪满洲国作为“一个新兴的‘复合民族国家’”的风貌[6]。对此，主张不以征服者眼光而以民族和谐的眼光去处理伪满的佐藤武夫也表示认同：“暂且不论其表现是否适当，构思精巧与否，但就其政治意图来看，笔者会毫不犹疑地给予肯定”[7]。由此也可见日本的建筑理念已逐渐自成系统，不再受制于西方建筑的模式，并能充分做到与政治理念相统一。

于是，围绕帝宫预留地形成了完整的建筑景观。它们一方面表现出“民族协和”的主调，另一方面也众星拱月般地对帝宫表现出臣服之势，而宽广的道路、密集的绿化，也便于形成帝宫在俗世之外的神圣感。1937 年 9 月，在“国都建设纪念典礼”上，总务厅长官星野直树发表演说指出，帝宫“高出周围各堂皇建筑物之上，十年前曾夸耀一时之所有官衙、银行等建筑物，现在具仰伏此帝宫之下”。[8]一切，只待帝宫落成。

随着四年前溥仪如愿称帝，争论的重心逐渐从是否建设皇宫，转为建设怎样的皇宫。1938 年，帝宫设计方案终于定稿。溥仪对故宫形态的坚持还是取得了成效。所以尽管任用了藤岛哲三郎为总设计师，但帝宫的最终形式仍是仿照北京皇宫格局，南部为宫廷广场，后身的北部为宫苑，中间是以政殿为中心的内廷。依据设计，南部正门外大广场除保留部分集会空地之外，全部栽种树木，以保持宫廷威严；北部主要规划为寝宫和御花园；中部政殿“为钢筋混凝土造二层建筑”，“建筑风格属于东方格调，庄重宏大，屋顶的瓦采用的是清朝宫殿传统的金黄色琉璃瓦，外壁贴的是花岗岩，内部为大理石构造”[9]。尽管帝宫保留了故宫的形制，不过从钢筋混凝土的材料可看出，它已不再是传统木结构建筑，而是另一种“兴亚式”建筑，虽然表面上看不出西式的墙体，但其内核却完全依赖西式的架构。放在这样一个彰显着政治理念的地域，这种妥协愈发体现了纯粹的封建皇权已力不从心。

随着太平洋战争爆发，物资陷入极度匮乏，溥仪便授意“大东亚战争作战进展，今后更增大铁钢需要，所谓铁钢增产与节约，要在官民协力，以举其实，刻下进行中之新宫廷建筑工程必须使用钢材，鉴于现下时局，暂行中止”[10]。“中止”并非托词，工程停止后伪满洲国仍拨款四千多万的巨资于此，推测是用于维护[11]，可见仍有将来恢复建设的打算。然而到中日战争结束时，整个帝宫区域只完成了北部的御花园和地下避难所，以及中部的地基和几道墙垣。据秦翰才在《满宫残照记》中的回忆，伪满解体后，这里只有“钢筋矗立，红墙环绕，偶有一二处已倾圮。后面小邱，树木修整。确有相当规模。所惜此时只有空虚冷静，邪许无声，偶闻寒雀啁啾，若助游人之叹息”[12]。象征“日满友好”的兴亚式官厅最终臣服于一片未能建起的虚空，未尝不是伪满权力的真正景观。

二、“民族”的“屋顶”

帝宫的地基在抛荒八年后，忽然获得了建设重开的契机。1952 年，东北地质学院成立，但由于缺乏校舍，教学活动分散于全市各地，十分不便。而地处长春交通要道的原帝宫所在地却常年废弃，只是在原有地基上建设需要相应的实力，非一般单位可以承担，而地质学院则正好有此能力。于是时任中国地质部副部长的何长工与时任长春市委书记的汪小川进行商议，两人一拍即合。1953 年 1 月 16 日，长春市人民政府城市建设计划委员会向东北人民政府、吉林省人民政府和东北地质学院发出公函：“东北地质学院，利用伪皇宫基地建筑校舍。该地区我们同意修建。”[13]

是年 7 月，地质学院教学主楼在原帝宫政殿上正式开工，并于 1954 年初步竣工。同年东北电影制片厂(即后来的长春电影制片厂)拍摄的电影《英雄司机》记录下了它刚刚建成时的形态，可以看到它基本保留了帝宫原初的设计。所做出的变动，只是将原本规划的两层楼改为五层、将黄琉璃瓦改为绿琉璃瓦。正门设朱红明柱六根，两侧是白玉雕花栏杆，前方矗立金龙盘玉柱的汉白玉华表。台阶与门口交汇处，置有狮子滚绣球一对。五层为仿皇宫城楼的观礼台，俨然一副宫殿气象，因而被郭沫若题名为“地质宫”。

（来源：http：//www. redocn. com)

由于地质宫仿照的是中国传统建筑的形制，与伪满建筑有所差异，建设时并未遇到太多阻碍。不仅如此，当时“民族形式”建筑风潮盛行，让地质宫的建设恰逢其时。所谓“民族形式”风潮，源自苏联“民族形式，社会主义内容”的建设原则，受到当时“一边倒”的外交政策影响，它于20世纪50年代前半期成为中国建筑设计的指导原则之一。以梁思成为代表的建筑专家也受到该原则影响，撰文主倡这一形式，进一步推进了民族形式建筑在中国的发展。但受到物质和技术条件限制，所能做到的“民族化”只是在现代钢筋结构之上附加以“大屋顶”，“民族形式”风潮也因此有“大屋顶”风潮之称。彼时带有象征意蕴的建设往往采用大屋顶形式，如北京友谊宾馆、中央民族学院等。在长春之内，也有第一汽车制造厂在1954年建设工人新村二期工程时采用这种形式，“不仅仅在屋顶处有垂花门的造型，在屋檐下还有斗拱、檐缘、彩绘等细节，与垂花门造型对应的阳台更是十分精细，加上建筑规模庞大，构成了该区域独特的建筑风格”[14]。

因梁思成曾创办东北大学建筑系，与东北建筑颇有渊源，又是“民族形式”的提倡者，且在地质宫规划期间曾到长春进行过演讲，因此有不少传闻认为他参与到了地质宫的设计与建设之中。但依据林洙《建筑师梁思成》，梁思成本人并没有设计过大屋顶建筑[15]，所以地质宫的重檐歇山顶与民族形式的“大屋顶”未必有直接联系，只是刚好原始设计顺应了时代需求，便保留了下来。

在西式钢筋墙体之上配以民族风格屋顶，不免让人想起伪满“兴亚式”建筑的特征。溥仪及伪满洲国选择传统宫殿式重檐歇山顶、日本选择“帝冠”或“满洲”式的日式或中日结合式屋顶、新中国“民族形式”的“大屋顶”，固然可以说是巧合，但这仍是极具症候性的巧合。一方面，它显示了传统木结构建筑已经很难在现实中实现，必须依靠西方的钢筋水泥墙体；另一方面，屋檐可谓建筑的冠冕，它加在墙体之上，显示着建筑的秩序与身份。在现代化的基础上，东方各国重新塑造并表现自我。从这个角度说，尽管地质宫并非“民族形式”风潮时期的设计，却有着近似的诉求。

如果民族形式能够长期处于新中国建设风格的主流地位的话，也许原帝宫一带仍可继续建设为当初规划的城市中心，甚至可以考虑将伪满官厅的内部改成新的市政府，这样原本规划的地理中心、政治中心均可实现，而其形象也合乎民族中国的风貌。但民族形式在中国的广泛传播本身就源自对苏联的追随，因而随着苏联局势的变化，这种风潮也发生了变化。随着斯大林逝世，赫鲁晓夫就“迂回地从批评他(斯大林)的建筑方针入手”开始了“去斯大林化”[16]，要求降低成本，在建设中采用工业化手法，最大限度地满足住房需求。中国也很快随之进入了对民族形式的批判，倡导民族形式的梁思成等人以及地质宫都不可避免地成了批判对象。由于对民族形式的批判始自降低成本的要求，批判也首先聚焦于造价问题："被人称为'地质宫'的长春地质学院校舍是一个很出名的豪华建筑"，"用了六百多万元，平均每平方公尺的造价二百二十多元"，"用建筑'地质宫'的钱，照国家规定的标准，至少可以多盖同样大小的校舍一个半"，"仅长春'地质宫'、哈尔滨医科大学、鞍山设计大楼三个建筑物的造价，就超过国家标准七百多万元"[17]。但随后不久，批判的对象就升级为形式本身的意蕴：地质宫这样的建筑"无论从外部或内部，都看不到我们这个时代的精神，所看到的只是对古代建筑的生搬硬套，都是封建社会统治阶级所爱好的风格——吉祥、平安、如意、超然、虚无"[18]。

这个曾经被视为"民族形式"的建筑现在成了"复古主义"的、不合时宜的存在。尽管并未被拆除，它还是淡出了人们心中的城市中心。此后虽然它门前的广场作为公共集会重地，历经 1955 年的五一劳动节举行了声势浩大的阅兵式、1966 年举行了拥护越南抗美斗争的四十万人游行、"文革"武斗，乃至毛泽东逝世后四十万人的集体追悼会，但地质宫只是地质学院的教学楼、广场也只是具有足够的空间，它们仅发挥功能作用，形式的意涵被避免提及。

三、文化广场

"文革"后的地质宫广场长期疏于管理，杂草丛生，甚至坟墓遍地。到了 20 世纪 80 年代，这里进行了调整，一半划为地质学院的运动场，另一半改建为城市公共绿地，成为长春市民日常休闲与集会的场所。到了 1996 年，随着全国"广场热"的兴起，长春又重新规划了地质宫广场，将运动场和公共绿地合二为一，恢复了原本的一体形态，最终重建的新广场面积达 20.5 公顷，是长春市最大的广场。它将原本的黄沙土路改为以草坪为中心的铺装，包含四块巨大的草坪，草坪面积约 4 公顷。广场两侧包围着三千余棵树木、五十多种树种，并有各色、各季鲜花植于其间。由于绿化丰富、面积广阔，新建的广场成为既可容纳市民日常休憩、又适宜举办大型文化活动的场所。广场正中为半圆形的音乐喷泉，其上设立了制高点的"太阳鸟"雕塑，并在太阳鸟雕塑的前后分别设立了黑色铸铜男体吁天雕塑与汉白玉女子侧卧雕塑，男子"张开双臂拥抱太阳、追求光明，表现的是早晨，象征人类强大的生命力"，女子"是娴静温柔、纯洁与美丽的化身"，"以恬静平和来表现夜晚"。同时在广场东西南北方，分别置放着象征四季的雕塑。由此，整个广场上的雕塑形成了一个被命名为“时空”的完整雕塑群，象征“天地人和、阴阳协调”[19]。而位于中央的主雕塑“太阳鸟”源于古代传说，表现人类对太阳的赞美和对光明的向往，也意喻当代长春欣欣向荣[20]。电影节、汽车节、雕塑节等重大活动多在此举办，全面展现了长春的文化风情，正呼应了它获得的新名字——“文化广场”。

（来源：http：//www. baidu. com）

文化广场的建设时值90年代中期兴起的“广场热”。由于中国各地在短期内大规模兴建了大量广场，各地的建设呈现出千篇一律的模式：“以政府大楼为背景，轴线式、草皮化，仰望中心雕塑，平视喷泉广场，俯瞰植物色带，铺装加草坪，台阶加旗杆”[21]。当时甚至产生了讽刺这种模式的顺口溜：“低头是铺装，平视见喷泉，仰脸看雕塑，台阶加旗杆，中轴对称式，终点是机关。”

文化广场的建设也与此模式相近，唯一的差别，在于它形成凝视中点的对象，不是当下的权力机关。此时的地质宫仍然是地质学院的教学楼，只是从东北地质学院、历经长春地质学院，改为了长春科技大学，并于2000年之后并入吉林大学，内部的院系从地质转为仪器科学与电子工程，仍保留原本的地质博物馆，实际功能并没有发生变化。但“广场热”模式形成的广场结构，却让文化广场作为人们凝望地质宫/原帝宫的媒介功能得以复苏。换言之，文化广场作为原帝宫广场的功能，因这次建设而重新生效。只不过帝宫时期的设计是在“正门前，设约三万平方米之空地。其余则全部植以花卉草木，以资保持宫廷之尊严而调和其风景，同时，亦便于民众之遥拜”[22]，而文化广场已不再禁止平民进入。但将地质宫置于广场的背景中心，形成凝视的中心点的这种结构仍然如故。于是文化广场构成的凝视结构，让地质宫重获中心的位置，而它的历史文化意义也获得了重新估价。首先文化广场的改建一扫此前皇宫广场的建设方式，也去除了20世纪50到70年代集会广场的痕迹，在这样的情况下地质宫原本的政治意涵便受到削弱；文化广场又构建了一个集汽车工业、电影和雕塑艺术、科教等多方面文化为一体的长春形象，在这样的情况下，地质宫的民族形式成了传统文化在今日的显影，表现出对中华文明的传承；同时它作为高等院校教学楼，也显示了对现代科技的重视，展示出继往开来的力量。

近年来，以央视早间天气预报为代表的越来越多的节目，以及众多旅游手册在介绍长春时，将标志景观选定为地质宫及其前方的文化广场。因此通过文化广场的建成，原帝宫的建设计划得以全面完成，也重新成了长春的地标甚至中心地标。但另一方面，随着文化广场承载的意义变化，地质宫以及原帝宫的意义也发生了转变，它让人们看到一个“新”长春形象，成了新的权力意志的象征。这个曾经被视为“看不到我们这个时代的精神”的地质宫，在今天终于成为镜头的焦点；这个被作为权力中心规划却从来没能成为权力中心的地质宫，在今天终于成为长春的标志。这个以伪满帝宫为地基、采用“民族形式”风格建筑、又被新的市民空间所包裹并获得新意蕴的地质宫，到底让人们看到了怎样的历史意义，也许是一个见仁见智的问题。但正是因为有多重话语的参与，它才最终完成了它的形态，让人看到它特异的历史价值。也许有一天，再有一个新时代到来，为这个已然完成的地质宫赋予一个确定且稳定的意义，这个新意义就成为这个地标“独裁”的叙述者，它遮蔽掉此前混杂的话语，规范它全部的历史内涵，以自己独一的声音支配地标的意义。地质宫也就成了一个只具有独一意义的地标。这也不免让人心生疑窦，那些历史悠久却又意义独一的地标，是否只是被一种过于响亮的声音所覆盖，以致人们难以听到在这个响亮声音遮盖下层层叠叠的细语。

（作者：朴婕，北京大学中文系博士研究生）

注释：

[1] [苏]巴赫金：《陀思妥耶夫斯基诗学问题》，见《巴赫金全集・第五卷》，白春仁、顾亚玲译，4—5 页，石家庄，河北教育出版社，1998。

[2] 《大陆建筑座谈会》，载《现代建筑》第 8 号，1940 年 1 月。转引自[日]越泽明：《伪满洲国首都规划》，欧硕译，191 页，北京，社会科学文献出版社，2011。

[3] 杨家安、莫畏：《伪满时期长春城市规划与建筑研究》，37—38 页，长春，东北师范大学出版社，2008。

[4] 出自伊地知纲彦给越泽明的来信(1981 年 6 月 9 日)，转引自[日]越泽明：《伪满洲国首都

规划》，118 页，欧硕译，北京，社会科学文献出版社，2011。
[5] 同上书，178 页。
[6] [日]牧野正己：《建国十年与建筑文化》，转引自[日]越泽明：《伪满洲国首都规划》，欧硕译，183 页，北京，社会科学文献出版社，2011。
[7] [日]佐藤武夫：《中国大陆的外国建筑及其政治表现》，载《建筑杂志》1942 年，第 678 号。转引自[日]越泽明：《伪满洲国首都规划》，欧硕译，182—183 页，北京，社会科学文献出版社，2011。
[8]《长春史志》，1988 年第 3 期。
[9] [日]越泽明：《伪满洲国首都规划》，欧硕译，155 页，北京，社会科学文献出版社，2011。
[10] 伪皇宫陈列馆编：《伪满宫廷秘录》，405 页，吉林，吉林文史出版社，1993。
[11] 吴文延：《一座没有建成的伪皇宫》，见中国人民政治协商会议吉林委员会文史资料研究会编《吉林文史资料选辑(第 26 辑)》，144 页，1988。
[12] 秦翰才：《满宫残照记》，109 页，长沙，岳麓书院，1986。
[13] 出自纪录片《地质宫》，文字材料见 http：//blog. sina. com. cn/s/blog _ 6130d2290101g5d7. html.
[14] 李之吉：《单位职工社区中的集体主义生活——东北老工业区居住建筑格局的变迁》，载《时代建筑》，2007(6)。
[15] 林洙：《建筑师梁思成》，128 页，天津，天津科学技术出版社，1996。
[16] 朱涛：《新中国建筑运动与梁思成的思想改造：1955——阅读梁思成之五》，载《时代建筑》，2013(1)。
[17]《关于发展国民经济的第一个五年计划的报告——在一九五五年七月五日至六日的第一届全国人民代表大会第二次会议上》，载《人民日报》，1955 年 7 月 8 日。《为了实现五年计划必须厉行节约》，载《人民日报》，1955 年 5 月 15 日。《一座浪费的不适用的学校建筑》，载《人民日报》，1955 年 3 月 30 日。
[18]《一座浪费的不适用的学校建筑》，载《人民日报》，1955 年 3 月 30 日。
[19] 吴广孝主编：《中国导游十万个为什么 吉林》，北京，中国旅游出版社，2006。
[20] 政协长春市朝阳区委员会编：《文化广场》，见《朝阳文史资料 第 3 辑 穿越时空的足迹·山河篇》，84 页，2005。
[21] 刘秀晨：《建筑形象·城市设计·城市广场》，载《中国园林》，2001(1)。
[22] 原载《斯民画报》，转引自秦翰才：《满宫残照记》，108 页，长沙，岳麓书院，1986。

区域发展的地域文化推动

——以莞香文化建设为例

张承良

进入工业社会以降，全球化竞争日益加剧，使得不同国家、地区、城市之间的发展差距变得明显，学术界对于区域间发展差异及其根源的研究逐渐热门。从亚当·斯密开始，导致区域发展差异的文化根源进入经济学的视野，一般而言，经济学研究之于文化的关注，较为集中地体现在新制度经济学和发展经济学一些代表人物的研究中。如新制度经济学家哈耶克认为，现代经济增长的发源与文化变迁是不可分离的，文化内在地影响着制度变迁，进而决定着经济发展的方向和结果。又如发展经济学家熊彼特、刘易斯等，他们都十分重视创新精神与积极价值观念之于经济增长的根本性作用。而从马克斯·韦伯以降，社会发展的文化动力更成为社会学者研究的热门话题。马克斯·韦伯全面考察了文化与现代社会发展之间的关系，认为资本主义之所以在西方社会得到发展，除了那里具有历史唯物主义提到的物质因素外，还有一种独特的、源于西方文化深处的精神动力在起作用，即“资本主义精神”。近年来，约瑟夫·奈的软实力学说进入中国，国内学者将其拓展到区域软实力特别是文化软实力的研究，文化得以作为全球化背景下区域发展综合竞争实力的直接构成要素而受到重视，文化之于区域发展的动力作用及其运行机制得到更为深入的研究。

本文以广东东莞的莞香文化建设为例，绍介“莞香”这一有着地方特色的传统文化资源被“发现”和整合的过程，分析莞香文化为东莞区域创新发展所带来的推动作用，进而提出关于区域发展背景下地域文化传承路径的若干思考。

一、莞香文化传统及其当代价值分析

莞香是南方特产土沉香之一种，属国家二级保护植物，至宋朝已普遍种植，历来为东莞地方特产。据陈嵘编著《中国树木分类学》记载：牙香树，别名女儿

香，莞香。常绿乔木、树皮暗灰色，易剥落。叶有大小两种、大者称大叶香，为长卵形；小叶称细叶香，为披针形，互生，两端尖，全叶长二寸许，青绿色。花白色。种子圆形、黑色。花期三月份至四月份，种子成熟期六月份。本种生长六七年后伐其正干，后越五六年，乃凿香头如马牙状，通称“牙香”。

莞香，实际上是莞香树上经自然或人工凿口“伤口处”流出树脂经真菌酵化凝结，或者成年莞香树枯腐后自然形成的富脂结晶物。优质莞香是香品中的珍稀之物，价值连城，不仅具有很高的药用价值，还具有很高的观赏价值与收藏价值。作为岭南历史上独具特色的文化遗产，莞香承载了极其丰富的历史文化信息和极高的精神文化价值。那么，莞香在历史上是怎样的一种情况？其在东莞文化传统中到底有着怎样的独特性和重要性？笔者所在团队在多年的东莞文化调研中，“发现”了莞香所蕴藉的东莞文化“密码”。[1]总括起来，主要有以下三个方面。

1. 莞香所代表的贸易传统

莞香

唐宋以后，大批中原移民南迁至包括东莞在内的珠江三角洲地区，珠三角遂成富庶之乡。与此同时，以广州为中心的海外贸易也迅速发展，香料正是其中的重要贸易品种之一。当时，香既作为治病疗伤的药物，又是民间熏香辟邪民俗活动的重要组成，还是佛教、道教等宗教活动祭拜的必备之品，社会上对香品的消费需求很大。但国内香料资源有限，品种也不多，因而激活了香料进口贸易，各式香料大量从临近的东南亚地区输入。从史料上记载，东南亚各国进贡的“贡品”看，香料进口珍品主要有沉香、龙涎香、龙脑香、檀香、降真香、苏木香等。岭南各地也盛产包括各种香草香树在内的“奇花异香”。就沉香而言，屈大均《广东新语》记载德庆、高明、新兴等地都有老香山，并引用《南越志》：“盆允县利山，多香林，名香多出其中”[1]为证。宋代以后，产自东莞的莞香后来居上。在广东传统四大圩市(香市、药市、花市和珠市)中，以寮步香市的莞香贸易尤为兴盛。成书于元大德八年(1304)的陈大震撰《南海志》有记载：“白木香，亦名青桂头。……惟榄香为上，香即白木香材，上有蛀孔如针眼，剔白木留其坚实者，小如鼠类，大或如指，状如榄核，故名。其价旧与银等。今东莞地名茶园，人盛种之，客旅多贩焉。”[2]

据本港史学家考证，香港之得名也源于莞香。[2]现香港所在地过去曾属于东莞地界，当时，莞香贸易多经由寒溪河及东莞各地运抵今香港九龙尖沙头草头排村的香埗头，再运往香港湾仔石排湾东端一个小港湾，以艚船运赴广州，继而由陆路北上，经南雄，越梅岭，沿赣江而至九江，再到京城、江浙等地乃至海外售卖。清雍正《东莞县志》卷四之三《物产》记载：明末以前，莞香“人多鬻之，其捆载而往者，络绎于道”。石排湾集中转运香品，被称为“香港”，即运香贩香之港。而莞香贸易量之大，“当莞香盛时，岁售逾万金，苏松一带，每岁中秋夕，以黄熟彻旦焚烧，号为薰月。”[3]对于莞香的巨大需求，促进了莞香经济的繁荣，不仅推动种香业的发展，以及莞香产业链条的完善，“莞人多以香起家”，“其为香箱者数十家，籍以为业”；还使东莞成为香产品的加工贸易集散地。陈大震《南海志》记载有当时广州地区进出口(舶货)“香货”的情况，“香货”有十四种之多，名曰：沉香、速香、黄熟香、打柏香、暗八香、占城分熟、乌香、奇楠香、降香、檀香、戎香、蔷薇水、乳香、金颜香等。据陈摩人的研究，这种“舶货”香料，“多数半成品需要加工，加工后就成为‘莞香’”。[4]

从元明以降，莞香贸易兴盛所延续的时段至少有数百年之久，而以种植时间来论，则更至少有千年以上。莞香的种植与加工贸易作为一种具有典型地域特征的创造性活动，实则已构成历史变迁中典型的地域文化现象，在上千年的历史延续中沉淀为地域性文化传统与文化基因。

2. 莞香所代表的中国香文化传统

香作为一种具有形而上气质的神秘之物，在中国传统文化中是一种非常重要的精神承载物，除了药用的功能外，香更多地作为一种接通精神世界的物质载体，构成了中国文化传统中极其重要的部分。

中国香文化传统源远流长。“早在2300多年前，诗人屈原就将香料植物写进《离骚》，全篇2 300多字的长诗用花草树木等比拟手法，赞扬或痛斥当时的社会现实。其中记载花草树木有55处之多，提到了44种植物香料。”[5]宋代以后，香事仪式普及民间，成为文人雅士的一种休闲活动。品香与斗茶、插花、挂画并称为修身养性的“四般闲事”。古人宴请宾客时，必须要插花、品香、茶艺三样俱足，才算是合乎待客的礼节，此后，香道、茶道、花道各自发展出了一套精细雅致的礼仪规则，香成为名士生活的一种重要标志，以品香为风雅时尚之事，对于香方、香具、香品、香艺等都颇为讲究。而在宗教祭祀活动中普遍地使用香，则更是中国文化数千年不变的传统。

莞香作为中国传统香品中品质上乘的一种香材，曾在历史上具有很高的声誉。莞香品种不少。据统计至少有10种以上，民国时期《东莞县志》记载了莞香得名的由来："鹧鸪斑，曰朱砂管，曰黄熟，曰黑格，以其色言也。曰马牙，曰马尾渗，曰窃凿，曰结根，以其形曰也。曰铁格，曰菱角壳，曰香角，以其声言也。"[6]上等的莞香如女儿香、黄熟香、岩露香、莲头香、切花香等，曾常年作为朝贡皇宫的贡品，根据清《贡摺》和《贡档》的记载，清代莞香进贡皇宫应该是始于雍正六年，止于清乾隆五十九年，有文字记载的共十批次。《广东新语》称明清时期"苏松一带，每岁中秋夕，以黄熟彻旦焚烧，号为薰月"，可见莞香在当时的消费盛况，而更为典型的则是明末四才子之一冒辟疆与董小宛闺室缠绵时燃香的记述：

近南粤东莞茶园村土人种黄熟，如江南之艺茶，树矮枝繁，其香在根。……烧二尺许绛蜡二三枝，……细拨活灰，一寸灰上隔砂选香蒸之，历半夜，一香凝然。不焦不竭，郁勃氤氲，纯是糖结热香。间有梅英半舒，荷鹅梨蜜脾之气，静参鼻观。忆年来共恋此味此境，恒打晓钟，尚未着枕，与姬细想闺怨，有斜倚熏篮，拨尽寒炉之苦，我两人如在蕊珠众香深处。……东莞以女儿香为绝品，盖土人拣香，皆用少女，女子先藏最佳大块，暗易油粉，好事者复从油粉担中易出。[7]

以此而论，借莞香复兴来推动中国香文化传统的复兴，是为合乎逻辑的设想。但现实的情况却是，作为宗教祭拜活动的香文化一脉得以延续并发扬光大，但作为象征日常生活品味的香道文化却日渐消歇乃至有消亡之势。迄今为止，香文化传统并没有得到应有的重视和开发。《新民周刊》记者曾撰文写当今日本香道盛而中国香道衰微的事实："2003年日本香道来了几个代表团，他们已来了几次，一来寻根，二来斗香，来到中国北京、南京、上海、广州竟找不到中国香的影子，竟不知中国香已在这块土地上失传了160多年"。[8]

近年来，随着物质水平的提高，人们对精神生活的要求也在不断提升，越来越多的人喜欢品香、用香，并对香的品质有了更高的要求；同时也有更多爱香、懂香的人开始致力于传统香道文化的继承与弘扬，香道文化的复兴正在凝聚越来越多的共识。在这样的背景下，莞香及其所承载的中国传统香文化复兴的大任压力不轻。

3. 莞香所代表的“以人力补之”的创新精神

莞香作为扎根岭南的珍贵物种，其在东莞的崛起曾经是一香盛而百香沉。东莞以“莞香”著名，却并非一切皆由天赐。当时能够生产香树的地方，海南、广西、台湾、福建等地都有。在广东，各地产香也不在少数，东莞甚至不在突出之列，屈大均《广东新语》引用《南越志》“盆允县利山，多香林，名香多出其中。”又：“朱崖有香洲，洲中出诸异香”，指出东莞并不在列。东莞种香的条件并非得天独厚，其主要产地集中在今大岭山、寮步一带，《广东新语》有记载：

> 莞香，以金钗脑所产为良。地甚狭，仅十余亩，其香种至十年已绝佳，虽白木与生结同。他所产者，在昔以马蹄冈，今则以金桔岭为第一，次则近南仙村、鸡翅岭、白石岭、梅林、百花洞、牛眠、石乡诸处。[9]

但自有莞香名世之后，其他地方的香从此一并衰落。屈大均为此写道：

> 盖自有东莞所值之香，而诸州县之香山皆废矣。昔之香生于天者已尽，幸而东莞以人力补之，实之所存，反无名焉。然老香二山，至今未尝无香，而地苦幽深，每为虎狼所扼，盖山谷之珍，固不欲尽出于人世也。东莞香田，盖以人力为香，香生于人者，任人取之，自享其力，鬼神则不得主之也。[10]

“香生于天者已尽”，“东莞以人力补之”！屈大均对于莞香盛而诸香衰的评点，无意间涉及了文化根性的分析。莞香之名世，并非全为天恩厚泽，更是人力争取所为。香树在东莞的兴盛，自然有偶然和基础条件的因素在，但其中“人力补之”的主体精神作用，却是根本之所在。在思维科学的理论中，人们提出了创造性思维的说法，认为它是人们在面对突然出现的新事物、新现象、新问题及其关系时所表现出来的一种迅速识别、敏锐把握、直接楔入本质的整体判断的能力。说到底，这是一种基于特定文化基因作用下在新事物出现时对机会的直觉判断和把握能力。莞香的传世表现了当时人们“以人力补之”创造历史把握机遇的文化禀赋。东莞确乎宜于莞香生长，但最终成就“莞香”的，说到底却还是莞人的思想创新和胆识。这样一种创新意识和进取精神，小而言之，是东莞历史传统中最根本层面的文化基因，是东莞人融于无意识的文化根性；广而言之，无疑代表了岭南文化中开拓创新的精神特质，代表了以后天努力取代靠天吃饭的以“搏”为特征的岭南文化传统。

二、莞香文化建设的情况

1. 莞香文化项目的缘起

东莞寮步镇是历史上非常有名的“香市”。明末清初岭南名家屈大均在《广东新语》中有谓“东粤四市”，其中香市“在东莞之寥(注：寮)步，凡莞香生熟诸品皆聚焉”。新中国成立后，由于滥砍滥伐，莞香树几近绝迹。近十多年来，尽管东莞市开始重视对这一地方特种稀有植物的保护，莞香种植又渐成规模。但根据东莞有关部门的调查，本地居民六十岁以下者，基本上都已经不知道莞香在本土历史上的情况，莞香文化传承已基本断绝。

自 2005 年开始，广东省人民政府参事黄树森写信给时任东莞市长的刘志庚，称属意于开展“东莞经济奇迹背后的文化渊源”课题调研，得到刘志庚市长的热烈响应。笔者作为黄树森团队的主要参与者，执行主编了《东莞九章——现代化中的东莞现象与东莞想象》一书，将“莞香理念”作为东莞区域发展的文化基因之一，进而致力于推动莞香文化建设的立项与落地。我们确信，莞香文化项目的启动，将会是广东地域文化传承的一个重要标杆：一方面，莞香近千年的种植加工与开放贸易传统，已经成为寮步(乃至东莞、岭南)文化传统的一部分，成为具有突出个性特征的地域文化基因。在当今全球化背景下，莞香无疑是具备了基于“文化性”与“经济性”、“本土性”与“世界性”辩证统一的极佳载体。另一方面，莞香作为中国香文化传统的代表性香品，其承载的中国历史文化积淀之深厚让人着迷。更重要的是，发源并曾兴盛于唐宋以来的中国香道文化传统在当今的日本大行其道，在我国特别是大陆地区反倒成为被遗忘的对象，已“中断、湮没一百六十余年”，因此之故，莞香文化的建设，也承载了重寻中国香文化记忆、复兴香道文化传统的历史使命。

基于上述原因，寮步镇委镇政府领导班子达成了共识。自 2009 年上半年，由镇委书记何绍田、镇长罗军文等领导领衔，成立了以副镇长刘松泰为组长的莞香文化项目领导小组，从寮步镇及东莞市未来发展的战略高度定位莞香文化项目。

2. 莞香文化项目的启动

在完成前期基本摸底与准备的基础上，寮步镇于 2009 年 6 月邀请省政府参事室黄树森参事、省委党校张承良博士撰写了“寮步镇‘古代香市 现代香都’莞香文化项目策划方案”，共同商讨莞香文化项目定位及具体操作策略，确定了“古代香市，现代香都”的项目定位。

2009 年 7 月 10 日，寮步镇召开了“古代香市、现代香都”莞香文化项目新闻发布会，分别有广东卫视、南方日报、羊城晚报、深圳电视台、南方都市报等省内重要媒体出席并作报道。9 月 21 日，寮步镇启动“香市充电讲堂”，邀请了香港郎咸平教授作第一期演讲嘉宾。期间，郎咸平教授与何绍田书记、黄树森参事作题为“以文化软实力推动经济发展的战略”对话。11 月 28 日至 12 月 1 日，寮步镇赴北京与国家文化部、中国文化报等处的文化专家学者就寮步如何打造香市文化，发展文化产业，提升软实力等问题开展论坛研讨及学习考察活动。

自 2009 年 7 月份开展系列活动以来，寮步莞香文化项目通过系列活动引起了各界高度关注，并获得了强烈的社会反响。一个明显的证据是，在 2009 年全球金融危机乍暖还寒的情况下，统计数据表明，寮步外来人口回流和投资升温的迹象明显加速。

3. 莞香文化项目的实施与推进

作为一项全局性的文化建设系统工程，莞香文化项目包括了多层次多方面的诉求。按照设想，莞香文化项目以文化建设为统制，以提升文化软实力与经济实力为旨归，在文化事业与文化产业方面齐头并进，探索文化与经济融合，以文化引领产业升级，以经济推动文化建设的可行途径。一是以“香市文化”建设促软实力提升。通过挖掘“香市”这一丰富的历史文化资源，全面提升寮步人文气息，增强人们的文化自豪感和认同感，增强寮步文化软实力。二是以香市文化建设促旅游产业发展。以“香市文化”为引擎，大力发展文化旅游产业，拉动具有寮步特色的香市旅游、汽车文化、体育休闲文化等文化旅游产业发展。三是以香市文化建设推动产业转型升级。通过发展香市文化推动文化特色旅游业发展，带旺寮步的人流物流，打造现代商贸大平台，形成东莞产品销售平台和香料的世界性销售平台及香薰养生产业，推动经济社会发展。据此，寮步镇制定了一系列制度与措施：

(1)建立领导机构，统揽香市文化建设。一是成立生态休闲新区建设领导小组，领导小组下设香市文化和旅游发展办公室。实行“政府、学术、传播、市场”四轮联动，面向全国聘请高水平的文化策划公司对寮步的文化事业及文化产业发展进行总体规划。二是成立香市文化挖掘小组，专门负责与香市文化有关的历史文物资料的收集整理工作。

(2)启动香市文化配套工程，打造文化旅游与产业发展载体。一是建设香市公园。投资1亿元开发神仙岭、龙船岭等500亩山林资源，广种莞香树，建设香缭塔、藏香阁等标志性建筑物，融入香文化元素和休闲功能，将其建成镇中心区的文化传播公园。二是建设香文化展览馆。邀请何镜堂院士及北京的博物馆专家设计香文化博物馆，将香文化展示区、农耕文化展示区、综合功能区等组合起来，建设一个活态的展览馆，重点展示香市、香江、香港的历史资料。三是建设万亩莞香林基地。与市林业局等合作，在佛灵湖周边的一万亩山地建设莞香种植项目科研示范及经营基地，营造绿色香市生态。四是复原香市古街“牙香街”。采用BOT方式，按照明清岭南建筑风格，对牙香街进行复原化改建，引进海南、茂名、雷州及台湾乃至海外的香户进驻售卖莞香、香艺品。五是每年举办一届香市博览会暨香市文化旅游节。吸引全球香玩家前来品香、鉴香、斗香，将香市旅游文化节打造成为全球爱香、恋香人士每年一度的欢乐聚会。六是打造一个香产品展销中心。在香市旅游区内建设香料、香水一条街，作为香料的展销中心，全方位展示销售香炉、香囊、香木、香水等与“香”有关的香产品。

(3)制度建设与规划先行，将香市文化建设纳入规范运作。出台《关于建设生态休闲新区的实施意见》，明确提出了以“古代香市、现代香都”为定位，打造享誉东南亚的中华香都品牌。同时，出台了《鼓励文化建设和促进文化产业发展暂行办法》、《促进文学艺术创作奖励暂行办法》、《鼓励文化旅游产业发展的暂行办法》等制度，设立“四个1 000万”的专项资金，营造环境，鼓励全镇上下加快与香市文化建设和旅游发展有关的基础设施建设，吸引社会各界人士来寮步投资发展文化产业。委托西安旅游设计研究院对全镇文化旅游进行总体规划(2010—2020年)，以做到规划先行。首先，建设4A级香市旅游景区。联合市旅游局合作打造以香市文化为主题，以“一区六园”为平台的4A级香市旅游景区。“一区六园”，即指建设香市公园、香市动物园、佛岭莞香生态公园、现代农业生态园、体育公园和汽车文化主题公园。目前，已获得首批广东国民旅游休闲计划农业旅游示范基地的称号。其次，打造十里香堤，串联“一区六园”，形成旅游产业带。将水利工程和环境工程相结合，规划加固加宽西南河、军囟河两岸25公里堤围，并设计休闲的健身道和自行车道，两旁种植莞香等芳香植物，凸显香市文化和运动休闲特色，打造绿色健康香树长堤。

（4）加强沉香产品研发，研究推广莞香的药用价值和养生价值，延伸香市文化产业链。成立香市文化投资推广公司，专业化运营文化产业发展。一方面，积极推动莞香产学研合作，发展莞香产品。引进中科院植物研究所等科研机构，开发香茶、香药、香料等系列产品；与北京羽亮手工药香研究工作室合作，引进纯天然环保香业精品作坊。另一方面，引进香熏SPA馆，推广莞香的养生价值。紧跟休闲养生潮流，与世界著名公司洽谈投资30亿—50亿元建设拥有香薰水疗美容与养生馆等功能的香艺园度假区，使寮步成为都市人放松身心、追求健康和谐的好去处。

（5）实施人才引进战略，实施借脑引智工程，完善香市文化发展模式。一方面，面向全国招聘高层次的专业人才，引进一批发展香市文化和旅游产业的人才。与此同时，实施借脑引智战略，邀请黄树森团队等本省专家，以及王志纲工作室、达沃斯巅峰智业机构、广州土人景观与建筑规划设计研究院、西安旅游设计研究院、香港中文大学、凤凰卫视等机构的专家学者进行研讨，探讨切实可行的莞香文化发展和推广模式。其中，重点抓了两项工作：一是开展“香市文化论坛”活动，不定期邀请国内知名民族学家、作家、学者对香市文化的独特魅力和香市文化的内涵做深入的研讨和解读。二是成立莞香文化研究会（沉香研究会），组织并资助有关专家学者对传统香文化的研究整理和运用开发，定期出版整理研究成果，为寮步建设“现代香都”提供理论支撑。

（6）强化传播效果，构建寮步“古代香市、现代香都”区域形象。拍摄一部香市文化为题材的电视剧《莞香》；出版《香市传奇》民间故事集、《香市溯源》等著作，编写莞香文化乡土读本。同时，在全市范围开展“香市文化人人谈”活动，将香市文化提升到东莞城市精神的高度，普及香文化知识，培育市民文化自豪感。二是开展“香江源、中国香”系列宣传活动，探讨寮步香市与香港的关系，开展香市文化知识竞赛，为寮步香市造势，进一步提升现代香都的文化影响力。三是申报国家非物质文化遗产。2008年，莞香生产与制作技艺申报广东省“非物质文化遗产”成功，寮步镇以此为契机，不断发掘香市文化内涵，加强与文化部非物质文化遗产司合作，建设香市文化的物质载体，申报“国家非物质文化遗产”。

三、莞香文化建设对东莞区域发展的推动

1. 经济发展空间的拓宽

在莞香文化项目启动之前，东莞、广东乃至全国的沉香交易情况不为人所知。在一定程度上，可以说是莞香文化项目的启动，引爆了人们对沉香市场更为普遍的关注：数万元一克的天价、真假沉香的标准缺失，乃至香道文化传统的危机等，都正在引起全社会对香产业的重新审思。在这样的情况下，东莞凭借寮步“牙香街”这一目前全国最大规模沉香交易市场的开张，经济发展的多元化空间得以进一步打开，综合来看，主要体现在以下方面：

沉香产业

一是沉香产业的发展。除了以“牙香街”为主要载体的香品交易量的快速提升，寮步还在香产业发展的招商引资上吸引了来自全球的关注。比如，2013年12月，第四届香博会主要活动之一的“香产业合作项目签约仪式暨2013中国香博会参展企业颁奖典礼”上，有六大香产业项目签约落户寮步镇，项目总投资达10亿元。此外，作为沉香产业链上游的莞香树种植也在民间越发凝聚巨大的热情。2011年以来，随着国家林业局、农业部、文化部等部门的相继介入，莞香(沉香)文化复兴与莞香经济正面临着全面加速的重大机遇。沉香是中药制剂中必不可少的一种起药性聚合与中和作用的成分，国家每年都要从东南亚国家高价进口500吨以上，中国药用植物研究所一直致力于提升沉香产量和生产周期的研究，其近年获得突破的一项成果——沉香通体结香技术，使得沉香结香周期从原来的10年以上乃至更长，

普遍缩短到10年以下，而且结香产量大为提高。国家林业局、卫生部、药监局及海关总署等八部委大力支持“沉香通体结香技术”的推广运用，除了在海南、广东、云南、广西等地全面铺开外，更把寮步镇及东莞相关镇区作为重点推广试点区域，由中国药用植物研究所与中国医药总公司负责其万亩莞香种植的技术推广工作。相关人士估计，此举将为寮步(东莞)催生一个超千亿的新兴产业。可以想象，在更大范围上，因通体结香技术广泛推广而催生的南方沉香，也将随着原料供应的大量增加和制香工艺的高科技化与创意化而催生一个庞大的新兴产业——香文化产业。

二是香文化旅游的发展。随着寮步“现代香都”整体规划的一步步落实，以及东莞城市整体配套和文化名城建设的提速，以香为主题的旅游逐渐吸引越来越多的游客，以2013年为例，寮步香市旅游景点全年接待游客一百多万人次，而2014年春节假期，接待游客也达到近三十万人次(注：寮步镇常住人口约四十二万人，其中户籍人口约七万人)。

2. 东莞(寮步)文化软实力的提升

莞香文化项目实施五年多来，在东莞、广东乃至海内外产生了较大反响，对于构形寮步及东莞城市形象，提升城市文化软实力助益匪浅。具体如下：

一是城市形象更加凸显个性化特色，城市识别更加鲜明。经过多年的发展积淀，寮步乃至东莞在城市形象的视觉识别上形成了越来越浓厚的莞香文化特色。以寮步镇来说，除了普遍种植的莞香树外，许多街道、建筑等公共空间以莞香或香市命名，比如，香市路、香江公园、香市小学、香市中学、牙香街、香文化博物馆、香市影视城、香慧寺、香远塔、十里香堤、香市动物园等，莞香文化日益融入人们的日常生活。2011年，寮步镇将莞香叶作为城市形象标识，寮步形象歌曲《莞香》也获全国最佳名镇形象歌曲奖。在东莞市层面，市里于2011年确定将莞香花作为城市形象标识，政府微博也以“莞香花开”来命名，在东莞城市形象的大众传播中，莞香文化元素被作为其中最具特色的内容之一。

二是城市知名度和美誉度得到快速提升。近年来，寮步通过莞香文化项目的持续推进，城市知名度和美誉度得以不断提升，比如，2013年分别获得全国特色文化产业示范镇、广东省莞香文化之乡的荣誉称号。特别是每年一届的“沉香文化艺术博览会”，在为期一周的博览会期间，历届参观游客稳定在30万—40万之间，使得寮步因莞香以及沉香文化在全国重点城市如北京、天津、上海等地及东南亚各国极大地提升了知名度和美誉度。以第四届香博会为例，近四百个标准展位座无虚席，参展商不仅有来自广东省内，北京、上海、天津、浙江、福建、广西、海南、四川等内地各省区的企业，更有来自香港、台湾，以及越南、马来西亚、印尼、新加坡等国家和地区的企业参展，香博会国际化日益彰显。

三是形成市民的地域认同，文化凝聚力得到强化。莞香文化的发掘与传播，唤醒了本地老年居民的文化记忆。作家曾明了在写作长篇小说《百年莞香》后，在东莞各地巡回演讲，听众居然有相当比例是 60 岁以上的老年人，他们在演讲结束后激动地感谢曾明了为东莞文化所做的贡献；通过莞香文化乡土读本、莞香电视剧与纪录片和系列莞香文化传播活动，以及在学校开展乡土调查、撰写莞香调查报告等活动，更在中年及青少年群体中形成广泛的认同和共识，人们普遍为东莞曾经拥有这一段传奇般的历史而自豪，文化自信与文化凝聚力得到空前强化。

四是文化创新力得到进一步提升。莞香传奇记忆的复活，极大地激发了寮步乃至东莞人们创新和创造的热情，这不仅表现在创作原创大型音乐剧《莞香》等跟莞香有关的各式文艺作品、设立东莞音乐剧“莞香奖”等上，还表现在莞香产业创新发展的相关领域，如有企业加大投入，研发莞香叶茶、莞香花茶，并通过了国家相关标准认证；又如，在 2013 年的东莞第一届文化产业博览会，广东沉香交流展示会作为其中的重头戏，将全国十大沉香协会悉数邀请到场，中国沉香行业超过 300 家著名品牌皆加入东莞文博会行列，在香文化界造成极大轰动。

四、地域文化助力区域发展路径之思考

莞香作为一种曾经在历史上产生过重要影响的岭南特有之物，其间所蕴藏的丰富的文化信息和独特的地域文化精神，通过近年来的当代化建设，已然足以成为以地方特色文化推动区域发展的典型性案例之一。问题在于，我们是否能够通过莞香文化建设这一案例，进一步总结和探讨特色地域文化当代化转换的有益做法，使之更好地服务于全球化背景下区域发展的实践？总括来看，以下三方面应当是思考和探讨的重点：

1. 历史文化资源的发掘、整理。历史文化资源总是以碎片化的形式留存于各类历史文本中，需要甘于寂寞的研究者广泛搜集、发掘，深入考证、整理，使之成为可供当代化转换的历史叙事。这是传统“发现”和阐释的基础所在。莞香于 2007 年进入广东省非物质文化遗产名录，但正如有专家所指出的，在现有的省

级非物质文化遗产中，莞香是历史留存最少的一个。多年以来，学术界对莞香研究曾予以持续的关注，为推动莞香文化资源的当代化作了重要的基础性工作。如历史学家罗香林对香港之名源自莞香的考证，如广东社科院历史所陈摩人、东莞学者杨宝霖、张铁文等都对莞香有过较为深入的研究，他们的研究为莞香产业发展的文化维度增添了重要支撑。

2. 历史文化资源的当代“阐释”。在历史“发现”的基础上，以现代性的价值观照和文化认同的建构为目的，将传统文化资源纳入当代文化整合的视野，通过传统的“发现”和阐释，实现文化的增量。

莞香文化资源的“发现”，源自莞香文化传统所具有的极佳的当代化价值：(1)题材的重大性与影响的广泛性。莞香是有着重大影响的岭南特产，曾经是古代对外贸易史上的重要货品，是历史上名噪一时、在广泛的区域内有着良好声誉的稀世之物；(2) 神秘性。香在中国传统宗教和日常生活等领域的形而上特质，使莞香也天然地带上了某种神秘性，与此同时，莞香在持续千年的历史记忆中必定累积了大量的传说、传奇，但大多在近百年来的历史变迁中散落遗失了，因此，对莞香文化的当代化叙事都会或多或少地带有解密、揭秘性质，有着引发当代人观赏、阅读、体验、收藏兴趣与想象空间的可能性；(3)当代性。随着物质水平的不断提高，人们消费的高端化将成为趋势，香产业所具有的特殊属性，使它必然在未来的高端消费中占据一席之地。而莞香贸易所具有的全球化记忆，以及莞香种植所体现的“以人力补之”的主体能动精神，在精神气质、人文关怀上与当代人直接相通、相似，能够有效激发当代人的情感认同与价值认同。

3. 历史文化资源的项目化整合、实施。其中一是历史文化资源整合后的产业化实现，一是相关公共服务体系的配套推进。历史文化资源的当代化实现需要多方力量的共同作用，即需要在政府、理论及应用研究、策划咨询、传播、市场等力量之间形成联动。但在宏观把握和外围环境营造上，政府的力量始终应该是主导性的，这主要体现在整合各方力量、制订整体规划以及提供基础性公共服务平台等方面。莞香文化项目是一个系统工程，牵涉到核心竞争力、软实力建构、基础设施与产业实现等多层面复杂问题。在莞香文化项目的规划实施过程中，政府的主导性作用主要体现在如何更加合理、前瞻性地制订整体规划，并在搭建基础性公共服务平台与传播平台上提供人力、物力、财力的支持。与此相对应，产业化实现则构成了莞香文化建设最具活力和成长性的部分。莞香的产业实现可以从两个基本的层面来分析，即莞香文化产品（包括服务）的生产和莞香文化产品的利润实现（即莞香文化产品实现其艺术和商业价值及附加值）。产业化实现的产品形式，可以是一部或系列电视剧、电影、动漫、游戏等及其作为延伸链条开发的任何延伸产品，如大众读物、用品、收藏物等，也可以是作为主题旅游等形式出现的复古、遗址景观等莞香文化氛围营造。作为莞香文化产品的生产环节，专业创作与设计人员在经整理的历史文化资源基础上进行再创造，以高水平的创意加以故事化、情节化。据此，产品要在历史语境与历史场景的当代化再现中直接与当代生活接通，以当代人喜闻乐见的形式被接受。另一方面，以市场为主体的莞香产业化运作，必然要考虑到投入与产出比的经济效益问题（这也是企业投入文化产业的初始动力），因此，以提高利润水平，降低成本为目的的产业链完善非常重要。

当然，上述所分析的莞香文化资源产业化各环节，在实际操作中并非是完全界限分明的阶段化过程，而是可能各环节交叉穿插进行。比如，莞香文化资源一旦进入产业化操作，就完全可能自觉地反哺史料发掘与学术研究环节，以期不断催生新的话题，提升、拓宽产业化空间；而文化信息与文化产品的传播，则在整个实施过程中贯穿始终，以自始至终保持高度的受众关注度。

（作者：张承良，中共广东省委党校社会和文化教研部副教授）

注释：

[1] [清]屈大均：《广东新语》卷二六，北京，中华书局，1983。另，对莞香在东莞地域文化传承中所具有的核心地位及其重要价值，在笔者任执行主编的《东莞九章——现代化中的东莞现象与东莞想象》（花城出版社，2008）中有充分的论述。

[2] 广州市地方志编纂委员会办公室编：《元大德南海志残本（附辑佚）·南海志卷第七·香药》，广州，广东人民出版社，1991。相关史料分别可见于叶林丰（叶灵凤）：《香港方物志》，香港，上海书局，1981；元邦建：《香港史略》，中流出版社，1988；萧国健：《香港古代史》，香港，中华书局，1995。

[3] 广州市地方志编纂委员会办公室编：《元大德南海志残本（附辑佚）·南海志卷第七·香药》，广州，广东人民出版社，1991。

[4] 陈摩人：《东莞的历史地位与海洋文明》，见广东炎黄文化研究会编《岭峤春秋——海洋文化论集（3）》，广州，中山大学出版社，2002。

[5] 傅京亮：《中国香文化》，济南，齐鲁书社，2008。

[6] 陈伯陶：《民国东莞县志》卷十四《物产》。

[7] [清]冒襄：《影梅庵忆语》，见涂元济注释本《闺中忆语五种》，北京，中国广播电视出版社，1993。

[8] 沈嘉禄：《香道，谁为你申遗?》，载《新民周刊》，2006 年 2 月 27 日。

[9] [清]屈大均：《广东新语》(第 26 卷)，北京，中华书局，1983。

[10] 同上。

岭南东莞水乡文化

文化美学与东莞水乡境界

张　法

2013年年底，《广东东莞水乡特色发展经济区发展总体规划（2013—2030年）》发布，呈现了东莞发展的宏伟蓝图和美丽愿景，《规划》提出"10镇1港"资源整合共享，其指针为："以水乡文化为底蕴，以生态文明为内涵，以统筹规划为抓手，最终将水乡地区建设成为国家水乡生态文明建设示范区、粤港澳优质生活圈的特色区域、珠江口东岸产业优化发展先导区和穗莞战略合作重要平台。"此按规划，要在2017年初见成效、2020年基本成型、2030年全面建成。这一宏伟蓝图和美丽愿景，需要多方面的努力去实现，而文化和美学的方面是不可或缺的，只有不但在经济指标和生态指标上取得胜利，而且在文化境界和美学境界上赢得辉煌，《规划》的实现才算完美。

一、东莞水乡应是引起无限遐想的美丽水乡

东莞水乡，以"水"点题，会流淌出五彩斑澜而又富于哲学意味的境界。

水是生命之源，地球区别于其他星球的最大特点是水，水覆盖了地球表面的

（来源：http：//www.baidu.com）

三分之二。水是文明之母，人类早期的四大文明都由之孕育，尼罗河升起了古埃及文明，两河流域产生了古巴比伦文明，印度河和恒河托起古印度文明，黄河和长江产生了古中国文明。自古以来，水就使智者仁人感发出哲学沉思、文化想象、美学感悟。在哲学上，西方古希腊的哲学家泰勒斯和中国先秦哲学家管子，都把“水”看成是宇宙本原。[1]这也不难理解，水变化多端，小可为泉，中可成河，大可成海，动为狂涛，静如处女，凝可成冰，蒸可成汽，上升成云，降而为雨，世间生物有水则活，无水则死。随人类认识的演进，水虽不是宇宙的本原，却是构成宇宙万物的基本元素，因此西方文化的四元素（地、水、火、风）和中国文化的五行（金、木、水、火、土），水都名列其中。水与其他元素的相克相生，生成宇宙万物。

世界的哲人每每从水上体会出文化和美学的意义，孔子观东流之水，叹曰：“逝者如斯乎，不舍昼夜”（《论语·子罕》），感悟到时间紧迫，人应把握有限时间，成就有意义的人生；孔子看到水的周流不滞，恰如人之智慧，从而有“智者乐水”（《论语·雍也》）的名言。老子从水中体悟到了道的境界：“天下莫柔弱于水，而攻坚强者莫之能胜”（《老子·七十八章》），真正的坚强是如水之柔弱。“善利万物而不争，处众人之所恶”（《老子·八章》），水给了万物以生命给养，有利生之德，却不与万物相争，有谦逊之德，众人不乐意处在低下之地，而水安然处之，有宽广胸怀。因此，老子认为：“上善若水”（《老子·八章》）。佛教有水观，让人从水中体悟出西方净土的琉璃世界，[2]龙树菩萨讲佛之道，犹如水一样“随器方圆，逐物清浊。弥漫无间，澄湛莫测”（《大唐西域记》）。而《荀子·宥坐》讲孔子观水之事，是“以水比德”的经典：“孔子观于东流之水。子贡问于孔子曰：‘君子之所以见大水必观焉者，是何？’孔子曰：‘夫水大，遍与诸生而无为也，似德；其流也埤下，裾拘必循其理，似义；其洸洸乎不淈尽，似道；若有决行之，其应佚若声响，其赴百仞之谷不惧，似勇；主量必平，似法；盈不求概，似正；淖约微达，似察；以出以入，以就鲜絜，似善化；其万折也必东，似志。是故君子见大水必观焉。’”从水的各种形态中，体会出了德、义、道、勇、法、正、察、善化、志等人生在世应有的品质。

总之，水是生命之源，乃文明之母，蕴万物之道，含哲学之智，可以引发宇宙、人生、哲学、文化、美学上多方面联想。

东莞水乡，一个“乡”字，给人以家园的亲切，乡在水中，让水有了人文的气息。中国文化的三大区域，与三大河流紧密相关，在古代的舆图上，黄河、长江、珠江，如从青藏高原云贵高原上飞腾而下的三条巨龙，万里江山在其中呈现。珠江水系，是南方最大的水系，延伸出大小河流744条，总长三万六千多公里，东莞背靠着广阔丰饶的珠江流域，在珠江口的东岸，东莞水乡地处“珠三角”中心，河网总密度约1.64公里/平方公里，远高于“珠三角”0.8公里/平方公里的平均水平。东莞水乡不但上联珠江水系，而且面向大海，自秦汉到唐宋明清，海上丝路，把包括东莞在内的广东沿海与各个远方的文明关联起来。东莞水乡作为人所栖居的家园，既与丰饶的内地交汇，又与无边的大海相连，从而让“东莞之乡”所环绕之水，具有无比的多样性和丰富性，环水之乡的家居，在多样性和丰富性中显得安宁和富足。东莞水乡是一片正在现代化、工业化、城市化进程中的水乡，尽管正在走向现代化、工业化、城市化，但仍以水乡命名，突出的是“乡”意的呵护。乡，意味着自然、生态、朴素，意味着一方面在走向现代化、工业化、城市化，另一方面又在其中保留、保护、高扬着一种“田园”梦想。因此，东莞水乡的新型营造，在“乡”的温情和“水”的温柔中进行。作为家园的东莞水乡，不应只是一个具有丰饶物质的家园，同时也应是一个丰富的精神性的家园，居住在这样的水乡，应该可以启迪宇宙、人生、文化、美学等多方面的联想。

因此，东莞水乡的目标，不仅仅是一个家园建设和发展，而且要与人类的心灵深处联系起来，与人类的文化境界和美学境界联系起来。只有关注到这些联系，表现出了这些联系，让居住于斯、工作于斯、旅游于斯、休闲于斯的人们，能够体悟到这些关联，东莞水乡才不仅站到了经济发展和生态文明的高度，而且站到了文化境界和美学境界的高度。

二、文化境界和美学境界意味着什么

东莞水乡片区，包括10镇1港，即石龙镇、万江街道、中堂镇、望牛墩镇、麻涌镇、石碣镇、高埗镇、洪梅镇、道滘镇、沙田镇、虎门港。在《总体规划》中，10镇1港的整个区域，已经在自然地理、经济地理、人文地理的总体考量中，有了一个整体的蓝图，其中可以看到中心城区与四周乡镇的点面布局，水道与陆路的交通网络，在其间，有基塘、果林、湿地、公园、生态园、产业基地……在《总体规划》中，经济指标和生态指标清楚明白，而文化境界和美学境界却未能突出。一个优秀的水乡，不但要让人感到经济的诱惑和生态的温馨，还应让人感到文化感召和美学魅力。

在经济与生态的统一中，必然意味着产业结构的调整，即破坏生态的产业要大大减少，而维护生态的产业要大大增加，如旅游和休闲这样的产业要更大地发展起来。旅游和休闲最为需要的文化和美学，不仅是几个旅游点和休闲点，而要求整个区域的文化味和美学化，让整个水乡不但成为经济之乡、生态之乡，而且成为文化之乡和美学之乡。

（来源：http：//www.baidu.com）

文化和美学意味着高层次的宜居性，即温饱之后、富足之后、悠闲之后，具有文化品位和审美品位。这意味着要在经济和生态的基础上，把东莞水乡变成人性温情（如粤剧情调等）和人性迸发（如龙舟竞赛等）的文化之乡和有地域特色的美丽之乡。当10镇1港的东莞水乡变成文化之乡和美丽之乡，不仅成为旅游、休闲之地，而且使生活于此的本地居民和外来务工的四方人士，在此美丽而有韵味的环境中，日日夜夜，春夏秋冬，都感受到温心和畅快，这反过来会形成一种真正的“水乡软实力”，进而变为经济持续发展的最大动力，形成一个流传全国和世界的美丽传说，这会是吸引经济投资的最大魅力。一个地方的经济奇迹在天涯海角都可以转换成等价货币，一个地方的美丽景色和文化情韵则是独特的、唯一的。

要具备使经济持续发展的巨大动力所需要的文化和美学魅力，需要东莞水乡的总体规划，除了与经济相关的计算和与生态相关的计算之外，再加上文化和美学方面的精细筹划，其要点，在于如何构筑出东莞水乡的文化和美学特色。

三、东莞水乡：文化和美学的地域特色

任何理论都无法脱离具体环境，讲到文化和美学的重要性，那么，东莞水乡本是什么样的文化，本是什么样的美学呢？

从世界来讲，全球的文化和美学可以大致分为：西方型（包括西欧和北美）、斯拉夫型（包括俄罗斯和东欧部分）、伊斯兰型（包括中东、西亚、中亚及南亚一部）、印度型（包括印度和南亚）、拉美型、非洲型、东亚型（中、日、韩和越南）……从中

国来讲，全国的文化和美学可大致分为：北方型(淮河和秦岭以北以中原为中心的地区)、边疆型(以东北、内蒙古、新疆、西藏为主的北方和西部)、云贵型(云贵高原以及邻近山区)、江南型(以江浙沪为中心的淮河、秦岭以南地区)、岭南型(五岭以南的广大地区)。

东莞正是在岭南型中朝向大海的最南端。当华夏文化以中原为中心形成之时，岭南由于五岭的自然分隔，尚处在原生形态。秦朝之后，三类来自中原王朝的人士——军队、逐臣以及客家移民进入岭南，把北方文化带了进来，军人虽来自教化的北方，但天然有勇猛之性；逐臣本怀儒家正统，但被贬远放的政治不幸，使之对中原正统文化的弱点有相当的反省；客家移民，因不得已的原因，离乡背井，来到岭南，虽带儒家正统风范，但因历人世艰辛，而多了随地而安的实用与灵活。这三类人群在带来北方教化的同时，又因其思想气质性格与北方正统已有所不同，在与本地文化的互动接合中，嫁接生长出了新的文化因子和美学因子。除了受北方中原文化和美学的浸润之外，岭南文化还与地理邻近地区的荆楚文化、吴越文化、巴蜀文化进行着经常的互动，更为主要的是与海外文化的互动。海上丝路起自远古，三国时代开始繁忙，唐宋以后大为兴盛，宋代的广州与五十多个国家有通商及政治关系，元代的广州与一百四十多个国家有贸易关系。海上丝路联结起印度文化圈的南亚，伊斯兰文化圈的西亚、中东、非洲，以及基督教文化圈的地中海和欧洲，在南北中外陆地海洋的多方互动之中，岭南文化和美学形成了自身的独特性格。具体而言，可以总结如下：第一，因在华夏文化之中，且受中原文化的巨大影响，而成就了“有容乃大”的宽厚胸怀。第二，因在大海之滨，直接感受外来文化之优长，而生长出面向世界的开放态度。第三，因在以中原文化和海外文化为主的多重影响之下，而历练出面对现实、讲究功利、享受生活的实用理性。第四，以上三点的结合，即华夏文化的宽厚胸怀使之有了兼收并蓄的包容心态；海外文化的花样百出使之有盼望新事物的求新意识；讲究功利、享受生活使人性的欲望得到释放；面对现实使之有巨大的灵活性和通变心。这些结合在一起，形成了岭南人敢为天下先的闯关性格。岭南文化的代表，在古代可讲唐代禅宗大师慧能，他不识字，乍一看来，最没文化，却悟出了佛教的真理，获得了禅宗的祖师地位。在近代可讲晚清的孙中山，在国家危难之际，勇为天下先，以革命开创了民国。此外，还有明代心学大师陈献章、湛若水，还有晚清的改革家和思想家康有为、梁启超，等等。但总的说来，与中原文化和江南文化相比，岭南文化主要不是从一个庞大的精英群体中彰显出来，而是广泛地渗透进广大岭南人民的性格之中，从他们的生活、行为、态度、作风中体现出来。岭南文化的性格在美学上的典型体现，就是岭南园林。中国的园林体系大而言之有三，北方园林、江南园林、岭南园林。北方园林以皇家的雍容大度为主，江南园林以士人的典雅逸趣为主，岭南园林则以现实的生活情调为主。岭南园林，一有地理环境的因素，即因处于较低纬度的热带亚热带，加之受海洋气候影响，有炎热多雨、高温高湿的气候和北山南水的地貌，影响其构形；二是包括北方园林和江南园林的总体特征，如建筑与庭园的结合，置石、叠山、理水、莳花的基本原则，多有其体现；三是外来文化的影响，比如西洋造景手法和几何理水样式，进入其中；四是比起北方园林和江南园林，有更多的民俗生活的因素。这四大方面的不同组合，构成了岭南园林的一个个经典之作：番禺的余荫山房、东莞的可园、顺德的清晖园、佛山的梁园、南宁的明秀园、陆川的谢鲁山庄……而这些岭南园林，无不是岭南文化的美学体现。

东莞在岭南文化面海的位置，岭南文化的基本特点，在东莞都有较为鲜明的体现，正因这些特点，东莞在改革开放以来，一直走在时代的前列。不过，也就在当下看来，以往的发展，有优秀的一面，也有不足的一面，主要体现在东莞所具有岭南文化精神与东莞的美学体现的结合不够。在新的形势下，如何通过新型水乡的营造，让东莞人优秀的一面得到更大的发扬，不足的一面得到有效的补足，这是东莞人应当思考的问题。

四、东莞水乡的文化与美学：面向新时代的新营造

在东莞水乡地区的建设中，文化境界与美学境界，不是与经济营造和生态建设相分离的，而是与之相结合的。一种经济和生态，必然要有自身的文化显现和美学外观，但这一文化显现和美学外观可以显现得好，也可表现得差。显现得好与差，对经济和生态，从短时间来看，似无什么影响，从长时段来看，却有极大影响。从这一角度讲，经济、生态、文化、美学又是有区别的可分离的，经济和生态是硬指标，可以计算，给出规划后，达到与否，一看马上便知；文化和美学是软实力，难以计量，提出要求后，达到与否，初看难以明晓。因此，文化境界与美学境界的经营，其实是比经济和生态更难之事，需要更宽广的胸怀，更通达的智慧，更高级的趣味。因此，这里只能提出一个初步的框架。

(一)基本理念

东莞水乡在东莞，其美学外观要体现东莞的地域特征，内蕴着东莞的文化精神；东莞水乡在岭南，其美学外观一定具有岭南文化和岭南美学的特色；东莞水乡在中国，其美学外观一定内蕴着中国文化和中国美学的基本原则；东莞水乡在大海之岸，面向全球，其美学外观当然应具有世界胸怀和时代风貌。总而言之，东莞水乡，以东莞地域的自然特征和人文特色为基础，兼收并蓄，吸众之长，反映时代，营造出一种新型的文化境界和美学境界。

(二)整体布局

东莞水乡 10 镇 1 港(中堂镇、望牛墩镇、麻涌镇、洪梅镇、道滘镇等 5 镇为重点区域，石龙镇、万江街道、石碣镇、高埗镇、沙田镇及虎门港)是一个整体，这个整体，不但有一个经济网络结构，还有一个美学景观结构。从美学景观出发，经济网络结构也是美学景观整体中的文脉之一。水乡整体的景观布局显得尤为重要。从美学景观的整体结构看，首先，有由自然山水、自然湿地、自然植被等构成的自然景观，由农田鱼池、庄稼果树、河塘荷芰、生态园等构成的农渔业景观，由陆路水道网络构成的交通景观，由工厂和商业建筑构成的经济景观，由村乡镇民居、店铺、街道、公园构成的聚落景观，由以上多重景观组合成点、线、块交织的水乡空间整体。

其次，这一空间整体，有自身的块面结构和交汇关联，形成起伏有序的多样结构，从整体上理解水乡整体的自然地理和人文地理的结构分布、形状分布、色彩分布、特色区块，让一坡、一坝、一塬、一水、一池、一泉、一田、一塘、一镇、一乡、一村、一房、一坞、水岸、路边……都把自己的单体景点结合在水乡的整体景观中，构成具有地域特色和时代气息的和谐整体。有了这样一个整体观，具体的每一个厂房的设置、每一个水坞的营造、每一个村的美化、每一个镇的安排……就会既考虑自身的单体之美，又考虑到自身与整体的关联之美，因而镇镇有自己的特色，片片有自己的风貌，从而让整个水乡处处都让人感到韵味无穷，显出东莞水乡的特有风貌和特有风情。

(三)基本因子

有了整体的美学观念，还要注意整体之中的每一因子的美学样态——水乡的特色。

首先是水体。有自然之水和人工之水：河、湖、泉、沟、渠、溪、池、塘、田……每一类水体，都因所在环境和关联而具有自身的风韵，如池塘中的植物，是荷花、是香蒲、为菱角、为浮萍、是芦苇、是菹草……其景观是不同的。又如一条河道是怎样配置的：码头的结构、船坞的形状、河水的曲直、船只的大小、桥梁的形态、河岸的景色……不同的配置给人的审美感受是不一样的。

其次是水上的船。各类船体：客船、货驳、游艇、风帆、渔舟……除了各类船体按船性的展开的不同形态，还有各类船体做怎样的配置，会形成怎样的景观。这些都是可以有规律可循的。

再次是水岸。水乡之水，不同而又交汇，水岸一定会形成多样的形态，不但在水之近处，有沙洲、石坝、土丘，或两岸平川，或错石驳岸，或桃花夹水，或芦苇一片……还有岸上风物：田野、道路、草木、庄稼、工厂、民居、码头、乡镇……水岸的主体风物不同，或风物的配置不同，造成了各类水岸审美感受的不同。

复次是水上的桥梁。水乡交通的便捷，在凡需过河淌水之处，都应有桥，水有不同，桥应异样，同一条水，桥也应有变化。桥的形态，在满足其功能的基础上，应有外观上的多样，与周围环境的配合，与周遭的景色和谐，是桥之美的基本要求，而桥对水还具有点睛的作用，即整个景色要因桥而更美丽、更有味。

然后是水乡的植物景观。植物不仅是水中、洲边、岸上的景色，还关系到整个水乡的景观。水乡的植物，除了与岭南的整个植物一样，具有“四季繁花，热带风光”的特点，如有棕榈类的大王椰、假槟榔、大王棕、酒瓶椰；有藤本的炮仗花、夜来香、紫藤、簕杜鹃、绿萝；有耐阴的兰花、蕉类、芋类、蕨类、葵类；以及榕树、荔枝……更有东莞的本土植物以及新近开发的植物：云南拟单性木兰、马关木莲、木莲、乳源木莲、深山含笑、毛桃木莲、乐昌含笑、浙江润楠、短序润楠、黄樟、假柿木姜子、豺皮樟、肖蒲桃、红苞木、短萼仪花、枫香、海南苹婆、伯乐树……这里，重要的是各类植物做怎样的配置和组合，以适应于各片区的景观特色。

最后，是水乡的建筑。包括经济型建筑(即经济开发区的群组厂房建筑以及各乡镇的单体和简单群组厂房)、乡村民居型建筑(乡村里的单体建筑和简单群组建筑)、城镇的大群体建筑(民居、大型超市、小型店铺、机关、学校、道路……)等的组合。改革开放以来，在全国各地，建筑是最容易被诟病的因子，因此，从文化和美学的角度来看，建筑在东莞水乡和在全国一样，都是至关重要的。

(四)景观营造

水乡美学境界的实现，是靠景观营造来达到的。景观营造即把水乡的基本因子组合成一个个的美学景观。但水乡并不是人工的园林，而是以天地之间的地域本色为主，以生活工作休闲于其间的人的历史和现实活动，因生活、工作、理想的驱动自然而然地产生的人文本色为主，在自然和生活的基础上，按照自然、文化、审美的规律来造型。在这一景观造型中，体现出自然、历史、生活的本色，并寄人们的理想于其中。因此，水乡的景观营造——

第一，以河流丘原田野的自然地理文脉为基础，要让河溪泉池塘田按自身的本色呈现，在尊重自然的基础上加以美化，这美化不要违反自然地理规律，而是以自然地理的方式，对之加以突出，起的是点铁成金的效果。比如，一弯清泉，循岸望去，找到了最佳视角而高度略有不足，则加一楼台，作为观景之点。如已有最佳视点，建一楼台则为画蛇添足。

第二，镇、乡、村的工业园区，一定要有“园”的高度，这就是在以功能为主的基础上，以园林的美学精神来规划厂房的样态，在以功能为主的基础上，一是自身要有形式美，二是要与周围环境和谐。工厂的设置，工业园的安排，对于水乡的美感来说，既可以使之增辉，也可以使之变丑，事在人为，鉴于全国各地的负面教训，在此要特别关注。

第三，水乡中心城区和各镇的镇容，要避免全国城市建设中屡屡出现的败笔。一是同一形态的建筑三幢以上乃至成排成片地出现，每幢在体量、高度、样式、色彩上都完全一模一样。这样的建筑景观，像一队或几队纪律严明的团队，整整齐齐地站在那里，呈现为重复性平庸。二是同一高度的建筑一排排、一片片地出现。明显地这是城市总体规划的高度限制与开发商的经济盘算叠加而来的产物——为了在最少的土地上获取最大空间也即获得最大的经济效益。同高的建筑大量地出现，不但平视难看，一旦登高俯观，更显丑态百出，呈现为等高性平庸。三是现代建筑的精神传入中国，特别是在城市大跃进的运用，中国城镇的建筑大都成为平顶型建筑。一个城镇的建筑要形成群体之美，总是与坡顶相关联的。凡是一个建筑群中，平顶占了绝大多数，大多是丑的，而相反，只要坡顶占了多数，同时避免了建筑等高和样式重复这两项，这个建筑群一定是美的。

第四，无论是水体、船体、桥梁、水岸，还是田野、植物、厂房、民居，在景观营造上，都要注重整体观念。要有景观相联区的美学思想。比如，两条以上溪河的交汇处，两条以上街道的交汇处，都属于多面伸向的景观相联区。如果各河岸之间、各街道之间、各个单体建筑和(由几个单体建筑形成的)小群体建筑各自为政，形不成地理上本来应有的“整体关联”，整体景观必然是混乱的，这尤其从各个建筑顶部而形成的天际线上体现出来。全国各地这样的景观败笔比比皆是。因此，面对这样的地点，一是要从景观带上众多建筑构成的天际线的形状之整体性去看问题；二是要关注各单体建筑或小群体建筑，因与相互关联建筑的存在而出现的互衬对比而来的整体效果；三是要关注各建筑的体量与该地的地理形状的关联而产生的整体效果美；四是要关注每一建筑的出现，和由于对其被观看的视觉地点的考虑而出现的多样的美。只有注意了以上的美学原则，景观关联区的营造才能呈现出特有的美来。

第五，在公园、公共建筑、重要建筑、重要场所的营造上，要注意把岭南园林的特色手法融汇进去，以突出地方特色；同时要注意把世界先进建设手法融汇进去，对传统与现代的配置，要有一个整体的考量。在一般建筑和场所的设计上，也要让人感受到岭南园林所具有的意味，同时让人感受到全球化时代的世界意味。

第六，为让水乡景观的特色得到突出，可以对水乡各区的景观进行品题。正如北方有燕京八景(太液秋风、琼岛春阴、金台夕照、蓟门烟树、西山晴雪、玉泉趵突、卢沟晓月、居庸叠翠)，江南有西湖十景(苏堤春晓、曲苑风荷、平湖秋月、断桥残雪、柳浪闻莺、花港观鱼、雷峰夕照、双峰插云、南屏晚钟、三潭印月)，岭南的广府杏林庄亦有八景(竹亭烟雨、通津晓渡、蕉林夜月、荷池赏月、板桥风柳、隔岸钟声、桂径通潮、梅窗咏雪)。八景文化是一种中国传统的景观体系，其要点有：第一，每一景都是把客观与主观、时间与空间、自然与人文结合在一起，景色在天地之间呈现的，是以一种中国特色的美感的形式呈现的。第二，八景是概言，总之以中国文化的圣数(四、六、八、十、二十四……)的方式出现。通过八景，把一地景观的既有多样性和特色性凸显出来。通过八景的划分，可以让水乡景观的多样和特色得到更好的体现。当然，还可以在八景之下，再设二级景观品题，而形成东莞水乡自身的景观体系。八景的选取，要依照东莞水乡自身的特点，自然为上，传统为中，人工为下，通过选景和品题，推动景观营造。

(作者：张法，中国人民大学教授，博士生导师)

注释：

[1] 泰勒斯语见北京大学哲学系外哲室编：《西方哲学原著选读》(上册)，16 页，北京，商务印书馆，1982。《管子·水地》：“水者，何也？万物之本原也，诸生之宗室也。”

[2]《佛说观无量寿佛经》：“次作水想。见水澄清。亦令明了。无分散意。既见水已。当起冰想。见冰映彻。作琉璃想。此想成已。见琉璃地。内外映彻。”

世界典型水城体系视野中的东莞水乡

袁敦卫

一、引言

人类的生存和发展从来都离不开水，水延续了生命，也借助人类的劳作创造了丰富多样的文明。所谓“水乡”，按照《辞海》的解释，是指“河流、湖泊多的地区”——当然，前提是有人类居住。水乡(waterside village)一词似乎表明，水乡带有浓厚的“乡村”意味，实际上，现代语境所揭示的“水乡”，既有可能是城市化或半城市化的临江、临河、临湖、临海地区，也可能是尚未城市化或城市化程度很低的水系居住带。因此，“水乡”一词既可能出现在《广东东莞水乡特色发展经济区发展总体规划(2013—2030年)》这样的城市发展规划蓝图中，也可能出现在陈残云《香飘四季》这样带有浓厚乡土气息的文学作品中。

人类傍水而居、依水建城的历史最早可上溯至公元前5000年左右，当时世界上的第一批城市在美索不达米亚地区(今伊拉克一带)诞生。最初的时候，世界上的大城市往往是以一个来取代另一个，似乎在维持某种程度的平衡。但从19世纪开始，情况发生了变化——多个城市一起生长，而且是以加速的方式，有点像是癌变。[1]时至21世纪，罕有人类的居住方式和生活环境不受现代工业文明的侵扰和熏染。因此绝大多数在原始农耕意义上的“水乡”已日益颓敝，而在不同程度上经受了现代文明洗礼的“水城”(waterside towns)越来越成为渴望与水为邻的居住者(尤其是城市居民)关注的焦点。至于那些真正延续着农耕时代生活方式的纯粹“水乡”，因缺乏经过外部介入——比如工业文明介入——之后沉淀下来的有效的“人类经验”，或者说，我们并不知道如何在农耕文明的意义上有意识地建造一座“水乡”，因此这一类型的水乡不属于本书讨论的范围。在此前提下，我们以城市学和文化学为学科基础，以比较和归纳为基本手段，追本溯源，初步梳理出世界典型水乡的体系结构和四大水城类型，为东莞水乡特色发展经济区的个性化定位和协调发展提供参照，并借此希望经过二十到三十年的自觉探索，东莞水乡的特色发展能够创造出一种新的水城类型，进而丰富和完善世界水城体系的基本结构。因此，东莞水乡特色发展经济区的实践经验和理论探索不仅具有重大的经济和社会意义，而且具有丰富的学术价值。

二、世界典型水城的基本结构及四大水城类型

世界上的水乡、水城分布极为广泛，或靠海，或临江，或沿湖，或傍河，或跨水，或坐落于多水交汇处，它们以各自不同的人文、历史和地理条件，或呼应或互补，形成世界水城的基本结构。所谓“结构”，更多强调的是城市之间的相互依存关系和参照关系。依存关系是出于城市发展的现实需要，譬如中国的江南水乡，河道纵横，超越既定的行政区域，没有一座城市可以摆脱其他城市的干扰而独立规划；参照关系则是源于后发城市对于先行城市的有意模仿或避让，表现出城市决策者的依附发展或错位发展意识。从结构自身来看，古典文化与现代文化、农业文化与工业文化、海洋外向型文化与陆地内向型文化、主流文化与非主流文化、精英文化与平民文化、保守型文化与创新型文化、政治文化与商业文化等，都是在主观选择或客观演变过程中影响水城基本结构的活跃因素，譬如威尼斯与苏州自 1980 年 3 月结成“友好城市”以来，关于两座城市的文化学对比就从未止息。这是两座城市在贵族、古典、精英文化与平民、世俗、大众文化之间的一次持续对话，他们既不想改变对方，也无意于模仿对方，而是在持续的对比和对话中寻找自身更为精确的文化学定位。正是因为这种对比和对话，丰富了人类关于世界水城基本结构与类型的认识，使水城发展更为自觉，更为主动。

以下是在世界水城基本结构基础上描述世界四大水城类型的粗浅尝试，旨在增强东莞水乡特色化协调发展的自觉意识。

（一）威尼斯：古典是如何守住的

世界上因水闻名的城市，首推威尼斯（Venice）。自中世纪开始，作为欧洲乃至全球的贸易中心和前往圣地（向西至罗马、向东至耶路撒冷）的中转站，作为亚欧大陆的重要连接点，也作为十字军第四次东征（据说在 1204 年）的出发地，威尼斯长期以来都是一个被当作“神话”的城市，14 世纪的意大利著名诗人彼特拉克（Francesso Petrarch，1303—1374）甚至称之为“另一个世界（mundus alter）。”[2]

图 1　威尼斯版画

威尼斯历千年而不衰的"神话"除了得益于其独特而优越的地理位置之外，还建立在两块相互支撑的基石上，一是极为罕见的地貌条件，二是厚重的古典文化的积淀。就地貌条件而言，威尼斯的不可复制性仿佛是造物之神有意安排的，抑或是赐给人类开的一个小小的玩笑。它位于意大利东北部和亚得里亚海威尼斯湾西北岸，整座城市由 118 个小岛通过 177 条水道、401 座桥梁连缀成为一体，总面积不过 7.8 平方公里，而这 118 个小岛又集中位于威尼斯潟湖[3](the Venetian lagoon)中段，形如一只跃出水面的海豚，又像一颗镶嵌在水晶鞋上的珍珠(见图 1)。16 世纪的一位威尼斯贵族曾说："因为宇宙不可思议的力量，世界上所有的新事物都能得到它独特而且惟一的位置和形状。"日记作者马林·萨努多(Marin Sanudo，1466—1536)则坚信："威尼斯的建立不是人而是神的意愿。"多年后一位威尼斯的访问者发出了同样的感叹：这座城市让"我看到了不可能中的可能。"[4]

城市的历史既是城市自身的演变史，也是人类活动的总记录。有资料显示，威尼斯人将正式的建城日定在了公元 421 年的圣母报喜节(Annunciation，又称圣母领报节，一般是 3 月 25 日)这一天。也有学者认为，公元 568 年，日耳曼部落(Germanric tribe)的伦巴底族人(Lombards)入侵意大利，大陆的难民(据说主要是贵族)为寻找避难所，陆陆续续地逃到荒无人烟的威尼斯群岛上居住。刚开始，这座城市接受拜占庭帝国(The Byzantine Empire，即东罗马帝国，395—1453)的政治统治，到 7 世纪末，威尼斯人开始选举自己的统治者即地方总督，并于公元 807 年建立了政府。公元 828 年左右，耶稣的门徒圣·马可(St. Mark)

的遗骸被两名富商从亚历山大港运到威尼斯，安放于圣·马可大教堂的祭坛之下，从此成为威尼斯新的守护神，取代了拜占庭帝国的守护神圣·狄奥多尔在威尼斯的地位。这也意味着威尼斯从此彻底摆脱了拜占庭帝国的控制，成为在地中海地区高度活跃且具有高度扩张性的新生力量。

威尼斯独特的地理位置和频繁的文化交流成就了本土建筑风格的多样化，从当时意大利流行的巴洛克风格和法国流行的哥特式风格，到后来引进的拜占庭式风格和阿拉伯式东方风格，你在这里可以找到几乎所有的建筑风格，却又找不到一座单一风格的建筑。据统计，威尼斯拥有艺术、历史名胜450多处，其中教堂120座、钟楼120座、修道院64座，还有众多的宫殿、剧院、艺术馆等。有人惊叹“威尼斯成为了欧洲古典建筑的博物馆”，[5]可见并不夸张。

图2　威尼斯城徽——圣马可广场立柱上的飞狮

总之，从公元五六世纪开始，威尼斯人就开始在这片狭小的岛土上描画自己的历史，主要表现为以经济活动为主线，以多元建筑为标志，以文学艺术为灵魂，以S形的大运河为母题，以错落的群岛为点缀，创造了璀璨夺目的威尼斯文化，且历经一千五百年而不衰。从建筑方面而言，威尼斯现存有最初建于9世纪的总督府(Palazzo Labia)和圣·马可大教堂和广场；有建于12世纪的里亚尔托桥(Rialto)和17世纪初的叹息桥；从文学艺术来看，威尼斯既是欧洲文艺复兴的重要策源地和威尼斯画派的发祥地，也是众多文学艺术大师笔下屡见不鲜的表现对象——从莎士比亚的《威尼斯商人》到马克·吐温的《威尼斯的小艇》，从托马斯·曼的《魂断威尼斯》到林·格雷厄姆的《威尼斯情人》，等等。作为艺术形象的威尼斯不但提升了威尼斯的声誉，更强化了威尼斯神秘和浪漫的氛围。或许对一座城市来说，一部以其为背景的、成功的文艺作品比十座耸入云霄的建筑更能让人产生深邃的联想，至于这部作品是否完全从正面来表现这座城市，尚在其次。

威尼斯之所以令人惊羡和神往，除了归根于她具有深厚的古典文化的底蕴之外，威尼斯人为坚守这份看不见的无形资产所付出的心血也是值得大书特书的。譬如，独特的地理环境和建筑历史使威尼斯贵族统治阶层在社会生活中特别强调"共同体"意识，他们除了通过各种直接手段来缓解危机之外，还利用公共空间(如方便居民就近参加聚会的堂区、市民汇聚的城市广场等)和公共仪式来对全体公民进行爱国主义和共和主义教育，"营造内部团结，等级和谐的社会氛围，宣扬威尼斯作为共和国捍卫者的声誉和形象"。[6]

由于城市规划和建设是一个长期的、持续的系统工程，因此要让某种具体的规划理念得到长期的贯彻是极为困难的，但是威尼斯的每一代城市规划大师们，无论背上烙着怎样的文化印记，始终都没有摒弃"让城市回归人性"、让城市成为一个"共同体"的理念。这一理念的核心要义在于：让各种不同的文化在这里平等地交流，让所有的人能自由地通达城市的每一个角落，让大大小小的教堂、清真寺、庙宇和神殿、政府部门、图书馆、商业区、豪绅富商的府邸与平民的庭院能够安然相处，相得益彰。因此有学者甚至认为："塑造和培养'城市共同体'观念成为威尼斯公共空间规划的主要原则。"[7]

对于一座纯粹的移民城市而言，要实现这种城市一体、"社会和谐"的要求，首先需要解决的是社会结构问题。1297 年，威尼斯最高立法和监察机关——大议会颁布了一部法律 Serrate，又称"锁定"(lock-up)法，这部法律后来被认为是威尼斯"共和国永恒的基础"。它将威尼斯人分为三个阶层：占总人口 5%左右的贵族阶层、占总人口 5%—8%的公民阶层和占总人口 76%—79%的平民阶层。三个阶层的划分并非完全以经济地位为依据，而是综合考量他们的财富、出身、禀赋与职业。比如平民阶层就包括手工艺人、小店主、富有的外国人和水手、船工以及没有特殊技能的劳动者。除此之外，威尼斯还存在一个无法归类的"地下阶层"，由流浪汉、乞丐、小偷、妓女和奴隶组成。这个游离于社会等级之外的群体是威尼斯不稳定的主要因素，也是威尼斯贵族政府进行社会管理的主要对象。[8]

按理说，阶级分明的社会并不容易达到"和谐"，但威尼斯人显然考虑到了这一点。在文艺复兴时期，威尼斯 95%的人都不参政，保证社会良性运行的是一些重要的公共团体，它们为威尼斯赢得了“最稳定的共和政府”的美名。公共团体当中最值得注意的是兄弟会(scuole)，这是一个威尼斯人的宗教社团。这个社团除了举办大量虔诚的宗教活动外，还会履行很多社会义务，包括筹资给准备嫁妆的人家、救助穷人、提供便宜的住房和医疗。兄弟会不仅吸纳贵族，也吸纳平民，以致成为联系威尼斯各个社会阶层的纽带，“使他们在社会团结和互相协助的环境中走到一起”。[9]这种有利于稳定的社会结构一直延续到20世纪。[10]

威尼斯的社会结构不仅维持着社会稳定，而且特别彰显出贵族和公民阶层在精神上对于社会的引领作用。譬如：共识被高度评价而个人的炫耀被反对，从而避免了妒忌和不友爱的竞争。装饰奢华的家庭小礼拜堂是稀有的特例，家族府邸大都遵从已有的原型来建造，以平常的心态参与和分享生活的观念逐渐地渗透到社会的每个阶层。结果是，政府和兄弟会集体的荣誉对威尼斯来讲比对其他地方要有更重大的意义。对现存秩序的信奉也鼓励了对艺术中传统和延续性的重视。[11]

显然，威尼斯人重视传统、重视古典文化的传承首先是从贵族和公民阶层开始的，或者说，贵族和公民阶层都认识到：传承文明是他们义不容辞的责任，他们在精神和制度上保证了威尼斯在“一种连续和稳定的状态”中坚守古典浪漫的生活情调。至于占人口绝大多数的平民阶层，只需要在“贵族商业将文化的基准点设定好之后”，“将现在嫁接到过去之上”[12]就可以了。譬如为了保护威尼斯的自然环境和传统的生活方式，威尼斯闻名世界的水晶加工产业大多是手工作坊，严格限制一切现代化的机械破坏这座城市的生活节奏。在一些古老的厂房里面，传统的机械加工设备在游客目光底下生产工艺品，带给人们关于历史和古典艺术的种种想象，吸引了世界各国成千上万的游客探访威尼斯这座神话之城。

(二)鹿特丹：现代港口的修炼之道

荷兰第二大城市鹿特丹(Rotterdam)是连接欧、亚、非、澳、美五大洲的重要港口城市，素有“欧洲门户”之称。她位于欧洲莱茵河与新马斯河(Nieuwe Maas)汇合处，长期以来它都是欧洲甚至全世界最大的海港。“鹿特丹”这一名称源于在鹿特丹市中心注入新马斯河的鹿特河和荷兰语汇中表示“坝”的词缀Dam。

鹿特丹市区面积二百多平方公里，港区面积一百多平方公里。市区人口约六十万，连同周围卫星城镇共有105万人。今天看来，这并不是一个特别巨大的城市，但如果考虑到荷兰政府发展城市的基本理念，鹿特丹完全是一个特例。其特别之处在于，当荷兰政府极力维持“兰斯塔德”地区中等城市的规模和彼此间的距离时，“鹿特丹与国家政府的观点相反”[13]，大力向集聚型的中心城市发展。鹿特丹地势平坦，平均低于海平面1米左右。著名的鹿特丹港西临北海，东溯莱茵河和多瑙河，可通往里海。码头总长42公里，吃水最深处达22米，可停泊54.5万吨的特大油轮。港区基础设施归鹿特丹市政府所有，日常港务管理由鹿特丹港务局负责。鹿特丹港目前是欧盟最重要的货物集散中心之一，同时也是国际航运枢纽和国际贸易中心。

鹿特丹在历史上几经兴衰。它原本是鹿特河附近一个破败的小渔村，1340年荷兰伯爵威廉四世治理鹿特丹时，挖掘运河与代尔夫特和莱顿相通，使鹿特丹逐步繁荣起来。1563年城市的大部分建筑曾被大火焚毁。1572年鹿特丹被西班牙军队占领和掠夺，几个月后西班牙人撤退。当时有许多来自比利时安特卫普的商人和工匠在鹿特丹定居下来，使鹿特丹进入一个恢复发展期。

图3 鹿特丹港口

到了16世纪，鹿特丹城市建设稳步推进，在泥沼地上开辟了许多小型港口，为对外交通和贸易奠定了基础。到18世纪，鹿特丹的对外贸易更为蓬勃兴旺，对近邻法国和英国的贸易尤为活跃，当时也有船只远航到印尼和美国。到19世纪，鹿特丹在转口贸易方面的地位日益上升。1870年德国统一，在莱茵地区特别是在鲁尔地区实行工业化，间接促进了鹿特丹的进一步繁荣。随着资本主义经济迅速发展以及苏伊士运河的通航，特别是1877年铁路接通南部市区，1895年建成通往北海的运河新河道，鹿特丹的运输条件大为改善，至20世纪初终于成为荷兰第一大港、世界上设备最先进的港口之一。1940年5月14日，德国空军对这座城市狂轰滥炸，整个市中心和东部广大地区完全被破坏，包括建于15世纪的圣劳伦斯大教堂在内的许多公共建筑物被炸成一片废墟。1944年秋季，德军撤退时还大肆摧毁城市设施，将总长7 700多米的远洋货轮码头区和约40%的码头设备严重破坏。

战后，市政当局开始启动重建计划，征用整个被战争破坏的地区，并逐步恢复了海上交通运输。20世纪60—70年代建成了博特莱克港和石油化工区，挖掘深达23米、宽400—600米、长12公里的贝尔河，并修建鹿特丹新港口——欧罗波特港(也叫“欧洲港”)。港口和工业区面积自二战后至70年代中期由26.3平方公里扩增到100平方公里，使鹿特丹港自1965年起跃升为世界第一大港，并将这一地位保持了40年之久。它有400条海上航线通往世界各地，每年约有3.1万艘海轮和18万至20万艘内河船舶停靠。港口年货物吞吐量高达3亿吨，装卸集装箱达1 600多万只标准箱(2012年)。港口设备先进，拥有机械化装卸码头、大型仓库和冷藏库，是世界上最大的集装箱港口之一(其他还有香港、新加坡、高雄、纽约等)。

作为现代港口城市，鹿特丹内里的文化气质是在现代工业化的进程中逐步培养起来的，因而带有鲜明的工业文化的色彩。与威尼斯的古典文化不同，工业文化的特质是民主主义和平民色彩，因而更充满生活气息和世俗情调。鹿特丹市内河道纵横，有各种各样的船只停泊在河边。在建筑物近旁，在河畔，在桥边，荷兰独特的风车随处可见，构成一幅幅动人的画面。市内交通十分便捷，有公共汽车、有轨电车、地铁和各类船只。乘车经常要过桥、过河，在河网里穿梭游弋。市区街道整齐洁净，其最大亮点是居民住宅的窗户上都摆放着五颜六色的鲜花，是一座名副其实的港口花园城市。在郊区有许多菜园和花圃，种植各种蔬菜和花卉。鹿特丹也是一座著名旅游城市，它每天要接待大量来自世界各地的游客。市内有许多博物馆、画廊、公园、图书馆、电影院和音乐厅，使居民生活充满浓郁的文化气息。

(三)夏威夷：世界主义的异族风情

作为世界久负盛名的旅游胜地，夏威夷(Hawaii)与威尼斯一样拥有缤纷的神话色彩。这个被誉为“人间天堂”的海岛群既是全世界旅行者心仪的度假胜地，也是彰显美国多元文化的华丽窗口。然而，为了在一片一穷二白的原始[14]丛林和海滩上建造起人间仙境，夏威夷人耗费了上千年的时间，敞开了真正是称得上“兼容并包”的胸怀。2008 年 11 月，在夏威夷檀香山出生和长大的奥巴马(Barack Hussein Obama，1961—)当选为美国第一任非裔总统(2012 年 11 月连任)，使夏威夷再次成为全世界人民关注的文化焦点。

我们通常所说的夏威夷是指夏威夷群岛，它是太平洋中部波利尼西亚群岛的三个顶点之一(另外两个顶点分别是新西兰群岛和复活节群岛，见图 4)。夏威夷群岛是由火山爆发形成的，包括 8 个大岛和 124 个小岛，绵延2 450公里，形成新月形岛链。此外，夏威夷也是美国第五十个州，本州辖地由十九个主要的岛屿及珊瑚礁组成，总面积约 1.67 万平方公里，人口约 130 万(2009 年)，其结构成分却相当复杂和多元。

表 1　夏威夷州人口构成

人口成分	比例	说明
正统白人	29%	全美最低
亚裔	55%	日裔、菲律宾裔、华裔分别排前三位
非洲裔	3%	
西班牙、葡萄牙裔	8%	
夏威夷土著	0.62%	
其他少数族群	4.38%	

但是，与美国大陆的种族冲突相比，夏威夷的多元人口构成并没有导致复杂的种族矛盾，有时这些相对温和的种族隔阂还成为了夏威夷喜剧演员们创造喜剧效果的生活素材，譬如他们以轻松幽默的手法来表现“喋喋不休的葡萄牙人，吝啬的中国人，伪善的日本人，自以为是的白人(haole)”,[15]而不会引起这些对象的过度反感。

多元的人口构成是夏威夷形成多元文化的直接原因，但是在多元文化的背后，仍然有某些更为活跃或更为自觉的文化意识在多元结构中扮演特殊的角色。譬如，当来自世界各地的文化因子在夏威夷碰撞交融、把夏威夷变得面目全非之后，那些认为自己更能代表夏威夷文化的族群(潜意识中或许带有某种更为强烈的美利坚文化的优越感)，开始为保存和延续夏威夷的异族风情努力。他们的想法很明确：让夏威夷更好地延续以前的生活方式，同时也要让全世界的旅行者来为他们的努力支付必要的费用。他们试图向全世界证明：夏威夷是夏威夷人的，也是全世界的。也就是说，他们试图用世界主义的文化情怀来浇灌和滋养自己的异族风情。为此，1978 年，夏威夷州举行了划时代的制宪会议，通过了一系列有利于保存和发展夏威夷本土文化的修正案，譬如和英语一起，将夏威夷语确立为本州官方语言，下令公立学校必须传授夏威夷文化。在此制度推动下，一大批来自不同国家和民族的居民开始学习夏威夷语言，发掘传统的手工艺——比如花环编织和树叶(lauhala)编织，还有许多人走进了草裙舞学校，演奏夏威夷音乐。这些努力使夏威夷文化从 20 世纪 70 年代末期开始出现了可喜的复兴之象。到 1990 年，夏威夷每年吸引的游客高达 700 万人，仅旅游业一项创造的利润就超过 100 亿美元。[16]

图 4　夏威夷少数民族风情

进入 21 世纪，种种迹象表明夏威夷似乎再次陷入了文化疲软，风光不再——再好的文化创意，经过二十年左右的蓬勃发展和利益攫取，往往都会陷入类似的困境，更何况在全球范围内，越来越多的文化创意项目在抢夺各国游客的注意力。这或许也再一次提醒我们：文化的活力在于持续的创新。

夏威夷面临的主要困难在于岛上的资源逐渐枯竭，外来物种入侵、环境恶化，特色民族文化的吸引力也在不断下降。当然，岛外资本尤其是房地产投机商对夏威夷的过度开发，一方面抬高了本地岛民的生活成本，另一方面则稀释了夏威夷异族风情的浓度。一些本地居民因为买不起高价住房(2008 年，瓦胡岛的平均房价为625 000美元)，不得不背井离乡，另谋生路。据称，住在夏威夷的夏威夷土著只占全世界夏威夷土著的60%左右，其余的40%多半是因为“经济原因”而离开了夏威夷。

(四)苏州：小桥流水人家

在世界水城体系中，中国太湖以东、长江以南的水乡地区通常被称为“江南水乡”，其中又以苏州、无锡、嘉兴等地最具代表性，而广义的江南水乡也包括扬州、镇江、杭州、绍兴、上海等地。在国人的情感世界里，江南似乎更能寄托人们对于传统文人雅士市井生活的向往。按照新加坡《联合早报》驻中国记者韩咏红的说法：“印象中，北京已完全扭曲成另一种味道：国际外交的‘麦加圣城’、政治斗争的中心、元明清三代帝王所在之地、迎接奥运的国际都会。所幸江南提供了另一种可供赏析的中国风情，这里是古今鱼米之乡，当年的失意官员和贬谪文人在此造园抒志，留下一座堤，一道菜，一大片诗情画意。”[17]无独有偶，2013年，美国有线电视新闻网(CNN)在评选“中国最美的五大水乡”(包含江南水乡)时也认为，这些中国水乡证明了中国仍然有一些地方保留了梦幻而原始的魅力，与游客蜂拥而至的威尼斯不同，游历这些水乡能在避免拥挤的同时，“经历一场回到过去的旅行”。[18]

苏州的繁华得益于两个相互关联的重要历史条件：一是从魏晋南北朝至唐朝后期，由于北方连年战乱，北方移民大量涌入，中国经济中心也随之从黄河流域逐步南移至长江流域，并以苏州和杭州为中心，确立了一个新的经济文化带。在这个过程中，京杭大运河的开通为苏州的繁荣奠定了极为有利的交通条件。二是在多种文化的碰撞融合过程中，苏州逐步形成了传统的核心产业：丝绸和工艺品生产。这类产业既有助于形成江南地区闲适、雅致、舒缓的生活方式，本身也是这种生活方式的产物。因此，文人雅士与江南地区自然而然地形成了一种天然的默契。南宋诗人范成大(1126—1193，字致能，号石湖居士，平江吴郡[今苏州吴县]人)在《吴郡志·牧守》一文中说“吴郡重地”，“郡守者非名人不敢当”，唐代韦应物、白居易、刘禹锡等，先后主政姑苏，被称为姑苏三代“诗太守”，正是这种生活方式的文化结晶。

苏州的韵味还在于她保存了唐宋尤其是明清以来独特的建筑风格，具体表现为水陆平行、河街相邻的双棋盘格局；粉墙黛瓦、小桥流水人家的民宅风貌；天人合一的园林建筑艺术和宜商宜居的水陆街市。[19]如今，这些独具特色的建筑风格仍然维系着苏州作为东方文化地标的特殊地位，就连中国的封建帝王也忍不住

图 5　苏州，小桥流水人家

要在皇家园林中模仿苏州的建筑风格(晚清统治者在北京颐和园北门内特意仿造了一条苏州街，即为典型一例)，可见其深刻的文化影响力。

2014 年 6 月 22 日，中国大运河(主体为京杭大运河，苏州是其中心枢纽)成功载入《世界文化遗产名录》。这条奔流了两千四百多年的世界黄金水道，重新亮相世界舞台，为贯穿南北、融合自然、文化和非物质文化遗产提供了全新的契机。来自京杭大运河沿线的 18 座城市首次统一亮相，各城市旅游部门在杭成立“京杭大运河城市旅游推广联盟”。我们相信，这将为苏州水乡乃至整个华东地区水乡经济和文化的可持续发展注入新的活力。

三、东莞水乡的文化学定位

通过分析世界范围内带有典型特征的水城文化及其体系，我们大致可以得出如下结论：第一，一座水城就是一部水的历史，也是一部城市和她的居民如何与水对抗和对话的历史；第二，与其说水城是建造而成的，不如说是生长出来的，任何一座水城都有自己的生长史和生长的记录(包括建于各个历史年代的建筑、各种正式和非正式的历史档案、居民的记忆和人们对她的理解和描述)；第三，任何一座水城都是独一无二的，不可复制的，这既取决于每一座水城独特的历史和地理条件，也取决于她的居民如何来理解人与自然、人与社会的关系。但无论人类怎样来理解这种关系，他们都不应该改变环境的基本特性，尤其是当“水”作为原始环境先行存在，而“城”作为人类生活的衍生之物后发产生的时候，“城”需要为“水”而生，并且始终保持“水城”与一般人类城市的基本差异。这正如美国著名的城市文化学家刘易斯·芒福德(Lewis Mumford，1895—1990)所指出的："原始环境的部分价值正在于保持它们与邻近的人类聚居地之间的强烈反差。"[20]

东莞水乡是岭南水乡(又称"广府水乡")的一部分。所谓的岭南水乡，是指"珠江三角洲地区历史上存在过或现存的以连片桑基鱼塘或果林、花卉商品性农业区为开敞外部空间的、具有浓郁广府民系地域建筑风格和岭南亚热带气候植被自然景观特征的中国水乡聚落类型。"[21]既然是"水乡"，就必须做好"水文章"。因此，东莞的水乡发展，灵魂是水，关键靠水，破题也在水。按照芒福德的基本思路，东莞水乡的可持续发展一定要充分保持其与珠三角其他区域高度城市化、立体化、硬底化的反差，使水乡的乡村化、平面化和柔和化特质得以彰显。从另一面来说，不同的水乡地区，对水的理解方式、与水的对话方式也是不尽相同的，正如下表所示：

表 2　世界典型水城的文化比较

水　城	地理特色	文化特质	文化学定位
威尼斯	亚德里亚海潟湖群岛，亚欧大陆交汇线	古典主义、贵族主义文化	东西方古典文化融合的桥梁和宝库
鹿特丹	西欧出海门户	现代开放式工业文化	现代开放式港口文化的样板
夏威夷	太平洋波利尼西亚群岛三大顶点之一	美国现代主流文化衬托下的少数民族风情	现代主流文化背景下的少数民族文化保护区与展示区
苏　州	中国华东地区的文化腹地和福地	中国传统士大夫文化	中国传统士大夫文化的现代遗存与变异
东莞水乡	珠江三角洲的几何中心与文化腹地	独具特色的中国岭南文化	中国南方世俗文化的集聚区、体验区与创新区

从以上比较不难发现：东莞水乡的文化优势既不在于古典文化的积累，也不在于其所处的得天独厚的地理位置；她也不具备夏威夷那样的独具魅力的少数民族风情，也缺乏中国传统士大夫文化的积淀和土壤——她的最大优势在于贴近世俗的、带有岭南地域特色的居民生活的现时持存与活化：祠堂、神庙(俗语有说"顺德祠堂南海庙")、古桥、民居、荔枝林、甘蔗地、越剧、龙舟、桑基鱼塘(此前是果基鱼塘)……她不求精雅，但求闲适，发出对所有从不缺乏乡土情结的城市居民(尤其是珠三角、港澳台和东南亚地区居民)的热情召唤，她不强求人们对

她的历史追根溯源，死记硬背，如数家珍，也不强求人们一定要显出“有文化”、“懂典故”的虚假外表，这里是岭南世俗文化的现存集聚区，人们最为放松、最为随意、最不需要带有文化心理负担的文化体验区。在这样的文化氛围中，文化创新孕育着最丰富、最异质、最兼容的可能性——传统文化的现代传承、现代文化的古典表达、精英文化的平民体验、平民文化的精英视角、公共文化的多元参与、创意文化的公益诉求、文化艺术的市民解读、民俗文化的艺术再现、饮食文化的精神过滤、建筑文化的古今对话，东江文化的海洋胸襟，岭南文化的世界传播……

图 6　东莞水乡的粤剧

总之，厚重的文化积淀既是一种财富，也可能是一种束缚和累赘，东莞水乡文化因其开放而包容，因其浅显而易于着色，这需要东莞决策者和执行者、居住者拿出智慧和底气，善于发现，勇于创新，长于表达，在一幅浅色调的现代素色画中增添新的色彩与光华，共同创作出属于东莞、属于珠江三角洲的、色彩斑斓的现代写意画，为东莞高水平崛起提供生动的注脚。

（作者：袁敦卫，东莞行政学院副教授，文学博士）

注释：

[1] [英]约翰·里德：《城市》，郝笑丛译，80 页，北京，清华大学出版社，2010。

[2] [美]帕特丽夏·弗蒂尼·布朗：《文艺复兴在威尼斯》，刘然等译，9 页，北京，中国建筑

出版社，2004。

[3] 潟(音 xì)湖(常被误作“泻湖”，“潟”并非“泻”的繁体字)是指被沙嘴、沙坝或珊瑚分割而与外海相隔离的局部海域。海岸附近泥沙的横向运动常可形成离岸坝—潟湖地貌组合。当海浪向海岸推进时，泥沙平行于海岸堆积，形成高出海面的离岸坝，坝体将部分海水阻隔，内侧便形成半封闭或全封闭的潟湖。

[4] [美]帕特丽夏·弗蒂尼·布朗：《文艺复兴在威尼斯》，刘然等译，15—16 页，北京，中国建筑出版社，2004。

[5] 付宝华主编：《城市主题文化与世界名城崛起》，32 页，北京，中国经济出版社，2007。

[6] 张卫良主编：《“城市的世界”：现代城市及其问题》，352 页，北京，社会科学文献出版社，2012。

[7] 同上书，354 页。

[8] 同上书，350 页。

[9] [美]帕特丽夏·弗蒂尼·布朗：《文艺复兴在威尼斯》，刘然等译，37 页，北京，中国建筑出版社，2004。

[10] 威尼斯人在文艺复兴时期的政治选择有其深刻的历史根源，可参看尚洁：《“威尼斯神话”：文艺复兴时期的一种政治统治艺术》，载《光明日报》，2013 年 6 月 20 日。

[11] [美]帕特丽夏·弗蒂尼·布朗：《文艺复兴在威尼斯》，刘然等译，37 页，北京，中国建筑出版社，2004。

[12] 同上书，36—37 页。

[13] [美]布赖恩·贝利：《比较城市学》，顾朝林等译，175 页，北京，商务印书馆，2010。“兰斯塔德”地区是荷兰东部一个相对开敞的马蹄形“绿心”，荷兰的大部分人口和中等城市都散布在这个“绿心”周围。

[14] 夏威夷(Hawaii)一词源于波利尼西亚语(Polynesian)，意思是“原始之家”。

[15] [澳]Lonely Planet 公司编：《夏威夷》，朱健桦等译，57 页，北京，生活．读书．新知三联书店，2011.

[16] 同上书，51 页。

[17] 见韩咏红的网络文章：《江南很中国》，2014 年 5 月，互联网下载。

[18] 见新华网报道：《美国 CNN 评出“中国最美的五大水乡”》，2013 年 5 月 21 日，http://news.xinhuanet.com/photo/2013-05/21/c_124742404.htm.

[19] 参看《苏州》编委会编著：《苏州》，9—24 页，北京，当代中国出版社，2012。

[20] [美]刘易斯·芒福德：《城市文化》，宋俊岭等译，372 页，北京，中国建筑工业出版社，2009。

[21] 朱光文：《岭南水乡》，3 页，广州，广东人民出版社，2005。

东莞水乡空间与柔性心理

许燕转

东莞水乡区域建设的背景是如何减免自工业革命以来，人类向大自然索取资源的广度、深度不断加大，从而招致“大自然的报复”(沙尘暴、荒漠化、污染化、地下水位下降、河水断流等自然灾害)；如何避免走入当前中国城镇化建设中存在的“千城一面”的局限，成就区别于哈尔滨、沈阳、广州、深圳、上海、南京、杭州、成都、兰州等等全国大江南北的大城市的个性建构；如何既不排斥现代化、全球化所带来的可借鉴的理性建构，又能充分以人为本，将本地域“在地化”的水乡历史与人文传统完美相结合，充分挖掘“水乡”应有的文化、美学、心理内涵，达致天人(人、水、乡)合一的理想审美境界……这些应该是水乡区域建设深入探索的根本问题，即探讨水乡文化空间的形塑，如何能体现以人为本、以水为师、天人合一的理想审美境界。也就是说，如何通过对本源式水乡文化空间形态中的柔性文化心理的提取和总结，尝试为水乡空间的建构提供以资借鉴的方法与路径。

一、城市文化空间及其形塑

戴维·哈维在《正义、自然和差异地理学》一书中开宗明言：“地形学乃是传统神话空间的平面图，能彰显空间，就必能开启空间。”[1]这是因为，一个区域、一座城池、一个空间之所以呈现其与人不二分的稠密状态，正在于空间是“人抓住了在环境生活中的关系，要为充满事件和行为的世界提出意义或秩序的要求而产生。”[2]因此，不管是怎样的区域、城市、乡镇，其设计或建构，都应该以人为本，也就是以其主体为谋虑的核心。虽则“以人为本”的口号已经耳熟能详，并且被沿用经年，然而以往“以人为本”更多的停留在以“大写的人”(群体)的经济利益为本的设计与追求上。也就是说，对“以人为本”的考虑是名不副实、本末倒置的。

从哲学的角度上来看，“以人为本”应该拆分成以下两个方面的问题：以怎样的人为本？以人的什么为本？我们通常把以人为本中的“人”与“民”相提并论，因而此处的“人”实则是抽象的、集体的、大写的人，因而常常消除或忽略了其中作为活生生的个体的实际需求，从宏大视野建构下来的现代化、城市化，往往忽略了其中作为个体的人的个性需求和柔性的渴望。进一步，关于“以人的什么为本”这个问题，也恰恰是顺延下来而未解决好的问题。中国在近几十年改革开放与经济浪潮的冲刷下，城镇化的建设更多的是在经济升腾的背景下轰轰烈烈浮现出来的，因而更多是对商品经济、利益分配、物质构建方面的投入，而忽略了对精神文化、审美实践方面的重视。然而城市的主体是人，更是一个应有着价值观念、道德规范、文化固着、精神追求的主体，因而城市的建设，必须要从上层建筑即以可持续的管理方式来建构文化的创造、流传与积淀的实体。城市的建构，应该着重的是从人的精神文化实践出发的意义表达。

按照当前对城市空间的普遍认识，城市空间的建构分为物质实体意义上的城市文化空间和文化精神意义上的城市文化空间两种，前者是作为一种基本的硬性的规划和结构，可从建筑、树林、街道、交通等实体环境和地理意义上的空间进行考量，这一层面主要是关于人类文明形式和秩序的建构，也就是一种对城市空间稳定、有序、科学、实用等方面动态平衡状态的设计，是一种基于科学性、有机性层面的价值追求和利益表达，而后者则是从物质实体意义上的文化空间引申出来的文化、情感及美学意义。这一层面的城市文化空间，更大意义上是被当作一个强调认可的“心理空间”、“经验空间”或“意象空间”，是人类意识对物质世界主动和积极的形象化反映。从思维方式上看，大量运用了联想、启发、类比与推理等思维方法，是人对城市物质空间在空间维度和时间维度上的能动反映。这种精神层面的文化空间，反映的不仅仅是城市构架的整体性和秩序性逻辑，还应该强调的是城市的生命力与精神内涵，强调的是城市空间的文化意味、社会生活的丰富多样性以及人类文明的可持续性。它要解决的基本问题是城市是否满足人的基本需要，空间布局、城市设计是否都以人性化尺度为出发点。遵循人本主义目标和企望的城市空间，与自然环境之间是有机融合的，不会追随纯粹的形式主义和城市秩序，而要内蕴着真、善、美的核心价值理念。

芒福德所构想的城市空间，就是文化精神意义上的空间。它能够保持自身生命力并且能够成为更有活力、更开明社会的意义象征，在于它是一个有生命的环境，是一个“能够循环、修复以及更新的有机身体。”[3]这样的空间存在的意义来自于自然和人类的交融，来自于被人们亲临而日日体验的一种精神现象。有着深厚的文化精神意义上的城市空间，以其深沉的历史和精神的脉动，给人们安全感和归属感，并且具有恒久的生命活力。

“柔性”城市本身就是美的城市，因为它具备了“优美”(“秀美”)范畴的一切特质：和谐、亲切、适中、轻盈、自然等，而且这种美不是那种繁复的、过分雕琢的美，它和人的生命、大自然以及我们的生活世界能够恰到好处地、柔性地融为一体，真正体现了“人的本质力量对象化”。因而，一个城市的文化空间的形塑，必须在物质建构的基础之上，在那些所有权、社会地位、所属团体、货物与服务、利益与交易之中，在那种硬性、外在、形式的现代构件之上，饱满地含蕴着一种流动的、柔性的、关乎个体体验的文化精神和审美心理。

二、水乡文化空间的柔性内蕴

基于文化精神和审美心理的城市文化空间并非仅仅一种理论倡导或构想。当把以上的论述当作对“大而统”的城市文化空间建构时，它毫不例外地指向有着本源式居所形态的水乡。为什么把水乡建设指认为“本源式”的居所形态呢？自古以来，无论东方还是西方，都把水与人、水与居所、水与城市的关系同一化，将水视为人与城市生存发展的生命线，古今中外任何一个城市的诞生与发展都离不开水。

城市的起源可追溯到远古的治水活动。早在蛮荒时代，洪水滔滔，怀山襄陵，为了生存，人们“雍防百川，堕高堙庳”，即用泥土沿人们居住的地方筑起一道土围子，以不受洪水侵袭，这就是“城”的前身。于是《国语·鲁语上》中有鲧“作八仞之城”的说法。而早在两千六百多年前，管仲就在《管子·乘马篇》中说：“凡立国都，非于大山之下，必于广川之上。高毋近旱而水用足，下毋近水而沟防省。因天材，就地利”。在《管子·地度篇》中又说：“故圣人之处国者，必于不倾之地，而择地形之肥饶者。乡山，左右经水若泽。内为落渠之写，因大川而注焉。乃以其天材，地之所生。”这些论述都明显表达了中国古代对于以水为师的重视。

水作为一个城市最重要的组成部分，不仅仅停留在体现人对其合理的治理、开发、利用、配置、节约、管理、保护等创造物质财富的活动，还更包含着人们对水的认识、观赏、表现等创造精神财富的活动。从对水实用性的考察和利用，到对水的精神文化的寄托，整个中国古代人体现的是“以水为师”的文化哲学。这种哲学恰恰体现的是富有中国特色的“柔性”哲学。陶渊明笔下的《桃花源记》所描绘的景象为世人所崇往：武陵人顺水而下，随遇而至的那个与世无争的世界，正如德国诗人荷尔德林所梦萦魂绕的“人诗意地栖居于大地上”的诗性生存世界，这两者超越时空、民族等畛域而达致的恰恰是人类古往今来最为憧憬的理想国度。纵观后来的建筑大师与建筑杰作、城市构造，无不绕过了对工业时代技术层面追捧的热潮，而孜孜不倦于这种诗意而柔性的表达。

为何水能承载着古往今来人们对于理想境界的寄托呢？原因正在于“水”所包含的柔性的内蕴，深深沁入人们的柔软的内心。

第一，水是文化哲学的核心。《易经》中“润万物者莫润乎水”，所指向的正是宇宙五大元素金木水火土之一，同时也是人类社会的一个符号，人体的一个符号。水在中国文化哲学中，既代表方位、季节、颜色，也代表着人群、人性、人心……它与金木火土四大元素相生相克，形成中国古代绝对运动、普遍联系的宇宙观和世界观。因而中华民族的水文化，乃至于中华民族的文化形成，均是从“以水为师”的“哲学之水”的启蒙开始的。是从“水哲学”的视角而逐渐拓展、延伸、升华为根深叶茂、博大精深的“文化大树”的。有一个现象很有趣，就是中国古代文化哲学很喜欢以宇宙、自然的诸物来比拟文化现象和文化形态，尤其是人类种种的行为与精神状态，而其中，“水”恰恰是被用得最多的自然物类。“知者乐水，仁者乐山”。人和自然是一体的，山和水作为物质，存在于我们生命的时空，山和水的特点也反映在人的素质之中。那是因为，一方面，水是渗透在人类生活中最基本的元素之一，另一方面，由此升华而来的，水还被隐身为一种精神状态与审美心理。

第二，水文化作为城市空间文化的核心。在自古以来生存哲学与生命哲学合一的中国，城市的建构自然以水文化为核心。中国古典建筑艺术，以天人合一为原则，以自然生态为美的范式，创立了山、水、建筑和人和谐统一的园林建筑形态。不管是以颐和园为代表的北方园林，还是以拙政园为代表的苏州园林，均洋溢着和谐、自然的水光，成为中国人特别是中国文人方寸之间寄情山水的重要场所。尤其苏州拙政园里的水沧浪联，写的就是孔子提出的那个著名美学命题：“知者乐水，仁者乐山”。这些都是从水中得出的哲学观念通过设计出的各种水的形态加以外化而成。

第三，“柔性”作为水乡文化空间的核心内蕴。既然水文化作为城市空间文化的核心，反过来，恰恰应该提取的正是水文化中的刚柔并济式的“水性”、“柔性”作为现代水乡文化空间建构的核心内蕴。“上善若水，水善利万物而不争，处众人之所恶，故几于道。”自老子以下，不管对于水是从何种角度进行赞赏，都离不开对水所体现的柔软流动而有形有道，对万物生命的滋养与润泽而不争不惧的赞誉。这种水文化所激荡的柔性心理，对中国历代人民是一种深厚的历史积淀，同时更是一种审美的延续。“水性至柔”，传统美学中，水既具有茫茫一派、沧海横流的壮美特征，同时也具有鲜明的阴柔美特征。人水和谐的生态美学中，阴柔美体现在人面对水所表现出的柔弱性，不再具有工业时代对水绝对支配、绝对占有的地位，人自我矮化，承认人水平等，获得柔美的审美体验。

东莞粤晖园

（来源：http：//news. yuanlin. com）

因而，当中国现当代工业发展而导致种种机械化、功能化、标准化、单一化“居住的机器”的生产时，就很有必要回复到我们“本源式”的来自深深的生命体验而化成的“水乡”中。这样的水系区域，如果用现代城市理论来论证的话，可以用“柔性城市主义”进行比照。西方的“柔性城市主义”是西方学者在20世纪70年代西方资本主义石油危机之后，针对工业化、标准化造成的城市外观的刚硬和单一，提出了Flexibility(弹性或柔性)概念。它更强调多样性、个性化和生活化的事物，提倡“小型叙事”的城市生活方式，尊重一座城市的地域文化和历史，重视人们在城市中生活的心理感受，强调工作场所与居住社区发展的平衡。西方学者是站在对工业时代物质化、机械化、刚性特征的反思之上而构想出的新型城市样态，但这对于我们中国而言，“水乡”恰恰就是一种回归到本真、自然的重构。因为中国哲学就是一种古老的“柔性主义哲学”，本身就是一种“柔性”的平衡力量。

三、水乡空间形态与柔性文化心理的重建

一个水乡城市，和谐、自然、充满柔性，包容、和谐、顺应、象征、交流和生命感是其最重要的特征。这种水乡柔性气质特征与中国传统自然主义、情景主义和象征主义的文化背景密切相关。当下的东莞，如何遵循着“本源式”的水乡“柔性文化心理”来重建合理的水乡空间形态，是摆在我们面前的重大课题。

2013年年底，东莞市政府发布的《广东东莞水乡特色发展经济区发展总体规划(2013—2030年)》，其主要的愿景是要将东莞市原先传统水乡镇港(10镇1港：中堂镇、望牛墩镇、麻涌镇、洪梅镇、道滘镇等5镇为重点区域，另有石龙镇、万江镇、石碣镇、高埗镇、沙田镇及虎门港)的资源重新整合，“以水乡文化为底蕴，以生态文明为内涵，以统筹规划为抓手，最终将水乡地区建设成为国家水乡生态文明建设示范区、粤港澳优质生活圈的特色区域、珠江口东岸产业优化发展先导区和穗莞战略合作重要平台”。规划“进一步突出水乡特色，以水为魂，以水为脉，构建地区生态格局，空间形态和生活方式，并促进‘水网—路网—轨道网—绿道网’四网融合”。

东莞水乡发展的政策指引应该是没有问题的，其核心问题是重视并突出水乡文化作为城市文化空间重建的问题。但目前来看，在具体的实施任务中，有许多强调的是经济指标和生态指标，而没有花大气力做好、做足“水乡文化”。“纲要”提出，水乡地区将按照“面疏核密、分级控制”的密度分区思路控制空间布局，核心区提强度提密度，一般区降强度提密度，景观区降强度降密度，最终望洪新城—城镇中心—站点地区——般地区四个建设层次的开发强度逐级降低，打造轮廓清晰、高低有致的城市形态，实现整体开敞和局部集中的统一。要以东江南支流、中堂水道、洪屋涡水道、东江水道的水上旅游主环线，串联起水乡片的主要旅游休闲兴趣点，规划总长约98公里。沿赤滘口河、湟涌水道、麻涌河，将布设旅游次线，开通联系番禺莲花山景区的轮渡线，规划总长度约43公里水上交通。还将密布整个水乡片的内河网。沿内河网适合小型船只行驶，将与外河水上旅游线路通过码头换乘，规划总长度约77公里，沿水上旅游主次线还设置了21个主要码头……提出“坚持走新型城镇化发展道路，推动城市精明增长。以公共交通为导向，构建由城际轨道、城市地铁、有轨电车和水上巴士等共同组成的水乡‘公交网’。以水定城、依水建城，通过实施水系连通工程，营造更多的滨水公

共岸线，构建与城市功能组团紧密联系的水乡‘蓝网’，与田园、湿地等生态系统组成的水乡‘绿网’共同构建水乡生态文明发展基底，并成为城市功能组团之间的绿色隔离区，避免城市建设无序蔓延。”

事实上，这些提法和思考，更多的是关注于水乡区域的基本问题，也就是生态、交通、经济、旅游这四大问题，而交通、经济又是最被彰显的重中之重。也就是说，纲要的指导思想在更大程度上依然显现的是功能主义，而非以人为本、以水为师的“本源式”水乡文化空间的重构。功能主义指导下建造的住宅只能是一架架“居住的机器”和工厂出产的标准件，只有物质化和机械性的刚性特征，缺乏人性的生命气息，这样的住宅没有诗意，与人的心灵无关，是技术统治人并将人异化的产物，因此它无法让人自由自在地安居，只会让我们觉得城市不过是人生暂时的栖息地，并不是我们真正存在的“家园”。其实，水乡空间形态的合理重构，重心应该以柔性的文化心理作为基点，重视在城市建设和发展中的水文化建设，致力于以水建景、以水设市、以水发展的一种水文化融入。也就是说，水乡城镇应是自然舒展的象征，水呈平面状分布，或平静开阔，或曲折幽奥，水乡城镇是自然的一个有机组成部分，它随着自然环境的延展而充分展开，是代表自然的最好模型。总之，它是以特有的文化气息去弘扬一个地区、一个民族或者一个群体的文化内涵，使城市文化、民族文化、群居文化通过水文化得以表达和展示。

首先，要得其水性。在我国古典园林中，造园者常常通过水并配以石刻、楹联加以延伸，使处于园中的人们感悟其中的深刻道理，以提升自己的精神境界。因而，水乡区域的“水性”，除了对原有错综复杂的实体上的河流、水道的重新规划之外，更应该提取的是这些河流、水道给了此水乡地区怎样的历史文化积淀，怎样的柔性审美心理，借此种地域性的水性文化来塑造新的水乡景观和水乡生活。早在1958年至1960年，东莞作家陈残云经过3年的努力，创作了一部以东莞水乡农村合作化为题材的长篇小说《香飘四季》。这部文学作品以清新淡雅、精致优美的叙事格调来反映在如火如荼的农村合作化之下的新农村中的乡情美、自然美和人情美，描绘出东莞水乡地区的自然人文景观，小船、流水、人家，构成多姿多彩的麻涌风情画，显示出东莞水乡地区的地理特征和地域特色。这样“香飘四季”的水乡之美，正在于能通过日常生活的种种体验，透露出水乡文化空间的所蕴含的柔性之美。

其次，要似其形。大自然的水态十分丰富，水体也异常多样，大至江河湖海，小至溪流泉池。这些水体都给人们留下深刻的审美印象和审美感受。那么在重构时，就应不仅仅只留意于交通河涌上的建构和利用，还更应该在城市空间中将“水”缩景入园，在种种建筑和细节中创造出生动的水态，如此才能供人赏心悦目。在著名的苏州狮子林中，设计者就营造出一个被誉为“园林音乐”的人工瀑布，假山高处隐藏水源，山涧湖石叠成三叠，下临深渊，飞瀑亭瀑布分成三段跌落，成山泉流瀑景象，使人联想到庐山的“三叠泉”。这样似其形的创造当然是较为高级的。当然，我们并不必将东莞水乡也以如此深湛的艺术水准来权衡，但是这种对水的生态的追求，却是应该一以贯之，不能减少的。

第三，还要取其意。既然水文化是中国传统文化的核心表达，其反映在艺术领域，自然有着意趣、意味、意境，是美学追求的至高境界；而在日常生活领域中，也是渗透在细腻的生活细节当中，因而，水乡文化空间的重建，更应该重视这种在日常生活中蔓延、渗透、润泽的“水意”。应该创设更多的能展现这种水景、水意的景观和活动。不过，目前城市景观设计有两个不好的趋势，一是把园林艺术简单地搬到河边来，城市河流一整治，搞几个雕塑，修个亭子，种点花草就认为是把河道治理好了；另一个，不考虑水文化，造水景时完全引进欧美模式，如造大型喷泉、水幕电影等。对于东莞水乡文化的重现，更应注重对岭南水乡独特性的营造。如以上所说的《香飘四季》所描绘出来的地域性水乡文化，应该被揉入当代的水乡建设当中，才有一以贯之的文化积淀。

水乡园林

（来源：http：//www.liketrip.cn）

总之，水乡不应该处于静止的空间结构中，而是应处于自然的循环中。“场所自有力量”这一源于古希腊的哲学命题，意味着场所的力量使事物回归于其本来的位置。人栖居于大地之上，这本身即是一种诗性的存在，水乡空间形态的重建，正是柔性文化心理的外在呈现，应该满足人们多层次的水需求，创设“临水”、“亲水”的文化氛围，能够勾引不同领域对水的不同回忆，如此，这样真正的水乡文化空间与人才有天然的默契，才能形成日积月累家园生长的脉络。

四、水乡文化活动的结构性建构

“本源式”的水乡空间重视人们在水乡中的心理感受。人性的、个人化的水乡设计方法与特定的水乡文化模式相联系。我们有必要回归技术层面中某些被人遗忘的传统。所谓的“低技术”和“小技术”应该得到较多的考虑。现代技术不应该只是大型的和巨型的，也应该为柔性的、细腻的。与这一目标相关，水乡建设可以用很少的资金投入和最低限度的能量建造。在东莞水乡区域的发展规划方案中，特别提出要“尊重水资源的原生态，仅可做一些必要的水质、水生作物、河(湖)岸、坡的治理和生态恢复，使其在净化、美化、优化方面更突出一些，并配以必要、适当的人文景观。对于原有的水景观作用显著、地方特色浓厚、视觉效果明显的要保护好，并采取一些必要的‘拾遗补缺’，兴建与自然景观与地方特色相适应的景观，使之更具水文化气息”。这种理念，基本符合柔性城市的规划。

不过，水乡在具体的建设上，除了景观的构造外，还应多关注水乡文化活动的结构性建构。在城市研究理论中，通常认为城市文化空间是在城市精神及城市制度、习惯框架规范下，由人、活动、场所三者有机结合、互动而成的(见下图)。人作为主体参与并组织活动，活动强化了场所的文化氛围，使场所获得人们的认可，被人们普遍认可的场所又吸引了更多的人参与进来。因此，仅有场所(景观)而没有相应的活动吸引水乡住民参与，或仅有活动而没有特色鲜明的场所空间都不足以形成一个被人们普遍认可的水乡文化空间。

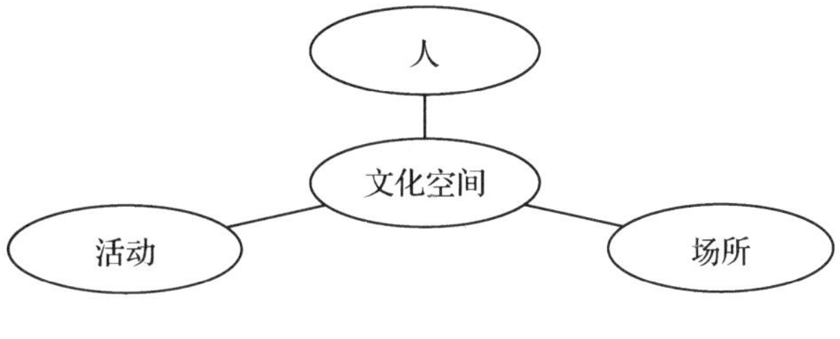

岭南水乡文化与莞商伦理

詹发民

在世界经济发展史中，海洋与河流对世界文明发展的影响可谓来势汹汹，并且终成大势。西欧现代工业文明的发展是与“陆上丝绸之路”的阻隔转而追逐海上拓展息息相关，而在中国，早在西晋末年就开始了漫长的经济中心南移现象，并且这个经济中心就一直留在了南方。

在地理、经济、政治、文化等多种因素的交互作用下，形成了岭南商人特有的开拓冒险、崇尚家族、皈依宗族等诸多文化特点。而这些特点，与学界所认同的“海洋文明”、“江河文明”不谋而合。

东莞水乡，从昔日濒海临江的区域概念到今天处于穗深港“黄金经济走廊”上的“十镇一港”，虽有政府对“同类型经济区域一体化”概念的认同与实践，但基于对莞商乃至广东经济社会现象的研究，此举无疑能揭示出莞商与水乡诸多本质性的特征与规律。

一、莞商文化传统

今天的东莞在制造和贸易方面的独特优势地位，从表面上看是近三十年改革开放发展的结果。但如果真正了解东莞历史，就会发现这种发展实际上也植根于东莞的独特文化传统。

(一)“海商”传统

东莞在东晋咸和六年(331)设东官郡，隋唐更为东莞县，后多以东莞为名。古志谓莞邑“为广壮邑，地大物夥，文献之盛，著于古昔”。东莞地处珠江三角洲的核心地带，江环海绕，历来为广东门户，广海咽喉。濒海邑民农耕之外，渔猎、采珠、制盐、商贸等历史都很悠久，其中，海洋经济尤其发达。

黑格尔在《历史哲学》中热情洋溢地盛赞大海：“大海给了我们茫茫无定、浩浩无际和渺渺无限的观念；人类在大海的无限里感到他自己的无限的时候，他们就会被激起了勇气，要去超越那有限的一切。大海邀请人类从事征服，从事掠夺，但同时也鼓励人类追求利润，从事商业……平凡的土地、平凡的平原流域把人类束服在土地上，把它卷入无限的依赖里边，而大海却挟着人类超越了那些思想和行动的有限圈子……他便是从一片巩固的陆地上，移到一片不稳的海面上，随身带着他那人造的地盘，船——这个海上的天鹅，它以敏捷巧妙的动作，破浪而前，凌波以行。”黑格尔认为，海洋的意义在于鼓励人们重视商业，并向海外发展，从而引发重商主义，海洋文化，涉及一个民族、一个地区对外的态度。从海外交通与对外贸易看，东莞位于珠江口与南海交通要冲之地，区位优势十分明显，是传统对外贸易中心的广州海上交通必经之地，开风气之先，引领时代潮流，实为拜海洋文化之所赐。

《新唐书》卷四十三下《地理志》记载的“广州通海夷道”，是公元8世纪贯通东西方的“海上丝绸之路”，东莞的屯门是这条远洋航线的起点。明代以前，东莞始终是广州对外贸易的门户。到了明代，由于愈演愈烈的走私，东莞本地商业贸易也非常活跃，特别是明中叶以后，东莞成为西方商人在中国沿海最重要的贸易场所之一，屯门被称为“贸易岛”。

明中叶以降直至清代，随着人口急剧增长，东莞经济社会发展迅速，商业经济尤为繁荣，不仅成为珠三角著名的“藏富之区”，而且是资本输出之地和著名的侨乡。“莞商”周游天下，再创“海国之民”的精彩华章。[1]

(二)水乡农业经济

传统东莞经济，虽然海洋贸易特色明显，但小农生产仍占主导地位。蔗糖、蚕桑、水果等经济作物及农业垦殖、咸水养殖地位突出，草织、烟花炮竹、榨油、织染、藤器、木器等是为水乡经济的重要行业，尤其是草席编织和烟花炮竹在省内具有相当重要的地位。

稻谷种植业。传统东莞水乡稻谷生产非常有名。据《东莞县志》记载，直至清宣统年间，“丝苗粘、香粳粘，邑多种之，产榴花村者尤胜。又丝苗粘多运往外埠，供给侨民，其价颇昂。夏至白，邑产尤著名，广人谓之东莞白，云滑而香，比他处良”。

蔗糖业。三基鱼塘(桑基鱼塘、果基鱼塘、蔗基鱼塘)是传统珠江三角洲典型的农商形态，其中，东莞水乡蔗糖业颇为兴盛。史载：“糖之利甚溥，粤人开糖房多以致富。盖番禺、东莞、增城糖居十之四，阳春糖居之六，而蔗田几与禾田等矣。”清宣统三年，由于“邑人榨蔗为糖，其制法旧胜于他县，故获利厚，而种植多”。

水果业。东莞水果种类繁多，如香蕉，国内以广东所产果质最好，其中东莞麻涌蕉最为出名，产量早在明代已居“东南诸邑之冠”。清末民初，“邑中诸果，蔗为最，蕉次之，荔枝、龙眼、橄榄等又次之。……蕉产于水乡特佳，售之广州市，利几倍，然只充食品，不能行远也。荔枝、龙眼、橄榄等果，焙制之可以行远”。

二、水乡地理与莞商形态

文化作为一种资源配置机制，主要是通过价值观念选择而进行资源优化配置。从大的方面说，东莞水乡在一次次的古今、中西、南北经济文化融合中，形成了农业文化、商业文化、水乡文化和市井文化共同繁荣的景象。这是典型的区域优性文化融合改善了经济活动的软环境资源，促进了市场经济的环境建设。从具体的问题讲，东莞水乡地理作用于人与社会，也影响着莞商文化形态的形成与建构。

(一)水乡地理与商业形态

东莞濒江临海，经济发展一直以海洋为依托，其中，海盐的生产与销售一直是东莞支柱产业及财政收入的重要来源。崇祯《东莞县志》卷六《艺文志》载，东莞滨海地区“水咸地卤，不堪耕种，多以晒沙煮海及贩卖盐斤为生，故沿海一带，额设盐场二十七所。远近盐船，大小不等，大约不下数千。各船水手多寡不等，大约不下数万人。勇健精悍之夫，俗呼之为‘后生’，各挈其躯命，自试于海洋汹险之中，侥幸万一，以为养生糊口之计”。康熙《东莞县志》卷二《风俗志》载，东莞“自双冈厉沙头，出咸西，接新安，迤逦数十里皆海岸，其利渔盐”。

由于盐业利润丰厚，明代东莞有多个官方盐场，是为食盐生产和专卖基地，盐业管理与税收由广东盐课提举司直接管辖，甚至专设广东盐课提举司东莞靖康场大使，专管靖康渔盐课则。清代略有变化，康熙《新安县志》卷六《田赋志·盐课》记载：“盐场在其境内者旧有四场：曰东莞，曰归德，曰黄田，曰官富，迨元改莞富为巡司，其盐课册籍附入东莞场。今止东莞、归德二场隶于广东盐课提举司。”绵长的海岸线为东莞沿海居民开展盐业生产提供了便利，沿海居民多以盐业为生，有“十口之家十人熬盐，百口之家百人熬盐”之说。

纵观莞商发展不难看出，东莞水乡地理对商业形态具有重要影响。水乡地区相对稳定的生产生活环境使得水乡地区人口聚集，为农业生产增加了大批劳动力，同时也使得先进的生产工具和技术得到推广。当年流行的民间俗语："嫁个婆家在水乡，能吃饱饭睡得香"，似乎很能说明问题。通过兴修水利，开垦良田，农作物种植面积增加，水稻、香蕉、荔枝等种植面积不断扩大，产量也获得大幅提高，麻涌香蕉、道滘美食等反映水乡美誉度的农业文明成就也获得广泛认同。此外，莞草的种植推广、纺织技术的提高、造船技术的进步以及商品经济的发展和海外贸易的繁荣，进一步催化了家庭作坊式早期手工厂的诞生，不断刺激着远洋谋生进而加入华侨阵营的群体的壮大。

(二)水乡泽国与莞人商路

从地理上看，东莞水乡地处"珠三角"中心地带，河网总密度约 1.64 公里/平方公里，远高于"珠三角"0.8 公里/平方公里的平均水平，又与无边的大海相联，从而让"东莞之乡"所环绕之水，具有无比的多样性和丰富性，更值得称道的是全长约 179 公里的东莞运河环抱了大半个东莞。优越的水利交通条件极大地促进该地区商业贸易的发展，这里诞生的商人群体是早期经营贸易的引领者，更是推动当地经济社会发展的实践者。

东莞水乡片区

（来源：http：//dg. house. qq. com）

经贸往来的兴旺，市场的不断发育，吸引了外来人口的大量涌入，促进了本地市镇规模的扩大，如石龙"商贾辏集，当郡与惠潮之冲，其民寓多而土著寡"，已发展为东莞地区的都会性市场。屈大均在《广东新语》中称"石龙亦邑之一会"。明清时期至新中国成立初期，石龙镇控制着东江流域大米和木材等主要农林产品的流通，对整个东江流域和省港地区的粮食、木材价格有着决定性的影响。鸦片战争以后，石龙与香港展开了频繁的贸易往来，土纸、黄麻、大头菜、竹制品等商品大批由石龙运往香港和东南亚地区。而洋货则由香港运入石龙，再转销内地各省。由于商贸的发展，石龙较早出现代理商行，如苏柏记代理美孚、东兴发代理亚细亚、福祥代理德士古等。1911 年广九铁路建成通车后，石龙在商业和交通方面的地位更加显要，成为东江流域和省港地区重要的物资集散地和商贸重镇。1926 年东莞第一家银行在石龙设立，东莞最大规模的当铺也在石龙经营。1929 年 5 月，石龙开通了至广州的长途电话业务，成为最早开通长途电话的城镇之一。

另外，东莞水乡河汊纵横，航运条件便利，渡口较多。明时东莞有 32 个渡口，至清康熙前期已经增加到 43 个。这些渡口与省内的广州、佛山等大都会或工商业市镇来往密切，加强了本地与外界市场联系，对促进商贸往来起到重要作用。特别是由于地理上的便利，东莞与香港之间的经济联系愈加密切，莞籍商人在香港占有举足轻重的地位。

水乡园林

（来源：http：//www. ctsto. com）

（三）莞商会馆与商业视角

会馆是明清时期由外乡人在客居地建立起来的一种地缘性或业缘性社会组织，莞人会馆主要有工商、移民和试馆三类，它不仅是本地与外地经贸往来的窗口，也是本地与外来文化沟通与融合的重要桥梁。

据胡春焕《北京的会馆》载北京有东莞会馆 2 所。明清时期，江南地区社会经济高速发展，吸引了全国各地商人。最早的会馆是明天启五年(1625)东莞商人在苏州阊门外半塘建立的“东莞会馆”。康熙十六年(1677)东莞商人又将会馆移建，并改称“宝安会馆”。琼州府的府治所在地海口扼琼州海峡之门户，是重要的贸易港口。据吴荣光《石云山人文集》卷三《重修琼郡海口广州会馆记》载，广州与海口“通商始于明天启时。南海、番禺、东莞、顺德、新会五县之人于府治北十里海口建五邑会馆，祀天后神，岁时祈报”。

同治七年(1868)东莞商人在宝安建立东莞会馆，又称宝安会所。除了地缘性会馆组织，东莞本地于清代还出现了行业性的会馆组织，如石龙即有“布行会馆”之设，其业盛极一时。

莞商在国内市场活跃的同时，也积极开拓海外市场。据记载，早在明正德十一年(1516)东莞沿海居民就与英国、葡萄牙等人有贸易往来。到清代向海外发展更是成为潮流，1786年东莞人前往马来西亚的槟榔屿从事开采锡矿和割胶工作。1840年鸦片战争以后，东莞人向外发展逐渐增多，1860年左右，东莞人到苏门答腊北部亚齐及棉兰一带从事种植，或经营胡椒生意；1854年东莞人就迁居牙买加，后来加入当地的中华会馆。1888年东莞人陈福移居南太平洋法属玻利尼西亚群岛中的主岛大溪地经营小商及香草生意；1845年东莞人移居美国加州淘金；1850年东莞人移居巴拿马运河经商；1860年东莞人移居西印度群岛的特立尼达和南美的圭亚那，从事甘蔗种植；1890年东莞人移居檀香山经商。此外，在日本、越南、柬埔寨等国都有东莞移民。应该说，通过海洋，清代的东莞已与世界联为一体。[2]

东莞人在海外积极参与同乡的社会组织活动，参加同籍乡人组织的会馆，1874年广州府属的南海、番禺、顺德、香山、东莞等侨民在缅甸成立了“五邑会馆”；19世纪下半叶在美国旧金山广东人建有六大会馆，其中“阳和会馆”即香山、东莞等合建。另据王日根《乡土之链——明清会馆与社会变迁》一书统计，东莞人还在新加坡、马来西亚等地组建了东莞会馆，如下所示[3]：

清代新马东安会馆分布表

组织名称	组织所在地	所属方言	原籍	创建时间
东安会馆	新加坡	广府人	东莞、宝安	1876
东安会馆	吉隆坡	广府人	东莞、宝安	1882
东安会馆	槟城	广府人	东莞、宝安	1892
东安会馆	芙蓉	广府人	东莞、宝安	1896

三、莞商伦理与水乡文化

近代以降，在广东社会特别是商业经济发展过程中，粤商（包括莞商）伦理特征显而易见。蔡元培就指出："我国以儒学为伦理学之大宗，而儒家，则一切精神界科学，悉以伦理为范围。哲学、心理学，本与伦理有密切关系。"[4]对东莞经济社会的正确理解和把握，必须建立在对其伦理内涵的深入认识的基础上。

东莞水乡居民都为宋元以来中原的移民，自古以来受传统文化影响深厚。而且，水乡人民生活相对自足稳定，特有的伦理生态体系也使得莞商逐渐形成了以儒家传统经济伦理为核心，具有水乡文化特征、兼收并蓄、包容百家的完整的商业伦理体系。这些明显具有水乡特点的商业伦理文化在学界被概括成"农商兼重、崇文尚教、坚韧柔美、精细秀丽、兼容开放"等特征，这些特质对历代莞商经营发展起了至关重要的引领和推动作用。详论之，具有明显水乡文化特征的商业伦理包含了以下内容：

一是稳健低调、隐忍坚韧的经商行业观。东莞地域虽然较小，却有依河、靠江、临海之便，在海洋文明海雨天风般地扑面而来的近代，来往船只不仅传播了欧风美雨，也敲开了"自给自足"的封建经济体系，使得莞商也就此开始了融入世界经济体系的进程。一开始，粤商主要得力于贸易，包括与海外的贸易，他们往往成为既精于田产管理，又善于开发商业资本的经贸实践家。更为有趣的是，名噪一时的康有为、梁启超和后来的孙中山，不仅接受和传播了西方先进思想，也从商业贸易中获得了思想运动、革命运动的资金。优越的水运（航运）交通，物产富庶的水乡地域，不仅造就了群体出现的粤商，也给这群活跃于岭南水乡的早期粤商赋予了独特的秉性，他们不讲排场，勤劳俭朴，几乎是自然合理地充分利用水乡小镇的便利，悄悄然、不外露、不声张地做起了贸易，做起了生意。实际上，这种特征在今天水域遍布的广府一带的商人身上，仍然展露无遗。

二是重利务实、开拓进取的敬业精神。莞香，这种奇特的植物是东莞的传奇般商业文化史的一个象征。莞香闻名遐迩，屈大均在《广东新语》卷二十六《香语・莞香》中记载，明代东莞商人贩运莞香到今江苏销售的情况，"莞香度岭而北，虽至劣亦有馥芬，以霜雪之气沾焉故也。当莞香盛时，岁售逾数万金，苏、松一带，每岁中秋夕，以黄熟彻旦焚烧，号为熏月。莞香之积阊门者，一夕而尽，故莞人多以香起家”。莞香除进贡朝廷外，还销往大江南北，甚至海外。其运往海外因固定在一个港湾转口，久而久之，港湾周围弥香四溢，人称“香港”，于是便有今日香港之美名。另一个东莞标志性的商品就是莞草。屈大均《广东新语》说：莞草“出东莞县，莞丛生水中，其中茎圆美……东莞人多以作莞席为业，县因以名。”南朝宋，广州刺史韦朗曾作莞席三百二十领。[5]一些并不奇异的商品，由于莞商对职业的执着追求，以及由此派生的坚韧不拔、百折不回等意志，产生不同寻常的商业影响与效应。

三是刚柔相济、开放包容的商业生态观。水为天下至柔之物，莞商身上随处可见此种“柔德”。梁启超在《地理与文明之关系》一文说：“海也者，能发人进取之雄心也。陆居者以怀土之故，而种种之系累生焉。试一观海，忽觉超然万累之表，而行为思想，皆得无限自由。彼航海者，其所求固在利也，然求之之始，却不可不先置利害于度外，以性命财产为孤注，冒万险一掷之。故久居于海上者，能使其精神日以勇猛，日以高尚，此古来濒海之民，所以比于大陆者活气较胜，进取较锐……”

南中国海不但塑造了无数传奇商人，还曾缔造了顶级的商业大都市，广州、东莞这些口岸在近代成了传统中国触摸世界的窗口。一方面，有着久远历史的移民文化造就了庞大的华侨商帮，他们是立足于世界的第一批粤商；另一方面，随着广州、虎门等口岸的无奈开放，外来商贾可在这些地方设分理处、开贸易公司，一批粤商直接和西方商人面对面做生意，获得了一定的成长空间；当然，更为关键的是，近代以来，广州作为华南的中心地位日益凸显，国内商帮也云聚于此并分散至广东各地。晋商、徽商、浙商、沪商以及英美等海外商人的经营足迹随处可见，他们在广东境内广泛涉猎于烟、酒、茶、盐等各行各业，经商致富者数不胜数。这无疑体现了粤商视野开阔、包容大气的商业气魄，即便是在改革开放中，粤商的此种伦理禀赋在全国的商帮中都是独树一帜的。

四是正德厚生、富国利民的济世价值观。正德厚生出自《尚书》，后成为我国传统文化的经典，在儒家文化传播中得到不断的发扬光大。正是在这样“正能量”思想的熏陶下，早期粤商多数是怀着实业报国、济世救世的理想创业的。莫伯骥可以说是这方面的典型代表。他幼年入县学，后毕业于广州公立医校，在广州创办“仁寿西药房”，规模颇大。因善于用人，药房历数十年不衰，为当时同行中之佼佼者。1925年，莫伯骥开始大力搜藏图书，先建“福功书堂”为贮书之所，后来所藏达50万卷后，遂更名为“五十万卷楼”。所藏善本，大多为宋椠、元刻、旧抄旧校、影宋精抄、古活字本、名家写本等。有2部唐人文集、38部宋本、80部元本，其中李翱《李文公集》、孙樵《孙可之集》这两部唐人文集，成为他的镇楼之宝。据说，他搜购古籍不惜重金，药房盈利多被作购书之用。一次，孔氏岳雪楼所抄文澜阁四库全书逾千册散出，莫以万金于天津赎回。大江南北书商偶有所发现，必将信自函告，因而能在二十年间搜购五十万卷珍贵典籍。他更注重收集粤人遗著，许多藏书是研究广东历史的珍贵文献。莫伯骥的五十万卷楼执岭南藏书牛耳，为他的生涯写下了浓重的一笔。后人再提起他，先是藏书家，次为商人，公允论之，莫伯骥当为儒商。

再如当时东莞明伦堂的运作模式，也颇具几分儒商做法。东莞明伦堂原在可园附近，修建于明晚期，是孔庙的大堂名称，其拥有六七万亩肥沃良田，在当时来说，资产雄厚。但此明伦堂却将沙田所产换得的钱物，都用作东莞的教育、医疗、文化、慈善事业。明伦堂给支款项，在清代时主要是：东莞县各书院膏火，文武几科考生童卷资、册金、乡会试卷资，京官旅费，文武会试会车等费。其临时支出以赈灾为多。例为光绪三十四年(1908)，东莞大水之后，继以风灾，五属开办平粜，沙田局拨款三万一千余两；又捐广东省三江水灾及本县赈灾共一千二百余两。民国以后，明伦堂的支出，大约以教育经费为大宗。全县各中小学校经费由明伦堂支付的每月数千元。东莞籍往西洋(欧美)留学的每人每年津贴一百六十两(后来改两为元)，往东洋(日本)及北京留学的每人每年津贴八十两，在广州读书的每人每年也分得津贴三数元。因此，清朝和民国，东莞出了很多了不起的人物，他们广泛分布于文化界、商业界和政治界。另，陈伯陶等编撰《东莞县志》一百零二卷，合一百三十余万言，用款两万元有奇，全由明伦堂支付。

四、余论：莞商水德

以历史联系论的眼光来看，广东的辉煌离不开粤商文化的积淀，改革开放实验区之所以选在广东选在深圳，与粤商长期的商业积累，拥有资金、拥有先进的管理经验是密不可分的。但在改革开放前沿阵地成长起来的现代莞商更当以水为镜、以水为师，在新的发展语境下，实现产业转型升级，实现发展观念更深层次的变革与开放。“上善若水”语出《老子》，它始终提示今天的广东商人，人生最高境界的善行就应当像水的品性一样，泽被万物，不为名利所囿，这个理念在今天面对产业转型升级压力、面临国际疲弱经济复苏态势、面临三十多年发展经验的取舍挣扎的全新环境下，似乎有更深层次的意味和更为悲壮的氛围。

首先，要像水一样能“柔而不断，终能克刚”。“天下莫柔弱于水，而攻坚强者莫之能先，其无以易之。柔之胜刚，弱之胜强，天下莫不知，莫能行。”在老子看来，柔弱不是虚弱，不是脆弱，不是遇刚则化，而是柔和坚韧，始终保持一种不断向上、不断破土而出的生机，因而必能成就大业。同时，水善让，善通，善透，善于在淤积中杀出一条血路，始终以流畅、充满活力的姿态在流动、奔腾，历史上，著名的黄河改道事实昭示的正是这种力量。身处大江之畔、海洋之滨，得水之润泽，得交汇文化之熏陶，莞商要立足于当下，放眼未来，自觉融入世界经济大潮，挺立于潮头，成为中国梦的坚定实践者。

其次，要学习水之无形无势、善于适应的精神。水润万物而不喜邀功，林林总总淅淅沥沥汇流成海，升腾为云，下地为雨，滋养一切生命，虽无定形，总能迎头而上。水不仅构建了生存形态，也引导了一种处世哲学，即要像水一样具有无限的想象空间，于无形处成万形。现代莞商应在多元文化的共同存在的语境下，包容开放，容纳百川，才能强大。要达到这样的发展境界和发展层次，一是要在新的改革形势下找准自己的位置，其次要在“政策红利”、“土地红利”以及经商环境、发展环境都大为改观的前提下，思索转型升级，探索出一条富有生命力的出路来；一是要主动调整战略，加强企业适应性，防止掉入定性思维的陷阱。

像水一样，善利万物、大公无私、积极履行社会责任应当成为莞商文化中的基因密码。水能滋养万物生命，能使天下万物得其利益，其不图自身虚名，故天下最善莫若水。老子还在《道德经》中提到“天下难事必作于易，天下大事必作于细。是以圣人终不为大，故能成其大。夫轻诺必寡信，多易必多难。是以圣人犹难之，故终无难矣。”意思是解决难事要从容易处去谋划，做大事要从细小处做起。这里其实也提示了，作为商人应该不托大，不说假话，团结起来，才能做好“难事”，实现“大事”，对商人企业家而言，“难事”、“大事”无疑是企业的社会责任和价值担当。现代粤商伦理的核心价值应为强调以人为本的精神和积极履行社会责任。故现代莞商理应积极承担企业社会责任，让广大劳动者分享经济发展的成果，自觉担负起保护环境、职工权益保障等公众之关切。

改革开放以来，从东莞水乡走出来的莞商在吸纳西方文化、弘扬中国传统文化方面均有所建树，也一直在向社会传递脉脉温情。位于道滘的粤晖园传承了岭南园林风韵，其投资者颇有在商界大展身手后，皈依乡土、皈依文化认同的旧时儒商风范。从洪梅走出来的东莞新世纪，既投资篮球队，也为东莞一些中小学捐建文化建筑，依稀可见昔日明伦堂的所作所为。可以预见的是，随着水乡新规划的推进与实施，东莞水乡在呈现自身魅力的同时，也必将走出更为庞大的莞商群体。

（作者：詹发民，东莞理工学院文学院教师）

注释：

[1] 参见李庆新：《全广门户与海贸要区：略论东莞在明代以前广东海防与海外交通上的地位》，见东莞市政协编《东莞历史文化论集》，广州，广东人民出版社，2008。

[2] 参见刘正刚：《从海洋的视角管窥明清东莞社会》，见东莞市政协编《东莞历史文化论集》，64—66页，广州，广东人民出版社，2008。

[3] 王日根：《乡土之链——明清会馆与社会变迁》，100—103页，天津，天津人民出版社，1996。

[4] 蔡元培：《中国伦理学史》，北京，东方出版社，1996。

[5] [清]屈大均：《广东新语》卷十六，四一二页。